教育部人文社会科学规划基金项目（13YJA720004）
河北省社会科学基金项目（HB09BZX001）
河北大学中西部高校提升综合实力工程项目

台湾『鹅湖学派』研究
——牟宗三弟子的哲学思想

程志华 著

人民出版社

目录

前言 …………………………………………………………… 1

第一章　蔡仁厚 ……………………………………………… 1

第一节　中国哲学史的分疏 ………………………………… 2

一、中国哲学史之"五期说" ……………………………… 5

二、中国哲学之智慧的方向 ……………………………… 9

三、道德宗教与中国文化 ………………………………… 13

第二节　儒学之要点和价值 ………………………………… 18

一、儒家学问的要点 ……………………………………… 20

二、生命境界的层次 ……………………………………… 25

三、儒家思想的现代意义 ………………………………… 28

第三节　儒学与现代化 ……………………………………… 32

一、中国文化之"大开大合" …………………………… 34

二、"世纪大困惑"与现代新儒家的致力方向 ………… 38

三、牟宗三哲学的主要贡献 ……………………………… 42

第二章 戴琏璋 ………………………………………………… 47

第一节 "生命的学问" ……………………………………… 48
一、《易传》与儒学 ……………………………………… 51
二、人文领域的返本开新 ………………………………… 55
三、儒家之"生命的学问" ……………………………… 59

第二节 关于现代新儒家及其哲学 ………………………… 63
一、马一浮"六艺论"的人文价值 ……………………… 65
二、牟宗三的精神与成就 ………………………………… 69
三、牟宗三对"德性之知"与"见闻之知"的融通 …… 73

第三节 传统文化与今日世界 ……………………………… 78
一、儒家思想的现代精义 ………………………………… 80
二、书院讲学的现代省思 ………………………………… 84
三、"中和"思想与文明的会通 ………………………… 90

第三章 王邦雄 …………………………………………………… 95

第一节 天命与心性 ………………………………………… 96
一、宗教观 ………………………………………………… 98
二、儒家的"安身立命"之道 …………………………… 103
三、命运与"运命" ……………………………………… 107

第二节 儒家思想的精神开展 ……………………………… 112
一、儒学的创立与历史流衍 ……………………………… 114
二、现代化过程的反思 …………………………………… 119
三、现代新儒家的使命和精神开展 ……………………… 124

第三节 抉发中华传统文化之当代价值 …………………… 128
一、"中学为用"之逼显 ………………………………… 130
二、儒释道的心灵世界 …………………………………… 135
三、人间福报与人生教化 ………………………………… 139

第四章 李瑞全 145

第一节 儒家生命伦理学 146
一、生命伦理学的基本原则 148
二、儒家生命伦理学的结构和洞见 153
三、道德判断的基本规范与经权原则 158

第二节 儒家环境伦理学 164
一、人类中心主义与反人类中心主义 166
二、儒家关于人与自然关系的洞见 170
三、儒家环境伦理学的基本纲领 174

第三节 现代新儒家与后现代理论 177
一、现代新儒学的时代课题 179
二、现代化之特征及其流弊 184
三、主体性与个体性并建的"双码论" 188

第五章 王财贵 194

第一节 从良知而行 195
一、儒学乃"成德之教" 197
二、从良知而行 203
三、培养"胸怀万世"的人格 206

第二节 现代新儒家的贡献 211
一、儒家的经典及儒家的地位 213
二、中华文化复兴之基础 217
三、现代新儒家的志业 221

第三节 东西学问的"会通" 225
一、中华文化的源流与发展 227
二、实践的形上学 231
三、由"全盘西化"到"全盘化西" 235

第六章　杨祖汉 ································ 240

第一节　儒学之作为"成德之教" ················ 241
一、儒家"成德之教"的理路 ···················· 243
二、儒学的终极关怀 ···························· 248
三、"自力宗教"与"他力宗教" ················ 251

第二节　对现代新儒学的辩护与弘扬 ············ 255
一、儒家道德的形上学的必然性 ················ 257
二、儒家"道统观"的正当性 ···················· 261
三、"开出说"的合理性 ························ 265

第三节　关于牟宗三哲学 ······················ 269
一、由"成德之教"到道德的形上学 ············ 271
二、"判教"与会通 ···························· 276
三、堵住"两层存有论"所可导致的流弊 ········ 281

第七章　李明辉 ································ 285

第一节　传统儒学的本质和特征 ················ 286
一、中国哲学的正当性 ························ 288
二、儒学的现代存在 ···························· 292
三、儒学与自律道德 ···························· 296

第二节　为现代新儒学辩护 ···················· 300
一、"内在超越性"的合理性 ···················· 303
二、对"泛道德主义"指摘的反驳 ·············· 308
三、"性善说"与民主政治的贯通 ·············· 311

第三节　为牟宗三哲学辩护 ···················· 315
一、牟宗三之康德学的特点 ···················· 318
二、"开出说"的实践必然性 ···················· 322
三、牟宗三的哲学诠释原则 ···················· 326

第八章　林安梧 …… 331

第一节　"后新儒学"的缘起 …… 332
一、牟宗三哲学的限制 …… 334
二、"生面责我开六经" …… 339
三、儒学"道统"问题之厘清 …… 344

第二节　存有三态论 …… 350
一、由"异化"到"存有" …… 352
二、存有之三态 …… 357
三、"存有"的开显与执定 …… 361

第三节　意义治疗学与存有的治疗 …… 365
一、儒教之为"圆教" …… 367
二、儒、道、佛与"意义治疗" …… 371
三、"存有三态论"与"存有的治疗" …… 376

第四节　"实践的开启"与"道的错置"的消解 …… 381
一、"形而上的保存"与"实践的开启" …… 384
二、"道的错置"及其消解 …… 388
三、外王与内圣"两端而一致" …… 394

参考文献 …… 399
索　引 …… 402
后　记 …… 407

前 言

　　1957年,张君劢与唐君毅游历美国期间,有感于西方学界对中国学问的偏差态度,欲联名发表一文,以表达自己对中国学问的理解,并借此纠正西方学界的误解。1958年1月,《为中国文化敬告世界人士宣言——我们对中国学术研究及中国文化与世界文化前途之共同认识》①(以下简称《宣言》)一文同时在《民主评论》和《再生》杂志发表,作者为牟宗三、徐复观、张君劢、唐君毅四人联署。后来,此《宣言》之英译本发表时,谢幼伟亦签名参加。② 在《宣言》中,作者强调"心性之学"为中国学术文化的核心,而且认为中国文化具有普世价值。《宣言》说:"我们之所以要把我们对自己国家文化之过去现在与将来前途的看法,向世界宣告,是因为我们真切相信:中国文化问题,有其世界的重要性。"③概括地看,《宣言》的大方向是,西方学界要正视中国文化为一"活的存在",它不同于埃及、希腊、罗马之学术为"已死的文明",故研究中国文化时须持有

---

① 参见唐君毅:《中华人文与当今世界》,台湾:学生书局1975年版(下同),第866—929页。
② 参见杨祖汉:《论余英时对新儒家的批评》,《儒学与当今世界》,台湾:文津出版社1994年版(下同),第149页。
③ 参见唐君毅:《中华人文与当今世界》,第867页。

敬意。① 具体来讲，中国文化虽有其缺点，但亦有许多为西方人所应学习、借鉴者。因此，不能因当时的政治情况而认为中国文化已没有前途。《宣言》的发表具有重要的历史意义，它不仅被视为第二代现代新儒家形成的标志，而且也被视为整个现代新儒家正式成立的里程碑。在此之前，从20世纪20年代至40年代，马一浮、熊十力、梁漱溟等为儒学的现代复兴奠定了方向和基础，故往往被称为第一代现代新儒家。

　　牟宗三是现代新儒学的重要代表人物，其理论建构不仅是现代新儒家的一座高峰，甚至亦可以说是整个现代儒学的一座高峰。因此，有学者将之比同为康德（Immanuel Kant，1724—1804年）在西方哲学史上的地位。傅伟勋如此评价说："牟先生是王阳明以后继承熊十力理路而足以代表近代到现代的中国哲学真正水平的第一人。中国哲学的未来发展课题也就关涉到如何消化牟先生的论著，如何超越牟先生理论的艰巨任务。"②刘述先则这样评价："我曾将牟先生在当代中国哲学的地位比之于康德在西方哲学的地位：你可以超过他，却不可以绕过他。"③之所以如此，在于"由传统到现代，牟先生的系统扮演了一个重要的角色，任何一个人都不可能替代他"④。林安梧则说："研究当代中国哲学，没有人可以绕过牟宗三先生，这几已成为不争的事实。"⑤正因为牟宗三在中国哲学史上有着如此重要之地位，1995年他的去世则成为一个时代性的标志。之所以谓之为"时代性"的标志，在于牟宗三哲学达至一个时代高峰，而这个高峰终将走入历史，与此相应，"后牟宗三时代"则已悄然来临。李明辉说："牟宗三先生之逝世象征当代新儒学的一个发展阶段之结束。当此之际，对其毕生的学问加以定位与评价，似乎是不容回避的工作。"⑥尽管对牟宗三哲学的研究与反省早就开始了，但此时如下一些问题迅速

---

① 参见唐君毅：《中华人文与当今世界》，第872—875页。
② 傅伟勋：《从西方哲学到禅佛教》，北京：生活·读书·新知三联书店1989年版（下同），第25—26页。
③ 刘述先：《〈牟宗三先生全集〉出版在今日的意义》，台湾：《联合报》2003年5月3日。
④ 林安梧：《当代新儒家哲学史论》，台湾：明文书局1996年版（下同），第213页。
⑤ 林安梧：《儒学革命：从"新儒学"到"后新儒学"》，北京：商务印书馆2011年版（下同），第77页。
⑥ 李明辉：《略论牟宗三先生的康德学》，台湾：《中国文哲研究通讯》第五卷第二期。

凸显出来:在"后牟宗三时代",牟宗三的遗产当如何继承? 现代新儒学当如何继续发展? 对于这样一种关切,刘述先说:

> 当代新儒家哲学始于熊十力的形上学与宇宙论,这相当于濂溪之"元"。唐君毅、牟宗三似二程,奠定了这一门学问的基础,或者可以说是"亨"的阶段。能否有朱子、阳明一类的人物使之大行于天下呢? 这里最关键的就是当代新儒家能否解决新外王的问题,而成功地应对现代西方文化的挑战,如同宋明时期成功地应对印度文化的挑战一样。在当今民主、法治、科技、商业高度发达的多元社会中,新儒家还有它的前途吗? 正如牟先生以前曾说,"世界有穷愿无穷",我们且拭目以待吧!①

在20世纪70年代之后,在牟宗三的影响下,围绕着《鹅湖》②月刊和《鹅湖学志》③半年刊的创办,渐渐形成以财团法人"东方人文学术研究基金会"④和"鹅湖人文书院"⑤为中心、以上述刊物和《鹅湖学术丛刊》⑥主笔群为主体的学术群体。在学界,这个学术群体有时被称为"鹅湖学派",也有时被称为"鹅湖系"⑦。"鹅湖"一名之采用,与历史上朱熹和陆九渊"鹅湖之会"及所体现的真诚的学术讨论精神有关。《鹅湖》发刊词说:"'鹅湖'本是南宋时候朱子和陆象山追寻最高真理,发抒思想抱负,并解决他们之间的思想分歧而相聚辩论的地方,这个地理名词以及其中含蕴的历史意义,引发了我们一些文化理想,促动我们对历史的责任和抱负。"⑧众所周知,历史上曾经出现过一个"鹅湖学派":陆九龄和陆九渊兄弟二人相与为学,探究性命之原,且讲学于鹅湖书院,故有"二陆"之

---

① 刘述先:《黄宗羲心学的定位》,杭州:浙江古籍出版社2006年版,第131—132页。
② 1975年创办于台湾。
③ 1988年创办于台湾。
④ 1988年成立于台湾。
⑤ 2003年成立于台湾。
⑥ 由台湾文津出版社印行。
⑦ 参见王其水:《鹅湖系:台湾新儒学的新趋向》,济南:《孔子研究》1998年第2期。
⑧ 《鹅湖》创刊号,1975年7月,第65页。

称,亦被称为"鹅湖学派"。1175年,朱熹与陆九渊在鹅湖寺讲学、论辩,使得"鹅湖"之名的影响大大提升。就台湾"鹅湖学派"来看,尽管这个群体表示只"遵从道理",无意于"门派",但共同的学术渊源即牟宗三哲学还是使他们成为一个"学术共同体"。蔡仁厚说:"有人还提出'鹅湖学派'的名称。这种称号,不是'鹅湖'成员所希望的。我们只论是非,不落门派。道之所在,尊之;理之所在,从之。如此而已。"①具体来讲,"鹅湖学派"对"德业"和"学问"没有偏执,在这两个方面均有所成就。② 一个方面,他们有"理想的提揭"——通过前辈师长的精神感召和人格熏陶,将"圣贤之道"潜移默化于这个群体当中。另一个方面,有"学问的讲论"——大家除了各自教书外,还有规模不同、方式不同的讨论、演讲及学术会议。再一个方面,有"文字的表述"——不仅有《鹅湖》《鹅湖学志》之期刊,有《学术丛刊》和会议论文集,还有一般形式的书籍出版。这样,"鹅湖学派"不仅在台湾学界有巨大影响,而且在整个中国学界业已产生较大影响,由此而堪称全球儒学研究的重镇。

"鹅湖学派"是一个跨越二代甚至三代人的学术梯队。在这个梯队当中,蔡仁厚、戴琏璋、王邦雄等为第一代;他们奠定了"鹅湖学派"的学术方向和理论格局,从而成为这个学派的先驱。李瑞全、王财贵、高柏园、岑溢成、杨祖汉、李明辉、林安梧等为第二代,他们因理论新创而成为学派的中坚力量。此外,周博裕、邱黄海、潘朝阳、林日盛、林月惠、霍晋明、魏美瑗、黄汉忠等后来者为第三代。林安梧曾说:"台湾的新儒学,从牟宗三先生之后来讲的话,老一辈人有'中央研究院'的戴琏璋,东海大学的蔡仁厚,成功大学的唐亦男,还有台南师范学院的周群振,再来就是王邦雄、曾昭旭,之后,就是我们这一辈人了,包括我、杨祖汉、袁保新,包括李明辉,包括王财贵,包括高柏园、颜国明、陈德和、周博裕,这样下来,数起来应该还有二十个以上的学者。"③对于这样一个群体,学界早已有所关注。宋志明指出:"由牟宗三的弟子或再传弟子组成的'鹅湖学派'(因其

---

① 蔡仁厚:《孔子的生命境界》,长春:吉林出版集团有限公司2010年版(下同),第320页。
② 参见蔡仁厚:《孔子的生命境界》,第319页。
③ 林安梧:《儒学革命:从"新儒学"到"后新儒学"》,第233页。

主办《鹅湖月刊》得名)已接过这把香火。他们作为新一代的现代新儒家群体,对于中国传统文化及其与现代化关系的理解也许更富有时代特色,但仍可视为熊十力哲学的后裔。"①在这个群体当中,如果突破不同的代际,"鹅湖学派"较有代表性的人物大致有蔡仁厚、戴琏璋、王邦雄、李瑞全、王财贵、杨祖汉、李明辉和林安梧等人。

现代新儒学之后续发展问题之所以引起关注,确实与牟宗三哲学达至时代高峰有关。历史地看,当一种理论达至其极时,其后必然会呈现"裂散"格局或出现"拐点"。例如,"孔子殁后,儒分为八";"墨子殁后,墨离为三";阳明殁后,其学亦有"江左"、"江右"之异。究其原因,就在于孔子、墨子和王阳明已将其学发展到极致。韩非说:"儒之所至,孔丘也。墨之所至,墨翟也。……孔、墨之后,儒分为八,墨离为三,取舍相反、不同,而皆自谓真孔、墨,孔、墨不可复生,将谁使定世之学乎?"②同样,牟宗三过世后,前两代现代新儒家动心忍性、"苦心操持"的形上学已达其极至,再沿此方向前进必难有理论建树。因此,现代新儒学在理论上的"裂散"或"拐点"应是"后牟宗三时代"的题中之义。不过,导致牟宗三哲学之"裂散"和"拐点"的还有另外一个原因,即儒学所面对的时代问题已发生了变化。概括地看,虽然中西哲学会通仍是儒学所面对的主题,但在这一主题之下,一些新情况正在形成:就中国文化来讲,存在境遇的变化、道德理想的失落、人生价值的重构、对现代性的重估等已上升为急迫的问题;就整个人类文化来讲,生命伦理、生态哲学、意义危机、人文关怀以及"后现代"问题亦摆在了儒学面前。因此,儒学作为一种哲学学说,如何回应中国文化自身的问题,以为国人提供精神层面的"安身立命"之据;如何面对人类共有问题以进行理论新创,进而在众多哲学学说中参与对话,均是"后牟宗三时代"儒学不可回避的问题。因此,郭齐勇说:"现当代新儒家是在文化失落、意义危机的时代应运而生的思潮、流派,在不同时期针对不同的思想文化问题,其论域也在不断改变。"③质言之,如何继承和发展牟宗三哲学乃是"后牟宗三时代"的两大主题。

---

① 宋志明:《熊十力评传》,南昌:百花洲文艺出版社1993年版(下同),第234页。
② 韩非著,陈奇猷校注:《韩非子新校注》,上海:上海古籍出版社2000年版,第1124页。
③ 郭齐勇:《近20年当代新儒学研究的反思》,《求是学刊》2001年第2期。

尽管"鹅湖学派"被视为一个统一的学术派别,但因为哲学的"个体性"特征,其中具有许多不同的主张,甚至表现出不同的义理走向。所谓哲学的"个体性",是指哲学作为一种学说,通常是哲学家个体劳动的成果,因为不同哲学家往往具有"特别的眼光",即不同的问题意识、不同的致思路径。熊十力曾说:"科学的理论恒是根据测验的,哲学的理论往往出于其一种特别的眼光。"①在此意义下,"鹅湖学派"诸学者之不同主张就代表着他们"特别的眼光"。概括地看,这些不同主张可归纳为若干方面,而这些方面透显着不同的义理走向。

如果以与牟宗三哲学的关系为视角,"鹅湖学派"的学术思想大致表现出三个不同的向度:一是"护教的新儒学",指基本上沿着牟宗三所建构的哲学理路向前发展。他们肯定以"心体"、"性体"为核心的"道德形上学",探索如何由"道德主体"融摄一切文化活动,如何以道德精神为根基引导现代生活。蔡仁厚、李明辉、杨祖汉可视为这一向度的代表人物。二是"批判的新儒学",指通过反思、批判牟宗三哲学而实现新的理论创制,进而形成儒学义理的"转折"。从已形成的理论格局来看,这种理路并不是局部的、细节的批判,而是结构性的、革命性的批判。林安梧可视为这一向度的主要开创者。② 由于上述两个向度的着重点不同,林安梧甚至将它们称为"右翼护教的新儒学"和"左翼批判的新儒学"。③ 三是"生活化的新儒学",主张儒学走出学院,把儒家义理推向社会、民间,特别是推向青少年,从而把儒学与社会现实生活紧密联系在一起。王邦雄、王财贵可视为这一向度的主要代表人物。因为"鹅湖学派"有诸多不同的学术向度,故有学者将其学术界定为"多元化"的特色。王其水说:

> 鹅湖系是台湾新儒家的年青一代。他们继承前辈的事业,以传统儒学为职志,但与前辈和同辈儒者比较,其学术路向具有生活化和

---

① 萧萐父主编:《熊十力全集》第四卷,武汉:湖北教育出版社2001年版(下同),第243页。
② 参见林安梧:《儒学革命:从"新儒学"到"后新儒学"》,第78—81页。
③ 参见林安梧:《"新儒学"、"后新儒学"、"现代"与"后现代"——最近十余年来的省察与思考之一斑》,北京:《中国文化研究》2007年冬之卷。

多元化的明显特色。①

如果以义理为视角来看,而不单以与牟宗三哲学的关系为视角,上述三个向度的具体主张分别为:

就"护教的新儒学"来看,其主要是在中西两种形上学理路之对照的格局下,沿着"道德的形上学"的理路,强调"实践的形上学"的意义。按照牟宗三的思路,形而上学分为两种:一种是基于对世界生成演化图景进行探讨的"知解的形上学"②;一种是基于追求人生意义和提升生命境界进行探讨的"实践的形上学"。③ 历史地看,"知解的形上学"在西方取得了较大发展,但这种形上学在 20 世纪受到了越来越多的批评,似乎已走入穷途末路而"终结"。于是,出现了所谓的"后形而上学时代"的问题。④ 面对这种情形,"鹅湖学派"一些学者提出,东方的"实践的形上学"或可成为思考"后形而上学时代"问题的突破口。杨祖汉认为,儒、释、道三家的形上学均为"实践的形上学",它们乃优长于"知解的形上学"的实践的学问。在他看来,由"体证"以肯定"道体",进而以建构形上学,是"理论理性"欲达而不能及的境界。正是因此,牟宗三"道德的形上学"作为东方的"实践的形上学",它的建构不仅推进了儒学的发展,而且亦可化解"知解的形而上学"的困境。他说:

> 形上学而由实践以建立,可能是唯一能说形上学的路子,如此便见到儒(道释亦在内)家的形上学在世界哲学上应有的地位及其可能有之贡献。此贡献在于使康德哲学百尺竿头、更进一步。⑤

就"批判的新儒学"来看,其主要是在主体性与客体性对立的格局之

---

① 王其水:《鹅湖系:台湾新儒学的新趋向》,济南:《孔子研究》1998 年第 2 期。
② 参见牟宗三:《生命的学问》,桂林:广西师范大学出版社 2005 年版(下同),第 19—20 页。
③ 参见牟宗三:《现象与物自身·序》,《牟宗三先生全集》(21),台湾:联经出版事业股份有限公司 2003 年版(下同),第 17 页。
④ 参见程志华:《道德的形上学与"后形而上学时代"》,《哲学研究》2009 年第 11 期。
⑤ 杨祖汉:《论余英时对新儒家的批评》,《儒学与当今世界》,第 161 页。

下,推进主体性向客体性的转化,表现出明显的"存有意识"。在牟宗三看来,他将康德认为只有上帝才有的"智的直觉"赋予人,从而把人提到上帝的层次。进而,他借助"一心开二门"①之"公共模型",由"良知"开出"无执的存有论"和"执的存有论"。因此,"良知"不仅是"德性主体",亦是"知性主体"和"政治主体",其间的"通道"是"良知的自我坎陷"。进而,"良知"作为"知性主体"和"政治主体"时即可以"开出"科学和民主。林安梧认为,牟宗三哲学确实"是一'高狂俊逸'的哲学系统"②,但它强调人具有"智的直觉",不仅具有非常强的独断色彩,而且表现出明显的"主体主义"倾向。③ 为此,林安梧提出"后新儒学"的构想,主张以"存有三态论"取代"一心开二门"。所谓"存有三态",是指"存有的根源"、"存有的开显"和"存有的执定"之"存有"的三种状态:"存有的根源"为"存有"的第一层状态,指"道"是一切存在的根源。"存有的开显"为"存有"的第二层状态,指"道"经由人的参赞而"开显",即"道显为象"。"存有的执定"为"存有"的第三层状态,指"道"经由开显后当落在"名"上说,此乃"名以定形"。④ 所谓"名以定形","也就是说用话语的给出,使得对象化的对象成为一被决定的定象"⑤。可见,林安梧的"道"与牟宗三的"良知"不同,前者强调"存有义",后者强调"主体义"。因此,由"良知"到"道"的转化凸显了由主体性向客体性的转化,即由"主体主义"向"存有意识"的转化。郭齐勇说:

> 林安梧的"儒学革命"和"后新儒学",强调重视"气"论,重视客观面,回到船山学……⑥

---

① "一心开二门"为佛教著名思想。《大乘起信论》有言:"依一心法,有二种门,云何为二? 一者心真如门,二者心生灭门,是二种门皆各总摄一切法。"《大正新修大藏经》(第三十二卷),台湾:财团法人佛陀教育基金会出版部 1990 年版,第 576 页。
② 林安梧:《儒学革命:从"新儒学"到"后新儒学"》,第 294 页。
③ 参见林安梧:《儒学革命:从"新儒学"到"后新儒学"》,第 294 页。
④ 参见林安梧:《儒学革命:从"新儒学"到"后新儒学"》,第 295—298 页。
⑤ 林安梧:《儒学革命:从"新儒学"到"后新儒学"》,第 296 页。
⑥ 郭齐勇:《近 20 年当代新儒学研究的反思》,《求是学刊》2001 年第 2 期。

就"生活化的新儒学"来看,其主要是在"体"与"用"对照的格局之下,主张"中学为用",强调道德意识在现代社会的教化功能。西方哲学东渐以后,中西两种哲学的"碰撞"逐渐演变为"体"与"用"或"本"与"末"的争论。在此争论当中,不仅出现了激进主义的"全盘外化论",而且亦出现了"中学为体,西学为用"之保守主义的"中体西用论"①。在王邦雄看来,无论是激进主义,还是保守主义,它们都肯定"西学为用"的必要性,所强调者均是西学的现实意义;所区别之处只在于是"中学为体"还是"西学为体"。然而问题是,他们在强调"西学为用"的同时,却共同"遗忘"了"中学为用",即"中学"所具有的道德教化功能。即使是牟宗三,他虽以"一心开二门"解决了"中体西用"和"西体中用"两大难题,但实亦独重"西学为用",强调"开出"科学与民主,而对"中学为用"有所轻忽。因此,"综合言之,'后牟宗三'的儒学课题,当往'中学为用'要如何去开展架构的路上走,否则,'中学为体'仅有形式意义,而未有实质的意义"②。与王邦雄相呼应,王财贵则通过推广儿童读经活动以落实"中学为用"。他认为,儒学经典具有天经地义且历久弥新之价值,若要将其价值弘扬于现代并万代不竭地发扬光大,最有效的办法是背诵经典,尤其是儿童背诵。③ 关于"中学为用"的具体内容,王邦雄的主张是:

> "后牟宗三",追随大师的脚步,我们要去拓展"中学为用"的路,来面对并解决新时代的两代传承、两性互动与两岸统独的三大课题。④

很明显,上述三个向度在义理上存在着明显的差异:"护教的新儒学"之重点在于对"实践的形上学"即牟宗三"道德的形上学"的强调,其

---

① 参见苑书义、孙华峰、李秉新主编:《张之洞全集》第十二册,石家庄:河北人民出版社1998年版(下同),第9740页。
② 王邦雄:《中国哲学论集》增订三版,台湾:学生书局2004年版(下同),第307—308页。
③ 参见王财贵:《文化熏陶、智能锻炼、人格完善——儿童经典诵读工程》,吕梁:《吕梁教育学院学报》2007年第4期。
④ 王邦雄:《中国哲学论集》增订三版,第316页。

理论特征是以主体性为根基的。"批判的新儒学"之重点在于对"存有三态论"的建构,其理论表现出明显的客体性特征。林安梧说:"是'道'造化了这世间,并不是人的本心体现了这个世间,什么是'道'?是'人''参赞''天地'所形成的'不可分'的'总体',就这'总体的根源'或'根源的总体'说'道'。因此当我们说'道'的时候,是天地万物以及人通而为一的。"①对主体性与客体性之不同侧重成为这两个向度"分道扬镳"的关键点,也因此而形成与牟宗三哲学之不同的关系:前者表现为对牟宗三哲学的继承与发扬,后者表现为对牟宗三哲学的"反判"和发展。就"生活的新儒学"来看,它既不是"护教",也不是"批判",而是对牟宗三"道德的形上学"的一种补充和落实。即它在继承牟宗三"道德的形上学"的前提下,就其所"遗忘"和"轻忽"的方面进行"修补"、充实。因此,这种观点与"护教的新儒学"不尽相同,因为它不是围绕着"道德的形上学"本身作文章,而是围绕着儒学之道德教化功能做文章。同时,它虽为崭新的言说,但它与"批判的新儒学"也不相同,因为它没有新的理论建构,只是强调发扬儒学已有的实际价值而已。这样来看,"生活化的新儒学"乃为一种独立的义理向度。

不过,若求同存异地看,尽管牟门弟子之间存在上述义理向度的不同,但其思想仍有诸多共性的内容。概括地看,这些共性内容包含如下几个方面:

其一,在古与今之"纵向"的语境下,注重儒学现代价值的挖掘,以为人类发展和进步提供精神动力。他们认为,儒学尽管产生于遥远的"轴心时代"②,但它并不是博物馆里的"文物"或"化石",而是仍具有生命力的"活生生"的存在。因此,他们反对美国学者列文森(Josph Richmond Levenson,1920—1969 年)关于儒学已失去价值、只是博物馆里"陈列品"

---

① 林安梧:《儒学革命:从"新儒学"到"后新儒学"》,第 296 页。
② "轴心时代"一词源于德国哲学家雅斯贝斯(Jaspers)。他认为公元前 800—前 500 年,在古代中国、希腊、埃及等国家同时出现了一些重要哲学思想;这些哲学思想为人类文明作出了巨大贡献,至今仍为现代文明提供着精神资源。因此,公元前 800—前 200 年这个"巨人时代"乃是一个"轴心时代"。参见雅斯贝斯:《历史的起源与目标》,魏楚雄、俞新天译,北京:华夏出版社 1989 年版(下同),第 31 页。

的说法。① 在他们看来,儒学有许多理论仍具有现代价值,甚至具有全人类的普适价值。蔡仁厚说:"儒家是一个学派,它又不止是一个普通的学派(它以常理常道为主,不同于一般专学)……儒家似乎很特殊,可是,'不与众同'的儒家却又同时具有很大的普遍性。"②此外,儒学能够对西方强势的但却是排他性的人文精神进行反思,提供一种融合不同文化并消除冲突的理论倾向,从而实现多元文化的互生互长。戴琏璋说:"依个人浅见,中国哲学史里所谓中和思想当是这个大趋势的主导思想中最主要的成分。"③正因为如此,当前一个重要的任务便是"挖掘"儒家思想的普适意义,以贡献于全人类。蔡仁厚说:

> 就哲学的本性而言,既没有古今之异,也没有新旧之分,应该是超越时代的。中国传统哲学中许多基本概念都具有独立自足的意义,而且是无可取代的(如儒家的仁恕、时中,道家的无,佛教的空等等)。只要运用现代语言加以诠释,就可以豁醒它的意涵,继续显发它的效用。④

其二,在中与外之"横向"的语境下,对儒学地位的认识发生了改变,体现出明显的平等对话意识。从牟宗三的哲学不难看出,他不仅系统探讨了道家、儒家和佛家的思想,而且通过对康德哲学的思考和"消化",把西方哲学与中国哲学连接起来,表现出一种开放的心态。不过,牟宗三通过由"良知""开出""无执的存有论"和"执的存有论",赋予儒学以"独一无二"的"优位",又表现出明显的自我"护教"立场。与牟宗三相比,"鹅

---

① 列文森认为,儒学在现代中国已退出历史,成为博物馆中的陈列品,而"就博物馆学的意义而言,陈列品都只具有历史的意义,它们代表的是既不能要求什么,也不能对现实构成威胁的过去。或者说它们只具有'审美'的意义……"列文森:《儒教中国及其现代命运》,郑大华、任菁译,北京:中国社会科学出版社2000年版(下同),第372页。
② 蔡仁厚:《宋明理学与当代新儒家的对比及其前瞻》,南昌:《南昌大学学报》(人文社会科学版)2004年第2期。
③ 戴琏璋:《文明的冲突与会通》,台湾:《中国文哲研究通讯》第三卷第四期。
④ 蔡仁厚:《儒家思想的反省与前瞻》,上饶:《上饶师范学院学报》2001年第1期。

湖学派"诸学者的视野更加客观、平和、全面。尽管他们认可儒家一些思想的普适性,但他们不再坚持中国文化的"优位性",不再企求以儒学来解决所有问题甚至全面安排人类秩序。因此,他们以更加开放的心态重新为儒学定位,将儒学置于多元哲学的比照中;既正视儒家思想的优长,亦正视儒家思想的弱点。他们大多相信,作为人类多元哲学中的一元,儒学必须面对民主、科学、自由、人权等现代价值,必须注重与其他思潮流派、文化传统的交流,在冲突与对话中实现儒学的现代化和世界化。或者说,面对"新轴心时代"①,不同族群、不同文明应该有更多的沟通和交流,儒学应积极参与到这种沟通和交流当中去;唯有如此,儒学才能不仅获得自身发展,而且亦可为人类哲学作出贡献。林安梧说:

> 人类二十一世纪要走向一个新关系的重建,就是族群跟族群、文化与文化,以及种种其他的关系一起朝向多元而和谐的状态。②

其三,在时代问题之"当下"的语境下,强调儒学必须加快"创造性的转化",为人类创造性的发挥提供思想资源。他们认为,为了实现儒学的"创造性转化",不仅需要做哲学史的工作,致力于中国哲学经典思想诠释,而且更需要做哲学的工作,致力于提出新的理论学说。蔡仁厚说:"中国哲学现代化的意指,应该含有两个方向:第一,如何通过现代语言,把中国哲学的思想阐述出来,……第二,如何对中国哲学做进一步批判的反省,既以重新认识和发挥它的优点长处,也要补救它的短缺和不足,以求进一步的充实发展。这才是中国哲学现代化最积极的意义。"③高柏园则说:"儒学的存在不能只是一种儒学史的重述,而且应该包含后儒学的发展与建构。"④在他们看来,要实现儒学的"创造性转化",不仅需要对经典有深度的理解和诠释,而且更需要正视时代问题而进行理论新创。

---

① 即历史上的第二个"轴心时代"。参见杜维明:《新轴心时代的文明对话》,《杜维明文集》第一卷,武汉:武汉出版社 2002 年版,第 9—11 页。
② 林安梧:《儒学革命:从"新儒学"到"后新儒学"》,第 169 页。
③ 蔡仁厚:《中国哲学史的总检讨与现代化、世界化背景上的新展望》,青岛:《东方论坛》2007 年第 5 期。
④ 高柏园:《后儒学的文化面向》,北京:《中国文化研究》2007 年冬之卷。

王邦雄说:"今天我们讲诸子百家的思想,一定要消化为民族文化的智慧,也就要把这个智慧引进当代之中,我们不是作一个凭吊怀古的学者,我们真的是要用诸子百家的智慧,面对当前的问题。"①质言之,要实现儒学"创造性的转化",必须要置身于"当下"全球化的学术交流和文明对话格局下,面对人类之共性的哲学问题,进行独到的但却具有普适性的理论新创。在此方面,李瑞全的生态哲学、李明辉的"新外王",尤其是林安梧的"后新儒学"等,都是有益的尝试和积极的探索。其中,林安梧之由"存有三态论"代替"一心开二门"的"后新儒学",或可成为儒学将来发展的合理向度之一。②

综上所述,我们可以得出几点结论:其一,牟宗三"道德的形上学"是"鹅湖学派"形成的理论出发点。牟宗三"道德的形上学"以其全新的理论建构形成了儒学在现代发展的高峰。然而,牟宗三的理论建构已至其极,故接下来的继承和发展必然成为一个实际问题。正是在此背景之下,牟门诸弟子以"东方人文学术研究基金会"为中心,以《鹅湖》月刊和《鹅湖学志》为平台,渐渐形成一个学术共同体——"鹅湖学派"。其二,"鹅湖学派"是儒学当今发展之重要的一元。虽然围绕着第二代现代新儒家形成了一些其他派别,如围绕方东美出现的"方门四大弟子"③,围绕唐君毅出现的"法住学派"④,但是,唯有围绕牟宗三所形成的"鹅湖学派"规模更为庞大,理论也更有特色。宋志明指出:"他们作为新一代的现代新儒家群体,对于中国传统文化及其与现代化关系的理解也许更富有时代特色。"⑤因此,在儒学之现代发展当中,"鹅湖学派"成为众多学术理路当中之重要一极。其三,这个学派虽具有不同的义理向度,亦有多方面相同的义理内容;不同的义理向度反映不同学者不同的"眼光",相同的义理内容则奠定了其成为一个学派的基础。在此,如果参照刘述先将前两

---

① 王邦雄:《中国哲学论集》增订三版,第107页。
② 参见程志华:《由"一心开二门"到"存有三态论"——儒学之一个新的发展向度》,《哲学动态》2011年第6期。
③ 指傅伟勋、孙智燊、成中英、刘述先四人。
④ 所谓"法住",即佛法永常住于世之义,在此引申为中国文化永不死亡。"法住学派"的代表人物为霍韬晦,其"道场"为"法住学会"和"法住文化书院"。
⑤ 宋志明:《熊十力评传》,第234页。

代现代新儒家称为"元"和"亨",那么,"鹅湖学派"之学术则是"利"。程颐解释说:"元者,物之始;亨者,物之遂;利者,物之实;贞者,物之成。"①也就是说,如果说熊十力可比之为周敦颐之"元",牟宗三和唐君毅可比之为二程之"亨",那么,"鹅湖学派"诸学者即可比之朱熹和王阳明之"利":其理论虽有分歧,亦有同处;分歧和同处均有其价值。不过,"鹅湖学派"之学术是否能够成就"物之成"之"贞",还需要拭目以待。

尽管牟门弟子可以视为一个学派,但本书之展开必须面对下述问题:一是分别疏解各个学者之思想,以彰显其不同的问题意识、思想脉络、哲学体系及其所可有的价值和意义。二是透过各个学者之思想凸显其共有的哲学问题、思想传承和内容特征,以展示"鹅湖学派"之整体状况,进而揭示其对于儒学未来发展所可有的启迪。不过,无论是分别疏解,还是整体研究,本人均力争在"直契精神骨髓"基础上"上遂"于哲学。在此,"直契精神骨髓"是第一个层次。林安梧曾经说过:"'论'是一种言说构造,经由这样的构造,看起来是要让事实彰显出来,但透彻一点来说,我们却不得不承认'论'并不是去发现事实,而是去构造事实。真正的事实,则在此言说构造之后;善读书者,并不是由此构造而直认其为事实,乃是经由此构造,进而摆脱此构造,而直契其精神骨髓。"②笔者对于"鹅湖学派"的研究,首先是在此一思路下展开的。不过,并不能停留于"直契精神骨髓",还须再上一次层次,即达到"哲学"的层次。林安梧说:"'论'如此,'史'如此,'史论'如此;然'哲学'则有其永恒之追求,此绝有过于'论'者,有过于'史'者。'哲学'之所归,非史、非论,乃为'爱智','爱智'者,追求智慧,追求一切存在生命之本源也。如此说来,任何一所谓的'哲学史论',重点显然的是在'哲学',而不是在'史'、'论'。这一方面是要经由'论'与'史',而上遂于'哲学',另方面则是要由'哲学',而下贯于'史',因之而有'论'。哲学,本也;史论,末也,本末交贯,通而为一。"③因此,笔者的研究亦致力于由"史"和"论"而上遂于"哲学"。

至此,还有几个问题需要说明。其一,在"鹅湖学派"诸学者当中,相

---

① 参见黎靖德编,王星贤点校:《朱子语类》,中华书局1986年版(下同),第1689页。
② 林安梧:《当代新儒家哲学史论·序言》,第1页。
③ 林安梧:《当代新儒家哲学史论·序言》,第1—2页。

当一部分人物"兼修"多种学问:除了对儒学有研究之外,还涉猎其他思想。例如,戴琏璋"既有儒家尽其在我之忧患和担当,也有道家任运的自在和洒脱"①,其研究不仅涉及中国哲学,亦涉及中国古代语法。王邦雄的学术关怀兼及儒、释、道诸家,并在很多领域有独到建树。有学者称他为"具有儒家性格的新道家,具有道家性格的新儒家"②。就道家思想研究而言,他被称为"华人世界庄子研究第一人"。③ 李瑞全的研究专长除了现代新儒家哲学、生命伦理学和生态哲学以外,对于康德哲学、休谟哲学亦有精深研究。李明辉的学术研究领域既包括传统儒学,亦包括现代新儒学,还包括是康德哲学。林安梧对佛家思想亦有深刻体悟,并有相关专著出版印行。对于这种情况,本书依此原则来取舍:主要讨论相关人物的儒学思想,其他方面的思想一概排除在外。其二,本书的副标题是"牟宗三弟子的哲学思想",已表明作者对于诸代表人物儒学思想的研究侧重于"哲学"层面,而非一般学术层面的儒学思想研究。因此,尽管诸代表人物有诸多"非哲学"层面的思想,其表达有诸多"非哲学"的形式和语言,如王邦雄的著作颇有散文特点,王财贵的著作多是演讲风格;对此,本书所追求的是尽可能以"哲学"语言来表达其哲学思想。其三,上述这样两个方面亦影响了作者对于"鹅湖学派"代表人物的确定。也就是说,有些学者虽未列入本书的范围,但不意味着其学术成就不高,只是说它与本书选题的相关度较低。比如曾昭旭、高柏园、岑溢成、袁保新、霍晋明等。此为展开下述研究之前需要明确的问题。

---

① 庄耀郎:《戴琏璋先生学行述要》,《含章光化——戴琏璋先生七秩哲诞论文集》,台湾:里仁书局2002年版(下同),第8—9页。
② 王其水:《鹅湖系:台湾新儒学的新趋向》,济南:《孔子研究》1998年第2期。
③ 参见王邦雄:《生命的学问十讲》,北京:中国人民大学出版社2009年版(下同),"前勒口""王邦雄简介"。

第一章

蔡仁厚

蔡仁厚，1930年生于江西省雩都县（现于都县），1948年入广州大学就读，1949年迁往台湾。1955年起从游于牟宗三，是牟宗三的嫡传弟子，被称为牟宗三的大弟子。① 曾任台中市第一中学教师，1954年任职于基隆水产职业学校，后任教于中兴大学。1970年任中国文化大学哲学系教授。1979年任东海大学哲学系教授、哲学研究所所长。1980年当选为"中华民国"哲学会理事，之后又当选为常务监事。1985年应聘为新加坡东亚哲学研究所高级研究员。1994年当选为国际儒学联合会第一届理事会理事，后为第二、三、四届理事会学术顾问。2000年退休，2004年被特聘为东海大学首届荣誉教授。

对蔡仁厚来说，"得从游于大师之门"是其人生道路的一个新起点。② 牟宗三也说："得吾棣，亦足慰也。"③ 总的看，蔡仁厚平生学术致力之重点有三个方面：其一，中国哲学史的分疏，包括中国哲学史的分

---

① 参见张丽丽、李学军：《学贯儒释道，人通文史哲——林安梧教授访谈录》，北京：《中国研究生》2012年第8期。

② 参见蔡德贵：《当代海外和港澳台儒学的五大学派》，上海：《探索与争鸣》2007年第10期。

③ 参见蔡德贵：《当代海外和港澳台儒学的五大学派》，上海：《探索与争鸣》2007年第10期。

期、中国哲学的特质以及道德宗教与中国文化的关系等。其二,儒学的基本义理及现代意义的疏解,包括儒学的要点、生命境界的提升及儒家思想的现代意义等。其三,儒家学术与中国现代化,阐述儒家思想的源流、"开合"和现代新儒家的贡献。他说:"我自己写文和宣讲,大体不脱三个范域:一是中国哲学思想的表述;二是儒家心性之学的讲论;三是儒家思想与现代化问题。"①关于其哲学思想的宗旨,蔡仁厚说:"我自觉地将生命安顿在儒家的道理里面,有半个世纪了。我没有在儒家学术里面发现什么精奇玄妙的东西,它只是平平常常,方方正正,它只是反己体察,不安不忍。所以到最后'万法归一',也一定是归到仁义本心上。"②

蔡仁厚的主要著作包括《家国时代与历史文化》、《孔门弟子志行考述》、《儒家哲学与文化真理》、《王阳明哲学》、《新儒家的精神方向》、《孔孟荀哲学》、《儒家思想的现代意义》、《熊十力先生学行年表》、《中国哲学史大纲》、《儒家心性之学论要》、《儒家的常与变》、《中国哲学的反省与新生》、《牟宗三先生学思年谱》、《孔子的生命境界》、《牟宗三——中国历代思想家丛刊》、《哲学史与儒学评论》、《新儒家与新世纪》、《王学流衍:江右王门思想研究》、《中国哲学史》等。

第一节 中国哲学史的分疏

蔡仁厚认为,中国哲学自古有之,而且儒学为中国哲学之"定常的骨干"③。关于中国哲学的历史分期,他不赞成依着朝代的更迭来划分,因为汉代的经学和清代的朴学并不属于哲学,将经学与朴学单独作为一个阶段并不恰当。另外,蔡仁厚也不赞同胡适和冯友兰以西方哲学史为"蓝本"划分中国哲学之分期,因为胡适将老子视为中国哲学的"开端"乃

---

① 参见蔡德贵:《当代海外和港澳台儒学的五大学派》,上海:《探索与争鸣》2007年第10期。
② 蔡仁厚:《从礼的常与变看仁心之不安不忍》,南昌:《南昌大学学报》(人文社会科学版)2000年第2期。
③ 蔡仁厚:《新儒家的精神方向》,台湾:学生书局1984年版(下同),第392页。

"不及格"的做法①,冯友兰否认中国哲学的近代形态乃"出主入奴"之见②。在他看来,中国哲学大致分为五个阶段:第一个阶段是先秦时期,主题为"中国文化原初形态的百花齐放"③。第二个阶段是两汉魏晋时期,主题是"儒学转而趋衰与道家玄理之再现"④。第三个阶段是南北朝隋唐时期,主题是"佛教介入——异质文化的吸收与消化"⑤。第四个阶段是宋明时期,主题是"儒家心性之学的新开展"⑥。第五个阶段是明末清初以来之近300年,主题是"文化生命的歪曲、冲激与新生"⑦。相对照地看,此"五期说"不仅因排除了经学和朴学而为"纯哲学"的,而且体现了中国哲学自身的内在发展逻辑。当然,蔡仁厚进行"五期说"之分别本身并不是目的,其目的在于推进"儒学第三期之发扬"⑧。

蔡仁厚认为,自明亡以来,加上近代西学的东渐,使得中国哲学的发展受到严重"挤压"。然而,中国哲学并非"一文不值",它其实有非常高的智慧,而其智慧的方向是"以生命为中心"⑨;在这一智慧方向之下,中国哲学的特质体现在如下几个方面:其一,"天人合一:本天道以立人道,立人德以合天德"⑩。在中国哲学,"天道"和"人道"、"天德"和"人德"不仅是相关的,而且是相互"回应"的。正因为如此,才有所谓的"天人合

---

① 参见蔡仁厚:《中国哲学史的总检讨与现代化、世界化背景上的新展望》,青岛:《东方论坛》2007年第5期。
② 参见蔡仁厚:《中国哲学史的总检讨与现代化、世界化背景上的新展望》,青岛:《东方论坛》2007年第5期。
③ 蔡仁厚:《新儒家的精神方向》,第143页。
④ 蔡仁厚:《新儒家的精神方向》,第144页。
⑤ 蔡仁厚:《新儒家的精神方向》,第145页。
⑥ 蔡仁厚:《新儒家的精神方向》,第147页。
⑦ 蔡仁厚:《新儒家的精神方向》,第148页。
⑧ "儒学第三期之发扬"为牟宗三首先提出。在他看来,儒学的发展分为三个时期:先秦至两汉为第一期,宋明为第二期,入民国以后的新儒学为第三期。对此,他说:"儒学第三期之文化使命,应为三统并建:重开生命的学问以光大道统,完成民主政体建国以继续政统,开出科学知识以建立学统。"参见蔡仁厚:《牟宗三先生学思年谱》,《牟宗三先生全集》(32),台湾:联经出版事业股份有限公司2003年版(下同),第15页。
⑨ 蔡仁厚:《中国哲学史的总检讨与现代化、世界化背景上的新展望》,青岛:《东方论坛》2007年第5期。
⑩ 蔡仁厚:《儒家思想的现代意义》,台湾:文津出版社1987年版(下同),第22页。

一"之说。其二,"仁智双彰:以仁为体,以智为用"①。所谓"仁智双彰",是指"仁通内外,智周万物"②。无论就个人的成德或文化的功能而言,"仁智双彰"的"模型"都是最优越的。因此,"仁智双彰"的"哲学模型"应该被整个人类哲学所共同采取,至少可以为其他哲学系统提供观摩反省的借鉴。其三,"心知之用:上达与下开"③。"心知"可以"上达",也可以"下开":所谓"上达",是指通过"良知"、"明觉"来完成圣德,以臻于"天人合德"的境界;所谓"下开",是指通过"良知"、"明觉"的"自我坎陷"转而为"认知心",使心知之明"与物为对",形成主客对列之局;以主观面的"能知"认知客观面的"所知",从而成就科学知识。④

在蔡仁厚看来,"文化"作为一个概念包括三个层面的内涵:一是民主、科学;二是文学、艺术;三是道德、宗教。在这三者当中,道德、宗教是根源和"种子",民主与科学是"枝干",而文学艺术是"花叶""果实"。可见,道德、宗教是所有类型文化的核心。⑤ 关于宗教的核心作用,蔡仁厚认为大致包括三个方面:其一,"启发无限向上的超越精神"⑥,即对于超越"小我"、超越有限的精神的启发。其二,"决定生命的方向和文化的理想"⑦,即对于人品、人格的价值确定和对理想追求目标的确定。其三,"开出日常生活的轨道与精神生活的途径"⑧,即对于日常物质生活和精神生活规范的建立和调整。蔡仁厚认为,儒家学问虽然在形式上不同于基督教,也不同于佛教,但它确实是一个具有"宗教性"的"大教",因为它具有上述之宗教的作用。具体来讲,儒教虽然没有其他宗教的形式,但它的道理并不是一家之言,而是中华民族共同的"生活原理"和"生活途径"。因此,在其他文化系统中作为文化根源的宗教,在中国文化系统中则被代之以道德。历史地看,2000年来是"儒、释、道"三教之相互摩荡的

---

① 蔡仁厚:《儒家思想的现代意义》,第23页。
② 蔡仁厚:《儒家思想的现代意义》,第23页。
③ 蔡仁厚:《儒家思想的现代意义》,第23页。
④ 参见蔡仁厚:《儒家思想的现代意义》,第23页。
⑤ 参见蔡仁厚:《儒家思想的现代意义》,第355—356页。
⑥ 蔡仁厚:《儒家思想的现代意义》,第357页。
⑦ 蔡仁厚:《儒家思想的现代意义》,第358页。
⑧ 蔡仁厚:《儒家思想的现代意义》,第359页。

过程,而百年来"儒、佛、耶"之相互摩荡则上升为主要脉络。对此,蔡仁厚反对采取"鸵鸟政策",主张"会通"而不是"对抗",因为这是回避不了的。①

一、中国哲学史之"五期说"

通常来讲,中国哲学史的阶段性有两种分法:一种是依据朝代的更迭,划分为先秦诸子、两汉经学、魏晋玄学、隋唐佛学、宋明理学、清代朴学几个阶段。蔡仁厚认为,这种分法可以用来讲中国学术史,但不宜据之讲中国哲学史,因为经学、朴学不是哲学,佛学如果从佛教的立场讲也和中国哲学史未必相关。他说:"这种分期,可以用来讲一般性的学术史,但用来讲哲学史,则并不很适宜。"②另一种是以西方哲学史为"蓝本"进行划分。这种分法的代表人物有两个:一个是胡适,他把中国哲学史分为三个阶段:一是古代哲学,又名"诸子哲学",指从老子到韩非的时期。二是中世哲学,指从汉代到北宋初的时期。这个时期又分两期:前期从汉代到东晋初,为"子学"的延续与折衷;后期从东晋到北宋初,印度哲学盛行于中国。三是近世哲学,指宋元明清时期。③ 在蔡仁厚看来,这个分法以老子为开端乃一种"不及格"的写法,但其对中国近代哲学的肯定是正确的,属于"对历史文化的通识"④。另一个是冯友兰,他把中国哲学史分为"子学时代"和"经学时代"。对于这种分法,蔡仁厚完全不以为然。其一,冯友兰将西汉以来的学术比同于西方中世纪的经院哲学不妥,因为宋明儒者"不满意两汉经生之学,不满意魏晋的玄学清谈,不满意佛教执中国思想界牛耳"⑤,这种精神却恰与西方近代哲学"反中古"的精神相类似。其二,冯友兰判中国哲学史没有近代,此乃"出主入奴"之见。他说:"以西方哲学的进程为标准,而妄判中国哲学史没有'近代',真是所谓

---

① 参见蔡仁厚:《儒家思想的现代意义》,第367页。
② 蔡仁厚:《新儒家的精神方向》,第132页。
③ 胡适:《中国哲学史大纲》,北京:东方出版社1996年版,第4—7页。
④ 蔡仁厚:《中国哲学史的总检讨与现代化、世界化背景上的新展望》,青岛:《东方论坛》2007年第5期。
⑤ 蔡仁厚:《中国哲学史的总检讨与现代化、世界化背景上的新展望》,青岛:《东方论坛》2007年第5期。

'只知有西,不知有东',不免有'出主入奴'之嫌。"①

基于上述,蔡仁厚将中国哲学史分为五个阶段。

第一个阶段是先秦时期,主题为"中国文化原初形态的百花齐放"②。在蔡仁厚看来,这个时期又可分为三个段落:一是孔子以前;二是孔子时代;三是孔子以后。"孔子以前"是由"二帝"、"三王"所代表的"圣王之统",这是中国文化的原初形态,代表性文献是"六经"。这个时期的特征是"人文精神日渐彰显",因为它的思想中心由"天道"本身而渐落在"天道性命相贯通"上。③"孔子时代"以其"仁教"为中国文化开启了继往开来的"长江大河",从而永远"灌溉"着中华民族的文化心灵。"孔子以后",由于孔子的"开光点醒",中国哲学的智慧便"明"了出来,于是"诸子百家"兴起,形成中国文化原初形态的"百花齐放"。④ 蔡仁厚认为,孔子开创的儒家具有双重"身份":一方面它是"诸子百家"中的一家;另一方面它又代表着中华民族的文化之统。因此,不能用"子学"、"诸子之学"这类名词来概括先秦时期的哲学思想。他说:"如果对先秦的哲学思想,笼统称之为'子学'或'诸子哲学',则不但忽视了孔子以前的文化思想,也不能概括儒家'代表民族文化之统'的那个身份。……而称之为'中国文化原初形态的百花齐放'。"⑤

第二个阶段是两汉魏晋,主题为"儒学转形(型)而趋衰与道家玄理之再现"⑥。这个阶段是先秦儒、道两家学术思想的延续。两汉经学是儒学的"转型",即由"内圣成德之教"转而为"经生章句之学"。不过,这种"转型"导致了儒学趋于僵化,进而引发魏晋玄学之代起。蔡仁厚说:"汉儒之学,虽然有其文化学术上的重大功绩,但对先秦儒家而言,却算不得是'善述善继'。甲、从'内圣'一面来说,汉儒只落于伦常教化的层次,而德慧生命未能充分透显……乙、在'外王'一面,虽有西汉五德终始的禅

---

① 蔡仁厚:《新儒家的精神方向》,第135页。
② 蔡仁厚:《新儒家的精神方向》,第143页。
③ 参见蔡仁厚:《新儒家的精神方向》,第143页。
④ 参见蔡仁厚:《新儒家的精神方向》,第390页。
⑤ 蔡仁厚:《新儒家的精神方向》,第144页。
⑥ 蔡仁厚:《新儒家的精神方向》,第144页。

让说,其结局却归于……君主专制的政治形态,从此天下为私历二千年而不变。"①与此同时,先秦诸子其他各家在思想上也都失去传承,没有了思想的精彩发挥。具体来讲,墨家流为侠,法家沉为吏,阴阳家"下委"而散入医卜星相,名家则断绝无延续。至此,先秦时期中国文化原初形态的"百花齐放""寿终正寝"了。不过,此阶段也并非"一无是处",因为它以道家思想"接引"了佛家哲学。蔡仁厚说:"魏晋人能弘扬老庄之玄理,又能以玄智玄理接引佛教之般若学,在中国哲学史上,这也是一个重大的关键。"②

第三个阶段是南北朝隋唐,主题为"佛教介入——异质文化的吸收与消化"③。在这个时期,借助于魏晋玄学这个"接引"的"桥梁",佛教思想在历经三百多年的"盘桓"之后,最终"打入"了中国人的文化心灵。具体来讲,虽然魏晋玄学"无"的智慧对佛教"空"的智慧形成了"接引"之势,但中华民族并不甘"受化"于佛教。所以,中国文化对佛教的"接引"表现为相辅相成的两个方面:一方面大量译习佛经,以期消化佛教,此为"强基"之措;另一方面又努力护持政教与家庭伦常,此为"固本"之举。基于这样两个方面,隋唐时期中国佛教界终于开出了"天台宗"、"华严宗"和"禅宗"等本土佛教派别。在蔡仁厚看来,中华民族能够消化、吸收一个外来大教,此乃人类文化史上的一个"特例",它表明中国"文化生命之浩瀚"与"文化心灵之高超"。他说:

> 中国能够吸收而且消化一个外来的大教——一个文化系统,这在人类文化史上乃是一个"绝无仅有"的特例;充分显示了中华民族"文化生命之浩瀚深厚"和"文化心灵之明敏高超"。而一个心智力量不衰的民族,当然会有它光明的前途。④

第四个阶段是宋明时期,主题是"儒家心性之学的新开展"⑤。蔡仁

---

① 蔡仁厚:《新儒家的精神方向》,第144页。
② 蔡仁厚:《新儒家的精神方向》,第145页。
③ 蔡仁厚:《新儒家的精神方向》,第145页。
④ 蔡仁厚:《新儒家的精神方向》,第147页。
⑤ 蔡仁厚:《新儒家的精神方向》,第147页。

厚认为,从 11 世纪到 16 世纪这 600 年中,全世界的哲学系统多缺乏精彩的表现,只有中国的宋明理学独能显扬人类理性的"光辉"。在此意义下,宋明儒学乃是儒学对人类哲学发展的重要贡献。具体来讲,宋明理学分为北宋、南宋和明代三个阶段。北宋时期以周敦颐、张载和程颢、程颐为代表,他们以儒家经典本有之义开展义理思想。南宋时期儒学展开为三系:程颢开胡五峰之"湖湘学统",程颐开朱子之学,陆九渊独开心学一派。到了明代,王阳明继承心学理路,创立"致良知教",使王学"遂遍天下"。① 在这三个阶段当中,无论是主张"性即理",还是主张"心即理",拟或"以心著性"②,它们都是以"心体"、"性体"为中心而展现的"心性之学"、"成德之教",故统称为"理学"。这一套学问既高明精微又平正通达,因"复活了儒家的形上智慧",故在儒家哲学史上具有极高的地位。蔡仁厚说:"宋明儒学有六百年的发展。他们重建道统,把思想的领导权从佛教手里拿回来,重新挺显了孔子的地位,使民族文化生命返本归位。他们在哲学上最大的贡献,是复活了先秦儒家的形上智慧。"③

第五个阶段是明清之际以后的近 300 年,主题是"文化生命的歪曲、冲激与新生"④。蔡仁厚认为,明清之际是中国文化学术的"转关"时代。在这个时代,顾炎武、黄宗羲、王夫之三大儒致力于"由内圣开外王事功",从而"开启了儒家第三期学术的序幕"⑤。但是,可惜的是,满清入主中原,民族生命受挫折,文化生命受歪曲,这一理论向度无法"伸展",学术风气遂一步步走向考据,从而造成文化心灵之闭塞和文化生命之委顿,进而造成"人的头脑日渐趋于僵化";"这就是形成近百年来中国悲剧的根本原因"。⑥ 因此,这是哲学"无所表现"的阶段,故在哲学史上无足轻重。到了民国之后,西方哲学开始流行于中国,对中国哲学的发展产生

---

① 参见蔡仁厚:《新儒家的精神方向》,第 147—148 页。
② 意即"以心体彰著性性"之义,即"性体"由"心体"体证,"心体"由"性体"而贞定。参见牟宗三:《从陆象山到刘蕺山》,《牟宗三先生全集》(8),台湾:联经出版事业股份有限公司 2003 年版,第 367 页。
③ 蔡仁厚:《新儒家的精神方向》,第 147 页。
④ 蔡仁厚:《新儒家的精神方向》,第 148 页。
⑤ 参见蔡仁厚:《新儒家的精神方向》,第 148 页。
⑥ 蔡仁厚:《新儒家的精神方向》,第 148 页。

了巨大影响,但结果却只是"西方哲学在中国",中华民族之慧命并未充分展开与发扬。蔡仁厚说:"就中国哲学史的发展而言,三大儒以后的清学,实在无足轻重。而西方文化冲入中国以后,我们的反应,也显得零乱无力而不成理路。民国以来,西方哲学流行于中国,但也只是在流行而已,……那也只是'西方哲学在中国',而并不能算是中国的哲学。"①不过,近半个世纪以来,中国台湾和香港地区及海外的儒家学者以其持续的精诚努力,终于为中国哲学的未来开辟了一条平坦之路。

二、中国哲学之智慧的方向

蔡仁厚认为,由于了解上的差异,对中国文化的特性会出现不同的认定。他顺着"物本"、"神本"、"人本"的分别,对中国文化的特性作了简明分析。在他看来,在上述三者之间,中国文化显然不是"物本",不是"神本",而是"人本"。所谓"物本",指首先正视自然,进而导出以知识为中心的文化思想;希腊文化是"物本"思想的代表。所谓"神本",指首先正视上帝,进而导出以神为中心的文化思想;希伯来文化是"神本"思想的代表。所谓"人本",指首先正视人,进而发展出以生命为中心的哲学智慧;中国文化是"人本"思想的代表。就整个西方文化来看,既有"物本"传统,亦有"神本"传统:哲学反映前者,以知识为中心,形成知识之学的"学统";宗教代表后者,以神为中心,发展为救赎的"教统"。因此,在西方文化之下,"学"与"教"双线并行,互不干涉。然而,二者却有一点相同,即皆重客观性。与西方文化不同,中国文化以生命为中心;它不仅重主体性,重实践,故发展出"心性之学"与"成德之教",而且"学统"与"教统"是合一的。对于中西文化这种差别,蔡仁厚说:

> (1)西方文化"以物为本,以神为本",中国文化"以人为本"。(2)西方文化"首先正视自然",中国文化"首先正视人"。(3)西方文化"以知识为中心",中国文化"以生命为中心"。(4)西方文化"重客体性,重思辩",中国文化"重主体性,重实践"。(5)西方文化

---

① 蔡仁厚:《新儒家的精神方向》,第148页。

"学与教分立",中国文化"学与教合一"。①

在蔡仁厚看来,哲学是文化的核心,故中西文化的差异其根源在中西哲学的不同。他说:"一个文化系统的哲学思想,是形成这一个文化系统最根源的部分。"②他认为,与其他哲学相比,中国哲学确有其独到的智慧之处。他说:"中国哲学器识弘大,智慧甚高。"③总的来看,因为中国哲学特别注重实践,故表现出比西方哲学更高的智慧。蔡仁厚说:"中国哲学重实践过于重知识,其理论亦以满足实践为依归。"④在此,所谓"实践"是指对于生命意义的追求以及生命境界的提升。蔡仁厚认为,中国哲学之"定常的骨干"是儒家,即中国哲学以儒家为主流。他说:"中国的哲学,自有其源远流长的传统,而这个传统是以儒家为主流。以儒家为主流的哲学思想,乃是民族文化生命中的常数——定常的骨干,这是不可断绝的。"⑤就儒家而言,其围绕"实践"所进行的建构包括如下几个方面:其一,开发"人性本善的道德动源"与"天人合德的超越企向",以此作为实践的动力。其二,建立"孝悌仁爱的伦理思想"与"情理交融的生活规范",以此作为实践的规约。其三,体验"生于忧患、死于安乐的生死智慧"与"因革损益、日新又新的历史原则",以此作为看待人生社会的基本观点。其四,提揭"修齐治平、以民为本的政治哲学"与"内圣外王、天下为公的文化理想",以此作为儒家哲学的基本宗旨。⑥关于整个中国哲学的智慧方向,蔡仁厚说:

> 对中国来说,"哲学"乃是二十世纪的新词。数千年来,中国传

---

① 蔡仁厚:《中国哲学史的总检讨与现代化、世界化背景上的新展望》,青岛:《东方论坛》2007年第5期。
② 蔡仁厚:《新儒家的精神方向》,第131页。
③ 蔡仁厚:《中国哲学史的总检讨与现代化、世界化背景上的新展望》,青岛:《东方论坛》2007年第5期。
④ 蔡仁厚:《中国哲学史的总检讨与现代化、世界化背景上的新展望》,青岛:《东方论坛》2007年第5期。
⑤ 蔡仁厚:《新儒家的精神方向》,第391—392页。
⑥ 参见蔡仁厚:《儒家思想的现代意义》,第36页。

统学术的内容纲领和学门分类早已形成规格。譬如"经史子集"。"经"有章句与义理之分,"史"有编年、纪传、记事本末之别,"子"又分为诸子百家,"集"则人各一部,包罗尤其驳杂。但中国学问,总是以"生命"(人、人生、人事)为中心,而不同于以知识为中心的西方之学。①

依着蔡仁厚的理解,中国哲学之智慧的方向是"以生命为中心";在这一智慧方向下,中国哲学的特质体现在三个方面:

其一,"天人合一:本天道以立人道,立人德以合天德"②。依照中国哲学的义理,"天道"和"人道"、"天德"和"人德"不仅是相关的,而且是相互"回应"的。正因为如此,才有所谓的"天人合一"之说。质言之,"天道性命相贯通"是以儒家为主流的中国哲学最为基本的"义理骨干"。在蔡仁厚看来,基于这样一种义理的实践,可以使人生与宇宙相通,使道德与宗教相通,达到"主体与客体"的统一,从而获致生命心灵完整性的贞定和安顿。因此,从根本处、原则处来看,中国哲学所显发的文化方向和文化理想,实是最平正通达,也最高明深远,故最适合于全人类来共同努力以求其实现。蔡仁厚说:

> 这样的哲学思想,可以使人的生命心灵,有纵横二度的开扩发展——通上下是纵的提升,合内外是横的融通。(知识之学没有纵的上下通贯,只有横的主客对列。)③

其二,"仁智双彰:以仁为体,以智为用"④。所谓"仁智双彰",是指"仁通内外,智周万物(周,谓周遍、遍及)"⑤。在蔡仁厚看来,无论就个

---

① 蔡仁厚:《中国哲学史的总检讨与现代化、世界化背景上的新展望》,青岛:《东方论坛》2007年第5期。
② 蔡仁厚:《儒家思想的现代意义》,第22页。
③ 蔡仁厚:《儒学传统与时代》,石家庄:河北人民出版社2010年版(下同),第88页。
④ 蔡仁厚:《儒家思想的现代意义》,第23页。
⑤ 蔡仁厚:《儒家思想的现代意义》,第23页。

人的成德还是就文化的功能而言,"仁智双彰"的"模型"都是最优越的。也就是说,虽然"礼乐的内在本质乃是'仁'","仁"乃是"生活行为规范"之"内在的根",但"仁"亦需由"实践"而展开和显现。① 首先,由"仁"的感润通化而成己、成人、成物,这是从"体"显发出来的最为普遍的善意。也就是说,"仁"可以感通于人类,通化于万物,而达于"民胞物与"②的境界。其次,由"智"的明觉朗照,而知人明理,而"开物成务"③,而"利用厚生"④,这都是"智周万物"所显示的大用。再次,尽管"智周万物"乃"大用",但由于"以仁为体"、"为本",智之"用"可以导入道德的规范,从而实现价值性的要求。所以,蔡仁厚认为,"仁智双彰"是一种具有普遍意义的"哲学模型"。他说:

> 仁智双彰的哲学模型,也应该是人类哲学所可以共同采取的。至少可以提供其它哲学系统作为观摩反省的借镜。⑤

其三,"心知之用:上达与下开"⑥。蔡仁厚认为,"心"既可以分为"道德心"、"认知心",也可以总合为"心知"这个观念。或者说,"心知"可以"上达"而为"道德心";也可以"下开"而为"认知心"。具体来讲,关于"上达",他说:"心知的上达之路,是通过'良知''明觉'来完成圣德,以臻于天人合德的境界。"⑦因此,在"上达"这方面,"心知"的表现是"与物无对"的,是消融了主客对待而与天地万物一体的。即,它是通过"良知""明觉"而实现与天地合德,目标是"成圣德"。关于"下开",是通过"转出""认知心"形成"主客对列之局",目标是"成知识"。他说:"心知

---

① 参见蔡仁厚:《新儒家的精神方向》,第390页。
② 参见章锡琛点校:《张载集》,中华书局1978年版(下同),第62页。
③ 王弼注,孔颖达疏,李申、卢光明整理,吕绍纲审定:《周易正义》,北京:北京大学出版社1999年版(下同),第286页。
④ 孔安国传,孔颖达疏,廖明春、陈明整理,吕绍纲审定:《尚书正义》,北京:北京大学出版社1999年版(下同),第89页。
⑤ 蔡仁厚:《儒家思想的现代意义》,第23页。
⑥ 蔡仁厚:《儒家思想的现代意义》,第23页。
⑦ 蔡仁厚:《儒家思想的现代意义》,第23页。

的下开之路,是通过良知明觉的'自我坎陷'转而为认知心,使心知之明'与物为对',形成主客对列之局,以主观面的'能知'认知客观面的'所知',来成就科学知识。"①在蔡仁厚看来,就"上达"来看,中国哲学已有充分的表现;但就"下开"来看,它是中国哲学当前所面对的时代使命。

基于中国哲学的特质,蔡仁厚对中西文化的成就进行了比较。在他看来,西方文化以"知性"为主,主要成就有三个方面:一是科学;二是民主;三是宗教。②概括地看,这三个方面之共性在于"主客对列"的格局:科学所体现的是"心与物对列",民主所体现的是"权利与义务对列",宗教所体现的则是"人与神对列"。所以,西方文化不讲"反求诸己"、"反身而诚",文化生命中的"德性主体"没有独立透显出来,故西方文化传统里没有"心性之学"和"成德之教"。③蔡仁厚说:西方文化"只有追求,而没有反求(取单向而无回向)"④。与西方文化不同,"在中国文化里担纲做主的是儒家儒教"⑤,而儒家的主要成就是顺着"德性主体"成就了"内圣成德之学"。所以,中国文化以"德性"为主,是重德的文化。具体来讲,对感性生命而言,"德性主体"是"化气成性",变化气质的偏和杂,以成就德性生命的价值;对知性生命而言,它是"摄智归仁",把理智活动摄归于德性涵润,使之依循价值规范。质言之,儒家是一种道德的进路,基本宗旨可以归结为两句话:一是"化气成性",以使"感性理性化";二是"摄智归仁",以使"知性价值化"。⑥

三、道德宗教与中国文化

在蔡仁厚看来,"文化"是与"自然"相对的概念:所谓"自然",指先天如此的、没有经过人为加工的存在;所谓"文化",指通过人为进行的价

---

① 蔡仁厚:《儒家思想的现代意义》,第23页。
② 参见蔡仁厚:《中国哲学史的总检讨与现代化、世界化背景上的新展望》,青岛:《东方论坛》2007年第5期。
③ 参见蔡仁厚:《中国哲学史的总检讨与现代化、世界化背景上的新展望》,青岛:《东方论坛》2007年第5期。
④ 蔡仁厚:《儒家思想的现代意义》,第209页。
⑤ 蔡仁厚:《儒家思想的现代意义》,第365页。
⑥ 参见蔡仁厚:《孔子的生命境界》,第120页。

值创造成果。具体来讲,文化的内容可以分为三个层面:一是民主、科学;二是文学、艺术;三是道德、宗教。① 关于这三者的关系,蔡仁厚认为道德、宗教是"根源",民主、科学是"枝干",而文学、艺术是"花果"。他说:"用一个譬喻来说,文化就像一株大树:(1)道德宗教是它的根和种子,属于先天的德性根源(在这一层要注意培元固本的工夫)。(2)民主与科学是它的枝干,是属于客观的理性架构(在这一层是显示支持撑开的作用)。(3)文学艺术是它的花叶果实,属于生命的感性活动(在这一层是表现缤纷灿烂的姿彩)。"②尽管文化可以分为这三个层面,事实上它们是一个有机的整体。也就是说,道德宗教、民主科学、文学艺术虽然有不同的外在表现,但在一个文化系统里它们是一脉相连的。因此,它们之间只有贯通一致,才能够使文化生命生机畅旺、欣欣向荣。当然,除了上述三个方面以外,"文化"还包括史学和哲学:"史学和哲学都是反省的、批判的学问,它的主要任务是对文化的演变发展和原则方向,随时加以省察,而提出观念的、系统的说明。"③

  道德、宗教既然是文化的根源,那么它们能起什么作用? 在蔡仁厚,就宗教来讲,它的作用大致包括三个方面:其一,"启发无限向上的超越精神"④。个体的生命是有限的,不仅寿命有限,而且人的智能和力量也有限。正因为如此,它催生了人们无限伸展的愿望,即希望突破生命的有限性而取得无限意义和永恒价值。这种超越"小我"、超越有限的愿望,显示出一种"扩大自我"、"提升自我"的企向和精神;这种企向和精神作为一种超越的企向和超越的精神,乃各大宗教的共同特征。其二,"决定生命的方向和文化的理想"⑤。前者是指对于人品、人格的价值的确定,后者是指理想追求目标的确定。就各大宗教来看,它们在这两个方面都发挥着重要的作用。其三,"开出日常生活的轨道与精神生活的途径"⑥。在有宗教传统的文化当中,人们日常生活轨道和精神生活途径均是由宗

---

① 参见蔡仁厚:《儒家思想的现代意义》,第355页。
② 蔡仁厚:《儒家思想的现代意义》,第356页。
③ 蔡仁厚:《儒家思想的现代意义》,第356页。
④ 蔡仁厚:《儒家思想的现代意义》,第357页。
⑤ 蔡仁厚:《儒家思想的现代意义》,第358页。
⑥ 蔡仁厚:《儒家思想的现代意义》,第359页。

教开出的。蔡仁厚认为,上述三个方面实又可归纳为两个方面:一是"人格的创造";二是"历史文化的创造"。他说:

> 宗教最中心的使命,第一是人格创造,所以儒家讲成圣人,佛教讲成佛,成菩萨,道家讲成真人,基督教讲成基督徒。第二是历史文化的创造。我们看人类的历史,一个文化系统的创造和某一个阶段的文化复兴,它的灵感的泉源是来自宗教——西方世界来自基督教,回教世界来自回教,印度来自佛教或婆罗门教,而中国则来自儒家。①

就整个人类文化来看,多数文化系统都经过了一个宗教阶段,即所谓自古"神道设教"。但是,中国文化系统却没有走宗教的路,中国也没有普通的"国教"。何以如此呢?蔡仁厚认为这有三点原因:其一,从周代开始,中国走上了"宗教人文化"的道路;其二,"天命天道下贯而为性",从而改变了"人神二分"的格局;其三,"道德与宗教通而为一",故宗教的作用由道德来代替。② 基于这样三点,中国没有走西方和印度之典型的宗教发展道路。他说:"在中国文化的演进中,意志天转为德化的天,人格神转为形上实体,这表示中国文化不走宗教的路,而要求宗教人文化。"③不过,这并非意味着中国文化反对宗教,而只是说中国文化将宗教融摄于道德之中。蔡仁厚说:"中国文化不走宗教的路,并不表示中国文化排斥宗教,而是说中国文化转化了宗教的形式,而却融摄了宗教的真理,使宗教和道德通而为一。"④他还说:"道德本就可以通往宗教,……在西方,道德与宗教大体是采取分开的方式。他们的道德概念比较是初层次的,而较高层次的精神心灵之生活,与生死幽明之际、天人之际的问题,则交托给宗教。……在中国,则将道德与宗教融通为一。所以作为中国

---

① 蔡仁厚:《儒家思想的现代意义》,第360页。
② 参见蔡仁厚:《儒家思想的现代意义》,第361—363页。
③ 蔡仁厚:《孔子的生命境界》,第7页。
④ 蔡仁厚:《儒家思想的现代意义》,第362页。

文化之主流的儒家,不但具备道德精神,而且也具备宗教精神与宗教情操。"①可见,儒家之教并不只有"教化"这一层,而且具有宗教的功能;因此,儒家之"道德的宗教"乃是一个不显"形式相"的大教。蔡仁厚说:

> 从形态看,儒家虽然不像一个宗教,但宗教的形态本就是多样性的,并没有理由一定要采取某种形式。人类如果有鉴于"世界各地因宗教信仰而引发战争"是个应该消弭的祸害,也许会发现儒家这个最不显"形式相"的"道德的宗教",才是最纯净、最圆熟的形式。②

从形式上考察,儒家没有教会组织,没有僧侣制度,没有"受洗"、"受戒"之类的仪式,也没有权威性的教义和对神的义务。由此来看,儒家看起来似乎不像一个宗教。蔡仁厚认为,宗教的形式其实并没有定然性,其形态也是多元性、多样性的,故不能认为所有宗教都具备固定的形式。儒家虽然没有其他宗教的形式,但它具有宗教所具有的功能,即它是中华民族共同的"生活原理"和"生活途径"。所谓"生活原理",即生活最根本的依据;其核心是:"怵惕恻隐之心"③,即孔子所说的"仁"。所谓"生活途径",即本乎"生活原理"之道理实践的轨辙和努力方向。"生活途径"包括两个方面:主观方面是"成己",即成就德性人格;它要求与"天道"、"天德"合而为一,以达到天人和谐、"天人合一"的境地;这是一种"通上下"的纵的实践。客观方面是"成物",进而成就家、国、天下;它要求与天下民物通而为一,以达到天下一家、"万物一体"的境界;这是一种"合内外"的横的实践。④ 因此,儒家是没有宗教形式的宗教。也就是说,在中国文化中,道德取代了宗教的职能,从而成为中国文化的根源。蔡仁厚说:

> 在别的文化系统中,只有宗教才能够表现的精神,只有宗教才能

---

① 蔡仁厚:《儒学传统与时代》,第53页。
② 蔡仁厚:《孔子的生命境界》,第15页。
③ 赵岐注,孙奭疏,廖名春、刘佑平整理,钱逊审定:《孟子注疏》,北京:北京大学出版社1999年版(下同),第93页。
④ 参见蔡仁厚:《儒家思想的现代意义》,第364—365页。

够发挥的作用,只有宗教才能够尽到的责任;在中国,都是由儒家来担负。所以说,儒家虽不同于一般的宗教,但它却是含具宗教意识的,是能表现宗教之功能作用的,是能显发宗教之超越精神的。①

蔡仁厚认为,经过过去2000年相互摩荡的过程,儒、释、道三教在"主从"、"宾主"关系下取得了平衡。即儒家乃中国文化的骨干,道家与佛教等只是"旁枝"和"宾客"。他说:"在中国文化里担纲做主的是儒家儒教,道家道教是居于副从旁枝的地位,所以儒与道是主从的关系。……佛教是印度传来的,所以佛教和儒家是宾主关系。"②不过,近百年来,西方文化的东渐对中国文化形成全面性冲击。因此,未来中国文化的格局将由"儒、道、佛"三者的相互摩荡转变为"儒、佛、耶"三教的相互摩荡。蔡仁厚说:"从'文化心灵'和'文化生命'的层面上来衡量,今后必将转为'儒、佛、耶'三教的相摩相荡。这是眼前的事实,也是时代的课题。我们必须正视它,而不可以采取鸵鸟政策,这是回避不了的。"③关于"儒、佛、耶"三教之摩荡,蔡仁厚主张"会通"而不是"对抗"。他说:"文化宗教上的真理,在表现的形态上一定是多元的。……我们只能在理性的原则上,在真理的标准下,虚心服善,以减少隔阂而增加了解。"④因此,中国人无论是宗教徒,还是非宗教徒,在未来的文化发展过程中应肩负双重责任:"(1)就非宗教徒而言,除了要担负文化责任,来保卫和发扬中国文化;同时也要承认宗教的地位和尊重宗教徒的宗教信仰。(2)就宗教徒而言,除了要做好一个教徒,尽到宗教所赋予你的责任;同时也要维护中国文化,要尊重儒家在中国文化中的主位性。"⑤当然,这双重责任可归结为一点,即以"弘扬中国文化"为宗旨。蔡仁厚说:

总括起来,非宗教徒和宗教徒的双重责任,都是以"做成一个中

---

① 蔡仁厚:《孔子的生命境界》,第16页。
② 蔡仁厚:《儒家思想的现代意义》,第365页。
③ 蔡仁厚:《儒家思想的现代意义》,第367页。
④ 蔡仁厚:《儒家思想的现代意义》,第369页。
⑤ 蔡仁厚:《儒家思想的现代意义》,第371页。

国人"为立足点,以"维护和弘扬中国文化"为基本目标。①

第二节 儒学之要点和价值

蔡仁厚认为,照理来讲,中国的知识分子对儒家的学问应该是了解的,但实际情况并非如此。究其原因,有如下几个方面:其一,自清朝到民国的"唯考据"学风僵化了中国人的文化心灵,因而导致儒家的慧命及其义理中断了。其二,西方文化的冲击打垮了中国人的民族自信、文化自信,因此而贬低、抗拒以至否定自家传统的儒家思想。② 然而,了解并光大儒家之学,不仅是我们不可推卸的责任,也是我们不可让渡的权利。基于这样一种认识,蔡仁厚探讨了儒家思想的要点:其一,以文化意识为入路。即文化意识是儒家思想的"血脉"。具体来讲,儒家的文化意识包括三个方面:价值意识——通过"人禽之辨"来显现;道德意识——通过"义利之辨"来表示;民族意识——通过"夷夏之辨"来表示。③ 其二,以"生命的学问"为特质。儒家重视"知行合一",故重视实践;重视实践,便必然重视实践主体——生命。因此,儒家以生命作为学问的对象,形成了一种"生命的学问"。④ 其三,以"内圣外王"为纲领。所谓"内圣之学",是指通过道德修养实践完成自己的德性人格的学问,此为"终极关怀"的范畴;所谓"外王之学",是指"开物成务"、利济天下的学问,此则为"现实关怀"的范畴。⑤

在蔡仁厚看来,"生命"是非常复杂、非常麻烦的,所以要加以调节、规范和引导,否则它便可能出现问题。具体来讲,"生命"包括"感性生命"、"知性生命"和"德性生命"三个层面。⑥ 关于"感性层的生命","情意"和"欲望"是其主要部分。因此,感性活动尽管丰富多彩,但感性文化

---

① 蔡仁厚:《儒家思想的现代意义》,第371—372页。
② 参见蔡仁厚:《新儒家的精神方向》,第5页。
③ 参见蔡仁厚:《新儒家的精神方向》,第94—104页。
④ 参见蔡仁厚:《新儒家的精神方向》,第94—95页。
⑤ 参见蔡仁厚:《儒家思想的现代意义》,第46页。
⑥ 参见蔡仁厚:《儒家思想的现代意义》,第199页。

有明显限制。关于"知性层的生命",其活动方式有两个特点:第一,把事物推出去成为对象,以形成"主客对列"之局,即,以主观的"能知"去认知客观的"所知"。第二,以概念"分解"对象,进而"规定"对象。所谓"分解",是对于对象的"质"、"量"、"关系"等进行分析。所谓"规定",是指运用定义规定对象,归纳成定理、定律,进而循之以获得客观知识。① 知性文化的价值有三个方面,即科学、民主、宗教。② 但是,知性文化所把握的只是"事实之真",而不能成就"价值之善"。关于"德性生命",它可以自我提升、自我开扩,而向各方面"流通贯注",从而完成多元性的价值创造。具体来讲,"德性生命"可以通向人伦世界,创造一个"天下一家"的社会观;可以通向人文世界,创造一个"精诚绵穆、慧命相续"的历史文化观;可以通向自然世界,创造一个"天人和谐"的宇宙观。③ 因此,"德性生命"可以融摄与提升"感性生命"和"知性生命",使其沿着正确的方向发展,发挥积极的正面的作用。

蔡仁厚认为,儒家思想可对人类未来发展提供如下四个方面的贡献。其一,"人的位分之确定"④。现代人由于"自利"和"自我",既不能自安,亦不能相安,进而会产生疏离之感,甚至会否定人生的意义。其实,在儒家看来,人的生命不应该相互疏隔,而应该交感相通。这里,关键是要脱开"自利"的拘蔽,便可以认清自己的"位分",进而成就多方面的价值。其二,"新旧矛盾之化解"⑤。20世纪以来人类历史经历着最剧烈的变化。面对古与今、新与旧的对立与冲突,儒家可提供"化解之道"。具体来讲,儒家的"化解之道"包括"返本开新"和"时中原则"两个方面。其三,"民生乐利之维护"⑥。使民有恒产而能安居乐业,这是儒家素来重视的原则。近代工商业文明虽然起自欧美,但近年来东南亚工商业取得快速发展,其中一个重要原因便是儒家伦理的作用。其四,"世界安和之实现"⑦。儒家思想

---

① 参见蔡仁厚:《儒家思想的现代意义》,第205页。
② 参见蔡仁厚:《儒家思想的现代意义》,第208页。
③ 参见蔡仁厚:《儒家思想的现代意义》,第217—219页。
④ 蔡仁厚:《儒家思想的现代意义》,第167页。
⑤ 蔡仁厚:《儒家思想的现代意义》,第170页。
⑥ 蔡仁厚:《儒家思想的现代意义》,第173页。
⑦ 蔡仁厚:《儒家思想的现代意义》,第175页。

"以仁为体,以恕为用"。① 至于"恕道"的实践,则依循两种方式来表现:一种方式是"己所不欲,勿施于人"②,这是"恕道"的消极义;另一种方式是"己立立人,己达达人"③,这是"恕道"的积极义。基于此,"世界安和"的实现,不能依靠西方的"金律",而必须有待于儒家的"恕道"。

一、儒家学问的要点

蔡仁厚认为,平常人们将儒、道、墨、法并举,将儒家视为"诸子百家"之一。其实,儒家除了列为"诸子百家"之一,它还是中华民族"道统"的代表者。这缘于两个方面的原因:其一,儒家所继承的是"二帝"、"三王"相承下来的全民族的"文化业绩",即"六经"。在孔子以前,"六经"是中华民族的原典。春秋战国时期,虽然"诸子百家"兴起,各自著书立说,但只有孔子把"六经"这份民族文化"家业"继承下来。后来,加上儒家人物的持续努力,儒家思想便成为了中国文化的主流。他说:"经者,常也。常理常道是立国的常经大法。……'经'和'子'的身分地位,有如根干和枝叶,不可相提并论。"④其二,儒家所开发的并不是"一时之见"或"一家之说",而是人们所当行的"常理"、"常道"。即儒家学术不同于一般的专门知识,而是日常生活的轨道和依据。蔡仁厚说:"它不是一套专门的知识,而是我们天天生活的一个依据。离开常理常道,人就不能表现生活的意义,不能成就人生的价值。"⑤可见,儒家之学一方面继承了中华民族的文化传统,另一方面开发了人类生活的"常理"、"常道"。由于这两方面的原因,儒家的地位高于其他"诸子百家"。蔡仁厚说:

> 由这两点简单的说明,可以了解儒家具有双重的身份,它一方面是诸子之一,同时又代表中华民族的道统。所以,儒家的地位是高于

---

① 蔡仁厚:《儒家思想的现代意义》,第175页。
② 何晏注,邢昺疏,朱汉民整理,张岂之审定:《论语注疏》,北京:北京大学出版社1999年版(下同),第158页。
③ 参见何晏注,邢昺疏,朱汉民整理,张岂之审定:《论语注疏》,第83页。
④ 蔡仁厚:《儒家思想的反省与前瞻》,上饶:《上饶师范学院学报》2001年第1期。
⑤ 蔡仁厚:《儒学传统与时代》,第37页。

诸子百家的。尊儒,不是尊诸子百家中的那个儒家,而是尊儒家所承续光大的中华民族的常理常道。①

在蔡仁厚看来,儒家思想的基本旨趣大约有"八端":其一,"人性本善"的"道德动源"。即肯定人有本善之性,自然就能"扩充"为善的言行。其二,"天人合德"的"超越企向"。即使人从尘凡中超越而上达"天德",以提升人类生命的意义。其三,孝悌仁爱的"伦理思想"。孝悌仁爱乃是人类的"常性",不容间断。其四,情理交融的"生活规范"。人的生活常态应是情理交融的生活,故须在此背景下以显立生活的规范。其五,生于忧患、死于安乐的"人生智慧"。忧患意识可以使人通彻生死,进而显发人生的智慧。其五,"因革损益"、"日新又新"的"历史原则"。人类历史的演进必须是因袭好的、革除坏的;如此方能日新其德,开发新生命。其七,"修齐治平"、"以民为本"的"政治哲学"。政治不应限于权力之争逐,而应该"以民为本",达成"修己治人"的目标。其八,"内圣外王"、"天下为公"的"文化理想"。即推己及人,内外交修,以达至世界大同的理想社会。② 在蔡仁厚看来,这八句话所含藏的道理可以作为"人类生活的基本原则"和"人类文化的共同基础"。③

基于这样"八端",蔡仁厚将儒家学问归结为三个要点。

其一,以文化意识为入路。在蔡仁厚看来,凡是一个真正的儒者,都有深厚而强烈的文化意识;所以要了解儒家,应该由文化意识契入。具体来讲,儒家的文化意识包括三个方面:首先,价值意识——通过"人禽之辨"来显现。④ 人自觉地和禽兽划清界线,这是人性自觉的第一步。以此自觉为基础,儒家建立起人性、人格、人伦、人道,进而开出整个人文世界。其次,道德意识——通过"义利之辨"来表示。⑤ 在儒家,无论人品、功业,都是以"义利之辨"作为评判的根据。道德意识作为发自"愤悱怵惕"的

---

① 蔡仁厚:《儒学传统与时代》,第37页。
② 参见蔡仁厚:《儒家思想的反省与前瞻》,第31—32页。
③ 参见蔡仁厚:《儒学传统与时代》,第269页。
④ 蔡仁厚:《新儒家的精神方向》,第101页。
⑤ 蔡仁厚:《新儒家的精神方向》,第102页。

道德感,也是不安于卑陋、不忍心堕落而要求德性上升的表现。没有道德意识的契入,对儒家所谓"慎独"、"诚意"、"正心"等道理便无法真切了解。再次,民族意识——通过"夷夏之辨"来表示。① 不过,"严夷夏之防"是文化意识,是"文明"与"野蛮"的分别,而不是狭义的种族界限。因此,这种以文化价值为依据的民族意识是开放的、和平的,不但不会形成狭义的民族主义,反而能表现出"兴灭继绝"的人类之爱。总之,这样三个方面的文化意识乃儒家学问的"血脉"。蔡仁厚说:

> 由价值意识、道德意识、民族意识凝敛而成的"文化意识",乃是儒家学问的血脉所在。离开了文化意识,可以说就没有真正的儒家学问。所以,要相应地契会儒家的学问,就必须先要激发培养我们深厚而强烈的文化意识。②

其二,"生命的学问"是儒家学问的特质。蔡仁厚认为,儒家重视"知行合一",故重视实践,亦重视实践的主体——生命。因此,儒家以生命作为学问的对象,形成了"生命的学问"。他说:"儒家学问不着重于知识性的论证和概念性的思辨。它不措意于满足知识理论的要求,而是着重于满足人生实践的要求。所以儒家之学说是行为系统的学问,而不是属于知识系统的学问。"③在蔡仁厚看来,人实际上有正、负两个方面的生命:正面的是"德性生命",负面的是"气质生命"。④ 相对于这两个方面的生命,儒家而有两个方面的道德实践:就"德性生命"而言,它要求涵养、充实、发扬,以求得圆满地完成。就"气质生命"而言,它需要予以变化和节制。所谓"变化",是指"化掉气质中的偏与杂,使生命变得中正合理而无所偏,变得清澈纯一而无所杂";所谓"节制",是指"要使情欲纳入轨道的限制中而不放纵、不泛滥"。⑤ 相对而言,尽管这负面的"变化"、

---

① 蔡仁厚:《新儒家的精神方向》,第102页。
② 蔡仁厚:《新儒家的精神方向》,第103页。
③ 蔡仁厚:《新儒家的精神方向》,第94—95页。
④ 参见蔡仁厚:《新儒家的精神方向》,第95页。
⑤ 参见蔡仁厚:《新儒家的精神方向》,第95页。

"节制"亦为儒家所重视,但儒家用心的重点则集中在正面的道德实践。

蔡仁厚认为,儒家的道德实践还可分为"主观面的实践"和"客观面的实践"。所谓"主观面的道德实践",它以完成德性人格为目标。所谓"客观面的道德实践",它以淑世济民、成就天下事物为目标。① 然而,无论哪一种实践,都必须从内省修德做起,以培养"德性主体"。所谓"德性主体",就是内在的道德心即"仁心",亦即孔子的"仁"和孟子的"本心"。然而,"仁心"又不只是内在的,它同时又是超越的。具体来讲,"天道"贯注到生命中而成为"性"即"仁心",这是由上而下,由超越而内在;人有了天赋的"仁心",再通过"尽心"工夫上达天德,这是由下而上,由内在而超越。"由上而下"和"由下而上"两个方面之统一,便是儒家道德实践的完整内容。蔡仁厚说:"由上而下是来,由下而上是往,在这一来一往之中,主观内在面的心性与客观超越面的天道天命,便通贯而为一,这就是所谓'天道性命相贯通。'儒家就是根据这个'既内在而又超越,既主观而又客观'的心性本体,来进行他们学问的讲论,来展开他们人生的实践,来完成他们价值的实现和创造。"②他还说:

> 儒家这"生命的学问",(1)由主观面的纵的实践,要求与天道天命通而为一,这是成就生命之"质"的纯一高明;(2)由客观面的横的实践,要求与天下民物通而为一(联属家国天下而为一体,与天地万物为一体),这是成就生命之"量"的广大博厚。高明以配天,博厚以配地,这两面合起来,人的庄严高贵与充实饱满的生命,便可以得到真实的完成。③

其三,"内圣外王"是儒家思想的纲领。蔡仁厚认为,所谓"内圣外王",它包括"内圣之学"和"外王之学"两个方面。关于"内圣",他说:"内圣,是安身立命的道德宗教之问题,属于'终极关怀'一面。"④儒家认

---

① 参见蔡仁厚:《新儒家的精神方向》,第95页。
② 蔡仁厚:《新儒家的精神方向》,第96页。
③ 蔡仁厚:《新儒家的精神方向》,第96页。
④ 蔡仁厚:《儒家思想的现代意义》,第46页。

为,人人都可以成为圣贤,即都可以通过道德实践完成自己的德性人格。具体来讲,道德实践基于两个方面的根据:一个方面是超越的客观的根据,即"本体";另一个方面是内在的主观的根据,即"工夫"。所谓"本体",是指超越的形上的"天道"、"天命"、"乾元"等;"本体"既是形上的实有,又具有创造生化的作用。质言之,"本体"是即体即用、即寂即感、能创造生化的本体。所谓"工夫",即是指道德修养、体证"本体"的具体实践。对此,儒家主张体证"本体",使"本体"通过"工夫"而呈现起用;"本体"既已呈现,便能自觉的不容已地表现为道德行为。关于这两个根据,蔡仁厚说:"重视工夫,固然是满足实践的要求;而讨论本体,也不是由于纯理论的兴趣,而仍然是为了满足实践的要求。这是儒家学问的一大特色。"①因此,"内圣之学,主要就是集中在本体与工夫这两个问题上"②。进而,若实现了"即工夫即本体"③,便可达到"通透圆满"的内圣成德境地。

关于"外王",蔡仁厚说:"外王,则是事功问题,其中含有政治与知识技术二行,这是属于'现实关怀'的一面。"④他认为,"外王"是"内圣"的延伸,"内圣"一定要通向"外王"。即,道德心性不仅要求"立己",同时也要求"立人";不仅要求"成己",同时也要求"成物"。历史地看,儒家的"外王之学"理想很高,但在客观义理上还不足够,主要症结有两个方面:其一是只有"治道"而没有"政道";其二是"开物成务"的知识条件有所不足。就第一个方面来看,从"禅让"而世袭到革命而打天下的历史循环明显表示出,在政权转移这个问题上中国并没有建立起客观的法制,即安排政权的"政道"没有开出来。就第二个方面来看,中国历史上虽不能说没有科学技术,但确实没有确立起知识学问的传统。⑤ 所以,今后讲"外王"必须要有新的"充实"。其一,政治方面要开出"政道",以消解朝代更替、治乱相循的病痛,即要完成民主建国的大业。其二,要开出知识

---

① 蔡仁厚:《新儒家的精神方向》,第97页。
② 蔡仁厚:《新儒家的精神方向》,第97页。
③ 黄宗羲:《黄宗羲全集》第七册,杭州:浙江古籍出版社1985年版,第14页。
④ 蔡仁厚:《儒家思想的现代意义》,第46页。
⑤ 参见蔡仁厚:《新儒家的精神方向》,第99页。

之学,以极成事功,即"开物成务"、"利用厚生",建立起知识学问的传统。唯有如此,才能真正"为生民立命,为万世开太平"。①

二、生命境界的层次

蔡仁厚认为,20世纪中华民族经历了"颠风巨浪"之"历劫"。因此,尽管中国文化中"进德修业"的道理从来不曾欠缺,但现代社会却出现了严重的"人文贫血"和"道德麻木"。在这样一种背景下,华夏子孙应该追求什么样的人格理想便成为一个问题。关于人格理想,通常有"天才"、"英雄"和"圣贤"三者。在这三者之间,蔡仁厚主张以秉持理性的"圣贤"为理想人格,因为"天才"不可学,"英雄"守不住理性原则。不过,圣贤人物亦有不同情况:其一是"圣之狂者",如伊尹;其二是"圣之狷者",如伯夷;其三是"圣之和者",如柳下惠。不过,理想的人格并不是这些圣贤,而应是"圣之时者"的孔子。② 蔡仁厚说:"伯夷、伊尹、柳下惠,力足够而巧不足,故难至乎圣而未足以及乎时中。孔子巧与力俱全,圣与智兼备,故能得其时中,而为'圣之时者'。古之圣人,各有所成,而惟时中之圣(孔子),方得圆满,而可称之为'圆圣'。"③因此,"我们的回答是:追随'圣之时者'。"④那么,学孔子的什么呢?学孔子所开创的儒家之道。依照儒家之道,人之追求有"天爵"与"人爵"之别:所谓"天爵",就是指高尚的品德;所谓"人爵",就是指高级的官职。孟子曰:"有天爵者,有人爵者。仁义忠信,乐善不倦,此天爵也。公卿大夫,此人爵也。"⑤基于上述区别,孟子认为"天爵"更为重要,故曰:"古之人修其天爵,而人爵从之。"⑥然而,"天爵"是需要"修"的,"修"的"实践"就是"进德修业"。依

---

① 参见蔡仁厚:《新儒家的精神方向》,第100页。
② 蔡仁厚:《从礼的常与变看仁心之不安不忍》,南昌:《南昌大学学报》(人文社会科学版)2000年第2期。
③ 蔡仁厚:《从礼的常与变看仁心之不安不忍》,南昌:《南昌大学学报》(人文社会科学版)2000年第2期。
④ 蔡仁厚:《从礼的常与变看仁心之不安不忍》,南昌:《南昌大学学报》(人文社会科学版)2000年第2期。
⑤ 赵岐注,孙奭疏,廖名春、刘佑平整理,钱逊审定:《孟子注疏》,第315页。
⑥ 赵岐注,孙奭疏,廖名春、刘佑平整理,钱逊审定:《孟子注疏》,第315页。

蔡仁厚的理解,"进德修业"则须以了解生命境界的不同层次为前提。

在蔡仁厚看来,"生命"这个名词的含义是非常丰富的,而且是非常庄严的。同时,生命也是非常复杂、非常麻烦的,它随时都可能出问题,所以要加以调节、规范和引导,使它能够循着正确轨道来表现。具体来讲,"生命"包括"感性生命"、"知性生命"和"德性生命"三个层面。按照儒家的传统,这三个层次实际上乃即是生命的不同境界。他说:

> 生活的活动,大致可以分为三个层面来看,一个是感性的层面,一个是知性的层面,一个是德性的层面。①

其一,感性层的生命。蔡仁厚认为,感性生命的端绪很多,内容也很复杂,不过,"情意"和"欲望"是其中主要的部分。具体来讲,前者指喜怒好恶之"情",后者指食色名利之"欲"。无论是"情意",还是"欲望",我们不能说它不对、不正当,也不能直接就说它是恶的;它们是"可善""可恶"的,故是"中性"的。他说:"'情意的表现和欲望的要求',虽然不一定能成就善,但也并不必然地就是恶,我们只能说它可善可恶的,是中性的。"②进一步,感性生命的活动展现为"才"、"情"、"气"三个方面,这三个方面的成果形成"感性文化"。他说:"尽才、尽情、尽气而有所成就,它就可以显示感性生命活动的价值。而这种价值的成果,我们可以称之为感性文化。"③在蔡仁厚看来,"感性文化"有优长之处,亦有明显限制:一个方面,"感性文化"最为多姿多彩,既赏心悦目,又可歌可泣;另一个方面,"感性文化"不能够以"理性原则"来支持生命、润泽生命。④

其二,知性层的生命。生命活动由感性而进到知性,由感觉层进到理解层,遂进入了"知性层的生命"。在蔡仁厚看来,知性活动有两个特点:第一,把事物推出去成为对象,形成"主客对列"之局,从而以主观的"能知"去认知客观的"所知"。在此,"能知"是知性主体所具有的认知机能

---

① 蔡仁厚:《儒家思想的现代意义》,第199页。
② 蔡仁厚:《儒家思想的现代意义》,第201页。
③ 蔡仁厚:《儒家思想的现代意义》,第201页。
④ 参见蔡仁厚:《儒家思想的现代意义》,第203—204页。

或作用;"所知"是认知的对象及所认知的内容。进而,把认知的内容条理化、系统化,便成为知识。第二,以概念"分解"对象,进而"规定"对象。所谓"分解",是对于对象的"质"、"量"、"关系"等进行分析。所谓"规定",是指运用定义规定对象,进而归纳成定理、定律,然后逐步得到明确的知识。① 对应地讲,知性层的生命活动成果成为"知性文化"。具体来讲,"知性文化"的价值有三个方面:第一是科学;第二是民主;第三是宗教。② 不过,"知性文化"亦有其不足之处,即"只有追求,而没有反求(取单向而无回向)"③。也就是说,知性文化顺着"主客对列"的格局来展开,只是一种"向外追求、向上攀依"的"单向度"的无限伸展,却不讲"反求诸己"、"反身而诚",故生命中的"德性主体"无法充分独立地透显出来。质言之,知性文化把握的只是一个"事实之真",却不能负责成就"价值之善"。④

其三,德性层的生命。蔡仁厚认为,人的血肉之躯并没有很高的价值性,真正的生命价值需要境界的提升和开扩显示出来。具体来讲,无论在"时空境",还是在"超时空境",生命都可以有"纵的提升"和"横的开扩"。从"时空境"看,纵贯面是古往今来的历史,横扩面是天地万物。就生命的特征来看,它可以逆溯时间之流而上通千古,与古人"相遇"于一堂,此乃"贯古今";亦可以由内向外感通而没有限隔,即可以与天地万物通而为一,此乃"通物我"。不过,此"通物我"乃就道德而言。蔡仁厚说:"平常所说的'天人合一',仍不免失之笼统,未能点出其所以合一的关键。儒家讲天人合一,是在德上合。所以必须说'天人合德',才算说出天人合一的真确意义。"⑤从"超时空境"看,人的精神生命同样可以"通天人"、"彻幽明"。即不仅可与"天道"、"天命"相合德,而且亦可与神灵相贯通。总之,生命在"纵的提升"中可以"贯古今"而与古人同在,又可以"通天人"而与天地合德;在"横的开扩"中,可以"通物我"而与万物为

---

① 参见蔡仁厚:《儒家思想的现代意义》,第205页。
② 参见蔡仁厚:《儒家思想的现代意义》,第208页。
③ 蔡仁厚:《儒家思想的现代意义》,第209页。
④ 参见蔡仁厚:《儒家思想的现代意义》,第209页。
⑤ 蔡仁厚:《孔子的生命境界》,第45页。

一体,又可以"彻幽明"而与鬼神相通。可见"人"是一个"通上下"、"合内外"的"大我",此"大我"即是可以显发无限价值的"德性生命"。①

蔡仁厚认为,"德性生命"的功能主要有两个方面:第一,"使感性理性化";第二,"使知性价值化"。即它可以融摄并提升"感性生命"和"知性生命",使其沿着正确的轨道,发挥积极的作用。他说:"(1)对感性生命而言,它可以'化气成性',变化气质的偏与杂,以完成德性人格的价值。(2)对知性生命而言,它可以'摄智归仁',把理智的活动摄归于德性生命的涵润主导之中,使它依循着价值的规范来活动,以显示正面的积极的作用。"②不仅如此,"德性生命"因为可以自我提升、自我开扩,而向各方面流通贯注,故能够完成多元性的价值创造。具体来讲,其多元的价值创造包括三个方面:第一,可以通向人伦世界,创造一个"天下一家"的社会观,即由家庭关系向外推扩,形成一个"四海之内,皆兄弟"的社会。第二,可以通向人文世界,创造一个"精诚绵穆、慧命相续"的历史文化观。其三,可以通向自然世界,创造一个"天人和谐"的宇宙观。③ 质言之,"德性生命"可以上下四方"流注贯通"而进行价值创造。蔡仁厚说:"人天不隔,天人合德,正就是孔子的生命境界。"④他还说:

> 德性生命上下四方的流通贯注,可以创造一个"天下一家""慧命相续""天人和谐"的广大丰富的价值世界。⑤

三、儒家思想的现代意义

蔡仁厚认为,儒家思想不仅没有过时而成为"历史文物",反而在很多方面具有普遍意义,甚至可以作为整个人类生活的原理和人类文化的基础。在他看来,儒家学术不同于一般的专门知识,而是日常生活的轨道和依据。他说:"它不是一套专门的知识,而是我们天天生活的一个依

---

① 参见蔡仁厚:《儒家思想的现代意义》,第227页。
② 蔡仁厚:《儒家思想的现代意义》,第210页。
③ 参见蔡仁厚:《儒家思想的现代意义》,第217—219页。
④ 蔡仁厚:《孔子的生命境界》,第5页。
⑤ 蔡仁厚:《儒家思想的现代意义》,第219页。

据。离开常理常道,人就不能表现生活的意义,不能成就人生的价值。"①不仅如此,儒家并不只就中华民族"发言",而是就全人类"讲话"。他说:"儒家讲学,一直是对全人类乃至全宇宙而发言。……所以儒家所讲论的,并不是一套特殊的理论主张,而是具有普遍性和永恒性的'常理常道'。……儒家哲学中的基本观念及其具有代表性的思想,都可以作为'人类生活的基本原理'和'人类文化的共同基础'。"②尤其在工具理性日益"猖獗"的今天,儒家所可提供的"健康"的"原则"和"方向"更显得弥足珍贵。蔡仁厚说:"儒家虽不能为现代社会提供特殊的'力量',但却可以提供健康的'原则'和'方向'。脱序失轨的力量,终须有原则以为规范,有方向以为引导。"③因此,当前的重要任务是把儒家的这些"原则"和"方向"诠释出来,以贡献于全人类。他说:

> 中国传统哲学中的许多基本概念,都具有独立自足的意义,而且是无可取代的。只要运用现代的语言加以诠释,就可以豁醒它的意涵,继续显发它的效用。④

在蔡仁厚看来,儒家思想在如下四个方面可对人类的未来发展作出贡献。

其一,"人的位分之确定"⑤。在蔡仁厚看来,现代人有几个共同特征:"一是人生目标太过狭隘,二是生活态度太过自利,三是自我中心太过膨胀。"⑥因此,现代人常常出现"人生脱位"、"生命失落"的情形。也就是说,由于"自利"和"自我",人既不能自安,亦不能相安,进而会产生疏离感,甚至丧失人生意义与生命价值的肯定。其实,在儒家看来,人不应该相互疏隔,而应该交感相通。人作为一个独立个体,不限于只是一个

---

① 蔡仁厚:《儒学传统与时代》,第37页。
② 蔡仁厚:《儒学传统与时代》,第269页。
③ 蔡仁厚:《儒学传统与时代》,第121页。
④ 蔡仁厚:《儒学传统与时代》,第147页。
⑤ 蔡仁厚:《儒家思想的现代意义》,第167页。
⑥ 蔡仁厚:《儒家思想的现代意义》,第167页。

"个体人";人可以通向家庭而为"家庭人",通向社会而成为"社会人",通向国家而为"国家人",通向世界而成为"世界人"。而且,人可以同时兼而有这些不同的"位分"。也就是说,人的"位分",既非一成不变,亦非互不相关;而是可以随宜改变,又可互为重叠。这里,关键是要脱开"自利"的拘蔽,便可认清自己的"位分",进而成就多方面的价值。质言之,人无论在何时、何地,都可以顺其位而明其分;能明其分,即可尽其分;能尽其分,便是生命价值的显现。① 蔡仁厚说:

> 儒家这个道理,确能有助于人之"定位、安位"、"明分、尽分",以谋求人类福祉之增进。②

其二,"新旧矛盾之化解"③。蔡仁厚认为,20世纪以来人类经历着剧烈的历史变化,古与今、新与旧都在形成对立与冲突;面对这些对立与冲突,儒家可提供"化解之道"。具体来讲,儒家的"化解之道"包括"返本开新"和"时中原则"两个方面。关于"返本开新",他说:"返本,是表示不能抛弃传统;开新,是表示必须与时俱进。儒家与诸子的学术性格有一个重大的差异,是即:诸子只求开新而不知返本,唯儒家能真正返本开新。"④当然,"返本"并不是复古,而是为了"开新"。也正因此,儒家之承先启后、继往开来使得它成为中国文化的主流。蔡仁厚说:"儒家的传承,是通过理性反省而完成的'批判的继承';儒家的创造,是返本溯源而有所承续的'发展的创造'。而儒家之所以能够成为中国(以及东亚)文化的主流,主要就在于它能'返本以开新'。"⑤关于"时中原则",他说:"时中的'中',是不变的常道;时中的'时',是应变的原则。"⑥依着儒家的义理,从个人到家、国、天下,都必须依循"常道"来生存发展,所以"守常"是天经地义的。然而,当"常道"遭受破坏时,就必须采取应变策略。

---

① 参见蔡仁厚:《儒家思想的现代意义》,第167—169页。
② 蔡仁厚:《儒家思想的现代意义》,第169页。
③ 蔡仁厚:《儒家思想的现代意义》,第170页。
④ 蔡仁厚:《儒家思想的现代意义》,第170页。
⑤ 蔡仁厚:《儒家思想的现代意义》,第171页。
⑥ 蔡仁厚:《儒家思想的现代意义》,第171页。

不过,"应变"只是手段,并不是目的;"应变"的目的仍在守护"常道"。质言之,儒家主张"守常以应变"的思想智慧,即"道"虽恒常不可变,而"表现道"的方式则须因时而制宜,此即为"时中原则"。

其三,"民生乐利之维护"①。在蔡仁厚看来,使民有恒产而能安居乐业,这是儒家素来重视的原则。众所周知,圣人制礼作乐以开出生活的"常道",本是"先得我心之所同然"②,以"心同理同"③为基础的。因此,儒家思想不是某人或某阶级所颁布的教条,而是可以适应社会演变而"制其宜"的。历史证明,近代工商业文明虽然起自欧美,但近年来东南亚工商业取得了快速发展,一个重要原因是儒家伦理的作用。儒家伦理教人"勤劳"、"敬业"、"互信"、"互助"、"和谐"、"合作",同时要求"日新又新、随时求进",并采取"中庸"的"和平改革",反对激进的"暴烈手段"。这些伦理原则,不仅有助于政治的稳定、社会的和谐,而且有助于企业的发展、经济的繁荣。同时,儒家素来重视教育事业,而教育自可助于人才培养、知识进步及科技发展。当然,东南亚经济的发展还有政治体制、社会结构、法律制度等原因,而儒家伦理只是其精神的动力。不过,尽管不能说单靠儒家伦理即足以创造经济繁荣,但可以说儒家伦理表现出一种特有的品质,即将传统的教化功能转化为现代的企业精神。因此,"儒家伦理有助于现代经济之发展,则大致已堪认定"④。

其四,"世界安和之实现"⑤。蔡仁厚认为,儒家思想"以仁为体,以恕为用"⑥。具体来讲,"仁"的基本特性是"感通润物",而"恕"即"仁心"由内向外感通的通道。"恕道"有两种方式:一是"己所不欲,勿施于人"⑦,这是"恕道"的消极义,但却是基本义。二是"己立立人,己达达人"⑧,这是

---

① 蔡仁厚:《儒家思想的现代意义》,第173页。
② 赵岐注,孙奭疏,廖名春、刘佑平整理,钱逊审定:《孟子注疏》,第303页。
③ 参见陆九渊著,钟哲点校:《陆九渊集》,北京:中华书局1980年版(下同),第483页。
④ 蔡仁厚:《儒家思想的现代意义》,第174页。
⑤ 蔡仁厚:《儒家思想的现代意义》,第175页。
⑥ 蔡仁厚:《儒家思想的现代意义》,第175页。
⑦ 何晏注,邢昺疏,朱汉民整理,张岂之审定:《论语注疏》,第158页。
⑧ 参见何晏注,邢昺疏,朱汉民整理,张岂之审定:《论语注疏》,第83页。

"恕道"的积极义。① 对此两义,他说:"两义交互为用,吾心之仁就可以通出去,而润人润物,淑世济民。儒家基于'仁爱、推己'之义,而主张'兴灭国,继绝世',亦正是恕道原则的高度实践。"②西方有所谓"己所欲,施于人"之"金律",有人以为这个"金律"比孔子的"恕道"更好。在蔡仁厚看来,这是"一知半解"的认识。第一,其不明白,孔子的"恕道",除了消极义的"己所不欲,勿施于人",还有积极义的"己立立人,己达达人"。第二,其不了解,单纯的"金律"之所谓"己所欲,施于人"很容易为人类带来极大的灾害。③ 正因为如此,"世界安和"不能靠西方的"金律"而获得,而须有待于儒家的"恕道"精神。他说:

> 如果人类能够学习儒家"将他心比己心,以己心度他心"的恕道精神,在"尊重他人"(己所不欲,勿施于人)的基础上,进而"关怀他人"(己欲立而立人,己欲达而达人),随时随事都能设身处地为他人想一想;如此,则世界的纷扰冲突将可大为减少,而人类亦才有希望真正和平相处,相安相生,而进于大同之城。④

第三节 儒学与现代化

蔡仁厚继承了现代新儒家的理路,对中国文化采取"同情式的理解",并做了细致的梳理。就中国文化来看,他认为其历史发展虽有"根脉",但表现出"大开大合"样式的特征。在此,所谓"开",表示文化生命的"破裂"或"歧出";所谓"合",表示文化的"消化"、"融铸"与综合构造。⑤ 第一度的"大开大合"是从先秦到两汉;第二度的"大开大合"是从魏晋到宋明;宋明以后为第三度的"大开大合"。具体来讲,他认为,自孔子等原始儒家奠定了儒学和中国文化的义理方向后,"诸子百家"形成中

---

① 参见蔡仁厚:《儒家思想的现代意义》,第175—176页。
② 蔡仁厚:《儒家思想的现代意义》,第176页。
③ 参见蔡仁厚:《儒家思想的现代意义》,第176页。
④ 蔡仁厚:《儒家思想的现代意义》,第177页。
⑤ 参见蔡仁厚:《新儒家的精神方向》,第1页。

国文化之"破裂"和"歧出";孟子、荀子致力于扭转和改变此一局面,到两汉时期中国文化出现了"合"的局面。此为第一度的"大开大合"。然而,两汉时期的"合"并不圆满,于是有了玄学的兴起和佛学的传入,从而引发了中国文化的再度"破裂"与"歧出"。经过儒者们的努力,在宋明时期儒学的形上智慧得以恢复,使儒学归于中国文化的主位,进而形成中国文化的"合"。此为第二度的"大开大合"。然而,由于宋明儒学"内圣强外王弱",表现出明显的弊端,故晚明以来中国文化再度形成"大开"之局面:考据学风之形成和西方文化之冲击。在此背景之下,现代新儒家尤其是牟宗三勇敢在担当起历史使命,为实现中国文化第三度的"合"指明了方向。在此意义下,自晚明至今,中国文化发展为第三度的"大开大合"。①

  在蔡仁厚看来,中国哲学把宇宙视为一个"大生命",它向来就是对全人类"发言",因此其义理具有普遍意义。不过,义理上虽然具足,功能上仍不免有所限制。具体来讲,限制表现为未能开出"民主政治"与"知识之学"。② 因此,中国哲学不仅要走向"现代化",而且还必须走向"世界化"。所谓中国哲学的"现代化",其义包含两个方面:其一,通过现代语言把中国哲学的思想和智慧阐述和显发出来,使它能为现代人所了解和接受。其二,对中国哲学做进一步"批判的反省",既重新认识和发挥它的优点长处,也补救它的短缺和不足,以获求进一步的充实发展。③ 所谓中国哲学的"世界化",是指中国哲学要进一步走向世界,成为人类多元哲学中的一元。蔡仁厚认为,要实现中国哲学的"现代化"和"世界化",取决于两个决定性因素:其一,中国哲学本身的义理纲维能否重新"显发"出来? 其二,中华民族能不能像消化佛教那样消化西方哲学?④ 历史地看,第二个因素成为百年来困扰中国哲学界最大的问题,因此可以称为"世纪大困惑"。面对"世纪大困惑",现代新儒家提出了"化解"的方案,即"三统并建"的纲领:其一,光大内圣成德之教,重开"生命的学

---

① 参见蔡仁厚:《新儒家的精神方向》,第1—6页。
② 参见蔡仁厚:《儒家思想的现代意义》,第47—48页。
③ 参见蔡仁厚:《儒家思想的现代意义》,第27页。
④ 参见蔡仁厚:《儒家思想的现代意义》,第28—29页。

问",这是"道统"问题。其二,开出法制化的"政道",以完成民主政体建国,这是"政统"问题。其三,调整文化心灵的表现形态,开出知识之学,这是"学统"问题。①

作为牟宗三的大弟子,蔡仁厚不仅对牟宗三的生平、人格有诸多介绍,对于其哲学亦有深入研究和弘扬。他认为,可以"气性之高狂,才品之俊逸,学思之透辟,义理之深彻"②四句话来概括牟宗三的人格和学问。质言之,这四句话可凝炼为"敦、品、励、学"四个字。具体来讲,蔡仁厚的研究包括三个方面:其一,对于牟宗三生平及学思历程的研究和介绍,主要作品有《牟宗三先生学思年谱》、《国史拟传》等。其二,对于牟宗三学术思想的介绍与宣扬,主要作品包括《牟宗三——中国历代思想家丛刊》以及系列学术论文等。其三,对于牟宗三哲学思想的阐释,相关作品包括《新儒家的精神方向》、《儒家思想的现代意义》、《儒家心性之学论要》、《中国哲学的反省与新生》、《新儒家与新世纪》等著作和系列论文。在他看来,牟宗三在如下方面对中国哲学作出了重要贡献。其一,重新开显儒、释、道三教的义理系统,使其具有了现代意义,从而为中国哲学进入世界哲学之林作出了贡献。③ 其二,抉发中国哲学所涵蕴的主要问题,从而实际上完成了一部"好的中国哲学史"。④ 其三,省察儒家外王事功方面之不足,提出通过"三统并建"以推动"儒学第三期之发扬"。⑤ 其四,借助于康德哲学这个"桥梁",通过"道德的形上学"的建构,实现了中西哲学的"会通"。⑥

一、中国文化之"大开大合"

蔡仁厚认为,"六经"是中华民族文化的"源","诸子百家"是中华民族文化的"流"。历史地看,道家、墨家、法家以及名家、阴阳家都不能继

---

① 参见蔡仁厚:《儒学传统与时代》,第103页。
② 牟宗三:《国史拟传》,第16页,《牟宗三先生全集》(32),台湾:联经出版事业股份有限公司2003年版。
③ 参见蔡仁厚:《牟宗三先生学思年谱》,第92页。
④ 参见蔡仁厚:《孔子的生命境界》,第140页。
⑤ 参见蔡仁厚:《牟宗三先生学思年谱》,第260页。
⑥ 参见蔡仁厚:《牟宗三先生学思年谱》,第93页。

承文化传统,唯独孔子不但自觉地承述"六经",而且赋予"六经"以新的内涵解释,因此,孔子在中国文化史上居于"继往开来"的地位。班固认为,孔子"上承六艺(六经),下开九流"①。在蔡仁厚看来,上承"六经"是"继往",下开"九流"是"开来";"继往"而能达到圆满的综合,便是孟子所谓的"集大成"②;"开来"而能指点文化的途径和方向,是对于中国文化之"长江大河"的开启。③ 具体来讲,孔子以前,"二帝"、"三王"的"圣王之统"是王者的"礼乐之教"。孔子顺着此方向进一步创发"仁教"即"成德之教",使"礼乐之教"中的"生活的形式规范"转为"生命的自觉实践"。这是孔子的创造,因此"成德之教"也可以称为"孔子的传统"。④ 实际上,"孔子的传统"就是中华民族文化的中心和骨干,也是中华民族文化的总原则和总方向。蔡仁厚说:

> 中国文化通过尧舜与夏商周三代的蕴蓄发展,凝结而成为华夏文化的原初型态。这就是二帝三王所代表的"道之本统"。再经过孔子的点醒开发,将王者的礼乐转化为成德之教,……孔子点出礼乐文化的本质是"仁",乃使中国文化达到第一阶段的圆成。孟子说:"孔子之谓集大成。"这句话是具有真实意义的。因此我们可以说:孔子以前,是中国文化的"源",孔子以后,是中国文化的"流"。二千五百年来,中国文化的"开""合"发展,都和孔子息息相关。⑤

在蔡仁厚看来,2500多年来,中国历史文化的演进虽然有起伏、曲折和分化,但均是在"孔子的传统"涵盖、"笼罩"下的发展。历史地看,中国文化呈现出一种"大开大合"样式的发展。所谓"开",是表示文化生命的"破裂"或"歧出"。公允地看,这虽然并非幸事,但也并非绝对的坏事,因为中国文化生命可以在"破裂"之中开出新端绪,可以在"歧出"之中吸收

---

① 参见班固撰,颜师古注:《汉书》,中华书局1962年版(下同),第1701—1785页。
② 赵岐注,孙奭疏,廖名春、刘佑平整理,钱逊审定:《孟子注疏》,第269页。
③ 参见蔡仁厚:《新儒家的精神方向》,第1—2页。
④ 参见蔡仁厚:《中国哲学史的总检讨与现代化、世界化背景上的新展望》,青岛:《东方论坛》2007年第5期。
⑤ 蔡仁厚:《儒家思想的反省与前瞻》,《上饶师范学院学报》2001年第1期。

新内容。每逢"开"之阶段,儒家一方面会强固守护,以保护传统之本;另一方面也会适应时代之需,迎接挑战而孕育新的思想。所谓"合",是表示文化的"消化"、"融铸"、综合构造。在此,"消化"是指求量的充实,"融铸"是指求质的纯一;在此二者的基础上儒学会实现综合构造,以求文化生命的升进发展。① 纵观历史,中国文化至今经历了三个大的阶段性发展,即在晚明以前已经有过两度的"大开大合":第一度是从先秦到两汉;第二度是从魏晋到宋明。自晚明至今,中国文化发展已进入第三度的"大开大合"之中。② 蔡仁厚说:

> 中国文化的演进,可以分为三个大的段落。一是从先秦到两汉,二是魏晋到宋朝,三是近三百年孔教中国的衰微。③

关于第一度"大开大合"。蔡仁厚认为,以孔子、孟子和荀子为代表的先秦儒家为儒学的义理规模创规制范,奠定了儒学日后两千多年发展的基本方向。作为儒学的始祖,孔子上承"二帝"、"三王"流衍而来的"道之本统",顺着周公"据事制范"制定的周文,提升一步以"摄事归心",建立起以"仁"为核心的"成德之教"。这样,礼乐教化不再只是外在形式,而是有生命基础的实在内容。自此,孔子不仅开启了儒学的义理方向,而且确立了儒学在中国文化中的主流地位。④ 孔子之后,"诸子百家"兴起,形成中国文化生命第一度的"开"——学术思想之"开"。针对"破裂"、"歧出"的弊端,孟子、荀子等儒家人物"挺身而出",护持孔子开启的"内圣外王"之道,以期文化生命由"开"转"合"。孟子与荀子之义理方向虽然不同,但皆为孔子之"仁教"的展开。但是,由于荀子只把仁智全体中的"智"独彰出来,失于一偏,故孟、荀之间应以孟子为中心。之后,儒学发展到两汉,进入"通经致用"的阶段,由此完成了中国文化第一度之"合"。蔡仁厚说:

---

① 参见蔡仁厚:《新儒家的精神方向》,第1—12页。
② 参见蔡仁厚:《新儒家的精神方向》,第1—6页。
③ 蔡仁厚:《儒家思想的反省与前瞻》,《上饶师范学院学报》2001年第1期。
④ 参见蔡仁厚:《新儒家的精神方向》,第390页。

进到汉朝,"除强秦之苛暴,流大汉之恺悌"(班固语),复古更化,通经致用,以学术指导政治,以政治指导经济,才完成了中国文化第一度的"合"。①

关于第二度"大开大合"。蔡仁厚认为,两汉时期的这个"合"并不圆满,因为它在"内圣"方面只落于伦常教化,而未开显"德慧生命";在"外王"方面落于君主专制,进而影响中国历史2000年。② 正因为如此,之后儒学渐衰而玄学渐起;更为甚者,玄学作为"桥梁""接引"了佛教进入中国。这样,中华民族文化因为异质文化的加入又一次"大开"。对此,宋明儒者动心忍性,一方面守护儒家的政教制度与家庭伦常;另一方面消化、吸收佛学,最后终于使儒学走向复兴之路,从而使中华民族文化走向第二度的"合",由此下开宋明理学600年的发展。历史地看,宋明儒学对于儒学发展确有"复兴"的意义;由于它复活了先秦儒家的形上智慧,"表现了哲学思想的光辉"③,故重新确立起儒家思想的主导地位。蔡仁厚说:"他们最大的贡献,应该是复活了先秦儒家的形上智慧。"④ 就形上智慧来讲,宋明儒者建立了"心本体论"、"理本体论"或"气本体论";不管是哪一种本体论,它们都是对孔子之"仁"本体的继承或发展。⑤ 就确立儒家思想的主导地位讲,宋明儒者基于消化、吸收外来佛教思想的精华,创立了具有"佛学色彩"的儒学形上学;将佛学思想吸收于儒学,从而使中华文化的"大流"得以重新畅通。蔡仁厚说:

宋明儒学有六百年的发展,他们重建道统,把思想的领导权从佛教手里拿回来,重新挺显了孔子的地位,使民族文化生命返本归位,而完成第二度的"合"。⑥

---

① 蔡仁厚:《新儒家的精神方向》,第2页。
② 蔡仁厚:《新儒家的精神方向》,第2—3页。
③ 蔡仁厚:《新儒家的精神方向》,第391页。
④ 蔡仁厚:《新儒家的精神方向》,第4页。
⑤ 大致讲来,"心本体论"以陆王心学为代表,"理本体论"以程朱理学为代表,而"气本体论"以张载气学为代表。
⑥ 蔡仁厚:《新儒家的精神方向》,第4页。

关于第三度"大开大合"。蔡仁厚认为,宋明儒学虽有其贡献,但也确有局限性,突出表现为"内圣强而外王弱"。他说:"宋明儒的成就和贡献,毕竟偏重于内圣一面。外王事功方面,则缺少积极的讲论和表现,此即所谓'内圣强而外王弱'。"①由于这种局限性,晚明以来民族文化生命再度"歧出",渐而形成第三度之"大开"。具体来讲,第三度"大开"表现为两个方面:其一,在清代"由内圣开外王"无法伸展,故不得不走向考据;考据本身虽有一定价值,但它成为风气则会僵化心灵、萎顿文化。蔡仁厚说:"考据本身自有一定的价值,事实上也没有人直接反对考据。但考据成一定的学风,学术只限于考据,那就必不可免地会造成文化心灵之闭塞和文化生命之萎顿。"②其二,西方文化的东渐,使得中华民族文化受到空前的冲击。他说:"受到西方文化宗教的冲击,民族文化生命更是破裂歧出而落到信心丧失、中风狂走的地步。"③因为这样两个方面,"这第三度的文化生命之大开,……成了一开而不易收拾之势"④。在这种形势之下,以牟宗三为代表的现代新儒家勇敢地担当起历史使命,为第三度的"合"指示出正确的方向。蔡仁厚说:

> 有"开"必有"合",这是理所当然,势所必至的事。照目前的现状和情势来看,中国文化第三度的"大合",似乎是言之过早。但就思想疏导的工作而言,我以为牟宗三先生的著作,已经为中国文化发展的方向和途径,作了明确而中肯的提示。⑤

二、"世纪大困惑"与现代新儒家的致力方向

如前所述,蔡仁厚认为,相对于世界而言,中国哲学不仅不是毫无价值,反而很多思想具有普遍意义。具体来讲,中国哲学把宇宙视为一个"大生命",故中国哲学不仅是就中华民族"发言",而且向来就是对全人

---

① 蔡仁厚:《新儒家的精神方向》,第4页。
② 蔡仁厚:《新儒家的精神方向》,第5页。
③ 蔡仁厚:《新儒家的精神方向》,第5页。
④ 蔡仁厚:《新儒家的精神方向》,第5页。
⑤ 蔡仁厚:《新儒家的精神方向》,第11页。

类"发言"。因此,其基本观念绝大部分可以作为"人类生活的基本原理",也可以作为"人类文化的共同基础"。① 而且,就哲学作为一门学问来讲,其本性是超越国别和时代的。他说:"就哲学的本性而言,既没有古今之异,也没有新旧之分,应该是超越时代的。"②如此来看,中国哲学很多义理不仅具有普遍意义,而且是独立自足、不可取代的。当然,这些义理很多是儒学的内容,因为儒学是中国哲学的骨干。不过,义理上虽然具足,但功能上不免有所限制。从"质"上看,儒家的道理如"内圣外王"、"修己治人"、"成己成物"、"天人内外",可谓无所偏失,此之谓"义理上的具足";但从"量"上看,则许许多多理所当为的事,却常有迁延而未能实行,或行之而不够圆满,如"内圣开出外王",此之谓"功能上的局限"。质言之,"知识之学"与"民主政治"之未能开出,确是传统儒家的重大欠缺。③

在蔡仁厚看来,尽管传统儒家有重大欠缺,但是以往没有的,今后可以有;传统儒学的不足,现代儒学自当匡正补救。因此,中国哲学不仅要走向"现代化",而且还必须走向"世界化"。所谓中国哲学的"现代化",其内涵包括两个方面:其一,通过现代语言把中国哲学的思想阐述出来,从而把中国哲学的智慧显发出来,使它能为现代人所了解,并进入人的生命心灵之中。其二,对中国哲学做进一步批判的反省,既重新认识和发挥它的优长之处,也补救它的缺欠之处,以获求进一步的充实发展。④ 那么,何谓中国哲学的"世界化"呢? 它实是"现代化"之推进一步,是指中国哲学要进一步走向世界,成为人类多元哲学中的一元。当前,中国哲学"世界化"的关键是与西方哲学系统相互会通,从而使中国哲学的精粹透入其文化系统之中。由上述可见,所谓中国哲学的"现代化"和"世界化"二者实是密切相关的,或者说,二者乃是中国哲学发展的一体之两面。蔡仁厚认为,无论是"现代化",还是"世界化",其决定性的因素有两个方面:其一,中国哲学本身的义理纲维能否重新"显发"出来? 其二,中华民

---

① 参见蔡仁厚:《儒学传统与时代》,第269页。
② 蔡仁厚:《儒家思想的反省与前瞻》,《上饶师范学院学报》2001年第1期。
③ 参见蔡仁厚:《儒家思想的现代意义》,第47—48页。
④ 参见蔡仁厚:《儒家思想的现代意义》,第27页。

族能不能像当初消化佛教那样,来消化西方的哲学和宗教?①

历史地看,20世纪中国知识界的最大困扰是"中西"问题,即如何正确处理中西文化或中西哲学的关系问题。此乃上述决定性因素的第二个方面。对于这个问题,蔡仁厚认为百年来我们并未很好的解决之,故而成为一个"世纪大困惑"。他说:"当时的知识分子对于民主科学的理解实在不够真切,以为民主是'西方的'生活方式,科学是'西方的'新知识,中国既然要民主,要科学,就得把自己的传统文化彻底打倒,以便'全盘西化'。这种甘心做西方跟班的心态,哪里还有堂堂华夏子孙的精神器识!在如此昏昧丧心的情形之下,20世纪的中国乃一直处于噩梦困境之中,而民族文化生命也一直郁结而不开朗,阻滞而不通畅。这到底是个什么性质的问题呢?这个'世纪的大困惑'⋯⋯"②面对"世纪大困惑",既涌现出以"全盘西化"、"全盘俄化"为核心的"激进主义思潮",也涌现出以"保皇"、"保教"和"国粹"为核心的"保守主义思潮"。在现代新儒家看来,这两种思潮都没有处理好"中西"问题。因此,他们主张"返本"以"开新":所谓"返本",是指"回归'以仁为中心'的文化传统,畅通'以仁为本根'的文化生命"③。所谓"开新",一个方面,"要拓展新的文化道路,使'真、善、美'交融会通,同时予以成就";另一个方面,"要开发新的文化内容"。④ 具体来讲,现代新儒家有三个致力方向:其一,光大内圣成德之教,重开"生命的学问"。其二,开出法制化的政道,完成民主政体的建设。其三,调整文化心灵的表现形态,开出知识之学。⑤

就第一个方向来看,其重点是要开显"生活的原理",决定"生命的途径"。⑥ 蔡仁厚认为,"成德之教"早已成为中华民族文化生命的"定常骨干"。在历史上,它并非儒家所独有,而是表现于儒、释、道三教相互摩荡的过程之中。不过,在今天,它的"光大"不再是儒、释、道三者的相互摩

---

① 参见蔡仁厚:《儒家思想的现代意义》,第28—29页。
② 蔡仁厚:《儒家思想的反省与前瞻》,《上饶师范学院学报》2001年第1期。
③ 蔡仁厚:《孔子的生命境界》,第105页。
④ 蔡仁厚:《孔子的生命境界》,第105页。
⑤ 参见蔡仁厚:《儒学传统与时代》,第103页。
⑥ 参见蔡仁厚:《儒学传统与时代》,第5页。

荡,而将是"儒、佛、耶"三者的相互摩荡。具体来讲,"辨耶"即中国哲学与西方哲学的相互摩荡将成为当前的重要工作。① 就第二个方向来看,是指肯定民主政治的必然性,由此开出法制化的政权运行转移之轨道。② 蔡仁厚说:"民主政治不仅是保障人权而已,而且是实现各种价值的基础。"③中国传统政治虽然有巨大成就,但亦有明显的缺点,如有"治道"而无"政道",故存在"朝代更替"、"君位继承"和"宰相地位"之"三大困局"。④ 就第三个方向来看,是指从原来"重德"的文化"透显"出"知性主体",从而开出知识之学。不过,要开出"知识之学",仍需"本中国内圣之学解决外王问题"⑤。也就是说,"良知"本身虽不能直接成就知识,但它可以从"自由无限心""坎陷"为"有限心",从"与物无对"中转换为"与物为对",从而成就科学知识。⑥

在蔡仁厚看来,现代新儒家的三个致力方向是紧密相连的一个整体:"成德之教"的承续与光大是中国现代化的原则与方向,而"民主建国"与"科学发展"则是现代化的两大纲领。他说:"第一点是民族文化之统的延续与光大,这是引发文化创造力的源头活水,必须使它永远充沛而畅通。第二、第三两点,……中国之近代化或现代化,亦正好是集中在这最后两点上。"⑦蔡仁厚认为,上述三个方面之所以不冲突而存在内在关联,缘于"道德主体"不仅肯定一切文化价值,也要求成就一切文化价值。历史地看,近半个世纪以来,现代新儒家以其持续性的精诚努力,为儒学的发展确定了方向,也作出了巨大贡献。他说:"儒家学术,可分为三期:孔孟荀董是第一期,宋明儒学是第二期,现在是第三期。第三期的儒学……就当代新儒家的学术器识及其所开显的义理规模而言,不但已然超超越

---

① 参见蔡仁厚:《儒学传统与时代》,第8页。
② 参见蔡仁厚:《儒学传统与时代》,第8—9页。
③ 蔡仁厚:《儒家思想的现代意义》,第131页。
④ 参见蔡仁厚:《儒家思想的现代意义》,第84页。
⑤ 牟宗三:《历史哲学·增订版自序》,第15页,《牟宗三先生全集》(9),台湾:联经出版事业股份有限公司2003年版(下同)。
⑥ 参见蔡仁厚:《儒学传统与时代》,第12—14页。
⑦ 蔡仁厚:《儒学传统与时代》,第5页。

宋明,而且也使先秦原始儒家的精神方向,显示出新的充实和新的开扩。"①正因为如此,"世纪大困惑"虽不能说已彻底解决,但至少可以说"化解之道"已"逐渐明朗起来"。蔡仁厚说:

> 这个"世纪大困惑",到20世纪的后半,才逐渐明朗起来。……大家终于明白,中华民族的问题,不只是社会问题,不只是经济问题,本质上仍是一个文化问题,而且是全面性的文化问题。归总而言之,可以列为三大纲领。②

三、牟宗三哲学的主要贡献

由于较早地师从牟宗三游学,蔡仁厚开展牟宗三生平及哲学的研究也较早。关于牟宗三的学思历程,蔡仁厚依其"某一时期学思之着重点"③将其分为六个阶段:第一阶段叫作"直觉的解悟",是指牟宗三30岁以前就读于北京大学哲学系的时期。第二阶段叫作"架构的思辨",是指牟宗三30—40岁之间研究罗素(Bertrand Arthur William Russell,1872—1970年)《数学原理》、康德《纯粹理性批判》的时期。第三阶段叫作"客观的悲情与具体的解悟",是指牟宗三40—50岁之间;这是牟宗三对民族文化命运做"悲情地了解"的阶段,也是其学问思想臻于成熟的阶段。第四阶段叫作"旧学商量加邃密",时间是牟宗三50—60岁之间;这是牟宗三对儒学传统"心性之学"做彻底疏解、整理的阶段。第五阶段叫作"新知培养转深沉",此阶段是牟宗三60岁以后的时期;这是其哲学进一步升华和体系化的阶段。第六个阶段叫作"学思的圆成",时间是牟宗三70岁以后;在此时期牟宗三之哲思达至融通与"圆成"之境。④ 在蔡仁厚看来,尽管有如此不同阶段之划分,牟宗三的思想是连贯而系统的。他说:

> 实则,前一阶段之问题,常延续于后一阶段;后一阶段之思想,亦

---

① 蔡仁厚:《儒学传统与时代》,第115—116页。
② 蔡仁厚:《儒家思想的反省与前瞻》,《上饶师范学院学报》2001年第1期。
③ 蔡仁厚:《牟宗三先生学思年谱》,第99页。
④ 参见蔡仁厚:《牟宗三先生学思年谱》,第97—99页。

常引发蕴蓄于前一阶段。故仍当通贯前后,乃能得其问题之线索、思想之脉络与系统之展开。①

蔡仁厚认为,数十年来,许多哲学家很关心中国文化复兴的问题,但各人之所说多半只是零散的意见,欠缺通盘的、根源上的反省。与此不同,现代新儒家尤其是牟宗三则有通盘的、根源的考虑,故不仅弥补了儒家思想,而且亦发展了儒家思想。对于牟宗三哲学的学术成就,蔡仁厚总结说:"归总而言之:(1)重新开显儒释道三教的义理系统;(2)抉发中国哲学思想中所涵蕴的问题;(3)疏通中国哲学史开合发展的关节脉络;(4)省察儒家外王事功方面之不足及其充实开扩之途径;(5)全面比对中西文化精神表现之形态及其会通融摄之间架。凡此等等,牟先生都有超迈前修的表现。"②在蔡仁厚看来,若将以上所述再加以概括,牟宗三哲学的主要贡献可归结为如下四个方面。

其一,重新开显儒、释、道三教的义理系统。蔡仁厚说:"对'儒、道、佛'三教之义理系统,分别以专书作通盘之表述者,先生是古今第一人(以《心体与性体》四大册③讲儒家,以《才性与玄理》讲道家,以《佛性与般若》上、下册讲佛教)。"④当然,在牟宗三,开显释、道之义理是服务于其"抉发"儒家之义理的。他认为,儒、释、道三家都可显"自由无限心",故都可称为"实践的形上学"。当然,这三家形上学的特征和"入路"并不相同。释与道两家形上学是由"万法反显"、"求止求寂"上去,由否定意义的"反显"而形成,因此它们只具有"作用义";儒家的形上学则是由"道德实践"为"入路",由肯定的意义上"正显"而形成,故它具有"创生义"。基于这种分析,牟宗三秉承儒家的传统,建构起其"道德的形上学"。在蔡仁厚看来,牟宗三虽然以"抉发"儒家义理为目的,但他对儒家系统的梳理仍是客观的,而没有落入学派与门户之见。他说:"牟老师对儒家内

---

① 参见蔡仁厚:《牟宗三先生学思年谱》,第99页。
② 蔡仁厚:《牟宗三先生对哲学慧命的疏通与开发——牟先生铸造学术新词之意涵述解》,济南:《孔子研究》1999年第1期。
③ 所谓《心体与性体》"四大册",除了《心体与性体》三册外,还包括《从陆象山到刘蕺山》。
④ 蔡仁厚:《牟宗三先生学思年谱》,第92页。

部的系统,不拘于学派门户,皆能作客观的解析与讲论。这份胸襟,也有进于理学家。"①总之,牟宗三对于中国哲学义蕴的"抉发",推进了中国哲学进入世界哲学之林。蔡仁厚说:

  对中国哲学所涵蕴之问题,进行全面而通贯之抉发与讨论(见《中国哲学十九讲》),使中国哲学得以真正进入世界哲学之林。此项工作,亦未见其匹。②

  其二,抉发中国哲学所涵蕴的问题。在蔡仁厚看来,对中国哲学做反省,其实就是进行全面性的学术批判。在此方面,无论是"纵向度"的省察,还是"横向度"的比对,牟宗三都有专门而通贯的论述。他说:"就哲学问题的纲格而综述之,则牟先生《中国哲学十九讲》的讲述,尤能显示问题的脉络与义路。"③具体来讲,中国有没有哲学?什么是中国哲学?中西哲学的特质是什么?这是困扰中国学界长达半个多世纪的三个问题。通过牟宗三的工作,我们不仅肯定中国有哲学,而且"可以明确地陈述中国哲学思想中所涵蕴的'哲学问题',以及恰当评判中国文化在两千多年的义理开创中所引发的学术论辩"④。牟宗三通过他深入通贯的综述,不仅使中国哲学各期思想的义理得以阐明,进而使重要问题的义旨昭然若揭,更为重要的是为中国哲学指明了继往开来的道路。在蔡仁厚看来,一部好的中国哲学史,含有两个基本要求:第一,对于各家各派的哲学思想,必须有客观相应的理解。第二,对各阶段哲学思想开合演进的关节及其意义,必须有明确的辨识和衡定。⑤ 在此意义下,牟宗三所做的工作实际上已经完成了一部"好的哲学史"。他说:

  一部像样的、好的中国哲学史之写成,已经是可能的了。⑥

---

① 蔡仁厚:《牟宗三先生学思年谱》,第260页。
② 蔡仁厚:《牟宗三先生学思年谱》,第93页。
③ 蔡仁厚:《孔子的生命境界》,第121页。
④ 蔡仁厚:《孔子的生命境界》,第120页。
⑤ 参见蔡仁厚:《孔子的生命境界》,第121—122页。
⑥ 蔡仁厚:《孔子的生命境界》,第140页。

其三,省察儒家外王事功方面之不足,通过"三统并建"疏导、充实文化生命。面对全球性的现代化大潮,牟宗三不仅揭示了中国为何没有发展出科学和民主,而且还致力于儒学"开出"科学和民主。他认为,科学和民主依赖于"理性的架构表现",而儒学之传统乃"理性的运用表现"。不过,"理性的运用表现"可通过"曲通""转出""理性的架构表现",这是"良知的自我坎陷"的个中之义。所谓"良知""自我坎陷",乃指"良知""自我否定"、"自我逆转"而成为"认知心",从而为形成知识提供条件。① 进一步,为了在现实层面促进科学与民主,牟宗三提出"三统并建说":通过"肯定""道统"以稳住儒学之传统慧命;"开出""学统"以建立科学知识;"继续""政统"以确立民主政治。这即是其所谓实现现代化的"三大纲领"。② 在这"三统"当中,面对现时代应以"学统"和"政统"为主,但"学统"和"政统"的根据还在于"道统"。在蔡仁厚看来,"三统并建说"无论在内容上,还是在层面上,都超越了前人。他说:"先生所著新外王三书(《历史哲学》、《道德的理想主义》、《政道与治道》),是真能贯彻晚明顾、黄、王三大儒之心愿遗志,而开出外王事功之新途径者。自古迄今,亦不作第二人想。"③他还说:

> 牟老师承认在儒家的"道统"之外,还有"学统"(知识之学)与"政统",所以主张"三统并建":一是道统的肯定(内圣成德之教的承续与光大)。二是学统的开出(从民族文化生命中透显知性,以开出知识之学)。三是政统的继续(确认政体发展的意义,以肯定民主政治的必然性)。④

其四,会通中西哲学及中西文化。在牟宗三看来,西方哲学有三大传统,分别是柏拉图(Plato,前427—前347年)传统、莱布尼茨(Gottfried

---

① 参见牟宗三:《智的直觉与中国哲学》,第233页;《牟宗三先生全集》(20),台湾:联经出版事业股份有限公司2003年版(下同)。
② 参见蔡仁厚:《牟宗三先生学思年谱》,第15页。
③ 蔡仁厚:《牟宗三先生学思年谱》,第92—93页。
④ 蔡仁厚:《牟宗三先生学思年谱》,第260页。

Wilhelm Leibniz,1646—1716年)传统和康德传统。康德传统"消化"、"吸收"了在他之前的西方哲学传统,因此康德哲学达致了西方哲学的高峰。不仅如此,康德哲学也是整个人类哲学的里程碑,而且它还是中西哲学会通的"桥梁"。① 因此,牟宗三致力于研究康德哲学,也致力于通过康德哲学"会通"中西哲学。蔡仁厚说:"以一人之力,全译'康德三大批判',先生乃二百年来世界第一人。其所加之译注,尤其慧识宏通。而又履及剑及,随译随消化:以《现象与物自身》消化《第一批判》,以《圆善论》消化《第二批判》,以'真善美之分别说与合一说'消化《第三批判》,此亦古今译书者所未能也。……先生对中西哲学会通之道路,亦达到前所未有之精透,亦持续从事基本之讲论与疏导。(见《中西哲学之会通十四讲》及《四因说演讲录》。)"②具体来看,牟宗三的"会通"主要体现在如下方面:一是关于"物自身"与"现象"之超越的区分。二是关于"知性的逻辑性格",即对于被称为"哥白尼式的革命"的康德的时空观念和知性范畴的继承。三是关于"知性的存有论性格",即关于"现象"的"存有论"。四是人虽有限而可无限,即通过肯定人之"智的直觉"将康德认定人的有限性提升为无限性。③ 基于这样四个方面,牟宗三实现了在康德哲学基础上"百尺竿头,更进一步"。蔡仁厚说:

> 康德的智思,高矣强矣。但为西方传统所限,缺少从事文化融合之凭借。而先生则有东方智慧传统(儒、道、佛)作为凭借,所以既能赞赏康德之不凡,又能看出康德之不足。而康德之不足,实即西方哲学之不足(传统的限制)。所以必须与东方文化相摩相荡,相资相益,方能百尺竿头,更进一步。④

---

① 参见蔡仁厚:《孔子的生命境界》,第124页。
② 蔡仁厚:《牟宗三先生学思年谱》,第93页。
③ 参见程志华:《牟宗三哲学研究——道德的形上学之可能》,人民出版社2009年版(下同),第60—69页。
④ 蔡仁厚:《牟宗三先生学思年谱》,第93—94页。

第二章 戴琏璋

戴琏璋,1932年生于浙江省丽水县,1948年只身到台湾。1951—1955年在台湾师范学院(台湾师范大学前身)国文系学习,其间受教于牟宗三。毕业后在新竹中学教书。1959—1962年在台湾师范大学国文研究所①学习,获得硕士学位。1962—1969年在淡江文理学院任讲师、副教授、教授。1969—1993年任职于台湾师范大学国文系、所,担任副教授、教授。1985—1987年任新加坡东亚哲学研究所高级研究员。1996年曾任新加坡国立大学中文系客座教授。1992—1997年任"中央研究院"中国文哲研究所筹备处主任、教授、咨询委员兼任研究员,后任文哲研究所所长。曾两次获台湾"国家科学委员会""优等研究奖",三次获"杰出研究奖"。为国际儒学联合会第一、第二、第三、第四届副会长。2002年退休。现为"中央研究院"中国文哲研究所咨询委员兼任研究员。戴琏璋认为"牟先生是阳明以来第一人"②。他担任《牟宗三先生全集》编辑委员会主任,对于牟宗三著作的出版作出了贡献。

---

① 1956年设置国文研究所,专职培养研究生;1991年国文研究所与国文系合并。
② 参见王财贵:《经典教育与文化关怀文集》,北京:王财贵读经教育推广中心(下同),第150页。

戴琏璋"既有儒家尽其在我之忧患和担当,也有道家任运的自在和洒脱"①。其学术研究领域非常广泛,涉及中国哲学和古代语法等不同领域。杨祖汉说:"戴师……虽授国文文法,但亦精于义理。"②关于中国哲学,其研究有三个重点:其一为周易哲学及以此为基础的儒家天道观研究。其二为魏晋玄学研究。其三为疏解传统儒学资源的现代价值。不过,在这些内容当中,"儒家思想与实践其实是先生(指戴琏璋——引者)一向关心之所在,而且大体皆环绕现实机缘而发,和儒学的存续发展有密切关联,不止是理论观念的阐扬而已"③。有学者说:"先生的学术研究虽然肇始于古代语法,后并及于玄理哲学、文化思想的领域,而始终贯串于其中的,无疑是对儒学义理兴废的关怀。"④关于儒家哲学,戴琏璋的研究主要落实于儒学之为"生命的学问"、现代新儒学、传统文化与现代化三个方面。

戴琏璋的主要著作包括《儒学与新加坡》、《易传之形成及其思想》、《玄智、玄理与文化发展》等。此外,还合作主编了《刘宗周全集》,合著有《六十年来之国学》(第二卷)、《牟宗三先生的哲学与著作》、《屈万里先生七秩荣庆论文集》、《近世儒学与退溪学国际会议论文集》、《东亚文化的探索:传统文化的发展》、《传承与创新:中央研究院中国文哲研究所十周年纪念论文集》、《魏晋南北朝文学与思想学术研讨会论文集》(第五辑)等。在戴琏璋70寿诞时,弟子们编有《含章光化——戴琏璋先生七秩哲诞论文集》。

第一节 "生命的学问"

戴琏璋认为,《易经》之所以成为儒家经典,在于孔子开创了儒家的"易学"传统。在此传统之下,"秦汉以来,《易传》在易学与儒学传统中一

---

① 庄耀郎:《戴琏璋先生学行述要》,《含章光化——戴琏璋先生七秩哲诞论文集》,第8—9页。
② 杨祖汉:《含章光化——戴琏璋先生七秩哲诞论文集·杨序》,第1页。
③ 庄耀郎:《戴琏璋先生学行述要》,《含章光化——戴琏璋先生七秩哲诞论文集》,第8页。
④ 庄耀郎:《戴琏璋先生学行述要》,《含章光化——戴琏璋先生七秩哲诞论文集》,第8页。

直居于关键性地位"①。一个方面,《周易》的研究者,无论是取"象数"的观点,还是取"义理"的观点,立论的依据都离不开《易传》;另一方面,儒学的研究者,无论是"心学"的立场,还是"理学"的立场,思想的源头亦都来自《易传》。② 之所以如此,在于《易传》的作者们成功地会通了"易学"与儒学:不仅用儒学义理充实了"易学"的内涵,而且用"易学"的卦爻开拓了儒学的思路。③ 具体来讲,他们凭借"象位"来探索宇宙、体验人生,将"象位"作为解释宇宙人生的义理依据,从而形成了"易学"之"象位"与"义理""两大主脉"。就"象位"来讲,它不仅塑造了"天道观",亦成为"宇宙观"、"心性观"、"道德观"和"文化观"的依据。就"义理"来讲,《易传》的核心思想在"一阴一阳之谓道"④,此是《易传》在"天道观"方面的独到之处。具体来讲,《易传》是由"阴"与"阳"之展开来反映"天道"的体用:"道"的大用在一阴一阳中呈现,万物的体性在一阴一阳中呈现,人的仁智德性也是一阴一阳地呈现。

在戴琏璋看来,现代中国学术思想深受两个历史事件的影响:其一,1905年朝廷下令废除科举制度,建立现代的西方式的教育体制。其二,1919年爆发的"五四"运动,由救亡、启蒙的诉求而举起民主、科学的"大旗"。⑤ 在这两个历史事件的影响下,科学成为一套治学的万能的"符咒",进而发展成为"唯科学主义"一统学术思想界的局面。在这种局面之下,人文领域受到重大的冲击,宗教、道德等研究均成为外部知识的探讨,情感、意志及心性、天道方面的思考亦被抛弃。事实上,人类思维除了"科学思维"以外,"人文思维"亦是重要的方面;二者虽侧重、面向不同,但却是不可分割亦不可偏执的。所谓"科学思维",指人们观察事物而形成知识的心智活动。⑥ 所谓

---

① 戴琏璋:《易传之形成及其思想·序言》,台湾:文津出版社1989年版(下同),第1页。
② 参见戴琏璋:《易传之形成及其思想·序言》,第1页。
③ 参见戴琏璋:《易传之形成及其思想》,第230页。
④ 王弼注,孔颖达疏,李申、卢光明整理,吕绍纲审定:《周易正义》,第268页。
⑤ 参见戴琏璋:《关于人文的省思》,杭州:《杭州师范大学学报》(社会科学版)2010年第5期。
⑥ 参见戴琏璋:《关于人文的省思》,杭州:《杭州师范大学学报》(社会科学版)2010年第5期。

"人文思维",是指人们感应事物而呈现性情的心智活动。① 然而,一个多世纪以来,"人文思维"与"科学思维"二者出现了严重失衡,而这种失衡带来了诸多社会弊端和困境。因此,当前学界的重要任务是平衡"科学思维"与"人文思维",进而实现人文领域的"返本开新"。具体来讲,面对现代中国所出现的人文困境,人文领域的"返本开新"主要包括三个层面,即"个人生活人文化"、"人文教育生活化"及"人文学术生命化"。②

在戴琏璋看来,儒学与其他学问的不同之处在于它是一种"生命的学问"。即它所关心的重点在于人之如何成为一个真正的人。他说:"儒者这种学问,大体上是以生命的调护与安顿为其探索的起点;而以生命的和谐与美善为其追求的目标。其中问题的根源落实在生命上,理想的实现也落实在生命上,所以可称它为生命的学问。"③就具体内容来讲,儒家"生命的学问"包括三个方面:其一是个人修养;其二是"群体感通";其三是"万物感通"。④ 所谓个人修养,是指通过道德实践工夫使自己成为一个完美的存在。不过,要实现这样一个目标需要克服两层障碍:一是生命本身的困扰;一是现实际遇的限制。⑤ 所谓"群体感通",是指儒家不限于关心自身境界的提升,亦包括使所有人都成为完美存在。在此方面,儒家有两点思想非常有价值:一是求同存异,即人我之间求和不求同的观念;二是两全齐美,即群己之间兼顾而两全的观念。⑥ 所谓"万物感通",是指儒家基于"天地万物一体"⑦观念而有的"至乐"和宗教情怀。戴琏璋说:"儒者有此感悟,一方面就我与万物共其本源,彼此相契感通的至乐;另一方面对于这万物的本源会有敬畏、归属的宗教情怀。"⑧在戴琏璋看

---

① 参见戴琏璋:《关于人文的省思》,杭州:《杭州师范大学学报》(社会科学版)2010年第5期。
② 参见戴琏璋:《关于人文的省思》,杭州:《杭州师范大学学报》(社会科学版)2010年第5期。
③ 戴琏璋:《儒学与新加坡》,新加坡:东亚哲学研究所1987年版(下同),第11页。
④ 参见戴琏璋:《儒学与新加坡》,第20页。
⑤ 参见戴琏璋:《儒学与新加坡》,第14页。
⑥ 参见戴琏璋:《儒学与新加坡》,第16页。
⑦ 王阳明撰,吴光、钱明、董平、姚延福编校:《王阳明全集》,上海:上海古籍出版社1992年版(下同),第968页。
⑧ 戴琏璋:《儒学与新加坡》,第19页。

来,上述三个方面又可归为"成己"与"成物"两类,而这两类之根据均是"仁心"的自觉、存养和扩充。质言之,"仁心"乃是儒家之作为"生命的学问"的核心。①

一、《易传》与儒学

《易经》作为"六经"之首,在儒家思想史上据有重要的地位。不过,最初《易经》是占卜用书,是以"卜"和"筮"两种方法来断吉凶的著作。戴琏璋说:"《易》是占筮书。筮与卜是先民们决嫌疑、问吉凶的两种主要方法。"②所谓"卜",指用龟甲或牛的肩胛骨的裂纹来断吉凶;所谓"筮",指用蓍策的数目来断吉凶。因此,所谓"易学"本来是以卜筮为主的学问,其目的在探问吉凶祸福。戴琏璋认为,很明显,"易学"最初与"儒学"是不同的,因为"儒学"是"反求诸己"的"成德之教"。他说:"孔子在仁这方面的自觉,发展出一套以克己复礼为实践工夫的成德之教。"③不过,孔子通过诠释《易经》把二者结合了起来,使得传统"易学"发生了转向,从而确立起儒家的"易学"传统,也自此使得《易经》成为儒家经典。也就是说,孔子"五十以学《易》"④,但他不是以卦爻来占筮,而是借卦爻辞来发挥义理。因此,孔门师生的言谈中没有涉及卜筮的内容,后来孟子也未有关于卜筮的言论,荀子则进一步而提出"善为《易》者不占"⑤的说法。这样,孔子后学解释《易经》所成的《易传》虽然因作者不同,各篇内容亦有歧异,但基本思想却是一致的,因为他们共同承继了孔子所开创的"易学"传统。

戴琏璋认为,《易传》在儒学史上具有非常重要的地位。他说:"秦汉以来,《易传》在易学与儒学传统中一直居于关键性地位。"⑥具体来讲,

---

① 参见戴琏璋:《德性之知与见闻之知》,《牟宗三先生的哲学与著作》,台湾:学生书局1978年版(下同),第682页。
② 戴琏璋:《易传之形成及其思想》,第15页。
③ 戴琏璋:《易传之形成及其思想》,第38页。
④ 何晏注,邢昺疏,朱汉民整理,张岂之审定:《论语注疏》,第91页。
⑤ 王先谦撰,沈啸寰、王星贤点校:《荀子集解》,北京:中华书局1988年版(下同),第507页。
⑥ 戴琏璋:《易传之形成及其思想·序言》,第1页。

这种"关键性地位"体现在两个方面：一个方面，《周易》的研究者，无论是取"象数"的观点，还是取"义理"的观点，立论依据都离不开《易传》。另一方面，儒学的研究者，无论是"心学"的立场，还是"理学"的立场，思想源头亦都来自于《易传》。① 那么，为何《易传》具有如此重要地位呢？在戴琏璋看来，这里关键问题是看《易传》对于《易经》"继承了什么"，"发展了什么"，由此才"更能看清《易传》在哲学史上的地位"。② 对此，他认为，在孔子所开创的"易学"传统影响之下，《易传》所继承和发展的是《易经》的"象位"和"义理"，而不是占筮。他说："《易传》作者在这样的儒学传统中面对《易》书，自然都不曾沉迷于筮法；他们注意的焦点是易学传统中由筮法与人文精神相结合而形成的卦爻象位与义理。"③《易传》作者对于"象位"与"义理"的重视，使得二者形成儒家"易学"的"两大主脉"；而这"两大主脉"作为对《易经》思想的继承与发展，"为易学与儒学开拓了崭新的局面"。戴琏璋说：

> 明象位、重德业是易学发展的两大主脉；这两条主脉，发端于《易经》，贯穿于春秋、而结穴于《易传》。于是象位与义理，蕴含富美，相得益彰，为易学与儒学开拓了崭新的局面。这样看来，在易学的基本精神上，《传》不但并未违异于《经》，而且还可以说是对《经》作了最好的继承与发展。④

依着戴琏璋的理解，"两大主脉"之开创源于《易传》作者在《易经》与儒学两方面的"深邃学养"。一方面，《易传》作者如果不精通卦爻知识，就不可能在儒学中有新境的开拓和形上的创见；另一方面，《易传》作者如果没有来自儒学的道德实践体验，也不可能在卦爻中有深刻的哲思、高明的睿识。⑤ 以此为基础，他们不仅将占筮之书超越了迷信、巫术层

---

① 参见戴琏璋：《易传之形成及其思想·序言》，第1页。
② 参见戴琏璋：《易传之形成及其思想·序言》，第4页。
③ 戴琏璋：《易传之形成及其思想》，第229页。
④ 戴琏璋：《易传之形成及其思想·序言》，第4页。
⑤ 参见戴琏璋：《易传之形成及其思想》，第230页。

次,提升到理性的道德层次、哲学层次,而且也使儒家以往存而不论或语焉不详的"天道"思想获致有效的表达形式。具体来讲,就"易学"来说,他们把讨论重点从占筮转移到"象位"与"义理"。从此以后,"象位"与"义理"成为"易学"研究的"两大主脉";人们在《易经》中所要探究的,不再是际遇的吉凶祝福,而是在吉凶祸福中如何自处。就儒学来说,《易传》作者把讨论的兴趣从"心性论"转移到"天道论"。从此以后,"天道论"成为儒学研究的主题;人们在儒学中所要探究的,不只是如何面对自我、面对社会,而且还要追问如何面对自然、面对宇宙。由此来讲,《易传》实际上乃是对"易学"与儒学的会通。戴琏璋说:"《易传》作者,成功地会通了易学与儒学,他们用儒学的义理充实了易学的内涵;用易学的卦爻开拓了儒学的思路。"①在此意义下,"他们的成就,对易学与儒学的发展都起了决定性的影响"②。他还说:

  《易传》使易学的研究转向,于是《易》书成为儒家的经典;《易传》也使儒学的领域扩大,孔孟思想所蕴含的道德形上学因而得到圆满的完成。③

  就"象位"这一"主脉"来看,它是《易传》作者解说卦爻的依据,也是他们申论义理的凭借。所谓"象",指"卦象",即指"卦"所反映的"自然物象";所谓"位",是指"爻位",即爻在卦中所处的位置。戴琏璋认为,就"象"与"位"的关系来说,"象"更具有根源性,因为"位"其实也是一种广义的"象"。④ 就"象"来说,最具根源性的是"八卦"所体现的自然物象,即"乾"、"坤"、"震"、"巽"、"坎"、"离"、"艮"、"兑"所代表的天、地、雷、风、水、火、山、泽。不过,《易传》作者们以此为基础观念来探索宇宙、体验人生,即将"象位"作为解释宇宙人生的义理依据。于是,乾、坤不只是"乾卦"与"坤卦",它们还是万物所资始、所资生的"乾元"、"坤元"。"阴

---

① 戴琏璋:《易传之形成及其思想》,第230页。
② 戴琏璋:《易传之形成及其思想》,第230页。
③ 戴琏璋:《易传之形成及其思想》,第231页。
④ 参见戴琏璋:《易传之形成及其思想》,第229页。

阳"、"刚柔"也不只是动静、往来、阖辟等事物相对性的象征,它们还具有"健动"、"创生"、"仁""智"等人类的德性意义。这样,卦爻的"象位",不仅反映着宇宙天道,亦具有了人生价值。戴琏璋说:"《易传》各篇作者,……他们认为天地之道与人事是相感通的;卦爻结构既是天地之道的图象,也是人道的图象。古代圣人仰观俯察领悟了天地之道来制作卦爻,指点人事;后世君子则玩索卦爻借此洞悉天地之道以崇德广业。"①沿着这样一种理路发展,"象位"不仅塑造了"天道观",亦成为"宇宙观"、"心性观"、"道德观"和"文化观"的依据。他说:

> 卦爻的对偶性,塑造了从对偶关系、感应关系探索事物生化原理的天道观;也印证了仁智之德相生相成的心性观。卦爻的变动性,提示了"天地盈虚,与时消息"宇宙观;也加强了见几而作、适时变通的人生观。卦爻的象征性,启发了天地法象无非教也的道德观;也培育了观象制器、开物成务的文化观。②

就"义理"这一"主脉"来讲,在戴琏璋看来,《易传》之核心义理乃是"一阴一阳之谓道"③,即依上述卦爻的"对偶性"而来的"天道观"。客观地讲,当时的儒家其他经典和道家经典对于"天道论"都有论述。相较而言,在形式上,即"天道"作为形上的实有和万物的终极根源这一点上,各家的主张是相同的。但是,在内容上,《易传》却有其独到之处。就道家来看,"天道"由人的"无为"、万物的"自适"而印证,在"有"与"无"的相反相成中彰显其大用。就其他儒家经典来看,"天道"由人的德性、万物的生生而印证。然而,《易传》作者却以"体用"为视角而展开"天道"的论证。戴琏璋说:"在先秦儒家典籍中,能这样体用兼顾而又道器通贯地论述天道的,只有《易传》。"④具体来讲,他们从事物的"对偶性"来说明"天道"的大用;这"对偶性"不是道家的"有"与"无",而是儒家的"阴"与

---

① 戴琏璋:《易传之形成及其思想》,第 217—218 页。
② 戴琏璋:《易传之形成及其思想》,第 230 页。
③ 王弼注,孔颖达疏,李申、卢光明整理,吕绍纲审定:《周易正义》,第 268 页。
④ 戴琏璋:《易传之形成及其思想》,第 231 页。

"阳"。即"道"的大用在一阴一阳中呈现,万物的体性在一阴一阳中呈现,人的仁智德性也是一阴一阳地呈现。因此,戴琏璋说:"《易传》作者,……他们特别关注于当时学术界的共同话题:天道与阴阳。他们利用卦爻象位成功地把这两组观念结合在一起,表现出独到的见解。"①不过,《易传》的"阴"与"阳"不是指通常所谓的两种气,而是指"代表促使万物生成发展并为万物所共具的两种功能"②。在此意义下,戴琏璋说:

> 《易传》作者自有他们的共识。万物在两种功能相对、相应、相辅、相成的作用中,生生不息。这就是《易传》作者最重要的共识,通贯于各篇的核心思想。③

二、人文领域的返本开新

在戴琏璋看来,现代中国学术思想深受两个历史事件的影响:其一,1905年朝廷下令废除科举制度,并将全国书院改为大、中、小学堂。这是教育体制上的重大改革,自此西式的知识分科教育取代了传统的人文经典教育。其二,1919年爆发的"五四"运动,由救亡、启蒙的诉求而举起民主、科学的"大旗"。这是文化理念的转变,即由急切地向西方延揽"德先生"、"赛先生"而迫使孔、孟、老、庄及释迦(Siddhattha Gotama,前565—前486年)纷纷"退位"。④ 在这两个历史事件的影响下,科学成为一套治学的万能"符咒",其所催生的"唯科学主义"成为无人能阻挡的"势力";艺文、宗教及道德哲学等均成为"唯科学主义"的"俘虏",相关研究都局限在科学思维范围内,只能做诸如文字训诂、文献考据等知识性、技术性的探讨。因此,关于情感、意志及心性、天道方面的义理思考都被抛弃,传统所重视的"感发兴起"、"自觉体证"等心智活动也被视为主观、臆断、"不科学"而遭到否弃。戴琏璋认为,一个多世纪以来,"唯科学主义"的盛行虽然

---

① 戴琏璋:《易传之形成及其思想》,第231页。
② 戴琏璋:《易传之形成及其思想》,第233页。
③ 戴琏璋:《易传之形成及其思想·序言》,第6页。
④ 参见戴琏璋:《关于人文的省思》,杭州:《杭州师范大学学报》(社会科学版)2010年第5期。

有其促进科技发展、改善人类生活的作用,但它亦给社会发展带来了严重弊端,以至于当今社会背离人文、"生命物化"的现象处处可见。他说:

> 科技长足发展,改善了人类生活,同时也激发了贪欲。……我们肯定多元开放,却也放纵了怪力乱神的传播,迷惑着一大群人的心智;我们追求民主自由,竟也纵容了诡辩之徒玩法舞弊,伤害了社会正义。……人文思维与科学思维失衡是长久以来的事,面对今日种种困境,人文领域如何返本开新,是一迫切问题。①

依着戴琏璋的理解,这种种弊端和困境均源于"人文思维"与"科学思维"的失衡,即"科学思维"一枝独大,而"人文思维"却被边缘化了。因此,如何在二者之间取得平衡,进而实现人文领域的"返本开新",就成为一个迫切的时代问题。那么,何谓"科学思维"与"人文思维"呢?所谓"科学思维","指人们观察事物而形成知识的心智活动"。② 这种思维的特点是运用概念,遵循逻辑,通过分析归纳而推论,经由实验而辨别正误;其具体成果通常分为自然科学、社会科学两大类。所谓"人文思维",是"指人们感应事物而呈现性情的心智活动"。③ 这种思维的特点是有所感、所觉、所悟,反映于生活,经由实践而彰显其价值;它落实在艺术、文学、宗教、道德哲学等领域中。在戴琏璋看来,"人文思维"与"科学思维"都是人类理性的表现;参照康德的说法,前者为"实践理性",后者为"思辨理性"。因此,两者虽然面向不同,但却关系密切,不可分割。他说:"真切的人文思维,不仅提升他们的学问智慧,亦助成了科学思维的严谨性。明确的科学思维,不但需要扩充他们的知识能力,也助成了人文思维的有效性。"④既然

---

① 戴琏璋:《关于人文的省思》,杭州:《杭州师范大学学报》(社会科学版)2010年第5期。
② 参见戴琏璋:《关于人文的省思》,杭州:《杭州师范大学学报》(社会科学版)2010年第5期。
③ 参见戴琏璋:《关于人文的省思》,杭州:《杭州师范大学学报》(社会科学版)2010年第5期。
④ 参见戴琏璋:《关于人文的省思》,杭州:《杭州师范大学学报》(社会科学版)2010年第5期。

如此，就须在"人文思维"与"科学思维"的运作方面取得平衡与协调，而不能对某方面有所偏执或缺失。戴琏璋说：

> 重人文而轻科学，导致迂阔而不切实际；重科学而轻人文，则导致冷峻而不近人情。①

在戴琏璋，所谓在"人文思维"与"科学思维"之间取得平衡与协调，其实质乃是改变"人文思维"被轻忽的现象，进而推进人文领域的"返本开新"。他认为，中国传统文化在"人文思维"方面有丰厚的理论资源。依其所感发的情志、所觉察的义理及所体悟的境界不同，"人文思维"大致可区分为儒、道、佛三个类型。儒家类型的"人文思维"，以"仁心"为主体，呈现为归本于"善"的心智活动。② 道家类型的"人文思维"，以"道心"为主体，呈现为归本于"真"的心智活动。③ 佛家类型的"人文思维"，以"如来藏自性清净心"为主体，呈现为归本于"寂"的心智活动。④ 不过，这三种"人文思维"类型有一种共同模式：它们都经由所感、所觉、所悟而开展，而所感、所觉、所悟都属于"主体心智"的活动。具体来讲，尽管儒、道、佛三家对"主体心智"有不同的体证，但都认定它是人人所同具、先天而内在的。同时，三家都强调"涵养修持"的工夫，否则"主体心智"会被其他成分所蒙蔽，而不能真正起主导作用。质言之，三种类型有一个共同的精神方向，即经由所感、所觉、所悟，人走向彰显自我、实现自我而"完成自我"的"大道"。戴琏璋说：

> 儒、道、佛三家不同的主体心智，可视为人们天赋德性的不同面

---

① 戴琏璋：《关于人文的省思》，杭州：《杭州师范大学学报》（社会科学版）2010年第5期。
② 参见戴琏璋：《关于人文的省思》，杭州：《杭州师范大学学报》（社会科学版）2010年第5期。
③ 参见戴琏璋：《关于人文的省思》，杭州：《杭州师范大学学报》（社会科学版）2010年第5期。
④ 参见戴琏璋：《关于人文的省思》，杭州：《杭州师范大学学报》（社会科学版）2010年第5期。

向,形态不同,其为天赋则一,须是真纯则一。……真切的人文思维,必然是开放的、具有创造性的。①

具体来讲,人文之"本"在于人与生俱来的"主体心智"。因此,"主体心智"如能"开启"其"活动之门",在有所感、有所觉、有所悟的历程中尽其"主体"作用,不仅能使个体生命实现"真实自我",而且这种自我实现即可具相当的创造性。戴琏璋说:"这实践,既有特殊性,也有创造性。在视域的开拓、潜能的引发、风格的形塑、意境的提升方面,展露佳绩;同时触发周边人物的感受与觉悟,带动人文领域开展新局。"②基于以上认识,戴琏璋提出,当前人文领域要实现"返本开新",有三个层面不容忽视,即"个人生活人文化"、"人文教育生活化"及"人文学术生命化"。③所谓"个人生活人文化",是指人的生活不能停留在饮食男女、满足感官的层面,还要求真、求善、求美,求得心灵的安详和乐。也就是说,艺文、道德、宗教等人文活动应成为人生追求的"分内事"。④ 所谓"人文教育生活化",是指人文教育应该密切结合实际生活,以导引人们"深造自得"为设计原则。因此,要突破单向灌输的教育模式,师生间要有活泼的、真切的互动。⑤ 所谓"人文学术生命化",是指学问不是人云亦云或空泛的理论铺陈,而应是自己有所感、有所觉、有所悟的"生命的学问"。⑥ 关于这三个层面之"一以贯之"的核心,戴琏璋认为乃是"所感"、"所觉"和"所悟"。他说:

---

① 戴琏璋:《关于人文的省思》,杭州:《杭州师范大学学报》(社会科学版)2010年第5期。
② 戴琏璋:《关于人文的省思》,杭州:《杭州师范大学学报》(社会科学版)2010年第5期。
③ 戴琏璋:《关于人文的省思》,杭州:《杭州师范大学学报》(社会科学版)2010年第5期。
④ 参见戴琏璋:《关于人文的省思》,杭州:《杭州师范大学学报》(社会科学版)2010年第5期。
⑤ 参见戴琏璋:《关于人文的省思》,杭州:《杭州师范大学学报》(社会科学版)2010年第5期。
⑥ 参见戴琏璋:《关于人文的省思》,杭州:《杭州师范大学学报》(社会科学版)2010年第5期。

个人生活人文化、人文教育生活化、人文学术生命化,是当今人文领域返本开新必须关注的三个层面,而一以贯之支撑着这三个层面的,则是活泼昭明的主体心之所感、所觉与所悟。①

三、儒家之"生命的学问"

如前所述,在戴琏璋看来,儒学作为一种"人文思维",其重点在以"仁心"为主体之归本于"善"的心智活动。② 具体来讲,依着儒家的理论,唯有以"女娲补天"之愿力,以追求实现"尽善尽美"的目标,生命的尊严与高贵才能得以体现。戴琏璋说:"愿力无穷,德行不息;生命的尊严处在此,生命的高贵处也在此。"③因此,既然目标是"尽善尽美"的境界,那么儒家在面对现实时,不仅要正视自我生命的缺憾,也要正视家国天下、历史文化的缺憾,甚至还要正视整个宇宙造化方面的缺憾。或者说,在追求"尽善尽美"的目标时,不仅要求自我生命的和谐美善,要求人间社会的和谐美善,而且亦要求整个宇宙的和谐美善。质言之,儒学所关心的重点在于人之如何成为一个"真正的人",即如何达至一种"尽善尽美"的境界。在此意义下,儒学乃是一种"生命的学问"。他说:"儒学本来是一种生命的学问,这里蕴含着一种美善的人文精神。它的主要目的,在使人成为一个真正的人,使人间一切文化活动提升到尽善尽美的境界。"④他还说:

> 儒者这种学问,大体上是以生命的调护与安顿为其探索的起点;而以生命的和谐与美善为其追求的目标。其中问题的根源落实在生命上,理想的实现也落实在生命上,所以可称它为生命的学问。⑤

---

① 戴琏璋:《关于人文的省思》,杭州:《杭州师范大学学报》(社会科学版)2010年第5期。
② 参见戴琏璋:《关于人文的省思》,杭州:《杭州师范大学学报》(社会科学版)2010年第5期。
③ 戴琏璋:《儒学与新加坡》,第11页。
④ 戴琏璋:《儒学与新加坡》,第7页。
⑤ 戴琏璋:《儒学与新加坡》,第11页。

戴琏璋认为,就具体内容来讲,儒家"生命的学问"大体上可从三个方面来理解:其一是个人修养;其二是"群体感通";其三是"万物感通"。①

所谓个人修养,乃儒学作为"生命的学问"之对个体的真切关怀,是指儒家主张通过道德实践工夫以实现理想的人格。即,"使自己生命本具有知能全部发展到充实而且精粹的境界"②,从而使自己成为一个完美存在。戴琏璋说:"儒学,本质上是一种'为己'之学。儒者首先所关怀的,就是自我生命如何可以得到安顿与调护,如何可以使他充实而完美。"③不过,要达到这样的境界并不容易,因为在现实层面上存在着两层障碍:一是生命本身的困扰;一是现实际遇的限制。就内涵来讲,前者是指情绪的波动、欲念的陷溺、知识或信仰的偏执等;后者是指现实的吉凶祸福或顺境、逆境等。④ 依着儒家的理论,要实现理想人格,就必须突破这两个障碍。关于前者之克服,儒家的主张是,以"仁心"即"本心"之自觉、存养、扩充的工夫,使生命自作主宰,从而使情绪、欲念适时、适度以归于美善,知识、信仰亦摆脱成见和偏执。关于后者之克服,儒家的主张依然是以"仁心""自作主张",即面对现实际遇的限制,关键仍在于"自己能不能在各种各样的现实基础上善尽其做人的本份"⑤。总之,个人修养乃是克服这两层障碍以实现理想人格的必要之途。戴琏璋说:

> 这样人才能表现充实之美,进而达到充实而有光辉之大,大而化之之圣,圣而不可知之神的人格境界。⑥

所谓"群体感通",乃儒学作为"生命的学问"之对群体的真切关怀,指儒家不限于关心自身境界的提升,亦包括希望使所有人都成为完美存在。在儒家看来,个人与群体是不可分的,因此不仅要重视个人修养,亦

---

① 参见戴琏璋:《儒学与新加坡》,第20页。
② 戴琏璋:《儒学与新加坡》,第13页。
③ 戴琏璋:《儒学与新加坡》,第31—32页。
④ 参见戴琏璋:《儒学与新加坡》,第14页。
⑤ 戴琏璋:《儒学与新加坡》,第15页。
⑥ 戴琏璋:《儒学与新加坡》,第14—15页。

须重视与他人的关系。戴琏璋说:"完美的个人是完善的群体的基础,完美的群体又是完美的个人的保障,这是儒者在群己关系上的基本信念"。① 关于"群己关系",儒家有两点思想非常有价值:一是求同存异,即人我之间求和不求同的观念;二是两全齐美,即群己之间兼顾而两全的观念。② 就第一点来看,儒家认为,"仁心"是相互感通的;既然相互感通,人就须尊重、理解对方,理性地对待人我之歧异。质言之,应该异中求和,而不能强人同我。对此,戴琏璋说:"异中求和是保持感通,维系良好人际关系的不二法门。"③就第二点来看,儒家认为,既然"仁心"相互感通,故不仅可以求同存异,而且亦应使群与己两全其美。在此,所谓"两全齐美",主要是针对政治人物而言。即政治人物应以"不忍人之心"来实行"仁政",因为唯有如此才称得上成天下之务。戴琏璋说:"仁心与众人的心志相感通,以此为基础,才能成就众人的事务。"④

所谓"万物感通",乃儒学作为"生命的学问"之对整个宇宙的真切关怀,是指儒家基于"天地万物一体"⑤观念而产生的"至乐"和宗教情怀。戴琏璋说:"儒者有此感悟,一方面就有我与万物共其本源,彼此相契相感通的至乐;另一方面对于这万物的本源会有敬畏、归属的宗教情怀。"⑥就前者来讲,既然"天地万物一体",个人就须不仅尽自己的本性,参赞天地之化育亦须是人不可推辞的责任;此乃一种崇高的"至乐"境界。戴琏璋说:"所谓万物各得其位,各尽其性,是说万物各自成就他自己,使他自己依顺本性而成为一个完美的存在。"⑦就后者来讲,人体证到自我本性来自万物的共同本源,于是对这共同本源便自会产生敬畏感,而"对万物本源的敬畏就落实在存养本性的戒慎恐惧上"⑧。然而,存养本性的工夫越深,"万物一体"的感受也越切,对万物本源的敬畏之情与归属意识也越

---

① 戴琏璋:《儒学与新加坡》,第17—18页。
② 参见戴琏璋:《儒学与新加坡》,第16页。
③ 戴琏璋:《儒学与新加坡》,第17页。
④ 戴琏璋:《儒学与新加坡》,第17页。
⑤ 王阳明撰,吴光、钱明、董平、姚延福编校:《王阳明全集》,第968页。
⑥ 戴琏璋:《儒学与新加坡》,第19页。
⑦ 戴琏璋:《儒学与新加坡》,第19页。
⑧ 戴琏璋:《儒学与新加坡》,第19页。

强,以至于形成一种宗教情怀。不过,尽管儒家强调"万物一体"而有共同本源,但认为万物之成就并非有统一模式。在此意义下,儒者宗教情怀之"最大的特色是具有开放精神",故儒家精神不在于某一种宗教情怀,而在于使不同宗教之间能够沟通对话。①

依着戴琏璋的理解,上述三个方面构成了儒家之"生命的学问"的骨干,而这三个方面又可归为"成己"和"成物"两类。他说:"儒家以孔子为宗师,孔子所关切的问题,基本上可以归约为两类:一是如何成己,一是如何成物。所谓成己,是要使自己的生命不受压抑、无所亏欠地得到充分的实现,即成为一个不忧、不惑、不惧的人,即孔子所谓仁者、智者与勇者。所谓成物,是把成己之心推扩到其他人物那里,助成其他人物实现自己,成就自己。"②若进一步追究,这两类的依据都是"仁心",即,"仁心"不仅是个人修养的根本,亦是"群体感通"和"万物感通"的根据。戴琏璋说:"其实成己、成物的根源是一,就是孔子所说的仁,一种对己、对物不容已的关爱,一种使生命永保活泼生机的动力。"③质言之,儒家"生命的学问"的核心在于"仁心"。因此,戴琏璋说:"在儒学之中,仁心的自觉作用可以使人突破内在与外在的限制而充分发展他的知能,达到完美精粹的地步;而仁心的感通作用则可以使人超越个体的私意、私念,发展出和谐的人我关系与群己关系以及开放融通的宗教精神。"④在此意义下,他还说:

> 儒学,本是生命的学问,而"心"正是生命的主体。儒者所论:性、命与天道,内圣与外王,重点无不落在心上;儒者成圣成贤之教,修养实践的工夫,重点也落在心上;儒者极高明而道中庸、致广大而尽精微的人生智慧,当然也是全由心发。⑤

---

① 参见戴琏璋:《儒学与新加坡》,第19—20页。
② 戴琏璋:《易传之形成及其思想》,第37页。
③ 戴琏璋:《易传之形成及其思想》,第37页。
④ 戴琏璋:《儒学与新加坡》,第20页。
⑤ 戴琏璋:《德性之知与见闻之知》,《牟宗三先生的哲学与著作》,第682页。

第二节　关于现代新儒家及其哲学

"六艺该摄一切学术"①是马一浮"六艺论"的核心命题。在他看来,"六艺"不仅该摄"诸子",而且该摄"四部"②,甚至该摄西学。③ 戴琏璋认为,表面上看马一浮所论言辞简略,不免启人疑窦,但实际上他的真正用意在于"接引"百家之学"复返"于"道术"。因此,所谓"六艺之统摄"的重点不在"六艺"本身,而在"六艺之道"。在此意义下,"六艺该摄一切学术"实指"六艺之道该摄一切学术"。进而,马一浮以"五至"来说"六艺"之所由兴,目的在于阐明"六艺统摄于一心"。也就是说,既然"六艺该摄一切学术"乃指"六艺之道该摄一切学术",故"六艺统摄于一心"即指"六艺之道"出于"心性"。不仅如此,由"六艺之道出于心性"可进而推出另一层意思:"六艺之教须归本于心性。"④在马一浮,"六艺之教归本于心"的目的是:只有归本于"心性","六艺之教"才可获致正面效果;若不能归于"心性","六艺之教"便难免会有失漏。具体来讲,"六艺之教"若要取得理想的效果,关键在于学者的"致思穷理"。⑤ 总之,戴琏璋认为,马一浮"六艺该摄一切学术"命题的宗旨在于"接引"百家之学以"复返"于"道术",从而引导人们走出价值迷失、"生命物化"的困境。

戴琏璋是牟宗三的亲炙弟子,其"安身立命"之道和学术研究深受牟宗三的影响。他说:"以我个人来说,就是在他的引导之下才明白什么是安身立命之道、什么是学问、而且应该怎么来研究学问的。"⑥在他看来,牟宗三的一生非常有"师生缘":从"继往"来看,遇到熊十力是牟宗三一生中的大事,熊十力深深影响了牟宗三的学术;从"开来"来看,牟宗三以

---

① 虞万里点校:《马一浮集》第一册,杭州:浙江古籍出版社、浙江教育出版社1996年版(下同),第12页。
② 即"经"、"史"、"子"、"集"。
③ 参见虞万里点校:《马一浮集》第一册,第12—24页。
④ 戴琏璋:《马一浮六艺论的人文思想》,杭州:《杭州师范大学学报》(社会科学版)2008年第6期。
⑤ 参见虞万里点校:《马一浮集》第一册,第54页。
⑥ 戴琏璋:《牟宗三先生晚年的心愿》,台湾:《中国文哲研究通讯》第5卷第2期。

其讲学、著述吸引了一大批仰慕者和追随者,这些仰慕者和追随者后来分布于中国台湾、香港甚至新加坡、韩国等地,在学界形成巨大的影响力。戴琏璋认为,牟宗三一生最令人敬佩的是其"学不厌"、"诲不倦"的精神,而这种精神背后的支撑是其强烈的使命感。即"希望能借此疏通中国智慧的传统,化解中国文化发展中的症结,进而申展理性,导正时风"①。基于此使命,牟宗三的学术贡献主要表现在两个方面:一方面是对传统中国哲学的诠释;另一方面是对于中西哲学所作的会通。② 就前一个方面看,具体反映在他系统地探讨、诠释了道家、儒家和佛家三个方面的学术思想;就后一个方面来看,主要是指其基于"消化"康德哲学而将西方哲学与中国哲学实现了"会通"。

在戴琏璋看来,"德性之知"与"见闻之知"是儒学的重要问题,它们作为一对概念虽由张载首先提出,但却是儒家早已有之甚至为"一以贯之"的思想。关于其具体含义,戴琏璋解释道:所谓"见闻之知",是指认知活动,即以"识心"为"能知主体"、以物为"所知对象"而形成的经验知识。③ 所谓"德性之知",是指"不与物对"、无"能所关系"的"本心""诚明"之知。④ 历史地看,无论是《论语》、《中庸》、《易传》,还是《孟子》,都有关于"德性之知"与"见闻之知"的相关论述。也就是说,在这些典籍当中,儒者虽然未立"德性之知"与"见闻之知"的概念,但他们却非常重视这方面的分辨。在张载以后,代表"道问学"理路的程朱和代表"尊德性"理路的陆王对于"德性之知"与"见闻之知"均有论述。但是,尽管其展现为两种相异的路径,但他们却均暴露出"德性之知"与"见闻之知"如何"融通"的问题。在戴琏璋看来,此问题在牟宗三处以其独有的"睿见"即"良知的自我坎陷"理论得到了化解;此一化解虽是借助于康德关于人类理性是整体的思想而实现的,但它不仅具有历史意义,而且具有广泛的意义。

---

① 戴琏璋:《牟宗三先生晚年的心愿》,台湾:《中国文哲研究通讯》第5卷第2期。
② 参见《美人权组织"自由之家"误解新儒家思想——访新加坡国立大学中文系客座教授戴琏璋》,新加坡:《联合早报》1996年3月3日。
③ 参见戴琏璋:《德性之知与见闻之知》,《牟宗三先生的哲学与著作》,第683页。
④ 参见戴琏璋:《德性之知与见闻之知》,《牟宗三先生的哲学与著作》,第683页。

一、马一浮"六艺论"的人文价值

传统所谓"六艺",通常所指有二:一为"礼"、"乐"、"射"、"御"、"书"、"数"之古代贵族子弟教育的主要科目。① 二指"六经",即《诗》、《书》、《礼》、《乐》、《易》、《春秋》六部儒家经典。② 马一浮所称的"六艺"是指后者。他说:孔子对周之旧制《诗》、《书》、《礼》、《乐》有所删定,对《易》和《春秋》有所赞述,"于是合为六经,亦谓之六艺"③。基于此,马一浮提出了"六艺该摄一切学术"④的命题。在他看来,"六艺"不仅该摄"诸子",而且该摄"四部"⑤,甚至该摄西学。⑥ 也就是说,儒家之"六经"实已"统摄"人类一切学问。在他看来,这样一个命题具有重要意义,它不仅可以讲明经术义理,而且可以助于人才培养。不过,学界常对这样一个命题因其言辞简略而生疑窦。戴琏璋则非常肯定这个命题,他认为,马一浮的真正用意不在于外在言辞,而在于以此来"接引"百家之学"复返"于"道术"。例如,马一浮曾说:"《易》曰:'天下同归而殊途,一致而百虑,天下何思何虑?'睽而知其类,异而知其通,夫何隔碍之有?"⑦对此,戴琏璋说:

  其实他的真正用意,是要扭转学术界"百家往而不返"的趋势,企图用六艺来接引百家之学,使它们复返于道术,以成就其终极价值。⑧

那么,如何以"六艺""接引"百家之学,从而使其"复返"于"道术"

---

① 参见郑玄注,贾公彦疏,赵伯雄整理,王文锦审定:《周礼注疏》,北京:北京大学出版社1999年版,第352页。
② 参见郭庆藩撰,王孝鱼点校:《庄子集释》,北京:中华书局1961年版,第531页。
③ 虞万里点校:《马一浮集》第一册,第11页。
④ 虞万里点校:《马一浮集》第一册,第12页。
⑤ 即"经"、"史"、"子"、"集"。
⑥ 参见虞万里点校:《马一浮集》第一册,第12—24页。
⑦ 虞万里点校:《马一浮集》第一册,第22页。
⑧ 戴琏璋:《马一浮六艺论的人文思想》,杭州:《杭州师范大学学报》(社会科学版)2008年第6期。

呢？戴琏璋对此进行了具体诠释。

他认为，马一浮所谓"六艺之统摄"所强调的重点并不在于"六艺"之文本，而在于其中所包含的"六艺之道"。在马一浮看来，"六艺之道"即是"道"，"道"出于"天命之性"，而"修道"即是"教"，即"六艺之教"。《中庸》说："天命之谓性，率性之谓道，修道之谓教。"①"道"既出于"天命之性"，"率性"即可成道，为什么还要"修道之教"呢？马一浮认为，这是由于人的"心智有明有昧，故见之行事有得有失"②。正因为如此，圣人先于众人以示"六艺之教"，而"六艺之教"的宗旨在"祛其昧"而复"心智之明"，从而使众人行事皆归本于"天命之性"。在马一浮，"六艺之道"与"圣人之道"、"天地之道"可相提并论，或者说这三者即是一。具体来讲，"六艺之道"乃从圣人与我所同然的性德中"自然流出"，是"纯亦不已"的"仁道"，故也是"至诚无息"、"生生不已"的"天地之道"。因此，"六艺之道""流布"为"六艺"，其实并不为"六艺"所限；它性量广大，也"流布"为其他人文活动，进而达至性与"天道"相契合。在此意义下，戴琏璋认为，"六艺该摄一切学术"的实质乃是指"六艺之道该摄一切学术"，而其义理结构与"理一分殊"是相通的。他说：

> 据此可知，马氏所谓"六艺该摄一切学术"，当理解为六艺之道该摄一切学术。马氏在这一层面邀我们体会"理一分殊"的道理……③

戴琏璋进而认为，"六艺之道"的根据乃在于"五至"。所谓"五至"，指"志"、"诗"、"礼"、"乐"、"哀"所达到的最高境界。《礼记·孔子闲居》载："子夏曰：'民之父母'，既得而闻之矣，敢问何谓'五至'？孔子曰：'志之所至，诗亦至焉。诗之所至，礼亦至焉。礼之所至，乐亦至焉。

---

① 郑玄注，孔颖达疏，龚抗云整理，王文锦审定：《礼记正义》，北京：北京大学出版社1999年版，第1422页。
② 虞万里点校：《马一浮集》第一册，第22页。
③ 戴琏璋：《马一浮六艺论的人文思想》，杭州：《杭州师范大学学报》（社会科学版）2008年第6期。

乐之所至,哀亦至焉。哀乐相生。是故正明目而视之,不可得而见也。倾耳而听之,不可得而闻也。志气塞乎天地,此之谓'五至'。"①由此来看,"五至"所显现的乃是"本心"之玄妙;从根本上讲它是礼乐之本原,从作用上讲它表现为"六艺之教"。戴琏璋说:"'五至'标志着本心的展现历程,马一浮认为,'五至''总显一心之妙,约之则为礼乐之原,散之则为六艺之用'。"②正因为如此,马一浮说:"《诗》之所至,《书》亦至焉;《书》之所至,《礼》亦至焉;《礼》之所至,《乐》亦至焉;《乐》之所至,《易》亦至焉;《易》之所至,《春秋》亦至焉。五至之相,亦即六艺之所由兴也。"③正因为"五至"乃"六艺"之所由兴,而"五至""总显一心之妙",故"六艺统摄于一心"。戴琏璋说:"马一浮以五至说六艺,其深层理由在于五至是'总显一心之妙',而六艺又'统摄于一心'。"④由此来看,"六艺之道"乃出自于"心性"。他说:

> 马先生明确地指出:"吾人性量本来广大,性德本来具足,故六艺之道即是此性德中自然流出的,性外无道也。"据此可知,"六艺统摄于一心"这一说法,即意谓:六艺之道出于心性。⑤

在戴琏璋看来,既然"六艺之道出于心性",便可必然推出另一层意思,即:"六艺之教须归本于心性。"⑥在马一浮,提出"六艺之教归本于心性"的目的是:只有归本于"心性","六艺之教"才可获致正面效果;若不能归于"心性","六艺之教"便难免有失漏。具体来讲,"六艺之教"若要

---

① 郑玄注,孔颖达疏,龚抗云整理,王文锦审定:《礼记正义》,第1393页。
② 戴琏璋:《马一浮六艺论的人文思想》,杭州:《杭州师范大学学报》(社会科学版)2008年第6期。
③ 虞万里点校:《马一浮集》第一册,第278页。
④ 戴琏璋:《马一浮六艺论的人文思想》,杭州:《杭州师范大学学报》(社会科学版)2008年第6期。
⑤ 戴琏璋:《马一浮六艺论的人文思想》,杭州:《杭州师范大学学报》(社会科学版)2008年第6期。
⑥ 戴琏璋:《马一浮六艺论的人文思想》,杭州:《杭州师范大学学报》(社会科学版)2008年第6期。

取得理想的效果,关键在于学者的"致思穷理"。① 所谓"致思",即本心通过"思惟(维)"而显豁"名相";所谓"穷理",即通过"返之自身"的"体究"以"穷尽其所以然",即"悟证"本体。马一浮说:"今欲治六艺,以义理为主。义理本人心所同具,然非有悟证,不能显现。悟证不是一时可能,……但知向内体究,不可一向专恃闻见,久久必可得知之。体究如何下手?先要入思惟(维)。……所以引入思惟,则赖名言。名言是能诠,义理是所诠。诠表之用,在明其相状,故曰名相。……所言之理只是理之相,若理之本体,即性,是要自证的,非言语可到。"②这里,需要注意的是,所谓"致思穷理"的"理"是"当然之理",而不是知识层面的"实然之理"。一方面,它是人心固有的性德;另一方面,它又是"事物当然之极则"。③可见,"致思穷理"的目的不在于"见闻之知",而是"德性之知";既然目的在于"德性之知",便使得"六艺之教"具有了方向,即"复返"于"道术"的方向。戴琏璋说:

> 马一浮在六艺方面的种种论述,都有赖这种返身体究的人文思惟来验证。……儒家传统并不忽视知识,儒者认为"德性之知"不离"见闻之知",亦不囿于"见闻之知"。不过他们比较重视"不囿"这一方面,据以凸显"德性之知"的思惟特色。④

综上所述,戴琏璋认为,一切学术唯有归本于"道术",才能够成就"至真"、"至善"、"至美"的终极价值。具体来讲,在马一浮,"六艺"是人类展现性德的六种文化类型,它们分别有不同的成就:"仁"、"智"所展现的是《诗》、《书》类型,可以有"至善"的成就;"序"、"和"所展现的是《礼》、《乐》类型,可以有"至美"的成就;"天道"、"人道"所展现的是《易》、《春秋》类型,可以有"至真"的成就。他说:"西方哲人所说的真、

---

① 参见虞万里点校:《马一浮集》第一册,第54页。
② 虞万里点校:《马一浮集》第一册,第37页。
③ 参见虞万里点校:《马一浮集》第一册,第151页。
④ 戴琏璋:《马一浮六艺论的人文思想》,杭州:《杭州师范大学学报》(社会科学版)2008年第6期。

美、善,皆包含于六艺之中,《诗》、《书》是至善,《诗》、《乐》是至美,《易》、《春秋》是至真。《诗》教主仁,《书》教主智,合仁与智,岂不是至善么?《礼》是大序,《乐》是大和,合序与和,岂不是至美么?《易》穷神知化,显天道之常;《春秋》正名拨乱,示人道之正,合正与常,岂不是至真么?"①由此可见,惟有"六艺该摄一切学术","接引"百家之学"复返"于"道术",人们才可以走出价值迷失、"生命物化"的困境。戴琏璋说:"在科技挂帅、经贸挂帅的今天,人文学式微已是不争的事实,人们自我迷失、生命物化的困境越来越严重。马一浮六艺论的人文思想能不能引导我们走出困境呢?值得大家共同省思。"②对此,他还说:

> 马先生有感于《庄子·天下篇》所谓百家之学往而不返的危机仍存在于当今学术界,他企图以"六艺统摄于一心"、"六艺该摄一切学术"的论述,使人明了一即一切,一切即一的道理。一切学术滋养在心性的源头活水中,才能成就至善、至美、至真的终极价值。人文学如此,社会科学、自然科学也不例外。③

二、牟宗三的精神与成就

戴琏璋是牟宗三的亲炙弟子。在台湾师范学院读书时,他"幸运地"遇到牟宗三在此讲学。四年间,他修习了牟宗三主讲的"理则学"、"哲学概论"、"先秦诸子"以及"中国哲学史"四门课。其间,他还连续参加了牟宗三所主持的"人文友会"④。在毕业后到新竹中学教书时,他仍然坚持按时赶回台北听讲。对于牟宗三的讲授,戴琏璋认为"有超越时人的洞

---

① 虞万里点校:《马一浮集》第一册,第23—24页。
② 戴琏璋:《马一浮六艺论的人文思想》,杭州:《杭州师范大学学报》(社会科学版)2008年第6期。
③ 戴琏璋:《马一浮六艺论的人文思想》,杭州:《杭州师范大学学报》(社会科学版)2008年第6期。
④ "人文友会"在1954年举行首次聚会,以后每两周举行一次。该会在牟宗三的主持下,渐渐成为学术磨砺和文化探讨的重要形式。当时的一些参加者日后成为了台湾学界的骨干力量,聚会讲习的内容后被整理为《人文讲习录》。参见程志华:《牟宗三哲学研究——道德的形上学之可能》,第13页。

见与睿识",对年轻人"极具启发性与震撼力"。他回忆说:"牟先生讲课,总是两小时或三小时一气呵成,他观念清楚,条理分明,知识渊博,辨析精当,尤其难得的是对于传统思想的诠释与时代问题的解答,他都有超越时人的洞见与睿识,这对于我们这些流亡来台、在国家的苦难、文化的危机方面有迫切之感、切肤之痛、而又彷徨苦闷不知所从的青年人来说,极具启发性与震撼力。"①在他看来,之所以从学于牟宗三非常"幸运",在于牟宗三既使他明白了"安身立命之道",也使他学会了研究学问的方法。他说:

> 以我个人来说,就是在他的引导之下才明白什么是安身立命之道、什么是学问、而且应该怎么来研究学问的。②

戴琏璋认为,牟宗三的一生非常有"师生缘"。在大学时代遇到熊十力,对牟宗三来说是"终身大事",因为他的学问深受熊十力的影响。至于他自己,通过讲学、著作也吸引了许多仰慕者。这些人当中,无论是学生、军官,还是其他社会阶层的人士,他们都对牟宗三执弟子礼。之所以如此,一个方面在于牟宗三与他们在学问上有"真诚的呼应"。戴琏璋说:"这些人多数是在存在的感受、时代的问题或文化的意识层面与牟先生的生命有真诚的呼应,而对于牟先生所讲的'生命的学问'、'内容的真理'都有真切体会的。"③另一个方面,牟宗三不凡的生命风姿、率真脱俗的生命情调也具有强大的吸引力。牟宗三喜欢与年轻人相处,退休以后仍然奔波于港台之间讲学不辍。即使到了80岁高龄,青年学生邀请他讲演,他仍然会爽快地答应。晚年在体力渐衰的情况下,仍每周定期到"东方人文基金会"的"中国哲学研究中心"去讲学。正因为如此,他在病中时,全天候守在床边照顾的是学生;在病危时,以各种方式支持他与病魔作斗争的是学生;他溘然长逝,含悲忍痛为他料理丧事的也是学生。因此,戴琏璋说:

---

① 戴琏璋:《牟宗三先生晚年的心愿》,台湾:《中国文哲研究通讯》第5卷第2期。
② 戴琏璋:《牟宗三先生晚年的心愿》,台湾:《中国文哲研究通讯》第5卷第2期。
③ 戴琏璋:《牟宗三先生晚年的心愿》,台湾:《中国文哲研究通讯》第5卷第2期。

在中国文化传统之中,这些本是不必再提的常道;但是在今天这样的社会风气之中,能像牟宗三这样有师生缘、赢得学生敬爱而心悦诚服地事之如父的人,恐怕不易找到第二位了。①

在戴琏璋看来,牟宗三与弟子们的"师生缘"在当今学界乃是一个特例;它与现代教育体制有很大不同,而明显表现出传统书院的特征。传统有所谓"天地君亲师"之说,此"师"字与今天以知识传授来定位的"师"不同;传统意义的"师"包涵了许多伦常意味,亦涉及学问宗主、人生信念、生命感受等诸多因素。由此来看,牟宗三的角色更接近于传统意义的"师"。即牟宗三以现代哲学家的身份扮演了近乎传统"山长"的角色。戴琏璋说:"他认为研究中国哲学的人才必须长时期地加以培养,这不是目前大学研究所这种教学方式可以真正做到的,这须要有古代书院那样的地方,提供师友论学的理想环境,让年轻人沉潜其心志,凝聚其心思,在师友切磋之下,得到长期的熏习,从基础文献的整理着手,切实地去做客观了解的工夫,锻炼出自己的功力,培养出自己的见识,然后从事相关的专题研究,这才可能真正成才而著有成绩。"②因此,作为一位教师,牟宗三不论较之早年的马一浮、梁漱溟,还是较之同年的冯友兰,都远为成功。也正因为如此,不仅牟宗三门徒众多,分布在台湾的"中央研究院"文哲所、东海大学、中央大学、中国文化大学、台湾师范大学、淡江大学以及香港、韩国、新加坡等众多大学和学术机构中,而且大多在学术界具有相当的影响力。

戴琏璋认为,牟宗三最令人敬佩的是他那"学不厌"、"诲不倦"的精神。③ 牟宗三的学术生命长达六十多年,而且一直保持着旺盛的学术活力。自24岁在北京大学哲学系三年级时完成第一部著作《从周易方面研究中国之元学与道德哲学》④起,此后即著述不断。他可以

---

① 戴琏璋:《牟宗三先生晚年的心愿》,台湾:《中国文哲研究通讯》第5卷第2期。
② 戴琏璋:《牟宗三先生晚年的心愿》,台湾:《中国文哲研究通讯》第5卷第2期。
③ 参见戴琏璋:《牟宗三先生晚年的心愿》,台湾:《中国文哲研究通讯》第5卷第2期。
④ 1935年由天津《大公报》印行,1988年由台湾文津出版社重印。

在战时的昆明三餐不继的情况下写作《逻辑典范》①；也可以在华西大学②的陋室研读罗素与怀特海（Alfred North Whitehead，1861—1947 年）合著的《数学原理》，而又自己撰著《认识心之批判》③。年过 60 后，又写出会通康德哲学与中土思想的巨著《智的直觉与中国哲学》④、《现象与物自身》⑤及《圆善论》⑥；年过 70 时，又独立完成康德哲学"三大批判"的译注工作，出版《康德的道德哲学》⑦、《康德〈纯粹理性之批判〉》⑧以及《康德〈判断力之批判〉》⑨。总之，在学思的路途中，牟宗三翻过"一山又一山"，解答了一个问题又见新问题；总感到自己之不足，总觉得学不可已。关于牟宗三之"学不厌"、"诲不倦"的精神，戴琏璋说：

> 这些著作，其功力之深厚、规模之闳大、识见之高明，学界已有定评；而其源泉滚滚不断地涌现，一部接着一部不断地刊行，则使我们惊讶、赞叹，且倍感压力，因为前一部还未消化，新著又出来了。⑩

在戴琏璋看来，牟宗三的学术成就大致可从两个方面了解：一是对传统中国哲学的诠释；二是对于中西哲学所做的会通。就第一个方面来看，具体反映在他系统地探讨、诠释了道家、儒家和佛家三方面的思想。就第二个方面来看，主要指他对康德哲学进行"消化"，进而把康德哲学与中国哲学"会通"起来。在此方面，他一方面弥补了康德之不足，另一方面

---

① 1941 年由香港商务印书馆出版。
② 1910 年由美、英教会在成都创办的一所大学，为四川医学院和华西医科大学的前身，现为四川大学华西医学中心。
③ 上、下两册分别于 1956 年、1957 年由香港友联出版社出版。
④ 1971 年由台湾商务印书馆出版。
⑤ 1975 年由台湾学生书局出版。
⑥ 1985 年由台湾学生书局出版。
⑦ 1982 年由台湾学生书局出版。
⑧ 1983 年由台湾学生书局出版。
⑨ 上、下两册分别于 1992 年、1993 年由台湾学生书局出版。
⑩ 戴琏璋：《牟宗三先生晚年的心愿》，台湾：《中国文哲研究通讯》第 5 卷第 2 期。

给予中国哲学以新的诠释。① 关于牟宗三学术的宗旨,他本人曾有提及。他说:"我的一生可以说是'为人类价值之标准与文化之方向而奋斗以申展理性'之经过。"②对此,戴琏璋有过精当的评论。他说,牟宗三的学术是"希望能借此疏通中国智慧的传统,化解中国文化发展中的症结,进而申展理性,导正时风"③。正因为有崇高的学术宗旨,加上如此恢弘的气魄,牟宗三才可能取得上述之巨大的成就。戴琏璋认为,这些成就不仅使牟宗三在中国哲学史上具有重要地位,而且它对中国哲学的未来发展可产生"既深且远"的影响。他说:

> 牟先生在这方面的成就,应该可以说为当代中国的学人开拓了一个新的领域,就这一些比较重要的成就来讲,我想他在中国哲学史上面一定可以有一个非常重要的地位,对于后代的影响,一定还是既深且远的,这一点是可以肯定的。④

三、牟宗三对"德性之知"与"见闻之知"的融通

"德性之知"与"见闻之知"的概念,首先由宋儒张载提出。他说:"世人之心,止于见闻之狭。圣人尽性,不以见闻梏其心,其视天下无一物非我,孟子谓尽心则知性知天以此。……见闻之知,乃物交而知,非德性所知;德性所知,不萌于见闻。"⑤对于张载的论述,戴琏璋进行了具体的解释。在他看来,所谓"见闻之知",是指认知活动,即以感性、知性或者说"认识心"为"能知主体"、以物为"所知对象"而形成的经验知识。他说:"见闻之知,是我们与物接触时,凭借感触知觉,对物的实然所作的一种了别与认知。"⑥所谓"德性之知",是指不与物对、无"能所关系"的本心

---

① 参见《美人权组织"自由之家"误解新儒家思想——访新加坡国立大学中文系客座教授戴琏璋》,新加坡:《联合早报》1996年3月3日。
② 牟宗三:《时代与感受·序言》,台湾:鹅湖出版社1984年版,第2页。
③ 戴琏璋:《牟宗三先生晚年的心愿》,台湾:《中国文哲研究通讯》第5卷第2期。
④ 《美人权组织"自由之家"误解新儒家思想——访新加坡国立大学中文系客座教授戴琏璋》,新加坡:《联合早报》1996年3月3日。
⑤ 章锡琛点校:《张载集》,第24页。
⑥ 戴琏璋:《德性之知与见闻之知》,《牟宗三先生的哲学与著作》,第683页。

"诚明"之知,即道德主体的自觉与功用。戴琏璋说:"德性所知,诚明所知,意即德性之知,指道德本心的明觉发用。"①相较而言,"见闻之知"的特点在于局限于经验范围之内;"德性之知"的特点在于"能体天下之物",即"天大无外"。② 在他看来,"德性之知"与"见闻之知"涉及"心"的"知"和"用",而儒学作为"生命的学问"乃以"心"为核心,故二者乃儒学之重要问题。他说:

> 儒学,本是生命的学问,而"心"正是生命的主体。儒者所论:性、命与天道,内圣与外王,重点无不落在心上;儒者成圣成贤之教,修养实践的工夫,重点也落在心上;儒者极高明而道中庸、致广大而尽精微的人生智慧,当然也是全由心发。因此,涉及心的知用问题的德性之知与见闻之知,其在儒学中的重要性,也就不言可喻了。③

在戴琏璋看来,"德性之知"与"见闻之知"的概念虽由张载首先提出,但它却是儒学早已有之甚至为"一以贯之"的思想。之前,儒者虽然未立"德性之知"与"见闻之知"的概念,但他们却非常重视这方面的分辨。比如,《论语》、《孟子》、《中庸》与《易传》都有相关的思想。孔子认为,君子成德,不在乎"有知"即"见闻之知"之多,而在于"无知"即"德性之知"之"多而不多";此乃其"一以贯之"之道。他说:"君子多乎哉,不多也。"④他还说:"'赐也,女以予为多学而识之者与?'对曰:'然,非与?'曰:'非也,予一以贯之。'"⑤此外,《中庸》、《易传》亦有相关思想。如《易传》认为,与关于具体事物所形成的"见闻之知"不同,"遍体天下万物而不遗"所形成的为"德性之知":"知周乎万物,而道济天下,……范围天地之化而不过。曲成万物而不遗。通乎昼夜之道而知。故神无方,而易无体。"⑥但相较而言,孟子对此有更明确且具体的论述。他说:"耳目之官,

---

① 戴琏璋:《德性之知与见闻之知》,《牟宗三先生的哲学与著作》,第683页。
② 参见戴琏璋:《德性之知与见闻之知》,《牟宗三先生的哲学与著作》,第199页。
③ 戴琏璋:《德性之知与见闻之知》,《牟宗三先生的哲学与著作》,第682页。
④ 何晏注,邢昺疏,朱汉民整理,张岂之审定:《论语注疏》,第114页。
⑤ 何晏注,邢昺疏,朱汉民整理,张岂之审定:《论语注疏》,第207页。
⑥ 王弼注,孔颖达疏,李申、卢光明整理,吕绍纲审定:《周易正义》,第267—268页。

不思而蔽于物,物交物,则引之而已矣。心之官则思,思则得之,不思则不得也。此天之所与我者,先立乎其大者,则其小者不能夺也。"①对此,戴琏璋说:

> 见闻之知,就是通过孟子所说的耳目之官的认知作用。德性之知,就是孟子所说的心之官的"思"。②

不过,尽管关于"德性之知"和"见闻之知"的思想在儒家乃"一以贯之",但儒家其实对其中某个问题是有所忽略的。戴琏璋说:"与物无对的德性之知,是否可能并且如何可能去成就与物为对而有能所关系的见闻之知?以上的问题,因为儒家一向未正视知识问题而一直被忽略。"③随着历史的推移,到了宋明时代,"尊德性"和"道问学"之分歧将这个问题更加凸显出来。就"道问学"的理路来看,程朱认为,"知"是人心之灵的知识作用,"理"是事物存在的所以然之理;"心"是"能知","理"是"所知"。因此,需要"格物以致知"④和"即物以穷理"⑤。在他们看来,"若智识明,则力量自进"⑥。然而,由认知活动所达成的"智识明"是否必然保证道德力量"自然进"呢?质言之,"见闻之知"与"德性之知"之间是否存在着必然联系呢?戴琏璋说:"这是由伊川朱子的格物致知思想所引发的问题。"⑦就"尊德性"的理路来看,陆王自认为其主张可化解程朱之困难,因为他们主张"心"与"理"为一。王阳明说:"若鄙人所谓致知格物者,致吾心之良知于事事物物也。吾心之良知,即所谓天理也。致吾心良知之天理于事事物物,则事事物物皆得其理矣。致吾心之良知者,致知

---

① 赵岐注,孙奭疏,廖名春、刘佑平整理,钱逊审定:《孟子注疏》,第314页。
② 戴琏璋:《德性之知与见闻之知》,《牟宗三先生的哲学与著作》,第685页。
③ 戴琏璋:《德性之知与见闻之知》,《牟宗三先生的哲学与著作》,第692页。
④ 参见朱熹:《四书章句集注》,北京:中华书局1983年版,第6页。
⑤ 参见朱熹:《四书章句集注》,第6页。
⑥ 朱熹、吕祖谦撰,严佐之导读:《朱子近思录》,上海:上海古籍出版社2000年版,第53页。
⑦ 戴琏璋:《德性之知与见闻之知》,《牟宗三先生的哲学与著作》,第695页。

也。事事物物皆得其理者,格物也。是合心与理而为一者也。"①然而,这样一种理路亦有其问题存在:"德性之知"是"与物无对"的,它如何真正成就"与物有对"的"见闻之知"? 对此,戴琏璋说:"这是从孔子谈'一以贯之'以来,在儒家的传统中一直未曾正视的问题,而在阳明致良知的教义中,最容易被引发出来。"②这样看来,无论是上述哪种理路,均暴露出"德性之知"与"见闻之知"如何"融通"的问题,而这个问题在今天乃是一个重要问题。戴琏璋说:

> 朱子与阳明,在讨论大学格物致知的思想时,各有其不同的见解,因此也引发出德性之知与见闻之知如何融通的问题。就今日言,这个问题不仅牵涉到儒学本身的发展;也牵涉到中西文化的会通;甚至有助于我们对于现代文明的反省。③

不过,此一重要问题却由牟宗三以其"睿见"而得到化解。戴琏璋说:"牟师宗三先生即由此而推进一步,在德性之知与见闻之知的贞定与融通方面,提出他的睿见。"④那么,何为牟宗三的"睿见"呢? 在戴琏璋看来,"良知的自我坎陷"理论乃是化解这一问题的关键。牟宗三认为,"德性之知"是"无知之知",它决定着"当然"的行为,并"普照"亦即"实现"万物,但它并不提供"实然"知识;提供"实然"知识的乃是"见闻之知"。不过,"德性之知"与"见闻之知"之间并不分离,二者乃是"开出"与"被开出"的关系。即"道德主体"作为"无执的无限心",当它自觉地"自我坎陷"时,即转为"有执的有限心",即作为"知性主体"的"识心"。"识心"的本质是"执",其作用经由"知性"、"想象"和"感触直觉"便可实现"见闻之知"。具体来讲,"无限心"的作用是"德性之知","有限心"的作用是"见闻之知";将"无限心"转为"有限心"的枢纽乃是"良知的自我坎陷",因为它使"知识在我们的行为中有其必要性,而且道德主体辩证

---

① 王阳明撰,吴光、钱明、董平、姚延福编校:《王阳明全集》,第45页。
② 戴琏璋:《德性之知与见闻之知》,《牟宗三先生的哲学与著作》,第699页。
③ 戴琏璋:《德性之知与见闻之知》,《牟宗三先生的哲学与著作》,第683—684页。
④ 戴琏璋:《德性之知与见闻之知》,《牟宗三先生的哲学与著作》,第699页。

地开出认知主体有其必然性"①。对此,戴琏璋说:

> 道德本心,当它为道德实体,即开道德界;当它为形而上的实体,即开存在界。这时,它都是无执的无限心。而当它自我坎陷,即转而成为有执的有限心,因此而有现象界。无限心的知用是德性之知;有限心的知用是见闻之知(感性、知性)。有限心原是无限心所坎陷,见闻之知也可说是德性之知的曲用。同一物,对德性之知言,是物自身;对见闻之知言则是现象。②

在戴琏璋看来,牟宗三之"德性之知"与"见闻之知"的"融通"是双向的,即不仅由"德性之知""开出""见闻之知",而且"见闻之知"亦须"回归""德性之知";前者为"见闻之知"的"被转出",后者则为"见闻之知"的"被转化";"被转出"是指"无而能有","被转化"则是指"有而能无"。戴琏璋说:"道德本心对于这识心与现象,必须'无而能有',而又'有而能无'。当它'无而能有',见闻之知就能致其曲用;当它'有而能无',德性之知就能直道而行。"③当然,无论是"被转出",还是"被转化",其必要性是显而易见的:"如果没有这步转出,则本心将不免耽空滞寂,空悬而无实。如果没有这步转化,则识心将必逐物而不返,执着僵滞而导致物化的人物。"④很显然,"德性之知"与"见闻之知"之双向的"融通"解决了以往儒学所忽略而被程朱和陆王所凸显的问题。在戴琏璋看来,牟宗三之所以能有"融通"这步贡献,源于其对康德关于人类理性思想的汲取。他说:"如果说德性之知与见闻之知能穷尽人类全部的理性,那么使德性之知与见闻之知得以融通的'道德的形上学',正是康德所说的'把一切知识关联到人类理性的本质目的'的哲学原型。"⑤总之,牟宗三的这步"融通"不仅具有历史意义,而且具有广泛的意义。戴

---

① 戴琏璋:《德性之知与见闻之知》,《牟宗三先生的哲学与著作》,第704页。
② 戴琏璋:《德性之知与见闻之知》,《牟宗三先生的哲学与著作》,第706页。
③ 戴琏璋:《德性之知与见闻之知》,《牟宗三先生的哲学与著作》,第706页。
④ 戴琏璋:《德性之知与见闻之知》,《牟宗三先生的哲学与著作》,第706页。
⑤ 戴琏璋:《德性之知与见闻之知》,《牟宗三先生的哲学与著作》,第707页。

琏璋说：

> 我们可以看出德性之知与见闻之知融通的意义。就儒家内圣外王的成德之教来说，必须有这步融通，人才真能尽己之性，进而尽人之性，尽物之性；人才真能知周乎万物而道济天下。①

第三节 传统文化与今日世界

戴琏璋认为，儒学由于受时代的限制，在一些方面说得"不够周详"，有些地方"有待补充和修正"，但不能因此而将其一概否定，因为"其中有一些基本观念极为精当，并不因为时势的转移即失去价值"。② 也就是说，在现代化的语境下，儒学有一些"极为精当"的思想可以通过挖掘和弘扬以贡献于全人类。具体来讲，儒家"极为精当"且具有普遍价值的思想包括"涵摄精神"、"批判精神"、"创造精神"几个方面。所谓"涵摄精神"，是指"仁者民胞物与"、"万物一体"的爱心精神。③ 所谓"批判精神"，是指"仁者反求诸己、明辨是非的智慧表现"④。就以往儒家所体现的内容来说，"批判精神"落实在"自我批判"、"人物批判"、"政事批判"与"学术批判"几个方面。在戴琏璋看来，关于"创造精神"，儒家经典《易传》有深刻的阐释。其中有两点思想值得特别注意：(1)宇宙间一切事物由相对因素交感配合而生成。(2)宇宙间一切事物永远处于发展变易过程之中。⑤ 更为重要的是，《易传》认为"创造精神"的本源来自于"仁智之心"。⑥ 基于此，他认为，所谓"创造精神"是"仁者知几通变的才智表现"⑦。具体来讲，儒家的"创造精神"大体可分为三个方面：其一，刚健

---

① 戴琏璋：《德性之知与见闻之知》，《牟宗三先生的哲学与著作》，第706—707页。
② 参见戴琏璋：《儒学与新加坡》，第16页。
③ 参见戴琏璋：《儒学与新加坡》，第6页。
④ 戴琏璋：《儒学与新加坡》，第7页。
⑤ 参见戴琏璋：《儒学与新加坡》，第22页。
⑥ 参见戴琏璋：《儒学与新加坡》，第30页。
⑦ 戴琏璋：《儒学与新加坡》，第7页。

厚德;其二,正位守中;其三,观象制器。①

在戴琏璋看来,作为民间办学形式,书院不仅有悠久的办学历史,而且为教育文化发展作出了重要贡献。他说:"书院无论设在哪里,它都承载着中华文化、儒家学术,以尽其人文化成的功能。"②从办学的性质上,"官学"所重者乃是"世俗之书,进取之业",即热衷于科举利禄之途。作为"官学"之重要补充的"私学",其宗旨是授受"修己安人、成德济世"③的"为己之学"。因此,书院讲学所透显的是一种"人文关怀",而"人文关怀"则涉及生活的全部和生命的整体。也就是说,书院讲学不是仅及"见闻之知",而是更为重视"德性之知"。此外,书院讲学所采取特定形式的根本在"本乎心",之所以如此在于书院所追求的是学生的"深造自得",即基于相当的实践工夫而求取内在的收获。④ 基于此,戴琏璋认为,现行学校制度较之传统教育体制确有很多优胜处,但这种西式教育并非没有瑕疵;这些瑕疵归结起来,即是使人失去了高远理想,形成"内在的虚歉"和"精神的荒芜"。⑤ 对此,传统书院所累积的经验很多方面值得现代教育善加继承和发扬。

美国哈佛大学教授亨廷顿在 1993 年的《外交事务》(*Foreign Affairs*)曾发表一篇《全球文明冲突论》。在他看来,如果有第三次世界大战,那将是"文明之战",而文明与文明之间的"断层线",将是未来的"主战场"。也就是说,未来的国际冲突将主要缘于"文明的冲突"。⑥ 通常认为,不同文明当中宗教信仰最难调和,因为宗教具有"排他性"。亨廷顿之所以提出"文明冲突论",主要着眼点即在于此,即认为宗教或文明之间难以实现"会通"。对此,戴琏璋有自己不同的看法。他认为,一方面,

---

① 参见戴琏璋:《儒学与新加坡》,第 24—30 页。
② 戴琏璋:《书院讲学的现代省思》,杭州:《杭州师范大学学报》(社会科学版)2008 年第 2 期。
③ 戴琏璋:《书院讲学的现代省思》,杭州:《杭州师范大学学报》(社会科学版)2008 年第 2 期。
④ 参见戴琏璋:《书院讲学的现代省思》,杭州:《杭州师范大学学报》(社会科学版)2008 年第 2 期。
⑤ 参见戴琏璋:《书院讲学的现代省思》,杭州:《杭州师范大学学报》(社会科学版)2008 年第 2 期。
⑥ 参见戴琏璋:《文明的冲突与会通》,台湾:《中国文哲研究通讯》第 3 卷第 4 期。

宗教冲突在历史上确实存在。无论是在西方国家,还是在中国历史上,这种冲突确实存在;另一方面,宗教之间也存在着"会通"的可能。就中国历史来看,佛教的传入并"中国化"即是一个典型的例证。① 不过,尽管亨廷顿的观点有诸多可訾议之处,但它启示我们:在全球化的今天,如何"会通"不同文明,避免暴力冲突,已经成为摆在人类面前的一个急迫课题。那么,如何实现不同文明的"会通"从而避免冲突呢? 在戴琏璋看来,中国哲学在这方面有着丰富的理论资源可资借助,其中"中和"思想便是宝贵的理论财富。也就是说,如果能对中国哲学之"中和"思想加以开发与弘扬,便可以化解亨廷顿所谓的"文明的冲突",从而实现全人类的共同发展与繁荣。

一、儒家思想的现代精义

在现代化的语境下,儒家思想的现代价值经常被质疑,被质疑的根本理由在于儒家思想被视同为封建思想。戴琏璋说:"在他们的心目中,儒家思想就是封建思想,封建思想就是儒家思想。"②若展开来讲,具体理由大致包括:其一,儒家思想无非是"忠、孝、节、义"等道德教训,其所具有的价值只是伦常教化;其二,儒家的终极目的无非是协助君王来驯服小民,故儒学只是统治者所利用的"工具";其三,儒学缺少民主、科学思想,亦没有法治观念,但却有诸如"讲关系"、"官本位"等流弊。③ 不过,在戴琏璋看来,关于儒家思想在现代是否可有积极贡献,答案不在一个单纯的"是"或"否",关键要看如何智慧地"体认"儒学精义,如何以"弘毅"的精神实践其中的道理。也就是说,由于受时代的限制,儒学在一些方面说得"不够周详",有些地方"有待补充和修正",但"其中有一些基本观念极为精当,并不因为时势的转移即失去价值"。④ 因此,要本着孔子"人能弘道,非道弘人"⑤的精神,来挖掘并弘扬儒学之精义,以贡献于现代社会。

---

① 参见戴琏璋:《文明的冲突与会通》,台湾:《中国文哲研究通讯》第3卷第4期。
② 戴琏璋:《儒学与新加坡》,第1页。
③ 参见戴琏璋:《儒学与新加坡》,第1页。
④ 参见戴琏璋:《儒学与新加坡》,第16页。
⑤ 何晏注,邢昺疏,朱汉民整理,张岂之审定:《论语注疏》,第216页。

戴琏璋说:

> 这些都可以恢弘人的气度,提高人的眼界,使我们日新又新,精进不已,从更高更广的层面来拓展文化事业的成就。①

在戴琏璋看来,儒家"极为精当"且具有现代价值的精义包括"涵摄精神"、"批判精神"、"创造精神"几个方面。

所谓"涵摄精神",是指"民胞物与"、"万物一体"的爱心精神。张载曾提出"民吾同胞,物吾与也"②的思想,程颢亦提出"仁者,以天地万物为一体"③的观念。在戴琏璋看来,这些思想是传统儒学之重要内容,它们同时也极具现代价值。具体来讲,一方面,它可以培养人崇高的理想、开阔的胸襟,从而提升人的思想境界;另一方面,它可助人赢得别人的爱戴和支持、信任与尊敬,从而成就事业,回馈社会。④ 依着戴琏璋的理解,"涵摄精神"在大禹身上体现得明显且具体:其一,大禹体现了"仁德爱民"的精神。在洪水滔天、民不聊生的危难之际,大禹临危受命,治水安民。重要的是,他不辱使命,完成了治水任务。之所以能如此,在于他有一颗仁爱之心、爱民之心。因此,《史记》有言:"其德不违,其仁可亲,其言可信。"⑤其二,大禹体现出"公而忘私"的精神。父亲由于治水失败而受到惩罚,大禹当然感伤。但他仍能以大局为重,新婚不久即离家赴任,在外治水13年,三过家门而不入。总之,是"涵摄精神"使大禹赢得了诸侯百姓的拥戴,从而取得了非凡的业绩。⑥ 关于"涵摄精神",戴琏璋说:

> 所谓涵摄精神,……就是仁者民胞物与,万物一体的爱心表现,如天之高明、地之博厚。……必须具备这种涵养,才会有崇高的理

---

① 戴琏璋:《儒学与新加坡》,第6页。
② 参见章锡琛点校:《张载集》,第62页。
③ 程颢、程颐著,王孝鱼点校:《二程集》,北京:中华书局1981年版,第15页。
④ 参见戴琏璋:《儒学与新加坡》,第6—7页。
⑤ 司马迁:《史记》,北京:中华书局1959年版(下同),第51页。
⑥ 参见戴琏璋:《大禹精神与中华文化传统》,杭州:《浙江学刊》1995年第4期。

想、开阔的胸襟,……以增进全民的福祉,使人人的生活得以改善,使人类与万物的存在环境更为美好。①

所谓"批判精神",是指"仁者反求诸己、明辨是非的智慧表现"②。在戴琏璋看来,儒家的批判精神落实在"自我批判"、"人物批判"、"政事批判"与"学术批判"几个方面。所谓"自我批判",是指儒者为了实现"充实而完美"的道德境界而进行的"反求诸己"的批判。儒学是一种"为己之学",故若需提升境界,就须进行"自我批判"。他说:"孔孟以后,这种自我批判的精神,就成为儒家道德实践上的必要条件,能不能成为一个真正的儒者,主要关键就在于他能不能作这种反求诸己的自我批判。"③所谓"人物批判",是指对历史尤其是政治人物的评判。在儒家看来,这些人物对大众有影响力,对社会有示范作用,因而应该成为评判的对象。儒者之"人物批判"大体是采取"综核名实"的方式,即依据其名位来评价其实际作用。④ 所谓"政事批判",是指儒者基于政治理想而对现实政治观念、政治措施而展开的评判。"政事批判"大体上采取"称理而谈"、直陈得失的方式,批判的理据则是客观制度、"安和原则"以及民本思想。⑤所谓"学术批判",是指由现实层面的观察而深入到历史文化层面进行探本溯源的研究。"学术批判"的基本原则是忠实于自我,忠实于人类,对历史文化负责,对天地万物负责;基本方式是"信信疑疑",即"信其可信,疑其可疑"⑥。显而易见,"批判精神"作为儒家重要的思想内容,在现代社会仍极具价值。戴琏璋说:

具备这种涵养,才会有冷静的头脑、清晰的思维,不被私情、私欲所左右,也不被谣言、谗言所误导,在任何情况下都能作出正确的判

---

① 戴琏璋:《儒学与新加坡》,第6页。
② 戴琏璋:《儒学与新加坡》,第7页。
③ 戴琏璋:《儒学与新加坡》,第33页。
④ 参见戴琏璋:《儒学与新加坡》,第33—35页。
⑤ 参见戴琏璋:《儒学与新加坡》,第36页。
⑥ 戴琏璋:《儒学与新加坡》,第38—39页。

断,……为其所当为,不为其所不当为,进而发挥道德勇气,主持社会公义。①

戴琏璋认为,关于"创造精神",儒家经典《易传》有深刻的阐释。其中,有两点思想值得特别注意:1. 宇宙间一切事物由相对因素交感配合而生成。2. 宇宙间一切事物永远处于发展变易过程之中。② 具体来讲,万物的本体乃是"易"亦即是"道";"易道"发用流行的方式是"一阴一阳"地反复推进。"阴"代表柔顺、收敛、凝聚、贞定、承载等功能;"阳"代表刚健、开发、升进、流动、创新等功能。"阴""阳"既相对又相涵,既相反又相成;在这"阴阳合德"的作用中,万物生生不息。不仅如此,依着《易传》的义理,"易道"不仅是万物生而又生的本体,同时也是万物之为物的内在本性。因此,物在发展变易的过程中能充分地实现本性,也就是体现了"易道"。如果不能充分实现其本性,不仅是物本身的缺憾,同时也是天地间的缺憾。对于这种情况,作为能够自觉"易道"本性且自作主宰的"万物之灵"的人,须通过尽己、尽人与尽物之性来"参赞天地化育"。毋庸置疑,"参赞天地化育"体现出极为高尚的"创造精神",而这"创造精神"的本源来自于人的自觉,即"仁智之心"。质言之,"创造精神"的本源来自于"仁智之心"。戴琏璋说:

> 创造精神的大本大源,是我们的仁智之心。仁智之心的源头活水不竭,创造精神也就源泉滚滚,汇为巨流。……让我们各自善保这源头活水,发挥创造精神,来共同完成人类的盛德大业。③

基于上述,戴琏璋认为,所谓"创造精神",是"仁者知几通变的才智表现"④。所谓"知几通变",是指人在面对复杂情况时能够把握变化脉络,并能主动有效地因应。面对复杂事物而把握变化脉络,此即所谓"知

---

① 戴琏璋:《大禹精神与中华文化传统》,杭州:《浙江学刊》1995 年第 4 期。
② 参见戴琏璋:《儒学与新加坡》,第 22 页。
③ 戴琏璋:《儒学与新加坡》,第 30 页。
④ 戴琏璋:《儒学与新加坡》,第 7 页。

几";对于复杂事物能主动而有效地因应,此即所谓"通变"。质言之,"知几通变"是指"善自衡量裁变,因时制宜,使形而上的道能具体实现于形而下的器物之中,由此而开创道德事业"①。若展开来讲,儒家的"创造精神"大致包括三个方面:其一,"刚健厚德"。指"人要发挥健行不息的精神,以使自我的生命归于正,达到和谐的境界"②。即人在自觉从事道德实践时,要体现"乾坤之道",尽心、尽性进而尽万物之性。其二,"正位守中"。指人在变动不居的大化流行中常保"仁智本心"的明觉,认清自己所处的"位",辨明自己当尽的"分",表现合乎中道的行为。③ 其三,"观象制器"。指器物的运用与制作不能"闭门造车",而须基于对事物的所观和内心的所得。在此,所谓"观象",是指人类的精神活动或科学研究,重点在于内心要有所得;所谓"制器",是指器物的运用与制作,重点在于人类文化的发展。④ 关于"创造精神",戴琏璋说:

> 必须具备知几通变的才智,才会有敏锐的眼光、灵活(原文为话,疑为别字——引者注)的心思,在瞬息万变的现实中因应自如,掌握几先,未雨绸缪,以获致事半功倍的绩效。⑤

二、书院讲学的现代省思

在戴琏璋看来,书院讲学不仅有悠久的历史,而且实为教育文化发展作出了贡献。根据考证,书院讲学最初起源于唐代。到了宋代,伴随着儒学的复兴,书院数量大幅增加,出现了著名的"濂溪书院"、"明道书院"、"岳麓书院"、"白鹿洞书院"、"象山精舍"等。这些书院的兴盛与名儒周敦颐、二程、朱熹、陆九渊等的用心经营不无关系。到了明代,书院讲学持续发展,不仅国内书院数量累增,而且它"跨越"国界,"移植"于邻国。此段时期,大儒如王阳明、刘蕺山、黄宗羲都与书院有不解之缘。清代书院仍有成

---

① 戴琏璋:《儒学与新加坡》,第28页。
② 戴琏璋:《儒学与新加坡》,第24—25页。
③ 参见戴琏璋:《儒学与新加坡》,第26页。
④ 参见戴琏璋:《儒学与新加坡》,第28—29页。
⑤ 戴琏璋:《儒学与新加坡》,第7页。

长之势,数量累积到数千所,分布于大部分省区。但是,清末民初,在西方教育体制的冲击下,书院逐渐改制而归于现代教育体制之下。不过,有心人士仍存有恢复之意,于是抗战期间出现了"复性书院"、"勉仁书院"、"民族文化书院",后来在香港又建立了"新亚书院"。如今,书院讲学的理想仍在鼓舞人心,在北京设立有"中国文化书院"、在台湾设立有"鹅湖书院"。历史地看,书院讲学不仅培养了大批人才,而且对于传承中华文化尤其是儒家文化起了重要作用。戴琏璋说:"书院无论设在哪里,它都承载着中华文化、儒家学术,以尽其人文化成的功能。"①他还说:

> 书院是经由士人文化自觉在官学体系之外所建立的一种研习讲学场所。由唐初至清末,历经一千三百多年,它承继孔门遗风,以修己安人、成德济世为宗旨。历代学者在此长期投注心力,培育了大批人才,振兴了区域文化。②

尽管如此,书院讲学并不具有"官学"性质,而是在官学体系外所建立的"私学"。因此,王阳明曾说,书院之设乃"所以匡翼夫学校之不逮也"③。那么,"官学"之举办有何"不逮"呢?戴琏璋认为,主要在于"官学"所重者唯"世俗之书,进取之业",即热衷于科举利禄之途,而对于德性修养却多有忽略。朱熹曾说:"郡县之学,官置博士弟子员,皆未尝考其德行道义之素,其所授受,又皆世俗之书、进取之业,使人见利而不见义。士之有志于为己者,盖羞言之。是以常欲别求燕闲清旷之地,以共讲其所闻。"④吴澄也曾说:"盖惟州县庠序之教沉迷俗学,而科举利诱之习蛊惑士心,故俾学者于是焉而讲道。"⑤在这样一种教育体制之下,"师之

---

① 戴琏璋:《书院讲学的现代省思》,杭州:《杭州师范大学学报》(社会科学版)2008年第2期。
② 戴琏璋:《书院讲学的现代省思》,杭州:《杭州师范大学学报》(社会科学版)2008年第2期。
③ 王阳明撰,吴光、钱明、董平、姚延福编校:《王阳明全集》,第253页。
④ 朱熹:《朱子文集》中,上海:商务印书馆1937年版,第407页。
⑤ 参见陈谷嘉、邓洪波主编:《中国书院史资料》,杭州:浙江教育出版社1998年版,第321页。

所教,弟子之所学者,遂不复知有明伦之意矣"①。历史地看,正是由于"官学"如此之"不逮"催生了书院之设,故"书院之设,是要给有志于'为己'之学者提供讲习人伦日用之道的'清旷之地'"②。因此,书院讲学的宗旨乃是授受"修己安人、成德济世"的"为己之学"。③ 对此,戴琏璋说:

> "为己"两字,确可标示书院讲学的独特旨趣。一千三百多年来,成功的书院共同证明了一件事:在这里,师友之间必相契于人文关怀,切磋于学问思辨,而自得于人文化成。所谓"为己"之学,必起于对自己个体生命的真诚反省。④

因为书院所授受的是"为己之学",故其所透显的乃是"人文关怀",而正是"人文关怀"使书院对求学者具备了吸引力。在戴琏璋看来,所谓"人文关怀",不仅包括"个体关怀"、"群体关怀",亦包括"终极关怀"。所谓"个体关怀",指的是孔子所谓"己欲立而立人,己欲达而达人"⑤的忠恕之道。"个体关怀"所透显的是一种"自我期许"、一种"忧患意识"、一份"自爱"和一份"奋勉"。所谓"群体关怀",指的是对群体的怵惕恻隐之情,即孔子"老者安之,朋友信之,少者怀之"⑥的心愿。孔子之所以诲人不倦,奔走列国,"知其不可而为之"⑦,乃即是本乎这种"群体关怀"。所谓"终极关怀",是指基于"仁心"的感通,由"亲亲"、"仁民"而"爱物",以至于有"万物并育而不相害"的宏愿。⑧ 不过,无论是"个体关

---

① 王阳明撰,吴光、钱明、董平、姚延福编校:《王阳明全集》,第253页。
② 戴琏璋:《书院讲学的现代省思》,杭州:《杭州师范大学学报》(社会科学版)2008年第2期。
③ 参见戴琏璋:《书院讲学的现代省思》,杭州:《杭州师范大学学报》(社会科学版)2008年第2期。
④ 戴琏璋:《书院讲学的现代省思》,杭州:《杭州师范大学学报》(社会科学版)2008年第2期。
⑤ 何晏注,邢昺疏,朱汉民整理,张岂之审定:《论语注疏》,第83页。
⑥ 何晏注,邢昺疏,朱汉民整理,张岂之审定:《论语注疏》,第68页。
⑦ 何晏注,邢昺疏,朱汉民整理,张岂之审定:《论语注疏》,第200页。
⑧ 参见戴琏璋:《书院讲学的现代省思》,杭州:《杭州师范大学学报》(社会科学版)2008年第2期。

怀"、"群体关怀",还是"终极关怀",其根源都在于"仁心"。戴琏璋说:"个体关怀、群体关怀与终极关怀,都出于'不容自已'的仁爱之心,由爱己而爱人而爱物,无非是祈求万物都能各遂其生,各适其性,共同归趋于美善的价值世界。"①质言之,"人文关怀"的理据是"仁心的感通",即师生所共同具有的"一念之仁"。总之,在此意义下,戴琏璋说:

人文关怀,为书院师友相契相知的关键。②

由书院讲学的宗旨可知,其"人文关怀"不是仅及"见闻之知",而必然更为重视"德性之知"。也就是说,必须由"博"返"约",所学才能"切己",学问才可谓完全,生命才可谓完整。戴琏璋说:"书院所讲乃'为己'之学,这种学问,范围广涉生活的全部、生命的整体。为学之道不能局限于知识追求,必不可少的是反身体证。"③正因为如此,需要"博文"与"约礼"并行,"博学"与"笃志"同步,以求避免"博学"而"泛滥无归"的可能。④ 对此,戴琏璋以"道问学"和"尊德性"之别为例加以说明。就"道问学"来讲,"博文"、"博学"可代表其基本学术路向,即主张向不同的人学习。就"尊德性"来讲,"约礼"、"笃志"可代表其基本学术路向,即主张通过生命的真实来解读经典。两相对照之下,陆九渊所言之所以"切中学者隐微深痼之病,盖听者莫不悚然动心焉"⑤,缘于其所论重视"为学之道"必不可少的"反身体证"。对此,戴琏璋说:"当时听众在陆氏这里所得到的,不是这两句话的文字训诂,不是心思外驰的知识牵扯,而是回

---

① 戴琏璋:《书院讲学的现代省思》,杭州:《杭州师范大学学报》(社会科学版)2008年第2期。
② 戴琏璋:《书院讲学的现代省思》,杭州:《杭州师范大学学报》(社会科学版)2008年第2期。
③ 戴琏璋:《书院讲学的现代省思》,杭州:《杭州师范大学学报》(社会科学版)2008年第2期。
④ 参见戴琏璋:《书院讲学的现代省思》,杭州:《杭州师范大学学报》(社会科学版)2008年第2期。
⑤ 陆九渊:《陆象山全集》,北京:中国书店1992年版,第175页。

归自身的真挚内省,诚诚实实的自我察识。在这里可以体会'博文而约礼''博学而笃志'的真实意义。"①正因为如此,书院讲学不同于"官学"的讲授,而是有其特定的形式。他说:

> 弟子善问,而师长善答,正是书院教学最精彩的部分。所谓善答,并非提供一现成的标准答案,它主要表现为因材施教,随机指点。②

戴琏璋认为,书院讲学之特定形式的根本在于"本乎心"。他说:"无论是三言两语抑或长篇大论,无论是大声训斥抑或沉默以对,运用之妙,各本乎心,无非都是要促使问者慎思、明辨,庶几乎举一反三,触类旁通,深造而自得。"③正因为如此,孔子认为"饭疏食饮水,曲肱而枕之,乐亦在其中矣"④;他的高足颜渊也"箪食瓢饮",居陋巷而不改其乐。⑤ 更具创造性的是,王阳明同时提出"良知者,心之本体"⑥和"'乐'是心之本体"。⑦ 此即是说,生命的内在主体自具"悦乐"性格,"良知"与"悦乐"原是一体呈现;人在"悦乐"中"致良知",在"致良知"中得"悦乐",二者为一体之两面。依着戴琏璋的理解,书院讲学之所以"本乎心",目的在于以求学生"深造自得"。孟子说:"君子深造之以道,欲其自得之也。自得之,则居之安;居之安,则资之深;资之深,则取之左右逢其原:故君子欲其自得之也。"⑧所谓"深造自得",是指基于相当的实践工夫而有内在的收获。⑨

---

① 戴琏璋:《书院讲学的现代省思》,杭州:《杭州师范大学学报》(社会科学版)2008年第2期。
② 戴琏璋:《书院讲学的现代省思》,杭州:《杭州师范大学学报》(社会科学版)2008年第2期。
③ 戴琏璋:《书院讲学的现代省思》,杭州:《杭州师范大学学报》(社会科学版)2008年第2期。
④ 何晏注,邢昺疏,朱汉民整理,张岂之审定:《论语注疏》,第91页。
⑤ 孔子说:"贤哉,回也! 一箪食,一瓢饮,在陋巷,人不堪其忧,回也不改其乐。贤哉,回也!"(何晏注,邢昺疏,朱汉民整理,张岂之审定:《论语注疏》,第75页)
⑥ 王阳明撰,吴光、钱明、董平、姚延福编校:《王阳明全集》,第61页。
⑦ 王阳明撰,吴光、钱明、董平、姚延福编校:《王阳明全集》,第70页。
⑧ 赵岐注,孙奭疏,廖名春、刘佑平整理,钱逊审定:《孟子注疏》,第220页。
⑨ 参见戴琏璋:《书院讲学的现代省思》,杭州:《杭州师范大学学报》(社会科学版)2008年第2期。

具体来讲,所谓"自得",是指在率真、悦乐中豁醒自我,进而自主自律,尽其在我。① 所谓"深造",是指必须付出相当程度的工夫,长期"优游餍饫于其间",否则"终不足以得之也"。② 关于"本乎心"而求"深造自得",戴琏璋说:

> 人才的培育不能是"外加"的方式,而要取"内发"的途径。所谓内发,是指内在自我的兴发。这内在自我,包括真挚的情感、悦乐的性灵以及自主的意识。③

在戴琏璋看来,现行学校制度无论在课程设计、教法运用抑或管理方面,较之传统教育体制确有很多优胜处。更重要的是,它在全球化趋势下实现了与国际接轨。但是,这种西式教育并非没有瑕疵。其一,所有的学问都被量化;其二,所有的事务都被功利化。基于这样两个方面,人文情感的内容被忽视,恢弘器识的陶冶变得不重要,人因此而失去了高远理想,形成"内在的虚歉"和"精神的荒芜"。④ 在此意义下,"传统书院那种人文化成的教学功能,对于现代学校教育确实可有'匡翼'作用"⑤。具体来讲,一个方面,书院讲学活跃于民间,向全民提供终身学习的机会,没有太多形式限制,这是非常重要的"匡翼"之处。⑥ 另一个方面,在性情"调护"、心志培养和理想实践方面,它比一般学校也有更好的成效。他说:"游憩相伴,吟唱酬答;适时提问,反复磋商;规过责善,真诚自省;志业与共,慧命相续。这些师友之道,有益于性情的调护、心志的存养以及

---

① 参见戴琏璋:《书院讲学的现代省思》,杭州:《杭州师范大学学报》(社会科学版)2008 年第 2 期。
② 参见朱熹:《四书章句集注》,第 292 页。
③ 戴琏璋:《书院讲学的现代省思》,杭州:《杭州师范大学学报》(社会科学版)2008 年第 2 期。
④ 参见戴琏璋:《书院讲学的现代省思》,杭州:《杭州师范大学学报》(社会科学版)2008 年第 2 期。
⑤ 戴琏璋:《书院讲学的现代省思》,杭州:《杭州师范大学学报》(社会科学版)2008 年第 2 期。
⑥ 参见戴琏璋:《书院讲学的现代省思》,杭州:《杭州师范大学学报》(社会科学版)2008 年第 2 期。

理想的实践。"①总之,传统书院所累积的经验,很多方面值得现代教育善加继承。戴琏璋说:

> 如何汲取其中精华,以现代的手法使其重现,发挥"匡翼"学校之不逮的功能,这当是今日企图振兴儒学、普及儒学的人士所不可忽略的课题。②

三、"中和"思想与文明的会通

美国哈佛大学教授亨廷顿(Samuel Huntington, 1927—2008 年)在《外交事务》(*Foreign Affairs*)1993 年夏季号曾发表一篇《全球文明冲突论》。其主要观点如下:其一,今后主要的国际冲突将发生在不同文化的种群之间,"文明的冲突"将取代意识形态与经济利益的冲突,"文明断层线"将成为未来的主战场。所谓"文明断层线",是指在欧洲、亚洲等不同历史背景、宗教背景、经济和政治背景地区的分界线;这一分界线不是地理意义的,而是文化意义的。其二,由于西方掌握了国际政治组织、安全体系及经济组织方面的绝对优势,又与非西方民族有文化上的差异,特别是价值观与信仰的歧异,因此非西方民族就有联合起来对抗西方的态势。其三,西方国家为了确保自身的利益,必须对于上述态势谋求对策。一方面,须促进西方文化体系内成员的合作与团结,并把和西方文化比较接近的东欧与拉丁美洲融入西方社会,而且要和日本及俄罗斯加强合作。另一方面,须抑制回教世界与儒家社会的军事扩张,并且制造他们之间的冲突。其四,在可见的将来,不会有放诸四海而皆准的"普世文明",所可能有的只是一个包含不同文明的世界,而其中的每一个文明都得学习与其他文明共存。③ 这篇文章甫一发表,即以其"惊人"的观点在中国文化界

---

① 戴琏璋:《书院讲学的现代省思》,杭州:《杭州师范大学学报》(社会科学版)2008 年第 2 期。
② 戴琏璋:《书院讲学的现代省思》,杭州:《杭州师范大学学报》(社会科学版)2008 年第 2 期。
③ 参见 Huntinton, Samuel P, The Clash of Civilization? *Foreign Affairs*; Summer 1993, pp.22-49。

引发强烈反应。戴琏璋说:

> 他(指亨廷顿——引者)出语惊人,引起广大的回响,港台两地文化界都有强烈反应。①

在戴琏璋看来,亨廷顿显然是典型的"西方中心论者",他的论点可訾议之处很多。不过,其有两点思想是值得肯定的。其一,"文明的冲突"的确是今天世界上血腥冲突的主要事件,这说明亨廷顿的论述是有事实根据的。比如,苏联境内亚美尼亚人与亚塞拜疆人之战,南斯如夫境内克罗地亚人、波斯尼亚人与塞尔维亚人之战,中东的犹太人与阿拉伯人之战,印度的回教徒与印度教徒之战等,都与"文明的冲突"有关系。其二,不存在一种放之四海而皆准的"普世文明",每一个文明都得学习与其他文明共存,这是当前人类需要共同面对的一个重大课题。② 不过,亨廷顿并没有说明如何化解文明冲突,这是其"文明冲突论"的明显不足之处。③ 对此,戴琏璋提出了自己的见解。他认为,不同文明的族群接触初期,由于语言隔阂、信仰歧异、习俗差别以及利害抵触等因素,冲突往往是难以避免的。但是,冲突未必一定以暴力的形式展开。事实上,冲突是可以化解的,而化解的关键在人的智慧。也就是说,既然冲突缘于人的文明,那么人的文明亦可以化解冲突。他说:

> 冲突也可能被化解,不同的文明也可能会通与融合。冲突事件的这两种走向,决定的因素很多,主要关键则在人这里,在于当事人的智慧与涵养。④

一般认为,不同文明当中宗教信仰最难调和,因为宗教具有"排他性"。亨廷顿之所以提出"文明冲突论",主要着眼点即在于此。对此,戴

---

① 戴琏璋:《文明的冲突与会通》,台湾:《中国文哲研究通讯》第3卷第4期。
② 参见戴琏璋:《文明的冲突与会通》,台湾:《中国文哲研究通讯》第3卷第4期。
③ 参见戴琏璋:《文明的冲突与会通》,台湾:《中国文哲研究通讯》第3卷第4期。
④ 戴琏璋:《文明的冲突与会通》,台湾:《中国文哲研究通讯》第3卷第4期。

琤璋则有自己不同的看法。他认为，一方面，宗教冲突在历史上确实存在。在中国，由于宗教信仰歧异而引起冲突大致发生在东汉佛教传入之后。当时，有些人士对于外来宗教持"夷夏之辨"、"礼俗之辨"，对于佛教有所质疑；并且提出"神灭论"①来反对佛教的"神不灭"主张。类似的争辩一直延续至今。另一方面，宗教之间实际上也存在着"会通"的可能。就中国历史来看，佛教与本土信仰在长期交往中就有彼此的"会通"，而且双方在"会通"中都受对方的影响而有所蜕变和创新。如，南北朝以后道教著作中明显地接纳了儒、佛两家的材料；隋唐以来，佛教思想也渲染上本土哲学的色彩，甚至出现了"禅宗"、"天台宗"等中国的佛教派别；宋明时代儒学为了回应佛、老思想而有所更新，以至于出现了所谓"三教合一"的说法，甚至在明代出现了儒、释、道结合为一体的"三一教"。②质言之，戴琏璋认为，宗教的歧异并不一定必然导致冲突，它们之间可以实现彼此的"会通"。他说：

  个人无意宣扬三教合一的思想，其所以要提到……这种现象，只是认为它是一个有力的证据，它证明了宗教的歧异是可以会通的，冲突不是歧异的宗教间唯一的途径。③

戴琏璋认为，由亨廷顿的"文明冲突论"不难发现，如何"会通"不同文明，避免暴力冲突，成为摆在人类面前的一个急迫课题。实际上，中国哲学在这方面有着丰富的资源可资借助，其中"中和"思想便是宝贵的理论财富。他说："中国历史，无论是在民族的融合或宗教的会通上，都已累积了丰富的经验，这些经验都印证了中和思想在降低文明的冲突、促进文明的会通方面，能起重大的作用。"④那么，何谓"中和"思想呢？所谓

---

① 南北朝时范缜曾著《神灭论》，提出"神即形也，形即神也。是以形存则神存，形谢则神灭"的思想。（《范缜〈神灭论〉贾思勰〈齐民要术·序〉注释》，北京：北京人民出版社1975年版，第6页）
② 参见戴琏璋：《文明的冲突与会通》，台湾：《中国文哲研究通讯》第3卷第4期。
③ 戴琏璋：《文明的冲突与会通》，台湾：《中国文哲研究通讯》第3卷第4期。
④ 戴琏璋：《文明的冲突与会通》，台湾：《中国文哲研究通讯》第3卷第4期。

"中和"思想,是上古时代文化领袖对政治经验与艺术活动的体悟和总结。① 比如,尧、舜告诫继任者要"允执其中"②,即"执其两端,用其中于民"③;即从对立双方之间找出彼此会通的理路,并使会通得以落实和实现。由此来看,所谓"中和"其实就是"中道",而"中道"就是会通两端、实现和谐的原理。具体来讲,"中道"的本质是"中",而作用是"和"。这里,"和"与"同"是不一样的。戴琏璋说:"'和',是多样的统一,是通过个体的完美实现以成就整体的和谐调适。在这和谐的整体中,个体仍可保持各自的特质。而所谓'同',则是把组成分子的个体性、差别性都去掉的一种单调的格局。"④因此,关于"中和"的含义,戴琏璋解释说:

>   会通彼此的意义,是使双方在保持各自的特质这一情况下,相应相济,相辅相成,以共创和谐的新局。⑤

在戴琏璋看来,上古的"中和"思想被儒、道两家继承了下来。就儒家看,孔子提出"中庸"的观念⑥,孟子也谈及"中道"⑦,其他许多经典亦有相关思想。在他们看来,"中和"的根源是人们真诚的德性,而这德性表现为"照察智慧"与"包容德量"两个方面。戴琏璋说:"人要有照察一切的高明智慧,才能在各种不同的事物中不偏不倚、无过不及地掌握中道;人还要有包容一切的宽宏德量,才能使各种不同的事物各遂其生,各适其性,而在各自成就他的性命当中来体现整体的和谐。"⑧基于"中和"思想,儒者主张"万物并育而不相害,道并行而不相悖"⑨。就道家来看,

---

① 参见戴琏璋:《文明的冲突与会通》,台湾:《中国文哲研究通讯》第3卷第4期。
② 何晏注,邢昺疏,朱汉民整理,张岂之审定:《论语注疏》,第265页。
③ 郑玄注,孔颖达疏,龚抗云整理,王文锦审定:《礼记正义》,第1425页。
④ 戴琏璋:《文明的冲突与会通》,台湾:《中国文哲研究通讯》第3卷第4期。
⑤ 戴琏璋:《文明的冲突与会通》,台湾:《中国文哲研究通讯》第3卷第4期。
⑥ 孔子说:"中庸之为德也,其至矣乎!民鲜久矣。"(何晏注,邢昺疏,朱汉民整理,张岂之审定:《论语注疏》,第82页)
⑦ 孟子说:"中道而立,能者从之。"(赵岐注,孙奭疏,廖名春、刘佑平整理,钱逊审定:《孟子注疏》,第376页)
⑧ 戴琏璋:《文明的冲突与会通》,台湾:《中国文哲研究通讯》第3卷第4期。
⑨ 郑玄注,孔颖达疏,龚抗云整理,王文锦审定:《礼记正义》,第1460页。

老、庄对于"中和"都有所论述。老子说:"多言数穷,不如守中。"①又说:"万物负阴而抱阳,冲气以为和。"②在此,"中"指"虚无之道","和"则指天地阴阳交会。庄子也说:阴阳"两者交通成和而物生焉"③。不过,相较而言,道家关于"中和"思想的后续发展不及儒家,因为儒家建构了一套"致中和"的工夫论,从而使"中和"思想能够得以具体落实。总之,戴琏璋认为,若对中国哲学之"中和"思想加以开发与弘扬,便可以化解亨廷顿所谓的"文明的冲突",从而实现人类社会的共同发展与繁荣。他说:

> 中国如果真能有儒家的精粹思想来引导文化活动,那么他绝不会像亨廷顿所说有的那样,只因为文明歧异而与不同文化的族群斗争不已。再进一步说,西方或回教国家如果能虚心地检视中国历史,探究儒学内涵,则必然可以得到一些启发,而有助于冲突之降低,促进文明之会通。④

---

① 朱谦之:《老子校释》,北京:中华书局1984年版,第24页。
② 朱谦之:《老子校释》,第175页。
③ 郭庆藩撰,王孝鱼点校:《庄子集释》,第712页。
④ 戴琏璋:《文明的冲突与会通》,台湾:《中国文哲研究通讯》第3卷第4期。

第三章 王邦雄

王邦雄，1941年生于台湾云林县。1956—1959年就读于台南师范学校，毕业后在小学任教。1961—1965年就读于台湾师范大学国文系。1969年获中国文化大学哲学研究所硕士学位；1975年获中国文化大学文学博士学位。曾任台北市立第一女子高级中学教师。1975年参与创办《鹅湖》月刊，为创刊时唯一的教师①，是"鹅湖学派"或"鹅湖系"的领袖人物之一。1979—1983年任中国文化大学哲学系、所教授，1983—1986年任淡江大学中文系教授。1986年任中央大学中文系、所及哲学研究所教授，1987—1990年任哲学研究所所长。曾兼任《鹅湖》月刊社社长。1993年借调至台北大学筹备处。现为中央大学中文系暨哲研所退休教授、淡江大学中文系荣誉教授。

王邦雄是牟宗三的私淑弟子，是"后牟宗三时代"新儒学的代表人物之一。他在学生时代私淑现代新儒家学者，认为唐君毅和牟宗三在重振民族文化生命方面具有"决定性影响力"。② 王邦雄的著述以论述和散文为主，擅长以具体生活经验谈论哲学，并积极致力于民间讲学；对于如何

---

① 参见蔡仁厚：《新儒家的精神方向》，第340页。
② 王邦雄：《中国哲学论集·自序》增订三版，第1—2页。

在"人间世"安顿心灵有较多思考,形成不同于"学院哲学"的"平民特色"。从学术面向来看,王邦雄"思考的重点仍在世道人心的改变"①,其学术关怀兼及儒、释、道诸家,并在很多领域有独到建树。因此,有学者称他为"具有儒家性格的新道家,具有道家性格的新儒家"②。就道家思想研究而言,他被称为"华人世界庄子研究第一人"。③

王邦雄的主要著作有:《缘与命》、《韩非子的哲学》、《老子的哲学》、《儒道之间》、《中国哲学论集》、《老子道》、《生死道》、《人间道》、《行走人间的脚步——儒门与隐者的对话》、《庄子道》、《中国哲学史》(合著)、《生命的实理与心灵的虚用》、《修道——老子的生命真言》、《修真——庄子的生命本质》等。

第一节 天命与心性

在王邦雄看来,宗教源于人生的"根源性感悟",进而由有限对无限的追求成就了宗教,因此宗教乃是"人的宗教"。他依照教义、教理对宗教进行了区分:一类是"上帝启示的宗教",指宗教真理来自上帝的启示,经由先知、救主而传达人间;耶教、回教属于这一类型。另一类是"生命体现或证入的宗教",指教化真理由人体现天道与证入涅槃而显;佛教、儒教属于这一类型。④ 关于宗教的功能,具体来讲有三个方面:其一,"祈求福佑"⑤,即,通过个人信仰而追求生命的依托与情感安顿。其二,"求社会正义的实现"⑥。此一使命意在弥补人不得好报的缺憾,从而也使宗教的业感果报、生死轮回与最后审判有了存在的价值。其三,"求圆满德行的完成"⑦,即通过开启积极向上的教路,建立道德的自足性与庄严性,从而由成就自我到普度众生。面对纷繁复杂的宗教现象,王邦雄认为这其

---

① 王邦雄:《生命的学问十讲·前言》。
② 王其水:《鹅湖系:台湾新儒学的新趋向》,第80页。
③ 参见王邦雄:《生命的学问十讲》,"前勒口""王邦雄简介"。
④ 参见王邦雄:《中国哲学论集》,台湾:学生书局1986年版,第259页。
⑤ 王邦雄:《中国哲学论集》,第253页。
⑥ 王邦雄:《中国哲学论集》,第253页。
⑦ 王邦雄:《中国哲学论集》,第254页。

中有一个"判教"的问题,也就是说,需要对什么是"纯正的"宗教信仰有一个判定。对此,他认为真正的宗教,一方面须"避开徒言信仰,而落入拜物的危机",另一方面须"引导精神向上,作一无限企求的理想性"。① 他说:"纯正的宗教信仰,一者要能开启无限美善的超越精神,二者要能安顿人间社会的轨道伦常。……任何教派,必得通过这一判准的检验。"②

在王邦雄看来,任何一个民族都有其"安身立命"的形上世界。他说:"不论任何世代,人的生命存在,总要有一个可以安身立命的心灵乡土,总要有一个可以认同归属的精神天地。"③就中华民族来讲,这份"心灵乡土"便是儒家的"心性之学"。他说:"任何民族文化必有其安身立命的形上世界,此在中国是心性之学的儒学传统,故心性之学,是中国学术文化的核心所在。"④具体来讲,这份"心灵乡土"包括"安身"与"立命"两个方面。关于"安身",是指面对不得已和无可挽回的生命困局时,正确的做法乃是体认死生穷达的"命限",转而往下学上达上做工夫,进而开拓生命无限伸展的空间。很明显,"安身"之道的实质在"安心"。关于"立命","立命之道根在尽心"⑤。即,所谓"立命",是以"养气"工夫作为基底,将智慧化成真实的生命。可见,无论是"安身",还是"立命",最终根据都在"仁心"。"仁心"有三义,即"呈现义"、"自觉义"和"主宰义"。⑥ 在王邦雄看来,基于"仁心"的道德修养,不仅可以实现"安身立命",而且亦可以推进治国平天下。因此,在人类面临文明冲突的今天,儒家的"安身立命"之道实可贡献于全人类,为人类的和谐共荣提供理论上的支撑。

在王邦雄看来,要讨论命运问题,需要先弄清楚"命运"和"运命"两个概念。所谓"命运","是被命所运,运是运走,人的一生就被命运走了,就叫作'命运'"⑦。所谓"运命",是指人来"运转"自己的"命"。⑧ 当然,

---

① 参见王邦雄:《中国哲学论集》,第262页。
② 王邦雄:《中国哲学论集》,第262页。
③ 王邦雄:《中国哲学论集》增订三版,第280页。
④ 王邦雄:《中国哲学论集》增订三版,第17页。
⑤ 王邦雄:《中国哲学论集》增订三版,第294页。
⑥ 参见王邦雄:《中国哲学论集》增订三版,第288页。
⑦ 王邦雄:《中国哲学论集》,第245页。
⑧ 参见王邦雄:《中国哲学论集》,第245页。

人不能随意主观地改变"命",而是在客观地了解限制之后来"运转"自己的命。具体来讲,"命"包含三层含义:一是"天命",即上天的"命令"通过"理"来下达于人身,此即"天命之谓性"①。二是"气命",是指具有气质与形象、生活在具体环境中的"人的存在"②。三是"共命",是指在共同的历史条件下每个人共同的命运。人只要活着,就必定生存于特定的时空背景中;特定的历史条件对每个人都会产生的相同影响即是"共命"。③ 在人们的日常生活当中,人们所关心的多是"气命",因此有占卜以预测自己未来的"算命"。在王邦雄看来,"命"其实是不能算的,因为"气命"是特殊的、不确定的、神秘的。不过,作为"占卜之书"的《易经》有两个方面的意义值得肯定:一方面,认识天、地、人之间的关系,说明人须知道"时"、"位"、"几",然后顺"几"去做。另一方面,"算命"反映着人对生命的自觉和对未来的关切;这种自觉和关切可能会产生巨大的力量,从而在面临"何去何从"时而使生命有转机。④

一、宗教观

在王邦雄看来,宗教源于人生的"根源性感悟"。他说:"宗教信仰的缘起,无疑的是出于人生悲苦、罪恶与命限的感受。"⑤例如,释迦牟尼有感于人的生老病死与"万法"的"生住异灭",认为"识心"所变现执持的无常虚妄是生命苦业轮回的源头。耶稣(Jeshua ben Joseph,前6—29年)鉴于人间的仇恨相结,迫害无已,认为堕落根源在于人类本始偷食禁果的"原罪"。孔子对人生亦有真切体会:人有形躯,就必然面临疾病和死生问题;人在社会历史条件中,就有生之穷达问题;人的死生与穷达,从根本上源于人生的"命限"。无论是"苦业"、"原罪",还是"命限",皆是与生俱来的生命真实,故为人之所当面对与担负的。然而,恰恰因为有"无常之苦"、"堕落之罪"与"受限之命"的自觉,表明人是"虽有限而可无限"

---

① 郑玄注,孔颖达疏,龚抗云整理,王文锦审定:《礼记正义》,第1422页。
② 王邦雄:《中国哲学论集》,第236页。
③ 参见王邦雄:《中国哲学论集》,第237页。
④ 参见王邦雄:《中国哲学论集》,第241页。
⑤ 王邦雄:《中国哲学论集》,第257页。

的存在。因此，不仅要自我解脱，还要慈悲普度；不仅要信望灵修，也要宽恕爱人；不仅要内圣修养，更要有外王事业。王邦雄认为，恰是人类这种由有限而对无限的追求成就了宗教。他说："所谓宗教，用比较常识的语言来说，我认为是'开宗立教'。宗主在天上，教化在人间，宗教一定要究天人之际。"①正因为如此，宗教是"人的宗教"，即宗教只有对人才有意义。他说：

> 宗教为人的宗教，为人间的宗教，宗教信仰对天道或上帝说来，都是没有意义的，因为天道或上帝是纯灵无限的，既无形躯之限，就不会由有限而发为无限的祈求；宗教信仰对鸟兽虫鱼，花草木石说来，也是没有意义的，因为他们虽是有限，却没有悲感灵觉。②

当然，宗教并非人类追求无限的唯一途径。在王邦雄看来，人类之对于无限的追求，除了宗教途径之外，还有哲学的途径。他说："人走向绝对之路有二：一是宗教的教路，一是哲学的理路。前者是借信仰而感通，后者是借理性而推得；前者以上帝为敬爱的对象，后者则以上帝为理解的对象；前者为生命开出精神的通路，后者为世界寻求合理的解释。"③宗教的途径表现为以信仰为特征，哲学的途径则表现为以理性为特征。正因为如此，哲学虽可以满足理性的要求，虽可以解释人间的苦难和罪恶，但不能承担人间的苦难与罪恶。相反，宗教以其"感动生命的热力"，不仅可以解释人间的苦难和罪恶，亦可以承担起人间的苦难和罪恶。此为宗教与哲学之区别处，亦是宗教之所以为宗教之处，当然亦是哲学之所以为哲学之处。对此，王邦雄说：

> 哲学是知性的，清冷的，可以满足理性的要求，却缺乏感动生命的热力，不能承担人间的苦难与罪恶。对虔诚修行的信徒来说，任何学理的论证，都是在生命之外，是不必要而多余的，宗教的真实，就在

---

① 王邦雄：《生命的学问十讲》，第70页。
② 王邦雄：《中国哲学论集》，第258页。
③ 王邦雄：《中国哲学论集》，第261页。

生命当下的兴发奋起而显现稳立。①

在王邦雄看来,宗教虽然起源于对无限的追求,但宗教并非是"超绝"于人间的。实际上,宗教是"既出世""又入世"的。究极地看,宗教无疑是出世的,它绝不能执着、沉溺于人间;否则,宗教的理想性就会"定不住"与"挺不出"。也就是说,宗教的世界是彼岸的世界,其理想是超越的理想,它不可能在现实世界得以实现。因此,他说:"宗教的究极无疑是出世的,……不然的话,它的理想性就有定不住与挺不出的危机。"②然而,宗教又具有强烈的"入世精神";或者说,宗教的价值就在于它的"入世精神"。如前所述,从起源上看,无论是佛教、基督教,还是儒教,它们都是基于对现实人生的苦难与罪恶之"根源性感悟"而成就的,而且其根本目的也在于拯救现实人生。因此,"吊诡的是,宗教的意义就在它积极的入世精神,若舍离了人间世,对生命的失落与存在的苦难,无所承担与化解,又那有宗教安身立命的地方呢?"③在此意义下,"出世"的宗教又多所"用情"于人间。王邦雄说:

> 宗教家的参与人间,或承担生命,或化解苦难,正是宗教的大功德与真生命的所在。④

进而,王邦雄对于宗教类型的划分进行了探讨。通常来讲,人们惯于将宗教类型划分为三种:一是"神造宇宙说"的"一神论",指只超越而不内在;西方神学属于这一类型。二是"神在宇宙说"的"泛神论",指既超越而又内在;中国儒教属于这一类型。三是"神即宇宙说"的"多神论",指神沦为物,为只内在而不超越;部落宗教属于这一类型。王邦雄对此分类不以为然,因为它有两个方面的局限性:一个方面,它以唯物论为"无神论",实际上唯物论并非真正的"无神论",因为它以"物"为宇宙间唯一

---

① 王邦雄:《中国哲学论集》,第261页。
② 王邦雄:《中国哲学论集》,第253页。
③ 王邦雄:《中国哲学论集》,第255页。
④ 王邦雄:《中国哲学论集》,第261页。

的真实存在,故"物"即是所谓的"神"。另一个方面,它将佛教排除在外,理由是佛教"非宗教非哲学"或"亦宗教亦哲学";前者指佛教不能纳入上述判教分类之中,后者指佛教既有宗教情怀,又有理性特征。① 基于上述,王邦雄根据教义、教理的不同对宗教进行了重新分类:一为"上帝启示的宗教";二为"生命体现或证入的宗教";前者由上帝、先知的启示而立教,属于"极权宗教",后者由生命修养的极成而开宗,属于"人文宗教"。很显然,这样一种分类避免了上述局限性,亦体现出其对于"人文宗教"的强调。他说:

> 一是上帝启示的宗教,一是生命体现或证入的宗教,前者无限美善的上帝,是出现在生命开始的地方,此耶教回教属之,其宗教的真理,是来自上帝的启示,经由先知救主而传达人间;后者生命的终极圆满,是出现在人生最后的境界,此佛教儒学属之,其教化真理,是由人的体现天道,与证入涅盘而显。②

既然宗教是"人的宗教",它又多所"用情"于人间,故其"开宗立教"就须具备一定的功能。王邦雄认为,宗教的功能有三个方面:其一,"祈求福佑"③,即通过个人信仰追求生命的依托与情感的安顿。在此意义下,祈求福佑位于"民俗信仰"的层次,属于个人的行为;而个人行为就可能流于自私,故宗教还须有社会使命。其二,"求社会正义的实现"④。王邦雄说:"善人得福,恶人受苦,为宗教的基本信条,并以福报来定住善之存在,以苦业来消除恶之存在。"⑤不过,不同宗教实现这一社会使命的途径并不相同:在西方宗教,德业固然在己,而福报则在上帝,故祈祷感恩成为特定的宗教形式。在东方宗教,德业在己,福报也由德业来定,故宗教的出世精神必通过入世的修行而显现。其三,"求圆满德行的完成"⑥。

---

① 参见王邦雄:《中国哲学论集》,第258—259页。
② 王邦雄:《中国哲学论集》,第259页。
③ 王邦雄:《中国哲学论集》,第253页。
④ 王邦雄:《中国哲学论集》,第253页。
⑤ 王邦雄:《中国哲学论集》,第254页。
⑥ 王邦雄:《中国哲学论集》,第254页。

由个人的祈求福佑,到社会正义的求其实现,仍"定不住"宗教的性格,故宗教必得进至第三层,那就是圆满德行的完成。所谓"圆满德行"的完成,其实质是德与福的两全,此乃宗教最根源的问题。王邦雄说:"福与德不能两全的缺憾,才是宗教最根源的问题。有德的人不必有福,而有福的人也不必有德,这一福德的分离,迫使德行的尊贵美善,在现实人生中被怀疑被否定。是所谓圆满德行的完成,必在有德的人有福之下,才算是圆满。"①

在王邦雄看来,任何宗教都建有一套世界观,通过解释宇宙、人生现象,以安顿一切生命存在。相应地,还须有一套价值观,以确立人在宇宙中的地位,从而为人生安身立命提供根据。然而,宗教现象纷繁复杂,常常令人无所适从。对此,王邦难探讨了宗教的判准问题。首先,他肯定了怀特海"人的宗教"的思想。他说:"他(指怀特海——引者)为宗教下了界定说:'宗教是以信仰的力量,净化内在的心灵。'此一定义,已不再将宗教究竟,定在上帝之至善全能的救赎恩宠上,而拉回到人之主体生活的修为净化中。……此正是怀黑德(即怀特海——引者)身为一代大哲的睿智洞见处。"②其次,他探讨了信仰的对象问题。既然谈信仰,就当有信仰的对象,而何为信仰的对象至关重要。在王邦雄看来,这个对象须是人心所遥契直感的神,不能是人间的某物,当然也不能是人间的人;不然的话,人心就会往下滞陷沉落,生命亦会被形而下的人物所"索引"。他说:"这一说法,点出了宗教引导精神向上,作一无限企求的理想性,才能避开徒言信仰,而落入拜物的危机,故比起怀黑德所下的界定,更能保障宗教信仰的纯净本色。"③他还说:

> 纯正的宗教信仰,一者要能开启无限美善的超越精神,二者要能安顿人间社会的轨道伦常。……任何教派,必得通过这一判准的检验。④

---

① 王邦雄:《中国哲学论集》,第254页。
② 王邦雄:《中国哲学论集》,第261页。
③ 王邦雄:《中国哲学论集》,第262页。
④ 王邦雄:《中国哲学论集》,第262页。

二、儒家的"安身立命"之道

在王邦雄看来,任何一个民族都有其"安身立命"的形上世界,这个形上世界表现为类似于"心灵乡土"的精神世界。他说:"不论任何世代,人的生命存在,总要有一个可以安身立命的心灵乡土,总要有一个可以认同归属的精神天地。"①就中华民族来讲,这份"心灵乡土"便是儒家的"心性之学"。他说:"任何民族文化必有其安身立命的形上世界,此在中国是心性之学的儒学传统,故心性之学,是中国学术文化的核心所在。"②事实上,儒家的"心性之学"已然超出了中华民族,而成为整个"东亚文化圈"共同的"价值座标"。也就是说,儒家的"心性之学"不仅已传播到"东亚汉字文化区",而且也已成为这些地区"每一个生命存在的价值座标"③。正因为如此,"中国哲学是我们自家历史传统的文化心灵,也是全球人类文明进程的智慧宝藏"④。具体来讲,儒家所提供的这份"心灵乡土"、"价值座标"是指形而上的"天道"。不过,此"天道"不是超越外在的,而是"即超越即内在的"。即"天道"内在于心性,良心、善性与"天道"相即不离;一者"极高明",二者"道中庸",神圣与世俗同体流行。⑤

所谓"安身立命",一者为"安身";二者为"立命"。关于"安身",王邦雄认为,依着儒家的理论,其实质在于"安心"。在他看来,人生道路上必然要面对不得已和无可挽回的生命困局。对此,正确的做法是体认死生穷达的"命限",转而往下学上达上做工夫,进而开拓生命无限伸展的空间。很明显,这是基于人性的觉醒而对"道"的开发,其独特风格就在人文精神的全幅朗现。他说:"孔子以至圣先师的身份,决定了几千年儒教文化的走向,一者立人伦之大本,二者开人文之全局。"⑥也就是说,"道"虽为"天道",但它乃是一个价值天地;在这个价值天地中,人是自己的主人,价值根源就在人性的本身。即"道"之开出乃源于德行,德行之

---

① 王邦雄:《中国哲学论集》增订三版,第280页。
② 王邦雄:《中国哲学论集》增订三版,第17页。
③ 王邦雄:《中国哲学论集》增订三版,第280页。
④ 王邦雄:《中国哲学论集·增订版序》增订三版,第Ⅵ页。
⑤ 参见王邦雄:《中国哲学论集》增订三版,第280—281页。
⑥ 王邦雄:《中国哲学论集》增订三版,第287页。

所以可能的依据在"仁心",而"仁心"养成的"园地"在《诗》、《书》、《礼》、《乐》的涵泳化成。王邦雄说:"'志于道,据于德,依于仁,游于艺。(《论语》·〈述而〉)'此为孔子儒学的总纲。"①即人之所以为人在"仁心"的觉醒,此乃儒家所主张的安立此身之"道"。因此,王邦雄说:"天道是万物的奥藏之地,在天道的价值根源之地,善人不善人皆回归自我,可以安于自身……"②质言之,"安身"需端赖于安立"天道",而"天道"即是"仁心",故"安身"之本即在"安心"。他说:

> 修己以敬而仁者安仁,身安于何处,安于仁心的价值认定。故安身之道,本在安心。③

关于"立命",在王邦雄看来,"立命之道根在尽心"④。孟子认为,尽本心的善端良知可以证成性的善,而知性即知天,故知人性本善即彰显了"天道"的全体大用。所谓"事天"之道就在存养天之所与的良知本性,这是生命的无限性。不过,心性寄形气物欲,形气会在时光流逝中归于老死,这是生命的有限性。因此,人生既有"天性"的无限,又有"物命"的有限;"事天"正所以存养生命的无限性,"立命"则在安立生命的有限性。因此,孟子说:"尽其心者,知其性也。知其性,则知天矣。存其心,养其性,所以事天也。夭寿不贰,修身以俟之,所以立命也。"⑤实际上,"立命"之最大的突破就在"养气"。孟子说:"其为气也,至大至刚,以直养而无害,则塞于天地之间。其为气也,配义与道。无是,馁也。是集义所生者,非义袭而取之也。行有不慊于心,则馁矣。"⑥因此,所谓"立命",即是以养气工夫作为基底,将智慧化成真实的生命。王邦雄说:

---

① 王邦雄:《中国哲学论集》增订三版,第288页。
② 王邦雄:《中国哲学论集》增订三版,第286页。
③ 王邦雄:《中国哲学论集》增订三版,第288页。
④ 王邦雄:《中国哲学论集》增订三版,第294页。
⑤ 赵岐注,孙奭疏,廖名春、刘佑平整理,钱逊审定:《孟子注疏》,第350—351页。
⑥ 赵岐注,孙奭疏,廖名春、刘佑平整理,钱逊审定:《孟子注疏》,第75页。

人之所以为人在仁,人走仁心的路,就是道。故尽其道,实则尽其心。①

由上述可见,无论是"安身",还是"立命",其最终根据都在"仁心"。王邦雄认为,"仁心"有三义,即"呈现义"、"自觉义"和"主宰义"。他说:"孔子说仁,一在仁心的随时呈现,二在仁心的自觉常在,三在仁心的自做主宰。道德之所以成为可能,就在仁心的随时呈现,自觉常在与自做主宰。"②关于"呈现义",指"仁心""呈现"于现实生活中,而非纯粹思辨的结论。比如,"乍见孺子将入于井"所涌现出的最直接、最真实的"怵惕恻隐之心"即是仁心的"呈现"。③"呈现义"强调的是道德的可能性。关于"自觉义",是指"仁心"的随时呈现需要"自觉"来保证。仁心虽然会随时呈现,但也会随时隐没,这是极大的吊诡。因此,还须由"呈现义"转出"自觉义"。孔子说:"仁远乎哉?我欲仁,斯仁至矣。"④即,在"自觉"到"仁心"的时刻,道德才有必然性。关于"主宰义",是指"仁心"当落实于人格修养的道德实践。孔子说:"克己复礼为仁。一日克己复礼,天下归仁焉。为仁由己,而由人乎哉!"⑤关于这三义,王邦雄说:"仁的呈现义,是心从形气物欲的拘限中超离出来;自觉义是心觉心的自己,是心的自我呼唤;而主宰义则是心当家作主,主导形气物欲的走向。"⑥在王邦雄看来,人的存在具有三个身份:一是自然物的形气物欲;二是社会人的礼制规范;三是人文心的情意理想。⑦就这三个身份来看,在实际的道德实践中,"仁心"乃是"克己复礼"的根源动力。他说:

仁是人文心灵的价值源头,在道德人格的修养实践中,自做主宰,一者克制自然物的形气物欲,二者实践社会人的礼制规范。仁心

---

① 王邦雄:《中国哲学论集》增订三版,第295页。
② 王邦雄:《中国哲学论集》增订三版,第288页。
③ 参见赵岐注,孙奭疏,廖名春、刘佑平整理,钱逊审定:《孟子注疏》,第93页。
④ 何晏注,邢昺疏,朱汉民整理,张岂之审定:《论语注疏》,第95页。
⑤ 何晏注,邢昺疏,朱汉民整理,张岂之审定:《论语注疏》,第157页。
⑥ 王邦雄:《中国哲学论集》增订三版,第294页。
⑦ 参见王邦雄:《中国哲学论集》增订三版,第292页。

就是克己复礼的根源动力。①

在王邦雄看来,基于"仁心"的道德修养,不仅可以实现"安身立命",而且亦可以推进治国平天下。《论语》说人生有三大事:"学而时习之,不亦说乎?有朋自远方来,不亦乐乎?人不知而不愠,不亦君子乎?"②第一件事是指,人在追寻自我的成长时,学而时习之,会涌现成长的喜悦。第二件事是指,在开创天下的事业时,有朋自远方来,会拥有创业的成就感。第三件事是指,在体现天地的境界时,人不知而不愠,会开显自在的境界。在王邦雄看来,"三大事"也是人生的三个境界:他说:"三大事也是三进程,由自我而天下,是扩大;由天下而天地,则是升越。"③当然,推进这"扩大"和"升越"过程的是"仁心",故这过程的核心依然是自身修养。为此,孔子给出了修养自身的三进程:由"修己以敬",到"修己以安人",再到"修己以安百姓"。④ 在这三者当中,后者为最高境界,但"修己以敬"却为根本。也就是说,"修己以敬"不仅是"人能弘道"的人性依据,也是"天下有道"的动力源头。王邦雄说:"重整世道,有三个力是很重要的,一在知识力,二在道德力,三在美感力,这三力都是心力。此有待认知心、德性心与美感心的充分开发,……问世道何在,曰:在人心的开拓。"⑤他还说:

> 人生是人物活在人间,说得确切点,是不合理的人物,活在不合理的人间,克己是克制人物的不合理,复礼是引导人间走向合理。这样的话,人生方可能美善合理,而其源头就在人心的自觉挺立。⑥

王邦雄认为,人类文化固有其进步之处,但亦伴生了诸多危机。从一定意义上看,这些危机已上升到"道"的层次。如前所述,美国哈佛大学

---

① 王邦雄:《中国哲学论集》增订三版,第292—293页。
② 何晏注,邢昺疏,朱汉民整理,张岂之审定:《论语注疏》,第1—2页。
③ 王邦雄:《中国哲学论集》增订三版,第283页。
④ 参见何晏注,邢昺疏,朱汉民整理,张岂之审定:《论语注疏》,第204页。
⑤ 王邦雄:《生命的学问十讲·序言》,第6页。
⑥ 王邦雄:《中国哲学论集》增订三版,第315—316页。

教授亨廷顿提出,如果有第三次世界大战,那将是文明之战,即缘于不同文明之间的冲突。① 在王邦雄看来,人类文明的"根柢"在于"道",即作为"心灵乡土"与精神天地的"道"。然而,"道"与"道"之间却彼此不相知,缺乏必要的信任、谅解与包容,故"文明的冲突"实是一种"道"的危机。对此,王邦雄深表忧虑。他说:"果真回耶两大文明对决的时刻,已然来临了吗?东亚的儒教国家,是依循旧时传统,追随西方国家,来孤立或围剿庇护恐怖组织,甚至支持恐怖活动的阿拉伯国家,还是同情阿拉伯国家,形成儒回两大教与基督教抗衡的新态势?此中涉及的是人道主义的价值思考,甚至等同做出了二十一世纪人类文明能否持续发皇,抑或同归毁灭的存在抉择!"② 实际上,就此而言,儒家的"安身立命"之道可贡献于全人类,作为克服"道"的危机的一大资源。倘若如此,不同文明之间的冲突或可化解,人类文明的发展亦依然会有光明前景。他说:"基督的道,真主的道,普天之下的道,也当该如此的吧!让人人可以高卧深藏,藏身于道,而享有人生的美善,与文明的荣景。"③ 他还说:

> 儒道佛三大教,所追寻的不是启示的真理,而是体现的真理。……其优越在,可以消解自我中心,甚至自我膨胀所带来的冲突与伤害,而在宗教信仰与人格修养的生命进程中,相互激荡与彼此宽容,让不同教派的信徒,也跟自家一样,拥有自我成长与爬登颠峰的空间。④

三、命运与"运命"

王邦雄认为,要讨论命运问题,需要先弄清楚"命"的含义。他说:"什么是命,命就是命令。"⑤ 既是"命令",就必定有"下命令"的一方和"接命令"的一方。因此,"命"也就有了双重意义:对"下命令"的人来

---

① 参见 Huntinton, Samuel P. The Clash of Civilization? *Foreign Affairs*. Summer 1993, pp.22-23。
② 王邦雄:《中国哲学论集》增订三版,第279—280页。
③ 王邦雄:《中国哲学论集》增订三版,第286页。
④ 王邦雄:《中国哲学论集》增订三版,第280页。
⑤ 王邦雄:《中国哲学论集》,第235页。

讲,"命"是"命令";对"接命令"的人而言,"命"是"命限"。具体来讲,"命"可包含三层意思,可分别名之以"天命"、"气命"和"共命"。所谓"天命",是指"上天给予人的'命令'"①。上天的"命令"落实到人身上便成为"人性",此即"天命之谓性"②。由此来看,"天命"所强调的是"无限性"。他说:"天命下达于人,而天是无限,人自然也可以是无限。在这里,'命'是无限性的。"③所谓"气命",是指具有气质与形象、生活在具体环境中的"人的存在"④。尽管"天命"代表一种没有形躯的"理则",但人有具体的气质与形象,而成长环境与过程又各自不同,此即为人各自不同的"气命"。所谓"共命",是指在共同的历史条件下每个人共同的命运。即人只要活着,就必定生存于特定的时空背景中;特定的时空背景对每一个人都会产生的相同影响即是"共命"。对于"命"的三层意思,王邦雄说:

> 命最初的意思是"天命",天的理想性落在人的生命来表现,这种"命"是无限性的。另一个说法是,人到世界上就各有他的形躯,这个形躯被抛置在某个时空背景后就永远也逃脱不开。天或上帝没有形躯,没有一定的时空限制。人有形躯,有一定的气质与特殊的成长历程,还有他存在的时空背景与历史条件,所以"命"里有"共命",人生百年,不管是贫、富、贵、贱,每一个人都一样,都是很平等的。就"气命"来说,每一人是不同的,这是"命"的特殊性。⑤

进而,王邦雄区分了"命运"和"运命"两个概念。在他看来,人都有自己的命,这是别人无法替代的,此为"命运"之义。他说:"命运是被命所运,运是运走,人的一生就被命运走了,就叫作'命运'。"⑥当然,"命运"主要是就"命"之"气命"的含义而言说的。他说:"人都有自己的命,

---

① 王邦雄:《中国哲学论集》,第 236 页。
② 郑玄注,孔颖达疏,龚抗云整理,王文锦审定:《礼记正义》,第 1422 页。
③ 王邦雄:《中国哲学论集》,第 236 页。
④ 王邦雄:《中国哲学论集》,第 236 页。
⑤ 王邦雄:《中国哲学论集》,第 237 页。
⑥ 王邦雄:《中国哲学论集》,第 245 页。

这个命是别人永远也无法替你担负的。"①关于"运命",它不是指"命"被"运走",而是指人来"运转"自己的"命"。很明显,"运命"的前提是认为"命"是可以"运转"的。② 在王邦雄,区分这两个概念的目的不在"命运",而在"运命",即"掌握自己的命"。他说:"我提到'命运'与'运命'两个观点,是希望诸位谈命时不要说'命运'而是'运命'。因为命是可以运转的,尤其是人从参与、反省之中更能掌握自己的命。"③当然,王邦雄并不是主张人能随意主观地改变"命",而是主张了解"命限"但不停留在限制之中,即在限制之中来"运转"自己的命。他说:

> 必须客观的了解,这样才能了解它的限制。但了解限制并不是停留在限制之中,……是要人在限制之中来运转自己的命。④

王邦雄认为,在"天命"、"气命"和"共命"之间,大家日常生活所关心的是"气命"。就"气命"来讲,每个人都是特殊的、独有的、偶发的,所以它是不能预测的。按道理来讲,对未来本来可以透过学理来推算,但种推算仅限于"共命";属于每一个人特殊的"气命",是没有人能够推算出来的。不过,恰恰因为它特殊、不可知,人类才愈好奇、愈想知道。不能讲透的"命",人们偏偏想"看透";这其实反映了人类思想的矛盾,反映了人类的迷惘。他说:"由于最迫切、最关怀的东西是一种不可知,所以人类谈'命'又'算命',根本是不成的。就哲学的命题来说,这个论调是行不通的,命是不能讲的。人想'算命'是一种矛盾,通过这种矛盾的心态可以显现生命多方面的问题。"⑤个人的命运不可知、不可算,可人类却又偏偏想"算命",此乃是人生的一种生命困局。他举例说:"诸位试想,如果你眼前有一个水晶球,你看到了你的明天、未来以及一生,你又如何活下去呢?预见了生命的旅程,生命的本身就失落了一种神秘、不可知的感动

---

① 王邦雄:《中国哲学论集》,第245页。
② 参见王邦雄:《中国哲学论集》,第245页。
③ 王邦雄:《中国哲学论集》,第245页。
④ 王邦雄:《中国哲学论集》,第246页。
⑤ 王邦雄:《中国哲学论集》,第237—238页。

与奥藏;一个美妙的人生旅程在水晶球里完全被洞彻,那份美感真的就会荡然无存了。所以我认为'算命'是代表人的一种迷惘的心态。"①

那么,人类何以会产生如此"迷惘的心态"呢？在王邦雄看来,根源在于人是有限性与无限性的统一体。《诗经》中有句话说:"天生烝民,有物有则。"②对此,王邦雄解释说,"物"是形躯,"则"指的是"理则";形躯代表的是"人","理则"代表的是"天",所以人必须生活在"天人之际"。在此,"天人之际"透显着两个方面的含义:一方面,人是有限的存在,人生百年,生老病死谁也躲不过,此为"形躯";另一方面,人有美善,又具有一种无限的可能性,此便是"天"。所以,"有物有则"指的是有"物"的"人"和有"则"的"天"。③ 在此,作为"物"的"人"是有限性,充满了无可奈何。同时,人的精神又表现出超越有限性的企求,即具有一种无限性。因此,"命"原本是不可算的,而人又希望去算一算;这种对"命"的关怀只能发生在既有限又无限的人身上。质言之,"人试图要突破'命'的有限性,想知道明天,以为这样就可以不落在人的有限性中"④,由此而产生了"算命"这种"迷惘的心态"。

王邦雄认为,谈到"算命"就一定会谈到《易经》,因为《易经》确实是"占卜之书"。他说:"易是变化,易经者,占卜之书。'占'字上面是'卜'下面是'口',占卜必定有些征兆,通过人来解释它,所以'占'字的写法是上'卜'下'口'。"⑤《易经》首先找出天、地、风、雷、水、火、山、泽八种基本质素,然后探究这八种质素重叠、交感所引发的阴阳变化,从而对于自然界的生成与发展予以宇宙论的解释。更为重要的是,《易经》由宇宙自然关系讲到人际关系,将"天道"与"人道"联系起来。具体来讲,《易经》一卦有六爻,上面两条代表的是"天",下面两条代表的是"地",中间两条代表的是"人"。所以,《易经》的占卜是让人类客观地关切自身存在的时空背景。王邦雄说:"人是存在于天地之间的,人的吉凶就是看他如何在天

---

① 王邦雄:《中国哲学论集》,第238页。
② 毛亨传,郑玄笺,孔颖达疏,龚抗云等整理,刘家和审定:《毛诗正义》,北京:北京大学出版社1999年版,第1218页。
③ 参见王邦雄:《中国哲学论集》,第238—239页。
④ 王邦雄:《中国哲学论集》,第239页。
⑤ 王邦雄:《中国哲学论集》,第239页。

地之间安排自己的行程。"①具体来讲,"卦"是时间的意思,"爻"是空间的意思,所以称"卦时"、"爻位"。即"卦"告诉人何时是正确的时机;"爻"告诉人生进程有不同的"位",即不同的做法。王邦雄说:

> "爻"代表"位",是空间,"卦"代表"时",是时间,人就在时空背景中,他可能就站在时代扭转的关键,这时踏出的第一步就很重要。……时、空配合的关键就是"几",这是一种几微、征兆,《易经》强调每一个人都必须知道自己的"几"在什么地方,这就称为"知几"。……《易经》最重要的道理,恐怕就是要告诉人知位、识时与知几吧!②

在王邦雄看来,《易经》有两个方面的意义值得肯定:一方面,谈客观上天、地、人怎么配合,即认识天、地、人之间的关系,知道"时"、"位"、"几",然后顺"几"去做。他说:"人从天地自然而来,也活在天地自然之中。……在天人之间,人生的旅程才会顺当。"③另一方面,"算命"尽管代表着人一种"迷惘的心态",但它反映着人对生命的自觉和对未来的关切;这种自觉和关切可能会产生巨大的力量,从而在面临"何去何从"时使生命有转机。由此来看,"易经在'算命'这一层次上有好的意义"④。然而,人毕竟是人,不是上帝,他面对的是形躯的、社会的、历史的有限性,因此,人的一生实是不可知的,而这种不可知又实是美好的。他说:"但愿我的一生是不可知的,我永远向往明天,也永远追寻明天,我不愿意从今天来预断我的未来,所以我相信命,相信命给我的美感。这份美感是深藏、神秘、不可知的,那天我碰到它时心里会有悸动。这份权利我永远珍藏。"⑤因此,一方面,即使在科学发达的今天,人们也仍然应该相信命;另一方面,也应该相信未来,相信"运命",依靠理想来引领人生的奋斗。王

---

① 王邦雄:《中国哲学论集》,第240页。
② 王邦雄:《中国哲学论集》,第241页。
③ 王邦雄:《中国哲学论集》,第241页。
④ 王邦雄:《中国哲学论集》,第242页。
⑤ 王邦雄:《中国哲学论集》,第249页。

邦雄说：

> 我相信命的不可知，我也想争取去安排我未来的命，命是应该付诸于艺术、美感、人生不可知的挑战，另一方面通过道德的理性，我必须好好安排自己，来追求一些生命中的理想。①

第二节　儒家思想的精神开展

王邦雄认为，孔子之前，封建宗法由周公一手建立，但东周以后出现了礼坏乐崩的局面。面对礼坏乐崩，孔子选择了两条道路以重建礼乐：第一条路，从内在的人性寻找礼乐的源头是"仁"；第二条路，从历史文化寻找到礼乐的根源是"礼"。这两条道路代表了儒家的两大纲领：前者指人性的基底乃是人之所以为人；后者指历史文化传统就是中国之所以为中国。② 后来，孟子侧重于"仁"，发展了人之所以为人这条道路；荀子侧重于"礼"，发展了中国之所以为中国这条道路。③ 由此两大传统往下，有汉代制度化儒学的落实，但此种儒学已不纯正，因为它有了权力的"污染"与名利的"扭曲"。到了魏晋隋唐时期，中国文化因为道家"接引"佛家的传入而歧出，形成佛老主导中国文化的局面。在此种情况下，宋明儒家承继起儒家的两大传统，将中国文化恢复到儒家传统。之后，清末民初进到一个非常重要的转折时期：一个方面，是政治社会的转型，即君主专制政治转向民主立宪政治；另一个方面，是学术思想文化的交流，即西学东渐所导致的中西文化的会通。在王邦雄看来，这个转折至今仍在进行之中。④ 具体来讲，当代社会是政治社会的急速转型和全面消化西方文化的特殊时期。他说："我们所面对的当代，在政制上是结束君主专制，而逐步迈上民主宪政的大道，在文化上则是承受西方文化的全面挑战，正做

---

① 王邦雄：《中国哲学论集》，第249页。
② 参见王邦雄：《中国哲学论集》增订三版，第4页。
③ 参见王邦雄：《中国哲学论集》增订三版，第4—5页。
④ 参见王邦雄：《中国哲学论集》增订三版，第1页。

一调适整合的回应。"①

王邦雄认为,要探讨文化需要先区分文化的不同层次:第一个是科技器物;第二个是政经制度;第三个是精神理念。就三个层次的关联来看,它们是"决定"与"被决定"的关系:精神理念是核心,它下发为政经制度,再往下成立科技器物的建构。② 在王邦雄看来,依此结构来分析中国的现代化过程,不仅会对历史进展有清晰的认识,而且会对其得失也有清楚的分辨。"洋务运动"和"维新运动"只接触到科技器物和政经制度层面,故最终都以失败而告终。后来,洪秀全领导的"太平天国"运动似乎深入到精神理念层次,但其以基督教文化来反对中国传统文化,故受到了本土文化的强烈反对。相比之下,孙中山的"三民主义"则进一步;它不仅深入到精神理念层次,而且较好地处理了传统文化和外来文化的关系,表现出对传统文化的"感情"与学习西方文化的"理性"之间的"均衡和谐"。回首百年来,经过"洋务运动"、"维新运动"、国民革命运动,革命是成功了,但政治社会的转型并未完成。之所以如此,在于政治社会的转型有待思想文化的推动,即在于确立起"感情"与"理性"之"均衡和谐"的精神理念。

在王邦雄看来,现代中国思想界通常大略分为三派:一派是保守主义的传统派,另一派是自由主义的"西化派",第三派是激进主义的"俄化派"。实际上,除了这三个派别之外,后来出现的现代新儒家因其独到的学术理路亦为一个独立派别。③ 具体来讲,在西学东渐的历史背景之下,诸多学术派别均进行了有益的探索,但这些探索依着文化结构来看多有局限性:"洋务派"只看到器物,"维新派"只看到制度,二者均未触及精神理念层次。"五四"虽深入到精神理念层面,但它视科技器物和民主制度为宗教,故既不要中国的精神理念,也不要西方的精神理念。因此,在"五四"的理论构架下,人的生命不再是立体的,而只是"平面的";文化不

---

① 王邦雄:《中国哲学论集》增订三版,第2页。
② 参见王邦雄:《从中国现代化过程中看当代新儒家的精神开展》,牟宗三:《时代与感受》,第12页。
③ 参见王邦雄:《从中国现代化过程中看当代新儒家的精神开展》,牟宗三:《时代与感受》,第4—5页。

再具有形而上的"道",而成为科学主义的一层和空头的自由主义。① 与上述探索不同,现代新儒家致力于在两个方面的探索:一个是如何让民主和科学在中国"生根成长";另一个是民主与科学如何在中国"生根"而不引起中国人在理性与感情上的对抗或破裂。② 对此,他们选择的道路是,通过中国文化传统去"开出"民主与科学。王邦雄认为,面对西潮东渐,在中国人失落自己的世界时,现代新儒家为我们指出了文化发展的方向。在此意义下,现代新儒家不仅解决了其所面临的问题,也以其理论贡献而形成"儒学第三期最重大的开展"。③

一、儒学的创立与历史流衍

王邦雄认为,要追溯儒学的渊源,得从先秦原始儒家开始;而要讲先秦原始儒家,当然须从孔子说起。孔子之前,封建宗法由周公一手建立,他一手开出800年周王朝的天下。但是,东周以后出现礼坏乐崩的局面。礼乐不仅是当时周王朝的制度,而且也是当时的价值体系。为了重建礼乐、复活礼乐,孔子选择了两条道路:第一条路,从内在人性寻找礼乐的根源。在孔子看来,礼乐之所以坏崩在于礼乐制度没有真情实感,故礼乐变成了"空壳式"的虚文。因此,要重建礼乐,就必须找到内在的源头。在此意义下,孔子说:"人而不仁,如礼何? 人而不仁,如乐何?"④第二条路,从历史文化寻找礼乐的根源。因为"周因于殷礼,……殷因于夏礼"⑤,所以"周文"代表中国文化的传统,故重建礼乐就是重建中国文化。在此意义下,孔子说:"周监于二代,郁郁乎文哉,吾从周。"⑥如果说前一条路的根据是"仁",那么,后一条路的根据就是"礼"。在王邦雄看来,这两个根据很重要,它确定了儒家的两大方向,也反映出儒家的两大纲领:第一条

---

① 参见王邦雄:《从中国现代化过程中看当代新儒家的精神开展》,牟宗三:《时代与感受》,第23页。
② 参见王邦雄:《从中国现代化过程中看当代新儒家的精神开展》,牟宗三:《时代与感受》,第19页。
③ 参见王邦雄:《中国哲学论集》增订三版,第10页。
④ 何晏注,邢昺疏,朱汉民整理,张岂之审定:《论语注疏》,第30页。
⑤ 何晏注,邢昺疏,朱汉民整理,张岂之审定:《论语注疏》,第23页。
⑥ 何晏注,邢昺疏,朱汉民整理,张岂之审定:《论语注疏》,第36页。

路是指人性基底乃是人之所以为人;第二条路是指历史文化传统乃是中国之所以为中国。①

在王邦雄看来,先秦儒家所面对的主要是内圣问题,因为外王方面的礼坏乐崩亦源于人性的真实不显。因此,上述两条道理的超越依据和内在源头均是共同的人性本源。就周公来讲,政刑是用来统治人民的工具,故对人民为"道之以政,齐之以刑"②;礼乐则是属于贵族的生活形式,故对贵族乃"道之以德,齐之以礼"③。孔子则打破了周公的这两层区分:本来礼属于贵族卿大夫,故"礼不下庶人"④;本来周王朝属于"私天下",人与人有亲疏贵贱的不平等,故"刑不上大夫"⑤。孔子却主张"道之以德,齐之以礼",反对"道之以政,齐之以刑",因为人人都有"仁心",所以不仅人性平等,而且政治上也是平等的。王邦雄说:"因为仁心是普遍真实的存在,所以人人皆高贵,'礼不下庶人'的阶级歧视,就不当存在,……"⑥在此意义下,孔子的这一思想是非常伟大的,而其伟大之处在于跳开了周公王室贵族的立场,从人的普遍性来证显每一个人都有"仁心",从而开出中华民族人生而平等的价值观。对此,王邦雄说:

> 孔子自道吾从周,正是继承三代以来的文化传统,……孔子也下开了中国之所以为中国的文化理想。人心有仁,内圣外王的道德事业,才有超越的根据与内在的源头,由是彰显了人之所以为人的道德理性。⑦

王邦雄认为,就孔子所开辟的两条道路来看,孟子通过"人禽之辨"⑧

---

① 参见王邦雄:《中国哲学论集》增订三版,第4页。
② 何晏注,邢昺疏,朱汉民整理,张岂之审定:《论语注疏》,第15页。
③ 何晏注,邢昺疏,朱汉民整理,张岂之审定:《论语注疏》,第15页。
④ 郑玄注,孔颖达疏,龚抗云整理,王文锦审定:《礼记正义》,第78页。
⑤ 郑玄注,孔颖达疏,龚抗云整理,王文锦审定:《礼记正义》,第78页。
⑥ 王邦雄:《中国哲学论集》增订三版,第4页。
⑦ 王邦雄:《中国哲学论集》增订三版,第4页。
⑧ 孟子说:"人之所以异于禽兽者几希,庶民去之,君子存之。"(赵岐注,孙奭疏,廖名春、刘佑平整理,钱逊审定:《孟子注疏》,第223页)

发展了第一条路,即人之所以为人这条道路。孟子主张"性善",认为这是人之所以为人的根本。因此,他把天下事全收归于"良知";认为只有"良知"才可为依据,因为外在的价值模式均垮了,唯一不垮的是"良知"。所以,他要求人发掘自己的"良知",成为顶天立地的"大丈夫"。① 王邦雄说:"当客观秩序已全面解体之时",孟子"把天下事定在每一个人的良知本心上"。② 荀子则通过"夷夏之辨"发展发展了第二条路,即中国之所以为中国这条道路。荀子讲"礼义之统",而"礼义之统"代表中国百王治道的传统,即历代的"周礼"、"殷礼"、"夏礼"。对此,王邦雄说:"当礼坏乐崩之世",荀子希望把天下带回到"百王之无变,足以为道贯"的礼义道统。③ 这样,孟子的理路代表"仁",荀子的理路代表"礼";"仁"代表人性的尊严,"礼"代表文化的传统。也就是说,孟子和荀子分别代表了儒家的两大纲领。④ 尽管如此,他们都是对孔子思想的继承与发展。因此,王邦雄说:

> 先秦诸子共同面对的存在处境,是周文崩坏,社会解体,故诸子百家的理想归趋,就在寻求一统天下的可能之路,这就是所谓的外王的问题。惟孔子儒家,外王依附监乎二代的周文礼乐,问题在如何开发内圣的人格修养,来贞定外王的道德事业。……这就是所谓的"人文化成"。⑤

到了两汉时期,儒学的发展在外王方面有其贡献。王邦雄说:"儒家的理想落实下来,成就了汉儒通经致用与复古更化的外王事业,使儒家的礼俗传统,卒告定型成制。"⑥ 不过,由于这种落实有了权力的"污染"与名利的"扭曲",所以儒家的本来精神此时并不大彰显。例如,董仲舒为

---

① 孟子说:"富贵不能淫,贫贱不能移,威武不能屈,此之谓大丈夫。"(赵岐注,孙奭疏,廖名春、刘佑平整理,钱逊审定:《孟子注疏》,第162页)
② 参见王邦雄:《中国哲学论集》增订三版,第4—5页。
③ 参见王邦雄:《中国哲学论集》增订三版,第5页。
④ 参见王邦雄:《中国哲学论集》增订三版,第4—5页。
⑤ 王邦雄:《中国哲学论集》增订三版,第5页。
⑥ 王邦雄:《中国哲学论集》增订三版,第5页。

了向帝王说教,加入了"阴阳五行"、"灾异图谶"的说法,本来纯正的儒家精神被遮蔽了。魏晋是所谓"新道家"的时代,知识分子脱离政治,清谈玄理。同时,魏晋玄学的开展间接把佛学"接引"进了中国,此后,南北朝到隋唐"思想界尽是佛学的天下"①。这个时期,以前以儒家为主流的文化渐渐失落;人之所以为人的人性尊严不显,中国之所以为中国的文化特质也不显。质言之,孔子所开创的两条道理此时均不得彰显。由此可知,佛教根本不能治国平天下。在王邦雄看来,佛学是不能处理政治社会问题的,它虽然可以化解生命苦痛、处理死生及人的存在等问题,但它不能处理家国天下和文化传统的问题,因为中国文化传统的主流是儒家,不是印度佛学。他说:

> 佛教不能起治国平天下的作用,儒家却可以有宗教性的功能,此宋儒判教,辟佛归儒的真用心,就在佛家挺立不住道德理性,也显发不出文化理想之故。②

正因为如此,到宋明时期,儒家面临着两个重大问题:第一个问题是人的问题,即人之所以为人在什么地方?第二个是文化问题,是中国之所以为中国在什么地方?所以,宋明儒家的使命是把中国文化带回到儒家的本有精神上去。王邦雄说:"宋儒一者面对唐末五代世道人心的堕落,此人已不人,二者又面对东汉以来文化理想的衰微,此则国亦不国。是对宋儒说来,担负的文化使命,不在外王,而在内圣。"③因此,之前已有韩愈开始了排佛运动,这是中国民族文化自觉的先声。就宋明儒家的动机来看,讲《大学》、《中庸》、《易传》是为了对抗佛老:佛老不仅"明心见性",而且对世界的缘起有一根源的解释,而《大学》、《中庸》、《易传》的相关思想比较深入,故可以通过它们与佛老进行对抗。质言之,宋明儒家的根本立场在贞定人之所以为人的人性尊严,并维护中国之所以为中国的文化特质,而这两点都来源于孔子所开创的儒家传统。王邦雄说:"宋儒排

---

① 王邦雄:《中国哲学论集》增订三版,第5页。
② 王邦雄:《中国哲学论集》增订三版,第7页。
③ 王邦雄:《中国哲学论集》增订三版,第5—6页。

拒佛老,斥为异端,必得直透先秦儒学的本源,以显发人性的道德主体,深植中国的文化大本,一者立人道之本,二者通天道之极。"①在此方面,宋明儒家畅通了民族文化之源,恢复了儒家在民族文化中的主流地位。但是,宋明儒学亦有其明显的缺失。王邦雄说:

> 宋亡于元,明亡于清,可能是宋明儒重在主体内圣的修养,而开不出客观外王的学问所致。②

在王邦雄看来,清末民初是中国历史"数千年来一大变局"③。这可以从两方面反映出来:一是政治社会的转型;二是学术思想文化的交流。④ 就前者来看,中国历史经历了三大转型时期:第一个是殷周之际,从氏族社会的部落政治转向宗法社会的封建政治,关键人物是周公。第二个在周秦之际,由贵族封建政治转向君主专制政治,关键人物是秦始皇。第三个是清末民初,由君主专制政治转向民主立宪政治,关键人物是孙中山。⑤ 就后者来看,在中国学术思想史上有两度异质文化进入中国:第一度是印度文化进入中国,然后中国通过南北朝、隋唐将近600年的时间来消化佛学,使之成为中国文化的一部分。第二度是西方文化进入中国,这是从科技器物而政治制度,再到宗教信仰,层次逐渐加深的西学东渐。当然,一百多年来,西学东渐"仍在风潮激荡中"。⑥ 实际上,尽管对中国历史文化的变化可以从上述两个方面来分析,但"政治社会的转型与异文化的冲击,是二而一的,……政治社会的转型,若无思想文化的疏导畅通,终究是无根无本,难竟全功的"⑦。基于上述分析,王邦雄认为当代社会是一个非常特殊的时期。他说:

---

① 王邦雄:《中国哲学论集》增订三版,第6页。
② 王邦雄:《中国哲学论集》增订三版,第7页。
③ 王邦雄:《中国哲学论集》增订三版,第1页。
④ 参见王邦雄:《中国哲学论集》增订三版,第1页。
⑤ 参见王邦雄:《中国哲学论集》增订三版,第1页。
⑥ 参见王邦雄:《中国哲学论集》增订三版,第1—2页。
⑦ 王邦雄:《中国哲学论集》增订三版,第2页。

我们所面对的当代,在政制上是结束君主专制,而逐步迈上民主宪政的大道,在文化上则是承受西方文化的全面挑战,正作一调适整合的回应。①

二、现代化过程的反思

如前所述,在中国文化的发展过程中,曾两度有异质文化的传入。不过,在王邦雄看来,这两种文化传入的情况是大不相同的。第一次外来文化的传入主要是在高层次进行的。即印度的佛门高僧到中国来主持译经工作,中国的佛门高僧也到印度去取经研究,所以很快就激发出智慧的"火花":中国文化不仅吸收、消化了佛教,而且还派生出本土的宗教派别。当然,这种情况也是比较特殊的,因为它没有科技器物和制度层面的交流。第二次外来文化的传入主要是通过科技器物即在低层次进行的。在明朝万历年间,利玛窦(Matteo Ricci,1552—1610年)等人东来和朝廷大臣徐光启、李之藻等交游,从而开启了比较高层次的交往。不过,在清朝雍正时期,朝廷下令关闭教堂,驱逐传教士,中西文化的交流就此中断了。后来,西方文化的进入主要是通过科技器物,因为中国人首先看到的是西方科技器物的优越。② 因此,曾国藩、李鸿章等为了学西方而发起"洋务运动"。然而,尽管当时中国海军吨位号称世界第八位,但在"甲午战争"中清政府却失败了。可见,只学习科技器物层面的东西还不够。因此,康有为、梁启超等主张学习西方的政经制度,于是有了"维新运动"。对此,王邦雄说:

> 西方文化进入中国一开始是通过科技器物,所以中国知识分子首先看到西方科技器物的优越。曾、左、李、胡开展的洋务运动,就是学他们的科技,……结果被四夷之邦击败,当然视为奇耻大辱。所以我们才开始了解西方文化不只科技器物,更重要的是他们的政经制度,……所以康梁的维新就是学西方的政经制度。这两个运动一个

---

① 王邦雄:《中国哲学论集》增订三版,第2页。
② 参见王邦雄:《从中国现代化过程中看当代新儒家的精神开展》,牟宗三:《时代与感受》,第12—13页。

在科技器物,一个在政经制度。①

王邦雄认为,文化是有结构的,因此对文化的探讨也须区分不同层次:第一个是科技器物;第二个是政经制度;第三个是精神理念。不过,这三个层次并非各自独立,而是有密切关联的。他说:"就文化而言,可以通过三个层次来探讨:第一个是科技器物的层次,第二个是政经制度的层次,第三个是精神理念的层次。这三个本属一体,在精神理念下发为政经制度,再往下成立科技器物的建构。"②具体来讲,在文化这个"整体"中,精神理念层次是核心,它处于"决定"的层次;科技器物层次处于外围,故是"被决定"的层次;政经制度居于中间,既有"决定"的作用,又有"被决定"的地位。正因为如此,在不同文化的交流过程中,科技器物是首先被接触到的,然后逐层深入到政经制度和精神理念。由此来看,无论是"洋务运动",还是"维新运动",它们都没有接触到文化核心。因此,"洋务运动"和"维新运动"只是"外在层次"的运动,没有疏通"由内圣转出外王"的道路,即"中国之所以为中国的大流连接不起来"③,故不是中国的民族生命的运动。这也恰恰是其最终失败的重要原因。王邦雄说:

> 晚明诸大儒如顾炎武、黄宗羲、王船山等,就有由内圣之教转开外王之学的自觉,……曾、左、李、胡的洋务运动,康、梁的维新运动,皆接不上顾、黄、王诸大儒之文化生命的大流,仅在器物、制度上学步英日,而未有夷夏之辨的民族自觉。④

与"洋务运动"和"维新运动"不同,洪秀全高举起民族主义的大旗,似乎已接触到文化的深层。但是,他所主张的是用基督教义来烧毁孔庙,

---

① 王邦雄:《从中国现代化过程中看当代新儒家的精神开展》,牟宗三:《时代与感受》,第13页。
② 王邦雄:《从中国现代化过程中看当代新儒家的精神开展》,牟宗三:《时代与感受》,第12页。
③ 王邦雄:《从中国现代化过程中看当代新儒家的精神开展》,牟宗三:《时代与感受》,第14页。
④ 王邦雄:《中国哲学论集》增订三版,第7页。

这一做法引起了中国本土文化的对抗。于是,曾国藩号召天下才士起来维护中国文化,结果是洪秀全失败了。后来,孙中山提出"三民主义"①也接触到文化深层,他却比洪秀全大大地前进一步:其主要内容不是来自儒家,而是大半来自西方——哲学思想来自英国经验主义,人性论则深受达尔文(Charles Robert Darwin,1809—1882年)进化论的影响。然而,孙中山不是通过基督教义来改造中国,而是充分继承中国的文化传统。在王邦雄看来,孙中山之所以成功,乃在于他是中国文化的继承者,而不是因为他是基督徒。也就是说,他虽是基督徒,却不把基督教义放在前面,而是以中国文化为先,讲"修齐治平"的政治哲学与世界大同理想。当然,其"民生主义"、"民权主义"却主要是学自于西方。质言之,孙中山之所以成功,在于他使"感情"与"理性"达到"均衡和谐",而没有走向一端。王邦雄说:

> 中山先生的成功,就在他的感情和理性得到均衡和谐,他的感情要救中国而理性要求学西洋,在中国知识分子的救国运动中,中山先生的三民主义是最为稳健的,没有走向激情极端的僻路。②

可见,仅仅接触到文化深层还不够,还须达至"感情"与"理性"的"均衡和谐"。然而,就孙中山的时代来看,并不是所有的人都达到了"感情"和"理性"的"均衡和谐"。自1912年中华民国成立后,还有人要复辟以恢复帝制,也还有人要"保教"或"保国粹"。之所以如此,在于这些人对中国文化传统"怀抱着生命根处的深情"③。具体来讲,就"复辟"看,民主宪政不是中国的,科技器物不是中国的,唯有帝制是中国文化最后的象征,所以他们要支持、维护。就"保教"看,不仅是政经制度、科技器物是西方的,文化理念层次的西方宗教也传来了,这些引起中国人的反抗,所

---

① 即"民族主义"、"民权主义"和"民生主义",简称"三民主义"。
② 王邦雄:《从中国现代化过程中看当代新儒家的精神开展》,牟宗三:《时代与感受》,第15页。
③ 王邦雄:《从中国现代化过程中看当代新儒家的精神开展》,牟宗三:《时代与感受》,第15页。

以有了"儒教运动";通过立孔教为"国教",以对抗西方的宗教。所以,"在中国现代化过程中,不要忽略了我们对中国文化传统感情的成分"①。不过,这些做法引起了新派人物的反感与反弹,故他们主张要"打倒孔家店"②,要"全盘西化"③。很显然,"五四"新文化运动以反传统文化为主要内容,而这一内容所透显出来的特征亦是感情的。总之,上述几种情况均是"感情"的,均没有达到"感情"与"理性"的"均衡和谐"。王邦雄说:

> 保皇、保教、国粹是感情的,五四浪漫是激情狂热的,所以中国变成火凤凰般的燃烧自己,打倒孔家店就等于打倒自己的世界,中国人就没有自己的心灵世界与精神宇宙了。④

王邦雄认为,历史地看,近代中国开始学西方代表性的口号是"以夷制夷",这一口号的本质是:理性上我们要学习西方,但感情上我们要反抗西方。即在理性上我们知道中国传统打不过西方,所以我们被迫要学习西方;我们忍受屈辱去学西方,是为了将来我们要打击西方。⑤魏源提出"师夷长技以制夷"⑥的实质固是如此,张之洞"中学为体,西学为用"⑦的主张也是如此。不过,义和团则是一个特例:他们是感情上要对抗西方人,理性上也不愿学习西方。在民族主义的立场上看,"义和团是中国民间对西方文化的最后反抗"⑧。本来,"洋务运动"、"维新运动"是"以夷制夷",义和团则是"不以夷"也要"制夷"。与近代的"以夷制夷"不同,

---

① 王邦雄:《从中国现代化过程中看当代新儒家的精神开展》,牟宗三:《时代与感受》,第15页。
② 胡适:《吴虞文录·序》,上海:上海书店1990年版,第7页。
③ 余定邦、牛军凯编:《陈序经文集》,广州:中山大学出版社2004年版(下同),第12页。
④ 王邦雄:《从中国现代化过程中看当代新儒家的精神开展》,牟宗三:《时代与感受》,第16页。
⑤ 参见王邦雄:《从中国现代化过程中看当代新儒家的精神开展》,牟宗三:《时代与感受》,第16页。
⑥ 魏源撰,陈华等点校注释:《海国图志·原叙》,长沙:岳麓书社1998年版,第1页。
⑦ 参见苑书义、孙华峰、李秉新主编:《张之洞全集》第十二册,第9740页。
⑧ 王邦雄:《从中国现代化过程中看当代新儒家的精神开展》,牟宗三:《时代与感受》,第16页。

"五四"运动却是"以夷制华",即"以西方文化,打自己的传统"①。换言之,在理性上我们要学习西方,在感情上则要抛弃中国传统文化。因此,"五四"运动的理路"不是中国人的感情所能承受的"②。正因为如此,中国人渐渐地转向了另一条路:一条既能满足感情上反西方,又要呼应理性上学西方的路,这条路就是马列主义。对此,王邦雄说:

> 马克斯思想本质上是反西方当代文化的,反西方的资本主义,但马克斯主义本身又是西方的思想,正能满足我们理性上学西方,感情上反西方的心理要求,所以我们开始接受反西方的西方。③

在王邦雄看来,西方文化的进入导致了中国社会的转型,从而引发了中国的现代化进程。然而,这一进程却是充满曲折的、甚至是充满痛苦的。具体来讲,在西方文化的冲击下,中国社会结构、经济形态乃至政治制度均有巨大的变化,传统的世界观和价值观也破碎或崩溃了,但与现代化相适应的达至"感情"与"理性""均衡和谐"的精神理念却没有建立起来。他说:"总括起来,就是意义的迷失,道德自我的迷失,失落了我们可以安身立命的价值世界,也就失落了生命存在的方向与意义。"④因此,百年来,经过"洋务运动"、"维新运动"、国民革命运动,革命是成功了,但"建国"却失败了:民主宪政遭遇"洪宪帝制"、张勋复辟,然后是军阀割据;抗战胜利以后,又出现国共分裂,海峡两岸不能统一。之所以如此,在于政治社会的转型有待思想文化的推动,因为"政治社会的转型,若无思想文化的疏导畅通,终究是无根无本,难竟全功的"⑤。也就是说,之所以中国的政治社会转型如此困难,原因在于没有在精神理念层次预做疏导

---

① 王邦雄:《从中国现代化过程中看当代新儒家的精神开展》,牟宗三:《时代与感受》,第17页。
② 王邦雄:《从中国现代化过程中看当代新儒家的精神开展》,牟宗三:《时代与感受》,第17页。
③ 王邦雄:《从中国现代化过程中看当代新儒家的精神开展》,牟宗三:《时代与感受》,第17页。
④ 王邦雄:《中国哲学论集》增订三版,第9页。
⑤ 王邦雄:《中国哲学论集》增订三版,第2页。

的工作。所以,王邦雄主张,我们亟待思想文化的建设,建立"感情"与"理性""均衡和谐"的精神理念,唯有如此才可实现我们的政治社会理想。关于精神理念的建设,他说:

> 这个大生命,就是儒学传统所撑开而展现于历史文化的大流,一者挺立人之所以为人的道德理性,二者彰显中国之所以为中国的文化理想,前者为人禽之辨,后者为夷夏之辨。本着此一源头根本,再对应时代处境,转出并贞定科学民主的外王事业。①

三、现代新儒家的使命和精神开展

王邦雄认为,民主科学要在中国落实生根,是不可抗拒的世界潮流。在此意义下,"五四新文化运动倡导科学与民主,标示当代中国奋斗的方向,衡之于今天,仍是深具卓识的"②。然而,"五四"主张在宗教之外的民主科学,而西方的民主科学奠立在宗教基础上。具体来讲,西方文化由希腊哲学、希伯来宗教与罗马法律三方面共同影响下而形成,它们作为西方文化的"三大支柱",分别代表理性的思想、宗教的信仰与政治社会的建构。但是,"五四"讲民主科学时,既有政治的建构,也有理性的认知,却"遗忘"了宗教因素。就文化的结构来看,宗教因素作为精神理念层面的内容,恰恰是西方文化的核心动力之一。因此,"说西化不西化,不当在科学民主说,而当在基督宗教说,因为科学民主是共法,基督宗教的传统,才是西方之所以为西方的原因"③。也就是说,科学民主仅是一个方法、制度,它们不是"安身立命"之处;真正的"安身立命"之处在精神理念。历史地看,"五四"虽深入到精神理念层面,但它视科技器物和民主制度为宗教,故既不要中国的精神理念,也不要西方的精神理念;既不要西方的基督宗教,也不要中国的儒学儒教。王邦雄说:

> 现在的外王问题,由于五四以来,只讲"德先生"、"赛先生",却

---

① 王邦雄:《中国哲学论集》增订三版,第9页。
② 王邦雄:《中国哲学论集》增订三版,第10页。
③ 王邦雄:《中国哲学论集》增订三版,第24页。

遗忘了"莫姑娘"。"莫姑娘"是吴稚晖先生说的。"莫姑娘"就是moral，也就是道德。道德在西方来说是由宗教开，我们的五四，要他们的民主科学，而遗忘了他们的宗教。①

在王邦雄看来，此时中国学界面临着两个方面的问题：一个是如何让民主和科学在中国"生根成长"；另一个是民主和科学如何在中国"生根成长"而不引起中国人在理性与感情上的对抗或破裂。② 对此，马一浮、熊十力、梁漱溟等儒者选择的道路是，通过中国文化传统去"开出"民主科学。他说："当代新儒家面对的问题，一者要避开五四阶段'不愿信西方之宗教，亦不重中国文化中之宗教精神'，而有科学一层论与空头的民主的歧出与错落，二者要对抗……唯物机械与物化窒息，这两方面是二而一的问题。根本的解决之道，就在……由本土文化传统的内圣，开当代的新外王。"③具体来讲，一个方面，需要正视宗教精神。在他们看来，科学民主是"术"，宗教精神是"道"；外王是"术"，内圣是"道"；若只有"术"而无"道"，一定会发生错乱。因此，他们批评"五四"没有"形而上"的精神，把科学变为科学主义的一层，把民主变为自由主义的"空头"。④ 另一个方面，现代化不必通过西方的精神理念，而要通过中国传统的精神理念来"开出"。他们认为，我们的内圣、"神明"在儒家，所以应通过儒家"开出"民主科学，此即是通过"道"来开出"术"。王邦雄对此予以高度评价。他说：

> 由内圣以通外王，外王的民主科学，此一客观学问来自西方，然要由中国内圣之教的源头根本开出。这就是当代新儒家最主要的问题，也是儒学第三期最重大的开展。⑤

---

① 王邦雄：《中国哲学论集》，第108页。
② 参见王邦雄：《从中国现代化过程中看当代新儒家的精神开展》，牟宗三：《时代与感受》，第19页。
③ 王邦雄：《中国哲学论集》增订三版，第16—17页。
④ 参见王邦雄：《从中国现代化过程中看当代新儒家的精神开展》，牟宗三：《时代与感受》，第23页。
⑤ 王邦雄：《中国哲学论集》增订三版，第10页。

通常来讲,现代化的内容主要在科学和民主两个方面。就此来看,王邦雄认为,现代化的决定性因素在民主而不在科学;科学是没有方向性的,所以要由民主来"定住"科学。但是,无论是民主,还是科学,均要由精神理念来"定住"。他说:"民生主义的本质是科学,民权主义的本质是民主,所以要由民权来定住民生,有政治的平等,经济的平等才能成立。……所以我们要贞定现代化是通过民主来定住科学,中国的现代化要透过中国的文化理念来贞定民主科学。……民族主义的本质是伦理,正是在文化的精神理念层次,是为中国儒家的思想,用儒家的精神理念来贞定民主与科学。"① 质言之,"文化运动要推展到最高的精神理念层次,才能带动政经制度的改革,才能推出科技器物的创作"②。由此来看,马一浮、熊十力和梁漱溟等儒者的此一理路可界定为"返本开新"。王邦雄说:"讲民主科学的外王,当从宗教精神的内圣讲;而讲内圣,则当从自家文化传统的儒学讲,以为立国之根本。这就是我们所谓的'返本开新'。……返本者,返传统儒学之本,对自家文化能自作主宰;开新者,开科学民主之新,使西学中国化而为中国所用。"③ 就此来讲,这样一种理路不仅仅限于一个学派,它实代表着一种中国文化的发展方向。王邦雄说:

> 因为世界观开出价值观,价值观再决定政治跟人生的方向,所以新儒家的奋斗代表整个中国文化发展的方向,而不是一个派别。④

在王邦雄看来,现代中国思想界大略可分为三派:一派是保守主义的传统派,代表人物有严复、康有为、梁启超、刘师培等人。另一派是自由主义的"西化派",代表人物有胡适、吴稚晖等人。第三派是激进主义的"俄化派",代表人物有陈独秀、李大钊等人。这三派之间"壁垒分明",且都

---

① 王邦雄:《从中国现代化过程中看当代新儒家的精神开展》,牟宗三:《时代与感受》,第23—24页。
② 王邦雄:《从中国现代化过程中看当代新儒家的精神开展》,牟宗三:《时代与感受》,第24页。
③ 王邦雄:《中国哲学论集》增订三版,第20页。
④ 王邦雄:《从中国现代化过程中看当代新儒家的精神开展》,牟宗三:《时代与感受》,第24页。

各自有不同的理论来源:康梁的"维新运动"是学日本的,"西化派"是学英美的,而"俄化派"则是学苏俄的。① 实际上,在上述三个派别之外还有一个现代新儒家派别。与"西化派"、"俄化派"相比较,现代新儒家总体上是传统派的,也就是所谓的保守主义。但是,若与保守主义相比较,他们并不属于"保皇党"、"国粹派"、"保教派"之任何一派。王邦雄说:"他们虽是保守主义的传统派,然并非保皇保教的死守传统,而是开发传统转出中国的当代。"②这样看来,假如一定要将其归属于上述某一派别的话,那么他们是保守主义的传统派;假若与"保皇党"、"保教派"、"国粹派"等人士来比较的话,他们又不是保守主义的传统派。从其理论上看,他们根源于传统,又立身于现代,以其独到的理论建树而成为三个派别之外独立的第四个派别。对此,王邦雄说:

> 他们根源于传统,又立身于现代,所以我们在比较中,发觉很难把当代新儒家归到这三派中的任何一派。假如一定要归属的话,……可名之曰超越地立本的传统派。③

依着王邦雄的理解,就现代新儒家作为一个派别来看,前辈代表人物有马一浮、熊十力、梁漱溟;中坚人物有唐君毅、徐复观、牟宗三,此三位均为熊十力的弟子。在这些代表人物中,马一浮、熊十力、梁漱溟是通过印度佛学来讲儒学的,而其他几位是透过西方哲学来研究儒学的。历史地看,中国文化消化佛学是在南北朝隋唐时期,而现代中国面对的主要问题是如何面对西方哲学、西方文化,而不是印度佛学、印度文化。这样看来,马一浮、熊十力、梁漱溟的"当代感"就显得比较缺乏,而"传统色彩"则显得比较厚重。王邦雄说:"熊、梁两位先生,一者犹借佛以显儒,而未直接透入西学以凸显儒家义理,此较近宋明儒排佛归儒的心态,而缺少当代消

---

① 参见王邦雄:《从中国现代化过程中看当代新儒家的精神开展》,牟宗三:《时代与感受》,第4页。
② 王邦雄:《中国哲学论集》增订三版,第13页。
③ 王邦雄:《从中国现代化过程中看当代新儒家的精神开展》,牟宗三:《时代与感受》,第4—5页。

化西学的使命自觉。"①后来,出于对"消化"西学的"使命自觉",牟宗三、徐复观、张君劢、唐君毅四位先生联合发表《为中国文化敬告世界人士宣言》②;该宣言不仅成为"现代新儒家"正式成立的标志,也是中国传统对西学东渐最强有力的文化响应。因此,在王邦雄看来,今天所讲的"现代新儒家"多以上述四位先生为代表。③ 当然,在上述四位先生之后,"现代新儒家"亦有继续的发展。

第三节 抉发中华传统文化之当代价值

在回顾历史纷争的基础上,王邦雄针对"中体西用"和"全盘西化"的主张,面对现代化的发展和实际需要,提出"中学为用"的主张。他认为,"西化派"、"保守派"与现代新儒学,其争论点集结在"中学为体"还是"西学为体",或者"中学之体"自我转化兼为"西学之体";他们在强调"西学为用"同时,却均轻忽了"中学为用"。所谓"中学为用",指中国传统文化所具有的道德修养和人文化成作用。④ 对"中学为用"的轻忽带来了严重的问题,因为它轻忽了民族文化的"常道",而"常道"是一个民族之所以为这个民族的根本。在王邦雄看来,儒家作为中华民族的"常道",其性格乃在修证工夫上开出主体。他说:"此主体自觉的修养功夫,就孔孟儒学而言,一在先立其大,二在践形生色。"⑤在此意义下,现代新儒学之"三大课题"需要作时代的转向,以发挥"中学为用"的功能,即,"天人之际"要转向父子两代的传承问题;"古今之变"要贴近夫妇两性的互动问题;"一家之言"要用心在海峡两岸的统独问题来发言以寻求可能的出路。他说:"'后牟宗三',追随大师的脚步,我们要去拓展'中学为用'的路,来面对并解决新时代的两代传承、两性互动与两岸统独的三大

---

① 王邦雄:《中国哲学论集》增订三版,第3页。
② 参见唐君毅:《中华人文与当今世界》,第866—929页。
③ 参见王邦雄:《中国哲学论集》增订三版,第3页。
④ 参见王邦雄:《中国哲学论集》增订三版,第307页。
⑤ 王邦雄:《中国哲学论集》增订三版,第311页。

课题。"①

　　王邦雄认为,对生命价值的追求是人的本性,通过这种追求可以实现人生的跨越。正因为如此,中国圣贤哲人试图从不同层面洞悉生命本质与人生意义,希望为人类提供生命跨越的可能途径。在这些圣贤哲人当中,既有儒家,亦有道家,也有佛家,它们共同为中华文化提供了富贵的精神资源。就儒家来讲,它为避免对人间福报的追求所导致的纷争,主张基于道德自觉建立一个"道德世界";就道家来讲,它为避免儒家的道德追求给人类带来的负担,主张人回归于本来之"自然世界";就佛家来讲,它基于"缘生"的理论,认为无论是儒家的"道德世界",还是道家的"自然世界",它们其实都是"迷的世界",而不是真正的"悟的世界"。在王邦雄看来,儒家的"善"是"有心"的"仁",重点在"人文化成";道家的"善"是"无心"的"德",重点在自然天真;因此,应将儒门的爱心与道家的智慧合流,即以道家的虚无空灵智慧来"成全"儒学的实有道德生命。他说:儒家告诉我们什么是好的,道家启发我们如何成全好的;儒家支持我们肯定人生正面的价值,道家让我们避开人生负面的伤害。② 总之,不管是道德自觉的儒家、自然无为的道家,还是"缘起性空"的佛家,本意都在帮助人类免于苦痛,提升人类的价值和生命的精神层次。

　　王邦雄认为,现代新儒家老一辈已把中国文化"返本开新"的义理规模开展出来,当前现代新儒家的任务是拓展老一代"铺设"的路,而"拓展"的途径是使现代新儒学走向大众。具体来讲,对人间福报问题的关怀应是现代新儒家当前重要的课题。依中国民间的传统,福报的顺序是"一命、二运、三缘分、四积阴德、五读书"。③ 王邦雄认为,这一福报排序应该重新调整,浓缩为"一命、二运、三缘分",因为后二者可消融在"缘分"中。④ 在他看来,人生要"改命"就必须变化"气质",而要变化"气质"

---

① 王邦雄:《中国哲学论集》增订三版,第316页。
② 参见王邦雄:《儒道之间·序》,台湾:汉光文化事业股份有限公司1985年版,第5页。
③ 参见中共中央台湾工作办公室海研中心、中国国民党国政研究基金会:《第五届两岸经贸文化论坛文集》,北京:九州出版社2009年版,第33页。
④ 参见中共中央台湾工作办公室海研中心、中国国民党国政研究基金会:《第五届两岸经贸文化论坛文集》,第33—34页。

就须修行"过关"。即少年学习过"成长关",中年交友过"事业关",老年隐退过"休闲关";"成长关"可能被情爱卡住,"事业关"可能被名利卡住,"休闲关"可能被心结卡住。那么,如何不被"卡住"呢?少年要"志于学"而不被青春迷惑;中年要"不惑"而不恶性竞争;老年要"耳顺"而不能抓住不放。① 同样,整体社会也要老、中、少一起过关。即以儒家的"三代传承"来消化佛门的"三世因果":视父母为我的"前生",视儿女为我的"来生";"了前生"指孝敬父母,"修来生"指教养儿女。这样一来,不仅老、中、少三代可一起"过关",且整个社会也可一起和谐美满。

一、"中学为用"之逼显

王邦雄认为,就现代国内学界的情况来看,激进主义和保守主义二者的对垒成为一个重要特征。② 激进主义以西方传入的实用主义、新实在主义、生命哲学及科学主义等为哲学基础;代表人物被称为"西化派",主要有胡适、陈序经、吴稚晖等。他们认为中国传统文化是传播西学的"障碍",于是欲扫除此一"障碍"为快。作为对激进主义的"反弹",学界渐渐出现了一个保守主义派别,它们以"保皇党"、"国粹派"、"保教派"的面目出现,目的在于以儒学传统来对抗外来思潮。这一派别的主要代表人物有严复、康有为、梁启超、刘师培等。③ 在这样一种背景下,"古今"问题和"中西"问题渐渐浓缩为"体用"问题。面对这一问题,"西化派"为了让"西学为用"成为可能,要"打倒孔家店"的"中学为体",而喊出"全盘西化"④,直以"西学为体"。与此不同,"保守派"在"体常而尽变"⑤的大前提下,继承了"中学为体,西学为用"⑥的主张,力图在回应时代变局的前提下,保住传统文化的主体地位。很显然,"西化派"与"保守派"虽为

---

① 参见中共中央台湾工作办公室海研中心、中国国民党国政研究基金会:《第五届两岸经贸文化论坛文集》,第34—35页。
② 参见王邦雄:《中国哲学论集》增订三版,第303页。
③ 参见王邦雄:《从中国现代化过程中看当代新儒家的精神开展》,牟宗三:《时代与感受》,第4页。
④ 余定邦、牛军凯编:《陈序经文集》,第12页。
⑤ 王先谦撰,沈啸寰、王星贤点校:《荀子集解》,第393页。
⑥ 苑书义、孙华峰、李秉新主编:《张之洞全集》第十二册,第9740页。

对立的两端,但均有明显的不足之处。王邦雄说:

> 传统派以精神理念层的中学之体,求以引进知识制度层的西学之用,固属不相应,故亦不可能;西化派为了有效的引进民主科学的西学之用,而打垮了儒教常道的中学之体,更属非理性。①

面对"传统派"与"西化派"之不足,现代新儒家致力于开拓一条新路:一者要保住"中学为体";二者又要开出"西学为用"。牟宗三的"一心开二门说"②可视为这条道路的代表。在他看来,"一心"是德性心即"良知","良知""自我坎陷"而开出"认知心"。"良知"之本性在价值的肯定,"认知心"之本性在事实的认知。很显然,这一理论由"良知""开出"了"认知心",即由"中学之体"转出了"西学之体",故为"西学为用"之可能提供了内在依据,即为科学与民主之"开出"提供了理论根据。王邦雄说:"此一心即是中学为体的德性心,良知的自我坎陷而为认知心,此适为西学为用之所以可能的内在依据。"③不过,这一理论虽有贡献,但亦有理论上的困难。其一,道德主体要求自身兼为一认识主体,故二者应同时并行。然而,"良知"在"自我坎陷"而暂忘自身的时段,"中学为用"的教化功能可能"停摆"。④ 其二,良知若"自觉坎陷",它则为"放心"和"情心";既为"放心"和"情心",则心便可能"陷溺于物"。⑤ 王邦雄认为,对于这样两个理论困难,应借助于道家甚至法家思想来解决。他说:

> 以先秦诸子由孔孟而老庄,再由老庄而荀韩的转折过程,来诠释由德性心转化为虚静心,再由虚静心下开为认知心,或许可以保住有

---

① 王邦雄:《中国哲学论集》增订三版,第303页。
② 本为佛教思想,即由"一心"开出"真如门"和"生灭门"。牟宗三认为它可视为一种"公共模型",并借助于这一"模型"建立起其"两层存有论"。(参见程志华:《牟宗三哲学研究——道德的形上学之可能》,第222—233页)
③ 参见王邦雄:《中国哲学论集》增订三版,第304页。
④ 参见王邦雄:《中国哲学论集》增订三版,第305页。
⑤ 参见王邦雄:《中国哲学论集》增订三版,第302页。

执的心是价值的中立,而不会是价值的陷溺。①

此外,与"中体西用"的旧说相对应,李泽厚与黄仁宇则提出"西体中用"的新说。关于此说之基本旨意,黄仁宇说:"我们所引用的'体'与'用'也与前人所叙不同。在我看来,体是组织结构。……惟独'用'乃是精神与效能的发挥,反可以保持中国人的习惯与长处,做到张之洞所谓'知本'。……有了新体制之输廓,才能决定发扬传统精神之出路。……我们同意张之洞的看法:既'知本',又要'知通'。可是在正反前后的程序上接受现实,先有现代化,才能发挥精神与效能。此即'西学为体,中学为用'的旨意所在。"②在王邦雄看来,所谓"西体中用",其实质是指"以体制或生产力为体,以精神理念或深层结构为用"③。因此,它混淆了现代新儒学"一心开二门"之两体的区分,看似简单化了,实则更为复杂:其"中学为用"反而贴近"中体西用"之"中学为体",其"西学为体"也相当切合"中体西用"之"西学为用"。在此意义下,所谓"西体中用"并不是完全的"新说"。不过,"西体中用"并不是完全没有价值,因为它在强调"西学为体"的同时,亦强调了"中学为用";而对"中学为用"的轻忽乃是中国现代化进程中的重大问题。王邦雄说:

> 两位先生的"中学为用"说,倒是点出了一百多年来中国走向现代化历程中的重大病痛。当我们以西学的知识主体,引进西学的民主科学之后,……中国历史文化与中国土地人民的本位立场,岂能就此抹杀!④

由"西体中用"说启发,王邦雄认为,统观"西化派"、"保守派"和现代新儒家,其争论点只在"中学为体"还是"西学为体",或者"中学之体"自我转化兼为"西学之体",但问题是,它们在强调"西学为用"的同时,却

---

① 王邦雄:《中国哲学论集》增订三版,第302页。
② 黄仁宇:《大历史不会萎缩》,桂林:广西师范大学出版社2004年版,第24—25页。
③ 王邦雄:《中国哲学论集》增订三版,第307页。
④ 王邦雄:《中国哲学论集》增订三版,第307页。

均轻忽了"中学为用"。他说:"统观传统派、西化派与当代新儒学之间,都肯定'西学为用'的必要性,……问题就在救亡图存的迫切感之下,'西学为用'的现代化与改革开放,席卷一切,却共同遗忘了'中学为用'之修养教化的功能。此在两岸中国已带来相当大的后遗症。"①所谓"中学为用",指中国传统文化所具有的道德修养和人文化成作用。②在此,所谓轻忽"中学为用"有相当大的"后遗症",在于它抛弃了"中学为用"之"常道";而"常道"是一个民族之所以为一个民族的根本。对此,王邦雄说:"如是,造成传统世界观的崩溃,与现代价值观的混乱,政治人生的困顿迷失,皆由失落常道定准而来。"③他还说:"诸多无法无天的失序乱象,那不是科技与法制的架构问题,而是人品人格的教养问题,我们不能靠基督,也不能靠佛陀,而仅能回归'中学为体'的文化心灵,并重振'中学为用'的人文化成。"④关于作为一个民族之根本的"常道",牟宗三说:"一个国家民族不能没有常道,如果把常道去掉,那么这个国家就麻烦了,我们实际上的行为也需要一个常道作依凭。"⑤在王邦雄看来,体现"中学为用"的中国文化之"常道"就在儒家。不过,儒家的"常道"如同"家常便饭"一般,是普遍性的人性之正与人性之常。在此意义下,他说:

> 儒家的常道性格,如同家常便饭一般,它是恒常不变的,是普遍性的人性之正与人性之常。不过,常道常数的"体",是定盘针,只指示方向,是没有内容的,所以伦常礼教,要生起人文教化的"用"。⑥

在王邦雄看来,儒家的"常道"其实质乃是"主体自觉的修养工夫",或者说是通过修养工夫以开出主体。因此,牟宗三说:"佛家说:一切众生皆可成佛,这一点恰好与儒家、道家相合。尽管一个成佛,一个成圣,另

---

① 王邦雄:《中国哲学论集》增订三版,第307页。
② 参见王邦雄:《中国哲学论集》增订三版,第307页。
③ 王邦雄:《中国哲学论集》增订三版,第308页。
④ 中共中央台湾工作办公室海研中心、中国国民党国政研究基金会:《第五届两岸经贸文化论坛文集》,第32页。
⑤ 牟宗三:《时代与感受》,第347页。
⑥ 王邦雄:《中国哲学论集》增订三版,第309页。

一个是成真人,他们的基本教义形态却没有不同的地方。既然说一切众生皆可成佛,人人皆可以为圣人,这些都不是空话,那么如何才能做到呢? 就是要从主体着手。东方的宗教都是如此,在修证功夫上都能开出主体。"①比较地看,基督教信仰是"他力教",儒家教化则是"自力教"。所谓"他力教",指开不出主体之门,须"依他"而完美;所谓"自力教",指开出主体之门,自我完美,无待他求。② 因此,依着儒家的理论,"人的存在处境是心在物中,呈现是心从物中超拔而起;自觉是心觉心的自己,而主宰是心贞定物的动向"③。质言之,儒家认为,唯有依靠"心之官则思"④来引领带动,生命才不会在"物交物"中流落。王邦雄说:"此主体自觉的修养功夫,就孔孟儒学而言,一在先立其大,二在践形生色。"⑤具体来讲,这一修养工夫依"三部曲"而朗现:第一步是"仁心"之"呈现";第二步是"仁心"之自觉;第三步是"仁心"自作主宰。他说:

> 儒学的心性修养功夫,简而言之,依三部曲而朗现。一是仁心在不安中呈现,而呈现是觉,此之谓"心之官则思"。……二是仁心在觉的时候,自我呼唤而觉其自己,让生命永远处于觉的状态,……三是仁心的自作主宰,而发为行动,作克己复礼或养气知言的实践工夫。⑥

依王邦雄的理解,"究天人之际,通古今之变,成一家之言"⑦可用来表述现代新儒学的"三大课题":"究天人之际"是天道性命问题,"通古今之变"是传统与现代化问题,"而成一家之言"是中西文化问题。⑧ 对于这三大课题,唐君毅、牟宗三、徐复观三人已有了充尽极成的系统架构。

---

① 牟宗三:《时代与感受》,第178页。
② 参见牟宗三:《时代与感受》,第421页。
③ 王邦雄:《中国哲学论集》增订三版,第312页。
④ 赵岐注,孙奭疏,廖名春、刘佑平整理,钱逊审定:《孟子注疏》,第314页。
⑤ 王邦雄:《中国哲学论集》增订三版,第311页。
⑥ 王邦雄:《中国哲学论集》增订三版,第312页。
⑦ 班固撰,颜师古注:《汉书》,第2735页。
⑧ 参见王邦雄:《中国哲学论集》增订三版,第302页。

但是,当前的处境与困局在内容上已有变化,即新生代与新女性没有"为仁由己"①的空间,失落了伦常礼教的"常道",人人有如散兵游勇,在一无依傍中自己找寻出路;不仅两代、两性之间,两岸之间亦如此,彼此间缺乏敬意与了解,相互间猜测疑虑。概括地看,新时代亦有三大问题,即"两代断隔"、"两性疏离"和"两岸决裂"。因此,现代新儒学的"三大课题"在今天必须转向:"天人之际"要转向父子两代的传承问题;"古今之变"要贴近夫妇两性的互动问题;"一家之言"要用心在海峡两岸的统独问题来发言,寻求或打开可能的出路。② 面对这样三个问题,儒学必须要发挥"中学为用"的教化作用;否则,不仅伦常礼教的"常道"维系不住,儒学也因此会辜负这个大时代,进而成为凭吊怀古的"文物化石"。王邦雄说:

> 综合言之,"后牟宗三"的儒学课题,当往"中学为用"要如何去开展架构的路上走,否则,"中学为体"仅有形式意义,而未有实质的意义。③

二、儒释道的心灵世界

王邦雄认为,对于生命价值的追求是人的本性,而这种追求可以使人实现人生的跨越。他说:"自从有了人类,就有了追寻,除了官能的欲求外,还有生命价值的追求。"④然而,人生的这种追求未必顺利;人世的无常、生命的飘浮总会给人设置一道道"栅栏"。于是,有些人一生都在"栅栏"边徘徊挣扎,有些人则可跨越重重"栅栏",开发出人生的一个新天地。对于这种情况,两千多年来,中国的圣贤哲人试图从不同层面洞悉生命的本质与人生的意义,希望为人类提供跨越"栅栏"的可能途径和方法。同时,更希望挣脱层层的难关限制,为人类重新建立一个恒常的、可以肯定生命自我的"心灵世界"。在这些圣贤哲人当中,既有儒家,亦有

---

① 何晏注,邢昺疏,朱汉民整理,张岂之审定:《论语注疏》,第157页。
② 参见王邦雄:《中国哲学论集》增订三版,第302页。
③ 王邦雄:《中国哲学论集》增订三版,第307—308页。
④ 王邦雄:《儒释道的心灵世界》,长春:《国学》2007年第4期(下同),第15页。

道家,也有佛家;它们的探索和义理走向尽管不同,但共同为中华民族提供着宝贵的精神资源,成为国人之基本的精神动源。他说:

> 我们的世界在哪里?这"世界"是特殊的定义,是指我们精神的宇宙、无形的天地、心灵的世界,来自于文化传统与宗教哲学的世界。……人的生命都要通过文化传统来看它。①

在王邦雄看来,"儒家肯定道德是人生的最后真实"②。依着儒家的理论,人们一旦投身世俗世界,原本的纯善就会在不断的追逐中流落迷失;而迷失的人类会执着地将生命价值寄托在人世福报上。鉴于这种情况,儒家建立了以道德为理想的"心灵世界",鼓励人们不要计较福报的得失,以无条件的爱去弥补人世的缺憾。也就是说,人间福报虽因人世无常而不定,但人类内在的道德自觉却永不会失落,故"求则得之,舍则失之,……求在我者也"③;只要有心追寻,道德就在自觉中呈现,而且道德自觉可以引导人以实现人生跨越。王邦雄说:"只要有心追寻,道德一自觉,生命当下就可以超越有限,而转向无限。"④如此来看,儒家为人类建立的"心灵世界"是"道德世界";在"道德世界"里,生命可以自我肯定,价值不会流失沉落,而且可以提升精神层次。他说:"儒家主张人生的价值应该超脱在世俗的福报之上,提升至道德的世界;道德的自觉、道德的实践才是人生的最高原则,也是作为一个人的绝对价值所在。"⑤然而,尽管道德理想可以提升精神层次,但实际上道德价值不仅常常无法实现,反而会给人类带来沉重的精神负担。王邦雄说:

> 缺乏道德实践的生命力,导致人类对生命本质的自我怀疑,及对无条件情感的逃避;肯定了道德价值的自觉,却无奈地在人海中飘

---

① 王邦雄:《从中国现代化过程中看当代新儒家的精神开展》,牟宗三:《时代与感受》,第1页。
② 王邦雄:《儒释道的心灵世界》,第15页。
③ 赵岐注,孙奭疏,廖名春、刘佑平整理,钱逊审定:《孟子注疏》,第352页。
④ 王邦雄:《儒释道的心灵世界》,第15页。
⑤ 王邦雄:《儒释道的心灵世界》,第15页。

零;因此,道德价值不仅无法实现,反而为人类带来更多的执着和负担。①

在道家看来,儒家之所以会给人带来负担,在于"道德价值是人文世界的产物,是人为的执着"②。为此,道家主张,一个方面,去掉道德的标准和爱心的要求。即"道家主张把集合的队伍解散,撤除中心指标,让个人回到个人原本的世界"③。也就是说,不能用道德压迫别人,也不能用爱心要求别人;如此,人才可能回到"本来",世界才会重回美好。王邦雄说:"道家相信,惟有拆除以道德为中心的本位理想,人类才有希望重回自然的面貌。"④这里,道家并不否定爱,只是否定爱的执着;爱的执着不仅压迫被爱的人,而且也让自己感到痛苦。因此,在爱的同时就该将爱化解。另一个方面,主张"自然"和"无为"的"自然世界"。道家认为,万有本是自然,故应以自然为德。因此,只要人类能心灵虚静,将自然的德自然伸展,人生就会自然美好。王邦雄说:"我们要学会收藏。不要太过张扬自己的优点,而要学会内敛、虚心、体贴朋友。……从人生哲学的观点来看,比别人强是错的,因为这等于压迫别人。所以我们应该很体贴地、发自内心地把锋芒收藏起来。"⑤在王邦雄看来,道家思想乃是对于儒家思想的弥补。他说:"倘若只有儒家而未有道家,尽善而未尽美,善会过于庄严而没有趣味,这样的善转成压迫感,会让人窒息,而难以长久。"⑥然而,此时的问题是,"解放"后的"自然世界"就是美好的吗?王邦雄说:

> 道家通过体会感受,反省儒家哲学的流弊,继而提出自家的人生哲学,希望有助于人类从儒家的道德压迫中解放出来;然而解放后是否能为人类开展更美好的人生呢?……这不是道德哲学的思考

---

① 王邦雄:《儒释道的心灵世界》,第16页。
② 王邦雄:《儒释道的心灵世界》,第16页。
③ 王邦雄:《儒释道的心灵世界》,第16页。
④ 王邦雄:《儒释道的心灵世界》,第16页。
⑤ 王邦雄:《生命的学问十讲》,第4—5页。
⑥ 王邦雄:《生命的学问十讲》,第132页。

范围。①

在佛家看来,无论是儒家的"道德世界",还是道家的"自然世界",它们其实都只是人类的"执迷妄念",根本上都只是虚假的世界。具体来讲,儒家通过建立一个不变的"道德世界"来"定住"生命,而"道德世界"是由人性纯善开展出来的世界。道家建立一个本来的、"无为"的"自然世界",通过祛除人为规范、回归人的自然而"定住"生命。佛家则认为"缘起性空",不论是"道德世界"还是"自然世界"都是"依他起",故整个世界都是没有自性的,是空的。换言之,我们无可奈何地生活在"空"的世界,而人性的虚妄使我们执着于万事万物的"假相",而执着的结果便是产生烦恼和痛苦。依着佛家的理论,"人既然必须依存在一个生灭无常的世界里,就应该放弃对自我与世界的执着,人是生老病死,世界是成住坏空,因为无常本是世界的实在"②。质言之,了悟"缘起性空",打破执著妄念,是佛家为人类解开心灵困惑的"药方"。也就是说,在"迷"的世界中,生命是苦的;在"悟"的世界中,烦恼便可能解除,从而证入涅槃。总之,佛家认为,儒家和道家所建构的"心灵世界"是"迷的世界",而佛家所建构的"心灵世界"才是"悟的世界"。③

王邦雄认为,虽然儒、释、道三家的"心灵世界"不同,但它们是可以互补的。儒家"道德世界"的"善"是"有心"的"仁",其重点在"人文化成";道家"自然世界"的"美"是"无心"的"德",其重点在自然天真。具体来讲,儒家以"生生之德"来开发"生"的动力,道家以"生死之慧"来化解"死"的阴影;前者主张健动生生,可以不死,后者主张空灵不生,所以不死;前者创造人间的善,后者观照人间的美。不难看出,儒学的实有道德生命须以道家的虚无空灵智慧来"成全"。或者说,儒学的慧命和目标离开道家就无法实现。王邦雄说:儒家告诉我们什么是好的,道家启发我们如何成全好的;儒家支持我们肯定人生正面的价值,道家让我们避开人

---

① 王邦雄:《儒释道的心灵世界》,第16页。
② 王邦雄:《儒释道的心灵世界》,第17页。
③ 参见王邦雄:《儒释道的心灵世界》,第17页。

生负面的伤害。① 正因为如此,儒道需互补,才能"善美兼得"。就佛教来看,尽管"佛学佛教根本不能治国平天下"②,但其建构的"心灵世界"亦有重要意义,它可助于我们放弃执着,解除烦恼。总之,不管是儒家的"道德世界"、道家的"自然世界",还是佛家的"悟的世界",本义都在帮助人类免于苦痛,提升人类的价值和生命的精神层次。王邦雄说:

> 儒家认为福报是命,德行才是真实;道家认为德行是人为造作,自然才真实;佛家认为自然是缘起,没有自性,我与世界皆没有自性,"本来无一物,何处惹尘埃",这就是真如,如其所如的真实。那么人生何必争呢?③

三、人间福报与人生教化

王邦雄认为,现代新儒家老一辈已把中国文化"返本开新"的义理规模与理论架构开展出来。无论是发掘传统智慧、弘扬传统文化,还是"会通"西学而由传统走向现代化,他们都已拥有相当丰硕的成果。之后的问题是,现代新儒学如何才会有读者,儒家精神的"种子"如何才能传播?④ 也就是说,当前现代新儒家的任务是继续拓展老一代"铺设"的路,但必须避免滞留于哲学与文化的"窠臼",而应深入社会、政治、经济、法律等领域,扩展言论的广度和影响力;必须参与当代问题的研究与解答,透过自己的言论与大众建立沟通的"桥梁"。换言之,现代新儒学要走向大众,参与大众,谈论他们的问题,分担他们的苦乐。而且,一般读者往往因儒学著作难读则产生隔膜,所以要将现代新儒学的撰著平易浅显的诠释出来,以消除人我隔阂,从而接引社会大众。唯有这样,才能让儒家的哲学智慧和文化精神真正"照亮"人们前进的道路。质言之,面对当前问

---

① 参见王邦雄:《儒道之间·序》,第5页。
② 王邦雄:《从中国现代化过程中看当代新儒家的精神开展》,牟宗三:《时代与感受》,第10页。
③ 王邦雄:《儒释道的心灵世界》,第17页。
④ 参见王邦雄:《当代人心灵的归乡》,台湾:汉光文化事业股份有限公司1989年版,第113页。

题、深入社会生活是现代新儒学的一个"关口";若不过这一关,现代新儒家就可能与时代越离越远,最终只能是徒具一格而已。① 他说:

> 今天我们讲诸子百家的思想,一定要消化为民族文化的智慧,也就要把这个智慧引进当代之中,我们不是作一个凭吊怀古的学者,我们真的是要用诸子百家的智慧,面对当前的问题。②

王邦雄认为,就当前问题和社会生活来讲,现实人生的福报是一个重要问题。他说:"人性有两大需求,一是安全感,安全感的获得靠家庭、靠父母。……二是成就感,成就感大多来自外界。……对这两者,有时候我们是又期待又怕受伤害。"③然而,中国文化的主流只赋予人以德性,而将福报归之于命。《论语》载子夏言:"死生有命,富贵在天。"④具体来讲,在中国人看来,命是天生的气禀材质,父母的遗传基因决定了人一生的福报,此为"命定说"。即身材相貌与性格才情都是"命",而"命"决定了人生的走向与成长的空间。或者说,"气质"导向"气运",而"气运"决定"气数",所以福报根本上是天生命定的。不过,"气运"是在人间展开的,故就有"气质"是否相应的问题。因此,后天机遇缘会的合不合、幸不幸也主导了人生的福报,此为"缘分说"。⑤ 相对应地讲,父子是命,夫妇是缘,而"天下肇端乎夫妇";人的前半生靠父子的"命",后半生靠夫妇的"缘"。不过,儒家所谓"缘"并不是佛家之"缘起",而是指"缘分"。这里,儒家是以性善本分的"分"定住了生灭无常的"缘",此之谓"有分才有缘"。孟子说:"君子所性,虽大行不加焉,虽穷居不损焉,分定故也。"⑥既然如此,世俗民间的福报便只有求诸于德行修养的"分定"了。王邦雄说:

---

① 参见王邦雄:《当代人心灵的归乡》,第113—115页。
② 王邦雄:《中国哲学论集》,第107页。
③ 王邦雄:《生命的学问十讲》,第2页。
④ 何晏注,邢昺疏,朱汉民整理,张岂之审定:《论语注疏》,第159页。
⑤ 参见中共中央台湾工作办公室海研中心、中国国民党国政研究基金会:《第五届两岸经贸文化论坛文集》,第33页。
⑥ 赵岐注,孙奭疏,廖名春、刘佑平整理,钱逊审定:《孟子注疏》,第362页。

大行穷居的穷达,对人的性分来说,不能增损分毫,因为性善本分早定,儒家就以性善本分的"分",来定住佛门生灭无常的"缘"。此之谓有分才有缘。世人民间的福报,已往"分定"的德行修养去寻求奠基了。①

依中国民间的传统,福报的顺序是"一命、二运、三缘分、四积阴德、五读书"。王邦雄认为,这一福报排序应该重新调整,浓缩而为"一命、二运、三缘分",因为"积德"和"读书"都可消融在缘分的"分"里。② 在他看来,"此人间福报的一、二、三,可与天道德行的一、二、三连线"③。也就是说,二者可以对应地来讲:《老子》曰:"道生一,一生二,二生三,三生万物。"④此"道生一"是"无","一生二"是"有","二生三"是又无又有的"玄","三生万物"则是"众妙之门"的"妙"。对应地看,"一命"是天生命定,看似是"无"空间;"二运"是未定之天,"有"百年人生的"运转";"三缘分"是天作之合,命往缘中"运",且缘守命中"分",可以生发命的相合,"妙"在天下有情人都成眷属。⑤ 不过,既然福报顺序如上所述,那么就有一个"改命"的问题。所谓"改命",就在于改变"气数",而"气数"由"气运"而定,故"改命"即改变人生所走的路;而"气运"从"气质"而来,故改变"气运"得从变化"气质"上下工夫。关于"变化气质之道",王邦雄说:

> 变化气质之道,一在修养积德,二在读书成长,凡此皆学术、教育与文化界所当担当的使命。⑥

---

① 中共中央台湾工作办公室海研中心、中国国民党国政研究基金会:《第五届两岸经贸文化论坛文集》,第33页。
② 参见中共中央台湾工作办公室海研中心、中国国民党国政研究基金会:《第五届两岸经贸文化论坛文集》,第33—34页。
③ 中共中央台湾工作办公室海研中心、中国国民党国政研究基金会:《第五届两岸经贸文化论坛文集》,第34页。
④ 朱谦之:《老子校释》,第174页。
⑤ 参见中共中央台湾工作办公室海研中心、中国国民党国政研究基金会:《第五届两岸经贸文化论坛文集》,第34页。
⑥ 中共中央台湾工作办公室海研中心、中国国民党国政研究基金会:《第五届两岸经贸文化论坛文集》,第34页。

王邦雄认为,人生有两大难关:一是"不可解的爱亲之命",二为"无所逃的事君之义";二者之所以为两大难关,在于"命"与"义"乃人生所必须面对的两大困苦。①《庄子》有云:"仲尼曰:'天下有大戒二:其一,命也;其一,义也。子之爱亲,命也,不可解于心;臣之事君,义也,无适而非君也,无所逃于天地之间。'"②按道理来讲,既然"命"不可解,也就无须解;既然"义"无所逃,也就不必逃。如果认了"不可解"的"爱亲之命",也认了"无所逃"的"君臣之义",那么便可以"知其不可奈何而安之若命"③。也就是说,如果不求解也不想逃,那么"命"和"义"就不再是负担了。然而,人生的苦难就在于想解"命",亦想逃"义"。而且,儒道两家均认为,人间没有不可解的负担与无所逃的压迫。因此,人生不能安于宿命,而须"过关"、"改命"。王邦雄说:"人生两大难关,一在人物有命,二在人间有缘,命是你不想定的它已经定了,缘是你想定的它偏不定。故'戒'之扭转之道,就在人生有心,心生善缘,而缘造好命,一边过关,一边改命。"④质言之,"过关"和"改命"的"化解之道"的关键在"解消心结"。他说:

  化解之道,在敞开性灵,解消心结,而减损物欲。性灵有了伸展的空间,心理就不会痴狂缠结,而形身也不必冲刺闯荡了。⑤

  在儒家看来,人生行程要经历少、中、老三个阶段,而这三个阶段有不同的"解消心结"的修行侧重。孔子说:"君子有三戒:少之时,血气未定,戒之在色。及其壮也,血气方刚,戒之在斗。及其老也,血气既衰,戒之在得。"⑥王邦雄认为,在此意义下,血气是命,戒则是"关卡";故所谓"过关",其实就是"解消心结",从而实现人生的跨越。孔子说:"吾十有五而

---

① 参见王邦雄:《中国哲学论集》增订三版,第366页。
② 郭庆藩撰,王孝鱼点校:《庄子集释》,第155页。
③ 郭庆藩撰,王孝鱼点校:《庄子集释》,第155页。
④ 中共中央台湾工作办公室海研中心、中国国民党国政研究基金会:《第五届两岸经贸文化论坛文集》,第35页。
⑤ 王邦雄:《中国哲学论集》增订三版,第355页。
⑥ 何晏注,邢昺疏,朱汉民整理,张岂之审定:《论语注疏》,第227—228页。

志于学,三十而立,四十而不惑,五十而知天命,六十而耳顺,七十而从心所欲不逾矩。"①在王邦雄看来,从"十有五而志于学"到"三十而立"乃是"少年关";从"四十而不惑"到"五十而知天命"为"中年关";从"六十而耳顺"到"七十而从心所欲,不逾矩"则为"老年关"。具体来讲,少年学习过"成长关",中年交友过"事业关",老年隐退过"休闲关";"成长关"可能被情爱(色)卡住,"事业关"可能被名利(斗)卡住,"休闲关"可能被心结(得)卡住。那么,如何"过关"而不被"卡住"呢? 少年要"志于学"的成长,而不被青春迷惑;中年要"不惑"的创业,而不能恶性竞争;老年要"耳顺"的隐退,而不要抓住不放。同时,这样"三关"的递进式跨越意味着:从"自我的成长"推扩为"天下的事业",再翻越而上"天地的境界"。②王邦雄说:

> 人生的道路,本来应分个上下,孔孟老庄都是要我们形而上的,就是要我们生命往上提,生命的方向在上面的,这就是超越、升扬的成道之路;……人生的道路,对生命来说是上下,我们要形而上,而不要形而下。③

进而,王邦雄指出,与每个人要过少、中、老"三关"一样,整个社会也要老、中、少一起"过关"。在佛家看来,人的前世决定今生,今生又开启来生;前世的业今生报,今生种了因来生结果;故今生两大事,一在"了前生",二在"修来生"。④ 在王邦雄看来,此一福报来自德行的说法相当理性而干净。然而,在"前世"、"今生"、"来生"这样的谱系中只有"我",而没有"我"最爱的父母、儿女。因此,此一说法亦有明显缺陷。所以,应该以儒家的"三代传承"来消化佛门的"三世因果"。即父母是我的前生,儿女是我的来生;所谓"了前生",指要孝敬父母,所谓"修来生",指要教养

---

① 何晏注,邢昺疏,朱汉民整理,张岂之审定:《论语注疏》,第15页。
② 参见中共中央台湾工作办公室海研中心、中国国民党国政研究基金会:《第五届两岸经贸文化论坛文集》,第34—35页。
③ 王邦雄:《中国哲学论集》,第108页。
④ 参见中共中央台湾工作办公室海研中心、中国国民党国政研究基金会:《第五届两岸经贸文化论坛文集》,第35页。

儿女。他说:"今生、今世有两件大事要做,第一件大事是要了前生。……人生要了前生,那怎么样了前生呢?不必通过催眠,而是孝敬父母。人生第二件大事是要修来生。怎么修来生呢?教养儿女。……原来了前生就是孝敬父母,修来生就是教养儿女。这样,我们本土儒家三代传承的伦理,就可以跟佛教三世因果的说法贯通了。"①这样一来,老、中、少三代一起"过关",整个社会也便和谐美满了。总之,王邦雄说:

  现代心灵要开发出不断精进永远上达的精神天地与价值宇宙,就不会老在功利主义与分数主义之间迂回打转,而可以从庸俗化的街头与浅薄化的生命中,超拔而起。②

---

① 王邦雄:《生命的学问十讲》,第68—69页。
② 王邦雄:《中国哲学论集》增订三版,第368页。

第四章

李瑞全

李瑞全，1948年出生于香港。1970—1976年在香港中文大学学习，先后获学士学位和硕士学位；其间受教于唐君毅和牟宗三门下。1977—1981年在美国南伊利诺依大学哲学系学习，获博士学位。1980—1985年任东海大学哲学系副教授，1985—1996年任香港中文大学教育学院讲师。1996—1997年任台湾中央大学哲学研究所副教授，1997—1999年兼任所长。为中央大学《应用伦理研究通讯》创办人、香港中华生命伦理学会创建者之一，曾兼任《鹅湖》月刊社社长。现为台湾中央大学哲学研究所教授、所长，兼任台湾生命伦理学会理事长、《鹅湖》月刊编审委员、《国立中央大学文学院人文学报》主编、《应用伦理研究通讯》主编、中国自然辩证法研究会生命伦理学专业委员会副理事长等。

李瑞全以继承唐君毅和牟宗三的哲学思想为基础，但不停留于中国哲学的现代化，而谋求"百尺竿头，更进一步"，致力于应用伦理学和后现代理论两个方面的研究。他说："一是往后现代哲学的发展，一是发挥儒家伦理学的义理于当前在西方正日渐成为显学的应用伦理学、生命伦理学上。前者为广义的哲学开拓，也是深化前辈师长在现代化中所含藏的后现代化的义旨，后者则是发挥儒家哲学的所长以应世。关于前一方向的工作，作者曾发表为多篇论文，论述儒家的后现代理论，然尚未能统而贯之,以尽一己之责。后者不但是重振中国哲学本有的实践特色,更是发扬儒家在日用伦常的本义,以尽对人类社会应有的担负与贡献。而且,这将是使中国哲学重新成为世界主流哲学的一个必经之路。"①

李瑞全的主要著作有《当代新儒学之哲学开拓》、《休谟》、《儒家生命伦理学》、《应用伦理与现代社会》(合著)、《医疗伦理咨询——理论与实务》(合著)、《儒家道德规范根源论》等。此外,译著包括《休谟》(A. J. Ayer 原著)、《西洋哲学史:经验主义》第五卷(F. Copleston 原著)等,还发表中英文论文近百篇。

第一节 儒家生命伦理学

在李瑞全看来,生命伦理学作为"安身立命"之学,"所涉及的主要是人类生命在生命历程中遇到的各种生存与道德的问题"②。他说:"生命伦理学的课题主要是就生命所面对的伦理问题进行反省与分析,即如何使生命在各种相关议题,且常是道德两难的议题上,作出最合理顺适的决定和实践。"③因此,生命伦理学的任务主要是在道德两难之间作出最好的选择,从而使生命得到安顿。就传统伦理学来看,尽管不同理论之间对于道德原则难以达成共识,但就生命伦理学来看,由道德判断和道德经验的"普遍性指向",仍然形成了许多人们"共信共守"的基本原则。所谓"共信共守"的基本原则,一是它们是较少争议的行为规范;二是它们乃道德理性表现在日常行为中的规范。④ 正因为如此,这些原则既是在讨论道德争议时应有的共识基础,又是一切道德理论是否合理的"试金石"。具体来讲,这些原则包括四个方面:其一是"自律原则",其基本含义是:"每个人对具有自律能力的行动者都必须赋予同等的尊敬与接受

---

① 李瑞全:《儒家生命伦理学·序言》,台湾:鹅湖出版社 2000 年版,第 1 页。
② 李瑞全:《儒家生命伦理之方向与实践:同情共感与理性分析并进之路》,西安:《中国医学伦理学》第 22 卷第 6 期。
③ 李瑞全:《从儒家之终极关怀论生命伦理学之方向》,台湾:《应用伦理研究通讯》第 37 期。
④ 参见李瑞全:《儒家生命伦理学》,第 31—32 页。

其自律的决定。"①其二是"不伤害原则",是指"我们不应制造罪恶或伤害",即"不可作出对人或物有所伤害的行为"。② 其三是"仁爱原则",是指"我们应当促进他人必须而且重要的利益"③。其四是"公义原则","是指把一个人所应得到的付与给他"④。

在李瑞全看来,孔子所奠定的儒家伦理学是一种"自律形态"的伦理学。他说:"依儒家的传统,……人的道德行为是一自律的要求,自律的行为。"⑤就孔子的思想来讲,"仁"是人的本有价值,是人之主体性。因此,"仁"统摄各种美德,各种德行乃是实现"仁"的方式。进而,孟子将孔子的思想明确化、系统化。在他看来,"不忍人之心"⑥是人之内在的道德主体性,也是一切道德行为的动力根源;"仁"、"义"、"礼"、"智"之"四端",不仅是"不忍人之心"的呈现,也是实践"不忍人之心"的德行。在李瑞全看来,"四端"与生命伦理学的四个基本原则是相通的。即"恻隐之心"是指不忍他人受伤害之心,它可涵摄"不伤害原则"与"仁爱原则"。"羞恶之心"是对不道德行为的羞耻厌恶,表达的是对人、对己的至公无私的道德感,它可涵摄"公义原则"。"不忍人之心"涵有不被外在力量宰控的"自主自律"义,故它与"自律原则"是相通的。不仅如此,儒家还有一些深刻的道德经验洞见;这些洞见因可以融通生命伦理学的基本原则,故实为更基本或更根本的原则。这些洞见包括两个原则:其一,"参赞天道原则"——以人道补天道之遗憾;其二,"各尽性分原则"——使每一人每一物都得以尽其性。⑦

李瑞全认为,生命伦理学作为一门应用性的学问,现实生活中的道德判断是其重要内容。他说:"生命伦理学的一个重要的课题是如何进行道德判断,即如何指引需要作道德抉择的人作出应有的道德判断。"⑧在

---

① 李瑞全:《儒家生命伦理学》,第34页。
② 参见李瑞全:《儒家生命伦理学》,第40页。
③ 李瑞全:《儒家生命伦理学》,第44页。
④ 李瑞全:《儒家生命伦理学》,第47页。
⑤ 李瑞全:《儒家生命伦理学》,第173页。
⑥ 赵岐注,孙奭疏,廖名春、刘佑平整理,钱逊审定:《孟子注疏》,第93页。
⑦ 参见李瑞全:《儒家生命伦理学》,第63—65页。
⑧ 李瑞全:《儒家生命伦理学》,第71页。

进行道德判断时,有一些基本规范需要遵守;这些规范包括"咨询同意原则"、"保护主义"、"隐私权"、"保密原则"、"诚实原则"与"忠诚原则"。所谓"咨询同意原则",目的"是要保护当事人的自主自律权利,因而要求对加诸当事人的行动或决策,需要得到当事人的自愿同意"①。所谓"保护主义",是指保护当事人的最大利益。这个规范是"在当事人不能行使自律原则所保障的自主自律行为时所应用的一重要规范"②。关于"隐私权",是指"每个人对其私隐的事物所享有的不予披露或不受阻止的权利"③。所谓"保密原则",是指对所获得的他人的"隐私"加以保密的义务。④ 所谓"诚实原则",是"指提供当事人或其他人以真实的资讯或结果,不作任何欺骗或隐瞒"⑤。所谓"忠诚原则","是对其他人的承诺或托付,保证会基于当事人的意愿和最佳利益而行"⑥。然而,上述道德规范在现实应用中可能互相产生冲突,进而导致道德两难的情况出现。对于这种情况,可回溯到高一层的原则以至道德的根源以寻求化解,即基于更高层的原则来解决低层原则的冲突,最后即依于"不忍人之心"进行判断。对此,李瑞全说:"这种在一般道德出现冲突而诉之于更根源的道德义务,可名为'经权原则'。"⑦

一、生命伦理学的基本原则

李瑞全认为,"生命伦理学"作为现代哲学中的一个新兴领域,是指研究在医疗保健、生命科学、医药科学领域中所形成的伦理议题的学问。他说:"生命伦理学""所涉及的主要是人类生命在生命历程中遇到的各种生存与道德的问题"⑧。在此意义下,可以说"生命伦理学"即是关于

---

① 李瑞全:《儒家生命伦理学》,第73页。
② 李瑞全:《儒家生命伦理学》,第74页。
③ 李瑞全:《儒家生命伦理学》,第76页。
④ 参见李瑞全:《儒家生命伦理学》,第78页。
⑤ 李瑞全:《儒家生命伦理学》,第79页。
⑥ 李瑞全:《儒家生命伦理学》,第80页。
⑦ 李瑞全:《儒家生命伦理学》,第83页。
⑧ 李瑞全:《儒家生命伦理之方向与实践:同情共感与理性分析并进之路》,西安:《中国医学伦理学》第22卷第6期。

"安身立命"之学。他说:"生命伦理学的课题主要是就生命所面对的伦理问题进行反省与分析,即如何使生命在各种相关议题,且常是道德两难的议题上,作出最合理顺适的决定和实践。这即是如何使个体的生命得到一安顿,此即是安身立命的一种表现。"①质言之,生命伦理学的任务主要是在道德两难之间作出最好的选择,从而使生命得到安顿。通常来讲,生命伦理学的研究领域包括两个方面:一个方面,在基础部分,"生命伦理学的取向主要是对生命的价值的一种基本认定的表现"②;故对生命价值的不同主张产生不同的生命伦理学,如儒家的、佛家的、基督教的、自由主义的生命伦理学等不同理论。另一方面,在特殊部分,是指现代生命科学、医疗科技应用到生命方面而产生的专业的、特定的伦理议题;当然这些"特殊"的议题则更是各不相同了。③

在李瑞全看来,就传统的伦理学理论来看,由于其过于强调"普遍化",故不同理论之间对于道德原则难以达成共识。由此来看,似乎不存在普遍认可的道德原则。实际上,就生命伦理学来看,道德判断和道德经验的"普遍性指向",形成了许多人们"共信共守"的重要原则和规范。也就是说,不同文化、不同民族和不同历史的社会之间是存在许多"共通"的行为原则的。虽然不同社会表现这些行为的方式不同,或不同时代有不同的侧重点,但整体而言,"共通性"是远大于差异性的。具体来讲,这些"共信共守"的原则大致包括"自律"、"不伤害"、"仁爱"和"公义"四个方面。之所以这四个方面成为"共信共守"的道德原则,在于两个方面的原因:一个方面是它们是较少争议的行为规范,或者说,它们是所有道德理论都认可的一般行为守则;另一方面,它们是道德理性表现在日常行为中的规范。除非有更重要的道德理由,这些道德原则都是必须遵守的行为规范,违反它们将构成不道德的表现。④ 既然这些原则乃"共信共

---

① 李瑞全:《从儒家之终极关怀论生命伦理学之方向》,台湾:《应用伦理研究通讯》第37期。
② 李瑞全:《儒家生命伦理之方向与实践:同情共感与理性分析并进之路》,西安:《中国医学伦理学》第22卷第6期。
③ 参见李瑞全:《儒家生命伦理之方向与实践:同情共感与理性分析并进之路》,西安:《中国医学伦理学》第22卷第6期。
④ 参见李瑞全:《儒家生命伦理学》,第31—32页。

守"的原则,那么,它们既是在讨论道德争议时应有的共识基础,又是一切道德理论是否合理的"试金石"。李瑞全说:

> 这四个原则的重要性在于为所有主要的伦理学学说所共同接受为基本的原则,虽然彼此在诠释和系统内的重要性各有不同。①

进而,李瑞全分别解释了生命伦理学的这四个基本原则。

其一,"自律原则"。在李瑞全看来,所谓"自律"是指,"道德行为必须出自自愿的表现才可说为真正是具有道德价值的"②。具体来讲,所谓"自律"包括两个方面的含义:一个方面,是指行动者对自己的行为有完全的自主权利与能力,而且这种自主权利与能力表现为具有自我约制和自我规范的行为;另一个方面,"自律"还意味着须"意想及"所涉及的他人或物的权利,即还须认可和尊重他人或物所具有的自主权利与能力。李瑞全说:"在人类的道德表现中,行动者作为一道德主体不但意指他的行为出自于自主自律的,而且在相对其他人的行为中,也必须同时视为一行动的道德主体,……因此,尊重行动所涉及的他人的自主自律乃是一道德行为的至高无上的戒律。"③质言之,"自律原则"的基本含义是指:"每个人对具有自律能力的行动者都必须赋予同等的尊敬与接受其自律的决定。"④李瑞全认为,"自律原则"是道德经验之重要的理论基础,故是道德理论需要首先说明的原则。关于其重要性,他说:"它的重要性不只是由于许多的道德判断在起点或终点上都必须参考它的指向,它也是直接反映道德性质的一个重要原则。"⑤他还说:

> 这一出自实践理性的最高的自我要求可说是在实践领域中的一种至高无上的价值表现,也因此而赋予这种行动者一道德上最高的

---

① 李瑞全:《儒家生命伦理之方向与实践:同情共感与理性分析并进之路》,西安:《中国医学伦理学》第 22 卷第 6 期。
② 李瑞全:《儒家生命伦理学》,第 32 页。
③ 李瑞全:《儒家生命伦理学》,第 33 页。
④ 李瑞全:《儒家生命伦理学》,第 34 页。
⑤ 李瑞全:《儒家生命伦理学》,第 33 页。

价值,此所以作为普遍具有这种自律能力的人不可被视为纯然的手段,而必须同时被视为一目的,而道德主体也必须互相尊重对方具有的这种内在本有的价值。①

其二,"不伤害原则"。在李瑞全看来,所谓"不伤害原则",是指不可作出对人或物有所伤害的行为。他说:"我们不应制造罪恶或伤害。"②在此,所谓"伤害",不仅指精神的、肉体的、心理的和财产的损害和痛苦,亦包括可能带来这种损害和痛苦的"风险"。③ 由于一切生命都有生存和趋吉避凶的自然要求,故伤害即意谓着对其产生所厌恶的痛苦,使其得不到适当生长或造成生命缺憾等。因此,伤害他人或物乃是道德上不容许的行为。李瑞全说:"这个原则所表示的显然是人类道德经验中最为普遍而易感受的一面。它甚至具有自律原则所不一定能直接传递的道德感受,所以,它成为孟子所标举的不忍人之心的最原初的道德意识。"④之所以说"不伤害原则"与孟子所谓"不忍人之心"⑤是相通的,在于"不忍人"即是不忍他人或物受到伤害。在儒家看来,不能为了所谓更大的公共利益即"替天行道"等理由,而对无辜者作出伤害。孟子说:"行一不义、杀一不辜而得天下,皆不为也。"⑥由此来看,"不伤害原则"应是生命伦理学的一个重要原则。关于这一原则,李瑞全说:

> 这一原则的特点是对我们的行动作出一禁制的命令,即,不可做出对人或物有所伤害的行为。它是一消极禁止的律令,原则上不是要求我们作任何积极建设的行动。这一命令反映了我们的道德经验的一个基本现象,即对他人或物作出伤害本身即是一不道德的行为。⑦

---

① 李瑞全:《儒家生命伦理学》,第34页。
② 李瑞全:《儒家生命伦理学》,第40页。
③ 李瑞全:《儒家生命伦理学》,第39页。
④ 李瑞全:《儒家生命伦理学》,第33页。
⑤ 赵岐注,孙奭疏,廖名春、刘佑平整理,钱逊审定:《孟子注疏》,第93页。
⑥ 赵岐注,孙奭疏,廖名春、刘佑平整理,钱逊审定:《孟子注疏》,第78页。
⑦ 李瑞全:《儒家生命伦理学》,第40页。

其三,"仁爱原则"。所谓"仁爱原则",是指"我们应当促进他人必须而且重要的利益"①。具体来讲,"仁爱原则"所表现的是对其他人的扶助:一个方面,"积极而言"是使他人得益;另一个方面,"消极而言"是保护他人不受伤害。因此,"仁爱原则"所指的是一种道德义务,即我们的决定或行为必须考虑对他人或物不致造成伤害。李瑞全说:"仁爱行为之为义务是因为所涉及的其他人的利益是重要而必须的,其理由一方面这是他们的重要的权利,如生存的权利、免于饥饿、免于恐惧等权利,另一方面他们若得不到帮助即产生严重的伤害或遭受高几率的严重风险,如饥馑、受虐待等。"②在李瑞全看来,"仁爱原则"与儒家"仁"之概念虽有密切关联,但二者处于不同层位,故不能等同:"仁"是哲学上之"根源性"的概念,"仁爱原则"只是生命伦理学的一个"中层原则"。此外,"仁爱原则"与"不伤害原则"虽可以构成"连续体",即二者之间是互补的,但二者仍然存在着重要差异:一个方面,"不伤害原则"有明确的强制性,而"仁爱原则"则没有;另一个方面,"不伤害原则"不容许有差别性,而"仁爱原则"则可以容许。③ 关于"仁爱原则",李瑞全说:

> 仁爱原则基本上是要求我们去采取某些行动去促进善,通常是促进他人的幸福或有利的善事。④

其四,公义原则。所谓"公义","是指把一个人所应得到的付与给他","否则即是不公义"。⑤ 然而,何为一个人"所应得"并不是容易判断之事。对此,学界有两个方面的原则可资借助:一是"公义之形式原则",即对于同等者予以同等对待,不同等者不同等对待,即是"公义";对于同等者予以不同等对待,不同等者同等对待,即是"不公义"。二是"公义之材质原则",即每人都得到同等的分配;每人依其需要来分配;每人依其

---

① 李瑞全:《儒家生命伦理学》,第44页。
② 李瑞全:《儒家生命伦理学》,第44页。
③ 参见李瑞全:《儒家生命伦理学》,第42—43页。
④ 李瑞全:《儒家生命伦理学》,第45页。
⑤ 参见李瑞全:《儒家生命伦理学》,第47页。

努力来分配;每人依其贡献来分配;每人依其绩效来分配。① 在李瑞全看来,就"公义原则"来讲,它基本上表示道德之普遍性、平等性和无私性。因此,"公义原则"还可以分出一"补救性的原则",即"公平的均等机会";这一原则所表示的是要求在社会公义上消除那些不是由当事人所造成的不幸或不平等的情况,如天生的智力、体能等及由此所引致的不公平的情况。② 可见,"公义原则"几近乎"道德"的本义。因此,就社会来讲,当一个社会"不公义"时,这个社会即是一不道德的社会。就个人来讲,任何"不公义"行为都不可避免地对他人造成伤害,从而也使行为人受到不道德的指责。③ 由此来看,"公义原则"是一个基本且典型的道德原则,它所表示的是一切行为的基本义务。李瑞全说:

> 公义原则基本上表示道德之普遍性、平等性和无私性,因此,公义几近乎道德的本义,……公义原则乃是我们的道德经验的一个主要成份,可说是构成人与人之间道德行为的基本结构的内容。④

二、儒家生命伦理学的结构和洞见

在李瑞全看来,生命伦理学在西方的发展主要以"个人自由主义"为基础。因此,它高度尊崇人权,亦非常重视"自律原则"。客观地讲,这样一种特征对维护当事人个人权益及福祉发挥了重要作用。在此意义下,西方生命伦理学可说是"自律原则"的胜利。不过,西方生命伦理学只重视个人自由,对家人、族群、社会等层面则重视不足,致使一些道德考虑和结果不尽合情合理,故它亦引来了许多批评。对此,李瑞全认为,相较之下,在中国传统文化中,儒、释、道三家对生命都有体认和思考,其中不乏颇具生命伦理学价值的内容。比如,儒家从"仁心"或"不忍人之心"建立道德根源,正视人之存在实况,重视伦常中的个人与家庭、国家以至于天下的和谐平衡;这些内容可以纠正西方生命伦理学对"个人自由主义"的

---

① 参见李瑞全:《儒家生命伦理学》,第47—48页。
② 参见李瑞全:《儒家生命伦理学》,第49页。
③ 参见李瑞全:《儒家生命伦理学》,第50页。
④ 李瑞全:《儒家生命伦理学》,第50页。

过分重视,从而使生命伦理学回归道德之本义。他说:"这些观念不但对我们有重要的生命伦理的意义,对于调整西方生命伦理学的方向,也有重要的启示。"①正因为如此,儒家生命伦理学将来不但会成为生命伦理学的重要理论,而且有望成为"主流的"生命伦理学理论。他说:

> 以儒家为主流的中国哲学,对人性及伦理道德有不同于西方的体验与理解,对上述的现代伦理问题实可以提供一个全新的视野,由此进而成为世界哲学的主流。②

李瑞全认为,在生命伦理学的基本取向上,"儒家是以人作为道德行动者,人间世界是以道德社群为出发点"③。历史地看,儒家思想是由孔子奠定的,而他所奠定的是以"仁"为核心的伦理学。具体来讲,孔子以"仁"作为道德的根源,从而来统摄各种美德,故礼乐等只是"仁"的具体表现。或者说,"仁"是人之为人的价值所在,其他各种德行的实践乃是实现"仁"的方式。在此意义下,孔子的哲学实是以"仁"为中心的生命伦理学。但是,孔子没有把这些德行以道德原则的形式表达出来。不过,孟子则进一步明确了儒家的道德原则,使儒家思想具备了生命伦理学的结构。李瑞全说:"不忍人之心乃是道德法则,道德价值标准,道德行为的根源。"④"孟子更由不忍人之心的开展,而建立起完整的儒家生命伦理学的基本结构。"⑤具体来讲,孟子将道德根源由"仁"转化为"不忍人之心"⑥,并由"不忍人之心"引生出"四端之心"。他说:"君子所性,仁义礼智根于心。"⑦"恻隐之心,仁之端也;羞恶之心,义之端也;辞让之心,礼之

---

① 李瑞全:《儒家生命伦理之方向与实践:同情共感与理性分析并进之路》,西安:《中国医学伦理学》第22卷第6期。
② 李瑞全:《儒家生命伦理学》,第2页。
③ 李瑞全:《儒家生命伦理之方向与实践:同情共感与理性分析并进之路》,西安:《中国医学伦理学》第22卷第6期。
④ 李瑞全:《儒家生命伦理学》,第173页。
⑤ 李瑞全:《儒家生命伦理之方向与实践:同情共感与理性分析并进之路》,西安:《中国医学伦理学》第22卷第6期。
⑥ 赵岐注,孙奭疏,廖名春、刘佑平整理,钱逊审定:《孟子注疏》,第93页。
⑦ 赵岐注,孙奭疏,廖名春、刘佑平整理,钱逊审定:《孟子注疏》,第362页。

端也;是非之心,智之端也。"①这里,一方面,"不忍人之心"是人之内在的道德主体性,是一切道德价值的根源;另一方面,"仁"、"义"、"礼"、"智""四端"是实践"不忍人之心"的道德原则。李瑞全说:

> 不忍人之心乃是人之内在的道德主体性,也是一切道德价值与行为的动力根源。由此而开展为仁、义、礼、智四端。这四端就其作为展露不忍人之心的较具体的呈现来说,它们即是实践或表达不忍人之心的道德原则或德行。②

在李瑞全看来,这"四端"与生命伦理学的四个基本原则是相通的。或者说,儒家由"不忍人之心"推展为"仁"、"义"、"礼"、"智"的表现模式,可以把西方生命伦理学的四个基本原则涵摄进来。具体来讲,"恻隐之心"指不忍他人受伤害之心,它可以涵摄"不伤害原则"与"仁爱原则"。他说:"不忍人之心所关切的首先不是自身的自主自律的表现,而是一切生命之受伤害的问题。因此,解除生命受苦乃是儒家生命伦理学的基本取向和关怀所在。"③"羞恶之心"是对不道德行为的羞耻厌恶,表达的是对人、对己的"至公无私"的道德感,故它可以涵摄"公义原则"。孟子虽未明确提出"自律原则",但"不忍人之心"涵有不被外在力量宰控的"自主自律"义,故它与"自律原则"是相通的。李瑞全说:"不忍人之心即因生命受伤害而呈现,呈现为对自己的道德命令,此一命令是一无条件的律令,要求我们无条件地去解救受伤害的生命。"④总之,在李瑞全看来,儒家的伦理学可以开展为一个道德原则系统,而这个系统涵摄了西方生命伦理学的基本原则。他说:

---

① 赵岐注,孙奭疏,廖名春、刘佑平整理,钱逊审定:《孟子注疏》,第94页。
② 李瑞全:《儒家生命伦理学》,第60页。
③ 李瑞全:《儒家生命伦理之方向与实践:同情共感与理性分析并进之路》,西安:《中国医学伦理学》第22卷第6期。
④ 李瑞全:《儒家生命伦理之方向与实践:同情共感与理性分析并进之路》,西安:《中国医学伦理学》第22卷第6期。

孔孟的伦理学都可以开展为一具有一统贯的内在于我们的道德根源,和展现为各种道德原则和规则的一个系统。这个系统同时直接贯注和表现在我们的日常道德经验之中,构成所谓共同的道德性。①

不过,儒家的这个系统不是纯粹的理论系统,它直接表现在日常道德经验中。因此,依着李瑞全的理解,儒家思想中不仅具备生命伦理学的基本结构,而且更有一些深刻的道德经验洞见。相对来讲,这些经验洞见比前述四个基本原则更具价值。他说:"除了上述所引相应于原则主义的基本原则外,儒家的伦理学中尚有一些道德经验的洞见,而可形构出相应而且非常有助道德分析或判断的基本原则。"②具体来讲,这些洞见主要体现为两个原则,即"参赞天地化育原则"和"各尽其性分原则"。李瑞全说:

儒家的二千多年的哲学反省,也有许多可以取用的资源,由此建立完整的生命伦理系统。如儒家之"各尽其性分原则"、"参赞天地化育原则"等,都是可以丰富我们的道德经验和道德反省的工具,解决我们现代社会的各种生命伦理的争议。③

关于"参赞天道原则",它是指"成己"、"成物"的道德要求,即人类通过道德行为促进"生生之德"的充分实现。在儒家,"仁"或"不忍人之心"所表示的是道德的普遍性,这种普遍性表现在两个方面:一是人的内在本有的道德意识,此为"人道";二是自然界的繁衍变化、生成发展,此为"天道"。④ 不过,普遍性的道德与日常道德行为之间并非隔绝为二,即人的日常道德行为可通于普遍性的道德。因此,孔子说:"下学而上达,

---

① 李瑞全:《儒家生命伦理学》,第61页。
② 李瑞全:《儒家生命伦理学》,第63页。
③ 李瑞全:《从儒家之终极关怀论生命伦理学之方向》,台湾:《应用伦理研究通讯》第37期。
④ 参见李瑞全:《儒家生命伦理学》,第63—64页。

知我者其天乎!"①因此,面对"天道"不断生生和化育之未完善处,人心由有所遗憾而可作出相应的补救,即以"人道"补"天道"之不足。也就是说,如果能充分发挥"不忍人之心"的道德要求,则"人道"与"天道"可以合而为一。因此,"人道"不能只限于"成己",而必须推广至"成物",此即是"参赞天道"。《中庸》曰:"唯天下至诚,为能尽其性。能尽其性,则能尽人之性。能尽人之性,则能尽物之性。能尽物之性,则可以赞天地之化育。可以赞天地之化育,则可以与天地参矣。"②在李瑞全看来,"参赞天道原则"因可进一步"充尽"道德的内蕴,故它实可通贯生命伦理学的四个基本原则。他说:

> 这一原则可说比较上述四个基本原则更为基本,也更具包容性。在促使自然界之生生不息上,每一人与物都得到爱护,不受伤害,也得到各如其分的对待,即公平对待,而用于人身上,则人人得到应有的尊重,其自由自律的决定即是天道之所在。因此,此一原则可以通贯这些基本原则,而在彼相冲突时可提供一斟酌平衡的考量条款。③

关于"各尽其性分原则",它是指"尽己性"、"尽人性"和"尽物性",从而使一切人和物都得到充分发展。即它要求在"参赞天道"时使自己、他人与天地万物都能充分发挥"性分"。李瑞全说:"此一原则在上述引文中已呼之欲出,即,尽己性、尽人性和尽物性,使一切人和物都得到充分发挥的要求。这一要求在参赞天道时即是使自己、他人与天地万物都能充分发挥其性分或禀赋。"④在此,所谓"性分",是指人或物的天赋或使命、人与物的自然安详生活、生生不息的成长发展等本性。⑤若反过来讲,"各尽其性分原则"指示这样一个方向——不要压抑任何人或物的生长发展。这样看来,它与"参赞天道原则"可说是一体之两面:"各尽其性

---

① 何晏注,邢昺疏,朱汉民整理,张岂之审定:《论语注疏》,第199页。
② 郑玄注,孔颖达疏,龚抗云整理,王文锦审定:《礼记正义》,第1448页。
③ 李瑞全:《儒家生命伦理学》,第65页。
④ 李瑞全:《儒家生命伦理学》,第65页。
⑤ 参见李瑞全:《儒家生命伦理学》,第65页。

分"是让天地万物各遂其性,各适其情,此即是"参赞天道";反之,"参赞天道"在于能使自己、他人和天地万物都得到充分的生长发展,此即是"各尽其性分"。质言之,"各尽其性分原则"的实质在于:尊重个体之自主自律,"平视"自己与他人和他物,充分发挥对人与物的仁爱,使其"性分"得以开展。① 正因为如此,和"参赞天道原则"一样,"各尽其性分原则"亦是一"同样广泛和基本的原则",它亦可以通贯生命伦理学的四个基本原则。李瑞全说:

  正如参赞天道原则一样,此原则也可以在上述的基本原则发生冲突时提供平衡考量的界线。②

三、道德判断的基本规范与经权原则

李瑞全认为,生命伦理学作为一门应用性的学问,现实生活中的道德判断是一个重要内容。他说:"生命伦理学的一个重要的课题是如何进行道德判断,即,如何指引需要作道德抉择的人作出应有的道德判断。"③然而,此中常有一个不易达到的"两极"的要求:一方面,相关指引要有足够的规范,依之可以得出符合道德的结论,而结论又应是所有人认为在该情境下为应当有的结论;另一方面,相关指引又须有足够的"弹性",以使每个不完全相同的情境均被照顾,故结论不致成为不合情理的"僵化"的推演。很显然,前者是要求所作出的判断具有普遍意义,而后者却要求容受多元的道德判断的可能性。④ 因此,我们在进行道德判断时不仅要考虑共同道德性,亦须考虑种种具体的道德情况。在李瑞全看来,道德判断实是前述生命伦理学之基本原则的落实,而贴近日常共同道德经验所形成的道德规范乃是进行道德判断时需要遵守的。他说:"道德规则乃是一道德理论最切近日常道德判断或道德经验的一般规范,因此,道德规则一方面是最具体的规则,一方面也是最能直接让我们用于真实的道德情

---

  ① 参见李瑞全:《儒家生命伦理学》,第65页。
  ② 李瑞全:《儒家生命伦理学》,第65—66页。
  ③ 李瑞全:《儒家生命伦理学》,第71页。
  ④ 参见李瑞全:《儒家生命伦理学》,第71页。

境中,帮助我们作出道德判断和抉择的依据。"①具体来讲,这些道德规范包括"咨询同意原则"、"保护主义"、"隐私权"、"保密原则"、"诚实原则"和"忠诚原则"。对此,他一一进行了解释。

关于"咨询同意原则",李瑞全认为,"这个原则是要保护当事人的自主自律权利,因而要求对加诸当事人的行动或决策,需要得到当事人的自愿同意"②。也就是说,这个原则是与"自律原则"密切相关的,它常被视为实现"自律原则"的一个途径,因此它是最被重视和讨论最广泛的道德规则。他说:"它的重要性是由于与自律原则直接相连,而且可说是自律原则使用的一个通道。"③但是,一个人是否真正自愿并不是很容易直接达到的,尤其是在涉及重要的切身利害时,当事人的决策常易受内外因素有意或无意的影响。因此,"咨询同意原则"涉及两个方面的前提条件:首先,当事人在作选择时,是否具有适当的能力作决定。如身体、精神等方面的状况是否适当等。其次,当事人的决定是否真是自由自主地作出的,如是否受到挟迫等。④ 正因为如此,"咨询同意原则"要求在信息方面必须确定三点:一是提供给当事人以适当、合理的信息;二是确保当事人正确地理解所接收到的信息;三是当事人的决定是基于对相关信息的合理理解。⑤ 总之,李瑞全说:

> 当事人是在具有充分决择能力的状况,完全不受行动者或其它人左右的自由自主下作的决定,才算符合这个原则的要求。⑥

所谓"保护主义",是指保护当事人的最大利益。李瑞全说:"保护主义这一原则主要是在当事人不能行使自律原则所保障的自主自律行为时所应用的一重要规范。"⑦很显然,此一规范表达了"仁爱原则"和"不伤

---

① 李瑞全:《儒家生命伦理学》,第71—72页。
② 李瑞全:《儒家生命伦理学》,第73页。
③ 李瑞全:《儒家生命伦理学》,第73页。
④ 参见李瑞全:《儒家生命伦理学》,第73页。
⑤ 参见李瑞全:《儒家生命伦理学》,第74页。
⑥ 李瑞全:《儒家生命伦理学》,第74页。
⑦ 李瑞全:《儒家生命伦理学》,第74页。

害原则"的主旨。具体来讲,它有两个方面的特征:一是代当事人作出决定,即当事人缺乏自主自律能力时,乃由法定代理人来为他们作决定。反过来讲,在当事人具有自主自律能力时,"保护主义"则不能强加在当事人身上。二是法定代理人的决定是为保护当事人的权益,即为当事人的最佳利益来作抉择。① 不过,"保护主义"有时也可用于一个能自主自律的个体身上,但只能是在当事人有突发的或短暂的失去自主自律能力的表现时,如自杀等。此外,在当事人已没有能力作出自主自律的决定时,法定代理人仍需尊重当事人在有自主自律能力时所作的决定,如器官捐赠等先前的决定。由此推而广之,法定代理人应尽量满足不能自主自律的个人的主观愿望,纵使有时其未必是最佳的利益选择;除非会引起对当事人的重大伤害,否则仍以保护其主观愿望为原则。关于这一规范,李瑞全说:

> 基本上,这一原则是要求代作决定的监护人要为当事人的最佳利益设想,即对当事人加以最大的效益。②

关于"隐私权",李瑞全说,它是指"每个人对其私隐的事物所享有的不予披露或不受阻止的权利"③。通常来讲,凡是不涉及其他人权益的个人的信息或行为便会被视为个人的隐私,他人不得窥探或阻止其自主的决定。因此,只要是不涉及他人的私事,无论其重要与否,都应受到"隐私权"的保护。在李瑞全看来,尽管"隐私"的范围并不十分明确,但"隐私权"的问题越来越显得重要,因为相关信息被不当地侵入或暴露,就可能会对当事人产生伤害。就其内涵来看,这个规范与保障个人的自主自律权利密切相关,因为"自律原则"是证立"隐私权"的一个主要理由。他说:"没有自由空间即无自主自律的余地,因此,侵犯私隐权即违反了自律原则。换言之,自律原则是证立私隐权的一个主要理由。"④因此,个人

---

① 参见李瑞全:《儒家生命伦理学》,第 75 页。
② 李瑞全:《儒家生命伦理学》,第 75 页。
③ 李瑞全:《儒家生命伦理学》,第 76 页。
④ 李瑞全:《儒家生命伦理学》,第 77 页。

有若干范围乃是其他人或组织,特别是掌握公共权力的政府,所不能侵入和不能干涉的领域;否则,个人即无任何真正自由可言。当然,在有些情况下,"隐私"可以或必须作一定程度的开放,如在治疗时,申请职位或参加社团时。但是,这些信息的公开应是当事人同意的,而知道的人则常是特定对象;其他人未经合法授权仍然不可以窥探。关于这一规范,李瑞全说:

> 私隐权作为保障当事人不致被贬低其人之为人的身份,即,不致成为他人所任意探取其个人资讯的对象,同时也由此可保障当事人的自主权利和不受伤害,自是一应当遵守的道德规范。①

与"隐私权"相关的一个规范是"保密原则"。在李瑞全看来,所谓"保密原则",是指对所获得的他人的"隐私"加以保密的义务。因此,"保密原则"乃是对"隐私权"的一种保护。② 如此来看,"保密原则"源自于"隐私权",故它乃"自律原则"所支持的一个规范。他说:"保密原则的必要性基本上源自私隐权利,因而可说乃自律原则所支援的一个日常运作的道德规则。"③不过,"保密原则"与"隐私权"有很大差别,一个方面,二者的含义不同:"隐私权"是个人对个人信息不予披露和对个人事务不予阻止的权利,而"保密原则"则是第二方对所得到的其他个人的信息不予披露的义务。另一方面,"保密原则"也可应用于社会安全和国家机密以至一般机构内部的机密等,不必限于个人的隐私。④ 通常情况下,"隐私"信息往往是在当事人同意的情况下第二方才取得的,即使如此,第二方仍有保密的义务。不过,"保密原则"并非是绝对的,它可以由于当事人的自愿授权,也可能由于涉及他人相关权益而由第二方或由司法机关强制揭露。在这种情况下,第二方通常会事先让当事人了解所提供的信息可能会公开。当然,对于具有被社会"标签化"的情况,如艾滋病诊所对病

---

① 李瑞全:《儒家生命伦理学》,第77页。
② 参见李瑞全:《儒家生命伦理学》,第78页。
③ 李瑞全:《儒家生命伦理学》,第78页。
④ 参见李瑞全:《儒家生命伦理学》,第78页。

人,或新闻界对非常敏感的信息等,应予以绝对保密。李瑞全说:

> 保密原则作为适当地保障个体和社会权益是可以接受的,但却不能因此而有害其他人的权利或社会公义。因此,整体而言,保密原则只有相对的规范性。①

关于"诚实原则",是"指提供当事人或其他人以真实的资讯或结果,不作任何欺骗或隐瞒"②。在李瑞全看来,"诚实原则"可说是"咨询同意原则"所隐含的一个要求,它要求当事人提供真实的信息,作出真确的诠释,使当事人得到正确的理解等。不仅如此,这一规范还是一个广受支持的道德规范,因为它被生命伦理学的全部四个基本原则所支持:说谎侵犯他人的自主自律权利,违背"自律原则";说谎会对对方的人格和权益造成伤害,违背"不伤害原则";说谎因以对方为工具,故亦违背"仁爱原则";欺骗他人,显然也有悖于"公义原则"。当然,"诚实原则"亦有被"搁置"或部分被隐藏的情况,因为有时说真话会造成对方严重的伤害,如验出患有癌症、艾滋病等"负面信息"。在这种情况下,专业人士一般不能明显地撒谎,而可含糊其事或略而不提。此外,如果有关信息涉及他人或社会权益时,"诚实原则"也会与"隐私权"或"保密原则"相冲突。总之,一般情况下,只要当事人是在自主自律的条件之下,就须对其坚持"诚实原则",告知其以实情。李瑞全说:

> 只要当事人是在足够的自主自律条件之下,只要他要求,则必须恪守诚实原则,而不可作任何不实或隐瞒,理由是这种不诚实所做成的伤害,即,侵犯当事人应有知道实情的基本权利和由其本人自我决定如何回应实情的自主权,绝不低于当事人可能受到的打击。③

所谓"忠诚原则","是对其他人的承诺或托付,保证会基于当事人的

---

① 李瑞全:《儒家生命伦理学》,第79页。
② 李瑞全:《儒家生命伦理学》,第79页。
③ 李瑞全:《儒家生命伦理学》,第80页。

意愿和最佳利益而行"①。由此来看,"忠诚原则"明显地是被"仁爱原则"和"不伤害原则"所支持的一个规范,因为忠诚以所托付者的最佳利益为优先,也同时不能对托付者予以伤害。此外,"忠诚"是对于托付者的一种肯定,是对对方人格的一种肯定,故它自然相应于"自律原则"。再者,由于相互的某种托付或信任关系,双方彼此形成特殊的"亲和"关系,比如医生与病人、律师与委托人等;尽管"爱有差等",但由此而形成的忠诚关系可与"公义原则"不相违逆。② 然而,"忠诚"却常常遇到两种困境:一是当"忠诚"与第三人或社会重要权益发生冲突时,"忠诚原则"即有被"搁置"的可能。对此,要视乎所涉及的第三人或社会权益的重要性,然后可引进更高层的道德原则来解决。二是当一个人有两个方面的"忠诚"发生矛盾时,需要做一取舍。对于这种道德两难的情况,可根据特定情境下"忠诚"问题的次序,来加以合理的解决。③ 关于"忠诚原则",李瑞全说:

> 忠恕乃是仁道最重要的表现方式之一,而在人伦关系中,忠诚常被强化为一种合理地一对一的关系。但是,正如诚实原则一样,忠诚原则也有一定的限制,而非绝对的行为守则,可容许一定的权变。④

在李瑞全看来,这六个道德规范作为日常道德生活中的行为规范,它们相对于前述之四个基本原则乃是较低层次的原则。但是,"这并不表示它们的重要性减轻,因为,它们毋宁是这些基本的道德原则的实践通路"⑤。不过,由于这些规范自身不具有足够的普遍性,故它们在实际的应用过程中会相互冲突,进而会导致道德两难的情况出现。对于这种情况,可回溯到道德的根源以进行道德的反省和批判,即基于更高层的原则

---

① 李瑞全:《儒家生命伦理学》,第80页。
② 参见李瑞全:《儒家生命伦理学》,第81页。
③ 参见李瑞全:《儒家生命伦理学》,第80—81页。
④ 李瑞全:《儒家生命伦理学》,第81页。
⑤ 李瑞全:《儒家生命伦理学》,第81页。

来解决低层原则的冲突,最后即依于"不忍人之心"①来进行判断。这样一种化解冲突的原则即是"经权原则"。李瑞全说:"这种在一般道德出现冲突而诉之于更根源的道德义务,可名为'经权原则'。"②关于"经权原则",儒家思想中有深厚的根据。依着儒家的理论,日常的道德规范自是要严格遵守,此即是"经"。但是,这并不是最后的或不能变通的。当然,变通不是随意的,尤其不能为了私利而进行变通。这种变通即称为"权"。《孟子》载:"淳于髡曰:'男女授受不亲,礼与?'孟子曰:'礼也。'曰:'嫂溺,则援之以手乎?'曰:'嫂溺不援,是豺狼也。男女授受不亲,礼也。嫂溺援之以手者,权也。'"③关于"经权原则",李瑞全还说:

> 经权原则主要是回溯到道德的根源的一种道德的反省和批判的表现,一方面是基于一更高层的义务来解决低层规则的义务冲突,最后即依于不忍人之心的判断,另一方面也是回归到日常生活中的共同道德性来解决冲突。④

第二节 儒家环境伦理学

在生态问题日益严重的今天,"人类中心主义"成为备受批评的对象。李瑞全认为,所谓"人类中心主义",是指认为只有人类才是价值判断主体、人类利益是"价值原点"和道德评价依据的哲学观点。⑤ 对于"人类中心主义"持批评的观点被称为"反人类中心主义",其代表性理论是奈斯的"深层生态学"。这种理论认为,人类不外是自然界的一员,无优越于其他物种的地位,故不能为了人类利益而牺牲其他物种的存在。⑥不过,"反人类中心主义"甫一面世,亦即受到有些学者的质疑和批评。

---

① 赵岐注,孙奭疏,廖名春、刘佑平整理,钱逊审定:《孟子注疏》,第93页。
② 李瑞全:《儒家生命伦理学》,第83页。
③ 赵岐注,孙奭疏,廖名春、刘佑平整理,钱逊审定:《孟子注疏》,第204页。
④ 李瑞全:《儒家生命伦理学》,第83页。
⑤ 参见李瑞全:《非人类中心的环境伦理观》,台湾:《应用伦理研究通讯》第20期。
⑥ 参见李瑞全:《非人类中心的环境伦理观》,台湾:《应用伦理研究通讯》第20期。

批评者认为,反人类中心主义其实质亦是一种"人类中心主义",因为它仍是以人类的价值为标准的,故人类不可能有"非人类中心主义"的观点。① 不过,在李瑞全看来,因为"道德主体性"虽出于人类实践理性,却可不以人类利益为限,而是可以站在"天道"立场来平视宇宙万物。也就是说,在"道德主体性"所排列的顺序中,人类虽具有一定的优先性,但由于自然生态系统有互相依存关系,人类不能以自身利益为绝对,而是须同时考虑其他物种的价值。质言之,道德意识之存在不仅可表示人类可以摆脱"人类中心主义",而且亦可证明人类可以有非人类中心的观点。②

历史地看,"工业革命"③之后,自然生态日益受到改变、破坏,以致目前面临着将不免于崩溃的危机。作为对这个问题的响应,半个世纪以来,在环境伦理学的发展过程中,人与自然的关系成为了根源性的议题。对此,不同文化传统有不同的理解:西方传统认为,自然为人类所统御、利用的对象,东方传统则多重视自然本身的价值,不以人类为主宰世界的中心。因此,许多先行的环境伦理学学者尝试从东方文化中寻求资源。在李瑞全看来,中国哲学确有许多洞见,这些洞见可以经过诠释而发展为全球的环境伦理共识。就儒家的思想来看,其相关洞见大致可归结为三个方面:其一,赋予自然界以"天道"的价值。即"道"是客观的天地之道,其德乃是"生生不已"的创生。④ 其二,强调"天人合一"的观念。即在"存有论"的意义上赋予人与万物同等的地位,因此而结合为一整全而不可分的整体。⑤ 其三,人类可以通过"尽人性"、"尽物性"而"可与天地参"。⑥ 基于这样三个方面,儒家一方面认为人不可逃避"生物链"的

---

① 参见李瑞全:《非人类中心的环境伦理观》,台湾:《应用伦理研究通讯》第二十期。
② 参见李瑞全:《儒家生命伦理学》,第173页。
③ 指资本主义工业化的早期历程,即资本主义生产完成了从工厂手工业向机器大工业过渡的阶段。这一阶段大致为18世纪中叶到19世纪初叶。
④ 参见李瑞全:《儒家环境伦理学之基本观念:对伽理葛特之构想的一个批判回应》,《鹅湖学志》第25期,台湾:鹅湖月刊社2000年。
⑤ 参见李瑞全:《儒家环境伦理学之基本观念:对伽理葛特之构想的一个批判回应》,《鹅湖学志》第25期,台湾:鹅湖月刊社2000年。
⑥ 参见李瑞全:《儒家环境伦理学之基本观念:对伽理葛特之构想的一个批判回应》,《鹅湖学志》第25期,台湾:鹅湖月刊社2000年。

连环,因为人必须倚赖其他生物而存在;另一方面主张人类应当采取"寡欲"的生活方式,即人类在利用自然资源时,除了应适当节制、不可贪奢外,重要的在于不可"竭泽而渔",反而应使自然资源更为丰盛、繁茂。①

在李瑞全看来,就环境伦理学来看,儒家不仅有深刻的洞见,而且亦具有基本的理论体系。概括地看,这个理论体系以如下几个方面为基本纲领。其一,"道德理性"要求人类超越"人类中心主义"。② 其二,在"存有论"的意义下,人类与一切生命有同等的地位。依着儒家的理论,一切生命都具有同等的、"原初的"内在价值。或者说,各个物种以至每一个体作为"道"的一个表现形态,都具有独立的内在价值,其价值并不须待人类的"确认"才具有。③ 其三,在价值排序中,人类虽具有较高价值,但并不表示其他物种毫无价值而可由人随意伤害。即人类在道德价值上所具有的优位性,不是源于物种演化上的优先性或有某些生物上的特殊禀赋,而是由于人具有"道德理性"和能够发挥这种能力。④ 其四,人类不只是自然的保护者,更是自然的"化育者"。在儒家看来,人类作为一个物种的价值并不高于任何其他物种,其在价值层位上的地位主要是由于人类能够参与"天道"的化育。因此,人类不仅应秉承"天道"生化万物之旨,让万物顺承"天道"以"尽其性分";同时,人类还具有一种道德责任或义务,即弥补天地化育之不足,亦即"参赞天地之化育"。⑤

一、人类中心主义与反人类中心主义

自20世纪70年代以来,在环境伦理学的发展过程中,针对西方文化所导致的环境污染和环境破坏,哲学界渐渐兴起一种反人类中心主义的

---

① 参见李瑞全:《儒家环境伦理学之基本观念:对伽理葛特之构想的一个批判回应》,《鹅湖学志》第25期,台湾:鹅湖月刊社2000年。
② 参见李瑞全:《儒家环境伦理学之基本观念:对伽理葛特之构想的一个批判回应》,《鹅湖学志》第25期,台湾:鹅湖月刊社2000年。
③ 参见李瑞全:《儒家环境伦理学之基本观念:对伽理葛特之构想的一个批判回应》,《鹅湖学志》第25期,台湾:鹅湖月刊社2000年。
④ 参见李瑞全:《儒家环境伦理学之基本观念:对伽理葛特之构想的一个批判回应》,《鹅湖学志》第25期,台湾:鹅湖月刊社2000年。
⑤ 参见李瑞全:《儒家环境伦理学之基本观念:对伽理葛特之构想的一个批判回应》,《鹅湖学志》第25期,台湾:鹅湖月刊社2000年。

思潮。那么,何谓"人类中心主义"呢? 李瑞全认为,所谓"人类中心主义",是指认为有且只有人类才是价值判断主体、人类利益是"价值原点"和道德评价依据的哲学观点。对此,他引用了《韦氏大字典》的定义:"人类中心是如此的一种立场,即认为'人类是宇宙的中心事实或终极目的',而且通常'把宇宙中的一切事物都依人类价值来构想'。"①质言之,"人类中心主义"的实质是,由于人类进行价值选择时总是基于人类的立场,人类根本不可能采取非人类或超人类的观点。具体来讲,"人类中心主义"包含两个观点:其一,人类是宇宙中最高价值的存有或唯一有价值的存有;其二,人类总是依自己的价值观来对待一切生物和自然界。李瑞全说:

> 第一点提出的是一特定的价值序列的判定,即人类是宇宙存在的最重要的事件,而且,是宇宙存在的目的。……第二点却可以意谓人类总是依人类的价值观点来对待一切生物和自然界,因为,一方面人类总不能摆脱自己物种的立足点,同时,人类之外的生物或自然界也没有所谓它们自己的观点。②

李瑞全认为,在反人类中心主义的思潮当中,尤以挪威哲学家阿伦·奈斯(Arne Naess,1912—2009 年)的"深层生态学"或"生态哲学"最能表现这种取向。所谓"深度生态学",是一个与"浅层生态学"相比较的概念。"浅层生态学"认为,为了人类的利益需要制定和实施限制污染的法律,通过新技术的应用和科学的环境管理,减轻和扼制污染。可见,所谓"浅层生态学",是从"浅层次"来认识和解决人类面临的生态问题的。"深层生态学"则不同,它强调不仅仅从人出发,而应该从整个生态系统的角度,把"人与自然"作为统一整体,来认识、处理和解决生态问题。因此,"深层生态学"将生态学发展到伦理学乃至哲学层次,并提出"生态智慧"、"生态和谐"和"生态自我"等概念。③ 奈斯说:"我用生态哲学(ecos-

---

① 参见李瑞全:《非人类中心的环境伦理观》,台湾:《应用伦理研究通讯》第 20 期。
② 李瑞全:《非人类中心的环境伦理观》,台湾:《应用伦理研究通讯》第 20 期。
③ 参见雷毅:《阿伦·奈斯的深层生态学思想》,北京:《世界哲学》2010 年第 4 期。

ophy)一词来指一种关于生态和谐或平衡的哲学。"① 因此,它从一开始就以反人类中心主义的"姿态"出现。概括地看,反人类中心主义的基本观点是:人类不外是自然界的一员,故没有优越于其他物种的地位,更不能为了人类利益而牺牲其他物种。李瑞全说:

> 反人类中心的平等生命中心主义的观点主要是要求人类不要插手自然的事务,因为,自然的生态系统太复杂,非人类所能掌握,更不是人类的知识能力所能驾御。人类的干预只能产生反效果,导致生态更受破坏。②

然而,反人类中心主义的观点也受到了批评,因为它会导致人类与其他物种的生存冲突无法解决。批评的观点认为,反人类中心主义其实也是一种"人类中心主义"。他们认为,反人类中心主义者要求把人类从自然物种中分离出来,认为人类异于其他物种,恰是一种"人类中心主义"的观点。也就是说,它虽不以人类利益凌驾于其他生物之上,却仍是以人类所认可的价值,诸如保有生物之多样性、人类不应改变自然生态等,作为价值的标准!③ 如果真把人类视为自然界的一个平等物种,则人类的种种行为,就该如其他物种一样,得到容许或不应被阻挠。在自然历史中,物种的生长、繁衍和毁灭乃是自然常态,人类的行为也不外如此,故没有理由把人类的行为排除在外。他们认为,不能把人类"抽离"于自然,不能把人类通过智慧、能力等所要达到的物种生存和繁衍需求加以抑制,纵使人类这种行为会造成其他众多物种的毁灭。批评者进一步指出,反人类中心主义者对人类行为的限制难道不是对自然生态的一种干预吗?这种干预是有益于自然生态,还是另一种灾难的开始?这是有待研究的一个问题。④ 在李瑞全看来,上述批评实际上涉及两个问题:一是人类是

---

① 转引自曾思育:《环境管理与环境社会科学研究方法》,北京:清华大学出版社2004年版,第149页。
② 李瑞全:《非人类中心的环境伦理观》,台湾:《应用伦理研究通讯》第20期。
③ 参见李瑞全:《非人类中心的环境伦理观》,台湾:《应用伦理研究通讯》第20期。
④ 参见李瑞全:《非人类中心的环境伦理观》,台湾:《应用伦理研究通讯》第20期。

否永远不能摆脱"人类中心主义",犹如每个人都不能举起自己一样。二是人类是否可以有非人类中心的观点。①

就第一个问题来看,李瑞全认为,虽然价值或道德是人类特有的现象,但人类的价值取向却不必是以人类为中心的。他说:"人类所提出的价值总不免是人类的价值,不可能是其他生物或自然界所具有或本有的价值取向。但是,人类的价值取向却不必是以人类为中心的。人类固然可以认可人类不是宇宙中心,人类不是宇宙终极价值所在。这并不与价值或道德是人类特有的经验或判断相矛盾。"②在他看来,如果人类所提出的价值必定是以人类为中心的,则这种观点不能说明反人类中心主义者之合理的价值取向,如人类认为人类最道德的行为是牺牲自己来成全其他物种。就第二个问题来看,李瑞全的主张是,人类可以有非人类中心主义的观点。他认为,或许现有的反人类中心主义的观点有待完善,因而可能含有自相矛盾的观点,但却不必是其必有的缺点。当然,把人类独立在一切物种之外而不容许人类践行其进化历程,会产生理论上不一致的现象。但是,反人类中心主义的论点主要是针对以人类存在为宇宙独一价值所产生的生态破坏行为,而不是把人类区别于其他物种而什么也不能做。③ 总之,道德意识之存在不仅可表示人类可以摆脱"人类中心主义",而且亦可证明人类可以有非人类中心的观点。他说:"人类可说是生命演化历程中首次出现的能够自觉和自我反省与理解的物种,这即是一突变;而突变的主要功能即是人类的理性,特别是道德理性的能力。人类之理性能力自可突破物种的限制而建立普遍的知识和价值。"④他还说:

> 善的意志所发布定然律令强制人类脱开他的感性限制,以超然的大公,作为一理性存有地行为。在此,人类所表现的即不会是以种

---

① 参见李瑞全:《非人类中心的环境伦理观》,台湾:《应用伦理研究通讯》第20期。
② 李瑞全:《非人类中心的环境伦理观》,台湾:《应用伦理研究通讯》第20期。
③ 参见李瑞全:《非人类中心的环境伦理观》,台湾:《应用伦理研究通讯》第20期。
④ 李瑞全:《儒家环境伦理学之基本观念:对伽理葛特之构想的一个批判回应》,《鹅湖学志》第25期,台湾:鹅湖月刊社2000年。

类为中心的行为或判断。①

总而言之,李瑞全认为,道德价值虽出于人类,但人类的"道德主体性"不必然产生私于物种的偏见。所谓"道德主体性",其所展示的是一普遍的实践理性,并不限于人类的种类特性,即它可以不以人类利益为限,而是可以站在"天道"立场来平视宇宙万物。不过,人类的"道德主体性"虽可以不是"人类中心主义",但无碍人类在生物物种的排序中具有优先性。也就是说,由于自然界物种和生态系统有互相依存关系,人类不可能以自身存在和利益为绝对,而须同时考虑其他物种的价值,即"人类由于具有道德理性和道德意识,他必须同时肩负补救天地造化之不足,或自然生态可以避免的灾害"②。质言之,在"天道"的覆照之下,人类可以而且在道德上应采取"非人类中心主义",而不应该无条件的以人类自身为最高价值。相反,人类有不可逃避的道德义务去"参赞天地之化育",从而让自然生态更繁衍丰富。因此,超越"人类中心主义"的"反人类中心主义"是可能的。李瑞全说:"人类自然要用人类的语言来表达价值,但所表达的却不限于人类对自己的价值给予无限肯定的特定序列方式。正如人类必须用人类的语言来陈述宇宙的事物,但却不必是人类自己的事物或主观的认定。"③他还说:

> 人类之理性能力自可突破物种的限制而建立普遍的知识和价值。人类的道德理性也许正是生命演化中的自救的机制,以保障生命不致为自然机制所完全地宰制,使自然王国得以转化为目的王国。④

二、儒家关于人与自然关系的洞见

李瑞全认为,历史地看,在"工业革命"之前,人类对自然界的利用和

---

① 李瑞全:《儒家生命伦理学》,第173页。
② 李瑞全:《非人类中心的环境伦理观》,台湾:《应用伦理研究通讯》第20期。
③ 李瑞全:《非人类中心的环境伦理观》,台湾:《应用伦理研究通讯》第20期。
④ 李瑞全:《儒家环境伦理学之基本观念:对伽理葛特之构想的一个批判回应》,《鹅湖学志》第25期,台湾:鹅湖月刊社2000年。

"伤害"非常有限,自然界也具有足够的能力承受人为的耗用。但是,"工业革命"之后,随着人类的生产力的大为提高,自然资源的耗用开始呈几何级数激增,污染物也远非自然界所可吸收和转化,自然生态受到改变、破坏甚至面临着崩溃的危险。此时,资源的有限、生态的破坏、人类生活方式的不可持续等已成为急迫的问题,而这些问题的形成与人类的行为密不可分。由此来看,环境污染虽不只是人类的问题,但却只有人类才会造成环境污染!也就是说,环境污染是人类社会的一个独有问题。① 作为对这个问题的响应,环境伦理学在其发展过程中,一个根源的争议是人与自然的关系,因为它是思考所有相关理论问题的根本。对此,不同文化传统有不同的理解:西方传统认为,人与自然是二分的,故自然是人类所统御和利用的对象;东方传统则认为,人与自然是"天人合一"的,故多重视自然本身的价值,不以人类为主宰世界的中心。② 正是因此,兴起于西方的环境伦理学开始尝试从东方文化中寻求资源,以匡正其错误和不合理的观点。对于这种情况,在李瑞全看来,中国哲学中确实有许多洞见,它们经过诠释可发展为全球的环境伦理共识。具体来讲,这些洞见大致可归结为如下几个方面:

其一,赋予自然界以"天道"的价值。李瑞全认为,在中国哲学中,道家明确地肯定了自然界的价值,提出了人"法道"、"法自然"的主张。《老子》有言:"人法地,地法天,天法道,道法自然。"③ 人之所以要以自然为法则,在于自然有其本有之"道"。同样,儒家亦认为自然具有"道"的意义和价值。不过,与道家作为"非常名"、"非常道"的"道"④不同,儒家认为"道"是指"生生不息"的"天道",它作为自然所蕴涵的"道"是可以言说的。也就是说,"道"作为客观的天地之道,其德乃是"生生不已"的创生。如,《中庸》有言:"天地之道,可壹言而尽也。其为物不贰,则其生物

---

① 参见李瑞全:《儒家环境伦理学之基本观念:对伽理葛特之构想的一个批判回应》,《鹅湖学志》第 25 期,台湾:鹅湖月刊社 2000 年。
② 参见李瑞全:《儒家环境伦理学之基本观念:对伽理葛特之构想的一个批判回应》,《鹅湖学志》第 25 期,台湾:鹅湖月刊社 2000 年。
③ 朱谦之:《老子校释》,第 103 页。
④ 参见朱谦之:《老子校释》,第 3 页。

不测。"①"天地之道"即"天道"或"道",其内容并不复杂;它作为精纯不已的"创生之道",即是生化万物的根源。关于道与天地万物的关系,儒家亦有具体、明确的说明。如孔子认为,"天道"存在于天地之运行和万物的生长发育之中。他说:"四时行焉,百物生焉,天何言哉?"②在李瑞全看来,这些论述不仅确立了人与自然的关系,而且赋予了自然以存有的价值。也就是说,"道"同时在天地万物中体现,故自然界实有独立于人类的价值。③

其二,强调"天人合一"的观念。实际上,赋予自然界以"天道"价值的本身,就蕴涵着"天人合一"的思想。就儒家的思想来看,它在道德理性的意义下凸显了人的尊贵地位。荀子说:"水火有气而无生,草木有生而无知,禽兽有知而无义,人有气、有生、有知,亦且有义,故最为天下贵也。"④但是,在天地创生的意义下,儒家所强调的并不是天地万物的差别,而是其间所具有的共同性。如《易传》有言:"乾道变化,各正性命。保合太和,乃利贞"⑤;"至哉坤元!万物资生,乃顺承天"⑥。这里,其所宣示的是天地万物出自同一根源,"天道"创造、承载万物,并不独厚人类。而且,"天道"还对人类有所诫命,要求人类秉承"天道"生化万物之旨,以"保合太和"、让"万物资生"。由此来看,儒家不否认天地万物的独立价值,反而有"民胞物与"⑦、爱人惜物的思想。后来,儒者更强调"仁者与天地万物为一体"⑧,赋予人与万物同等的地位,从而使其结合为一整全而不可分的整体。因此,李瑞全说:

> 儒家无疑较诸西方诸多哲学或宗教体系具有更强的与天地万物

---

① 郑玄注,孔颖达疏,龚抗云整理,王文锦审定:《礼记正义》,第1451页。
② 何晏注,邢昺疏,朱汉民整理,张岂之审定:《论语注疏》,第241页。
③ 参见李瑞全:《儒家环境伦理学之基本观念:对伽理葛特之构想的一个批判回应》,《鹅湖学志》第25期,台湾:鹅湖月刊社2000年。
④ 王先谦撰,沈啸寰、王星贤点校:《荀子集解》,第164页。
⑤ 王弼注,孔颖达疏,李申、卢光明整理,吕绍纲审定:《周易正义》,第7—9页。
⑥ 王弼注,孔颖达疏,李申、卢光明整理,吕绍纲审定:《周易正义》,第25页。
⑦ 参见章锡琛点校:《张载集》,第62页。
⑧ 参见程颢、程颐著,王孝鱼点校:《二程集》,第15页。

为一体的观念。①

其三,人类可以通过"尽人性"、"尽物性"而"可与天地参"。李瑞全认为,在儒家,"天道"固然广被天地万物,也同时内在于人而为人之性。进而,"天道"并不只降临在人身上,同时也在一切生命之中。质言之,"道"乃是"既超越又内在"的。因此,当人体现"道"于道德实践时,可以通过道德实践而实现与天地合而为一。也就是说,道德实践有超乎社会局限的创造性,有超乎人类特定时空局限的创造性,从而使人类冲破作为一个物种的"樊篱",最终实现与天地万物为一体。在此意义下,人类虽为"天下贵",但同时具有不可逃避的道德义务。一方面,人具有道德自觉的能力,可以如"天道"般表现出"生生之德",故应自觉地"参与"天地之化育;此为"参赞天道之原则"。另一方面,人须通过道德实践帮助天地万物实现其性分,而不致其受到"扭曲";此为"各尽其性分之原则"。②因此,人类对天地万物不但不能视为资源而肆意利用,反之,须像"天道"般让物物各得其正,各能充分表现或实现其性分。李瑞全说:"人的道德行为实是对天道的参赞,即对天地化育万物所有遗憾之处作出补充,祈能使天地无一物为不能尽其性分的,即事事物物具能各尽其性分。"③他还说:

> 仁是构成一个人之人格价值所在,同时也是使人能与天和道相接之处。践仁即是实践天道,而实践天道显然不可能限于自我利益之下,而必须扩展以包含天地万物。④

基于上述,李瑞全认为,就人类理性之所及来说,天地之化育固然极

---

① 李瑞全:《儒家环境伦理学之基本观念:对伽理葛特之构想的一个批判回应》,《鹅湖学志》第25期,台湾:鹅湖月刊社2000年。
② 参见李瑞全:《儒家生命伦理学》,第63—66页。
③ 李瑞全:《儒家生命伦理学》,第173页。
④ 李瑞全:《儒家环境伦理学之基本观念:对伽理葛特之构想的一个批判回应》,《鹅湖学志》第25期,台湾:鹅湖月刊社2000年。

其繁富,但仍不免有所遗漏,故《中庸》说:"天地之大也,人犹有所憾"。①同时,人在这方面可以补天地化育之不足,故孔子说:"人能弘道,非道弘人。"②如此来看,人类应尽量去补足天地之化育,此即构成人类的"天命"。然而,人类作为一种生物却又不能脱离"生物链",故不得不依赖其他生物的资养来维持生存。对于这样一种道德两难,儒家的基本思想是:一方面,不以为人可避除这种两难,但也不以为这是一种不道德的行为。即人不可能逃避"生物链"的连环,因为人必须倚赖其他生物而存在;另一方面,人类应当采取"寡欲"的生活方式,从而使"不忍人之心"③得以维持,故孟子说"养心莫善于寡欲"④。即人类在利用自然资源时,除了应适当的节制、不可贪奢外,重要的在于不可"竭泽而渔",在利用自然资源以维持生命生存时,使自然资源更为丰盛、繁茂。在李瑞全看来,这样两个方面是人类在求取生存前提下所应有的负责任的行为。⑤

三、儒家环境伦理学的基本纲领

依着李瑞全的理解,就环境伦理学来讲,儒家不只在人与自然关系方面具有前述三个方面的洞见,其思想可以表现为一种环境伦理学的理论体系。具体来讲,这个体系以如下几个方面为基本纲领:

其一,"道德理性"要求人类超越"人类中心主义"。依着儒家的理论,人作为"道德理性"的"存有","道德地行动"乃是人之为人的特性。李瑞全说:"儒家的环境伦理学正是一建立在我们对所处的世界的道德经验之上的理论。伦理学是我们对所处情境的理性反省和价值分析。……不管宇宙将发生何事,作为一赋有道德理性的存有,我们只能道德地行动,否则我们即丧失作为一道德存有的身份和价值。"⑥进而,他认

---

① 郑玄注,孔颖达疏,龚抗云整理,王文锦审定:《礼记正义》,第1429页。
② 何晏注,邢昺疏,朱汉民整理,张岂之审定:《论语注疏》,第216页。
③ 赵岐注,孙奭疏,廖名春、刘佑平整理,钱逊审定:《孟子注疏》,第93页。
④ 赵岐注,孙奭疏,廖名春、刘佑平整理,钱逊审定:《孟子注疏》,第403页。
⑤ 参见李瑞全:《儒家环境伦理学之基本观念:对伽理葛特之构想的一个批判回应》,《鹅湖学志》第25期,台湾:鹅湖月刊社2000年。
⑥ 李瑞全:《儒家环境伦理学之基本观念:对伽理葛特之构想的一个批判回应》,《鹅湖学志》第25期,台湾:鹅湖月刊社2000年。

为,人的"道德理性"缘于两个方面的理据:其一为主观的"仁心"或"不忍人之心";其二为客观的"天理"、"天道"。李瑞全说:"道德行为的要素是一道德存有的自觉的理性行为,主观方面即是人的仁心、不忍人之心或实践理性,客观方面则是天道天理的规范,即要求一道德存有秉持天地万物为一体的公心公义而行。"①正因为如此,"道德理性"要求人类超越"人类中心主义"的思考模式,把"自我"从特定的种类和种族中心的"樊牢"中解放出来。也就是说,虽然道德判断源于人类的"道德理性",但却不妨碍它认可的是平等的生态主张。李瑞全说:

> 人类可说是生命演化历程中首次出现的能够自觉和自我反省与理解的物种,这即是一突变;而突变的主要功能即是人类的理性,特别是道德理性的能力。人类之理性能力自可突破物种的限制而建立普遍的知识和价值。②

其二,在"存有论"的意义下,一切生命与人类享有同等的地位。李瑞全认为,在儒家看来,一切生命都具有同样的"存有论"地位,即具有同等的、"原初的"内在价值。也就是说,任何一个物种都具有独立的价值,并不须待人类的"确认"才具有。不过,依于"食物链"而有的互相依存和自然淘汰,既非人力所能加以改变的状况,亦非人类所需肩负的道德责任。进而,就物种与其个体关系来讲,物种是通过个体的特殊形态表现的,故物种与个体之间有一种价值上的互相倚待。也就是说,在种类上,一个物种不可能由另一物种来表现其特殊形态,而只能由该物种的个体来表现。因此,物种之多样性在价值上重于个体之差异性。而且,当一种物种濒临灭绝时,该物种的个体便有更重要的价值。不过,这并不表示个体可以和必须随时为种类牺牲,因为每一个体都有"本有"的存在价值。③

---

① 李瑞全:《儒家环境伦理学之基本观念:对伽理葛特之构想的一个批判回应》,《鹅湖学志》第25期,台湾:鹅湖月刊社2000年。
② 李瑞全:《儒家环境伦理学之基本观念:对伽理葛特之构想的一个批判回应》,《鹅湖学志》第25期,台湾:鹅湖月刊社2000年。
③ 参见李瑞全:《儒家环境伦理学之基本观念:对伽理葛特之构想的一个批判回应》,《鹅湖学志》第25期,台湾:鹅湖月刊社2000年。

关于"存有论"意义下生命之平等的价值地位,李瑞全说:

> 程明道著名的"仁说"主张:"仁者与天地万物为一体"。此表示人与动物及其他存有在本体上都是同体的,即存有上是相同的,都同具有天道所赋之创造性,并无差异。①

其三,在价值排序中,人类虽具有较高价值,但并不表示其他物种毫无价值而可由人随意伤害。李瑞全认为,关于人在价值排序中的优位性,儒家与西方哲学是相同的。他说:"在一般意义上,无论中国或西方均对人类和动植物及无生物有一顺序的价值层级的分辨。"②"儒家哲学的一个重要论题是'人禽之辨',……人禽之辨主要在人具有道德的本心,而禽兽则没有,由此而把人的地位远远提升在动物和其他存有之上。"③不过,在儒家,虽然在道德意义上人类具有优位性,但人类并不具有物种演化上的优先性。即演化的成果并不构成一个物种的价值高下,故人类的价值不在于具有某些生物上的特殊禀赋。质言之,人类只是由于具有道德自觉能力和能够发挥这种能力,能够"参赞天地之化育",才使人类具有更高的价值。孟子曰:"人之异于禽兽者"在于"几希"之道德,即人天生而有"恻隐之心"、"羞恶之心"、"辞让之心"和"是非之心"之"四端"。④ 也就是说,如有其他物种亦是一"道德存有",这一物种同样可具有人类所具有的价值地位。此外,儒家道德考虑的出发点是生命受到伤害的情况,即"不忍人之心"⑤,因此,愈能感受痛苦的物种在道德上则具有更重要的"分量"。换言之,儒家可以有条件地认同"动物权"的提法。⑥ 因此,李瑞全说:

---

① 李瑞全:《儒家论动物权》,台湾:《应用伦理研究通讯》第13期。
② 李瑞全:《儒家生命伦理学》,第168页。
③ 李瑞全:《儒家论动物权》,台湾:《应用伦理研究通讯》第13期。
④ 参见赵岐注,孙奭疏,廖名春、刘佑平整理,钱逊审定:《孟子注疏》,第94页。
⑤ 赵岐注,孙奭疏,廖名春、刘佑平整理,钱逊审定:《孟子注疏》,第93页。
⑥ 参见李瑞全:《儒家环境伦理学之基本观念:对伽理葛特之构想的一个批判回应》,《鹅湖学志》第25期,台湾:鹅湖月刊社2000年。

儒家并不以动物只纯然为人类的工具,可供人类随意对待。①

其四,人类不只是自然的保护者,更是自然的"化育者"。② 在儒家看来,人类作为一个物种的价值并不高于任何其他物种,故儒家对人类基于自我利益而戕害其他生物是予以批判的。同时,人类与天地万物既同为一体,故人类具有一种道德责任或义务;这种道德责任或义务是指弥补天地化育之不足,如拯救濒临灭种的物种,解除对物种个体不必要的伤害,以致帮助物种的延续、繁衍等。也就是说,就人类理性来说,天地化育固然极其高明,但仍不免有所遗漏和缺憾。故《中庸》曰:"天地之大也,人犹有所憾。"③不过,孔子曰:"人能弘道,非道弘人。"④在此意义下,人类不能以自然的守护者为满足,而须尽自己之责任,从而"参赞天地之化育"。质言之,人类不仅应秉承"天道"生化万物之旨,让万物顺承"天道"以"尽其性分";同时,还须尽一种道德责任或义务,以弥补天地化育之缺憾。李瑞全说:

> 人所能作的是在能力所及的范围,以补天道之不足。……以人力补天道之不足,即《中庸》所谓参赞天地之道德表现。⑤

第三节 现代新儒家与后现代理论

李瑞全认为,儒家之发展大致经历了三个阶段:第一阶段为先秦儒学,指先秦儒家对应西周以来的人文精神建立起"孔子传统"。第二阶段为宋明儒学,指宋明儒家针对佛、道两家而回应时代课题,重新弘扬儒学的义理。第三阶段为现代新儒学,指针对西方文化挑战而形成的儒学形态。⑥

---

① 李瑞全:《儒家论动物权》,台湾:《应用伦理研究通讯》第13期。
② 参见李瑞全:《儒家环境伦理学之基本观念:对伽理葛特之构想的一个批判回应》,《鹅湖学志》第25期,台湾:鹅湖月刊社2000年。
③ 郑玄注,孔颖达疏,龚抗云整理,王文锦审定:《礼记正义》,第1429页。
④ 何晏注,邢昺疏,朱汉民整理,张岂之审定:《论语注疏》,第216页。
⑤ 李瑞全:《儒家论动物权》,台湾:《应用伦理研究通讯》第13期。
⑥ 参见李瑞全:《当代新儒学与后现代理论》,刘述先主编:《当代儒学论集:传统与创新》,台湾:中央研究院中国文哲研究所筹备处1995年版,第51—52页。

概括地看,作为代表中国文化主流的"大教",儒学始终是以回应时代课题为使命的。就现代新儒学来看,它表现为两个方面的特征:一是对儒学在当代所面对的核心课题有一正面而积极的回应;二是本质上仍然保持先秦儒学的基本义理形态。① 历史地看,经过两代现代新儒家代表人物的共同努力,现代新儒学的义理系统和现代化理论已确立起来,因此形成"儒学的第三期发展"之概念。不过,儒学所追求的现代化同时为"世界化",故现代新儒学须对"后现代化"问题有所回应。在李瑞全看来,现代新儒学在此方面有两个方面的优长,故应对此作出自己的贡献:其一,儒学为"人文主义",将一切人文价值收摄于"道德理性",此与现代化之为"理性化"有相通之处;其二,儒学与康德哲学有相通之处,而康德哲学实为现代性之总结,故儒学可对"后现代化"提出"对题"的回应。②

在李瑞全看来,"理性化"是现代化的根本特征,而现代化是"理性化"的成果。就哲学来讲,"理性化"的理论以康德的"三大批判"为极成:狭义来说,康德把"知"、"情"、"意"及相应的"真"、"善"、"美"三个方面都收摄于人类理性;广义来说,他是把人类的一切文化成就都涵盖在理性之下。客观地讲,"现代化"虽然是整个人类的共同追求,但在"现代化"过程当中,理性之三个"面相"并未得以均衡发展。由于科学的贡献,"工具理性"被视为一切行为的最主要、最重要以至于最终的标准,而作为实践之目的的"道德实践理性"和"美感实践理性"却被忽略了。因此,由于作为现代化根据的"理性化"没有了方向保障,"理性化"遂形成了"偏差"和"歧出"的流弊。从本质上看,这种"偏差"和"流弊"表现为:"理性化"反而导致了不理性的结果,即出现了"理性化的诡论"。而且,由于"理性化"的强制力极为庞大,它相对于个人来讲实成为一个不能摆脱的"铁笼"。换言之,"理性化"原来要解放个体与社会,结果却使个体及社会陷入更庞大、更不可抗拒的"铁笼"。③ 基于此,对现代化进行批判与纠

---

① 参见李瑞全:《当代新儒学与后现代理论》,刘述先主编:《当代儒学论集:传统与创新》,第52页。
② 参见李瑞全:《当代新儒学与后现代理论》,刘述先主编:《当代儒学论集:传统与创新》,第56—57页。
③ 参见李瑞全:《当代新儒学与后现代理论》,刘述先主编:《当代儒学论集:传统与创新》,第63页。

正形成"后现代"的问题。

李瑞全认为,代表性的关于"后现代"的理论不外乎两种:一种是肯定性的观点,代表人物是利奥塔。利奥塔认为,"后现代社会"实已在西方出现,所谓的"消费社会"、"后工业社会"即是"后现代社会"形成的标志。在他看来,在"后现代社会","宏大叙事"已被社会所扬弃,而代之以个体为中心的社会;它不必是完全合理的社会,但它容许个体最大限度地自己选择。① 一种是否定性的观点,代表人物是哈贝马斯。哈贝马斯认为,"启蒙时代"所开始的"现代性规划"基本上是可取的,但"理性化"的表现确实出现了偏差,形成以"工具理性"独大的局面。鉴于此,对治的方法是纠正"工具理性"的"僭越",让"交往理性"在生活中居于主导地位。因此,"现代性规划"是一个尚未完成的过程,它不应被放弃,反而应得到进一步发展。在此意义下,目前并无所谓"后现代社会"的问题。② 在李瑞全看来,上述两种观点各有短长,但均未能解决好"主体性"与"个体性"的关系。鉴于此,他主张借用"双码论"的模式来构筑一种新理论,而这种理论是依照儒家之"道德理性"为首出的思路设计的。在他看来,这种新思路可以真正化解"主体性"与"个体性"的冲突,从而表现为对两种"后现代"理论的超越,也表现为一种崭新的、"后现代化"的"双码论"。③

一、现代新儒学的时代课题

李瑞全认为,对时代课题之回应是哲学作为一门学问之使命。他说:"哲学不是不食人间烟火的观念游戏,而是同时担负人类理想、价值与生活指引的智慧和哲理,则哲学自必对所处的时代,特别是时代的课题,有所回应。"④与西方哲学相较而言,中国哲学更以"实践"为基本取向——

---

① 参见李瑞全:《当代新儒学与后现代理论》,刘述先主编:《当代儒学论集:传统与创新》,第68—69页。
② 参见李瑞全:《当代新儒学与后现代理论》,刘述先主编:《当代儒学论集:传统与创新》,第65—66页。
③ 参见李瑞全:《儒家环境伦理学之基本观念:对伽理葛特之构想的一个批判回应》,《鹅湖学志》第25期,台湾:鹅湖月刊社2000年。
④ 李瑞全:《当代新儒学与后现代理论》,刘述先主编:《当代儒学论集:传统与创新》,第51页。

儒、释、道三家既是哲学,亦是"生命教化",是所谓的"三大教"。其中,儒家作为中国文化的主流,孕育、发展和代表着中国文化。历史地看,儒家之发展大致经历了三个阶段:先秦儒家对应西周以来的人文精神建立起"孔子传统",此为儒学之第一期。西汉之后儒学被奉为官方的基本思想,"内圣外王"的架构担负起社会文化的义理规范。经魏晋南北朝和隋唐时期玄学和佛学主导思想界之后,宋明儒家针对佛、道两家而回应时代的课题,重新发扬儒学的义理,成为儒学之第二期。然而,此期儒学所重建的主要是儒家的"内圣之学",于"外王"方面并无贡献。作为儒学之第三期,现代新儒学是继宋明儒学之后,对现代中国的时代课题,特别是西方文化的强势挑战,再度发展儒家义理的哲学文化活动。① 关于现代新儒学,李瑞全总括地说:

> 当代新儒学主要秉持儒家的传统,以人为本位的人文主义的精神,回应当前的世局人心问题,发展儒学的现代哲学系统。②

客观地看,现代新儒学对时代课题的回应构成了现代新儒学之"新"。也就是说,如果现代新儒学不能对现代所面对的核心课题有一正面而积极的回应,就不足以称为"新"儒学。面对西方文化的冲击,熊十力建构了现代新儒家的第一个哲学体系——"新唯识论"。在这个体系当中,他提出建构儒家之"量论",即知识论,以回应西方文化的冲击。牟宗三则进一步,以"良知的自我坎陷"③为核心,明确提出由"内圣""开出""新外王",即基于儒学的基本义理"开出"西方文化所长的科学与民主,从而重建儒学的"内圣外王"体系。这样一个体系,因为解决了"新外王"的"开出"问题,故重新确立了儒学在中国文化中的"正统地位"。由此来看,这样一种义理的展开即是儒学的现代化,亦即是中国文化与西方接触以来所寻求的现代化。对此,李瑞全说:"当代新儒学之为新儒学是

---

① 参见李瑞全:《当代新儒学与后现代理论》,刘述先主编:《当代儒学论集:传统与创新》,第51—52页。
② 李瑞全:《儒家生命伦理学》,第1页。
③ 参见牟宗三:《智的直觉与中国哲学》,第233页。

有特定的义理指向的哲学发展,并不是模棱两可的在当代从事儒学研究者及其成果即可谓为新儒学。"①"当代新儒学从寻求中国哲学与文化的现代化出发,在学术建立上可说已达致高度现代化的成就。"②对于这样一种"义理指向",李瑞全说:

> 儒学的第三期发展,首先,是任一作为人类生活行为、价值规范的大教所必有的,对新时代新问题的对题的回应;其次,在义理上,儒学有必要吸收消化其他系统、文化的优点,作出相应的扩展,在义理上有所兴革增益,以发展人类之理性,开创人类文化的新视野;最后,儒学作为中国文化的主流,代表中国文化所具有的特质,它的现代化同时即是中国文化的现代化……③

不过,在李瑞全看来,现代新儒学作为"儒学第三期发展",除了上述因回应时代挑战而为"新"外,它同时在本质上保持了先秦儒学的基本义理形态。也就是说,如果现代新儒家在回应时代问题时,丧失了儒学之基本义理,不但不能说它是"新儒学",反而只能说是一"歧出"的发展;"歧出"的发展纵使对中国文化有贡献,但不能"袭取""新儒学"之名,而只能是儒学之"别子为宗"。④ 在此意义下,熊十力和牟宗三等均"确定而不可移"地坚持了儒学的基本义理。他说:"熊十力先生之确立乾元性海及良知为道德本心之呈现,可说是掌握住儒学的基本义理的表现。牟宗三师之全而阐述宋明及先秦儒学的义理形态,更使此问题得到确定而不可移易的解决。"⑤正因为如此,现代新儒学所追求的儒学现代化不是对西

---

① 李瑞全:《当代新儒学与后现代理论》,刘述先主编:《当代儒学论集:传统与创新》,第 54 页。
② 李瑞全:《儒家生命伦理学》,第 155 页。
③ 李瑞全:《当代新儒学与后现代理论》,刘述先主编:《当代儒学论集:传统与创新》,第 53—54 页。
④ 参见李瑞全:《当代新儒学与后现代理论》,刘述先主编:《当代儒学论集:传统与创新》,第 52 页。
⑤ 李瑞全:《当代新儒学与后现代理论》,刘述先主编:《当代儒学论集:传统与创新》,第 52 页。

方文化的"全部接收",而只是"消化"、"吸收"西方文化的优点而已。在这一点上,现代新儒学与"全盘西化论"、"全盘俄化论"等均不相同。李瑞全说:"当代儒学在转化传统,进行现代化之工作中,最关键的是重建儒学的核心观念,即人的道德主体性,由此以消化西方现代化的长处。"① 质言之,现代新儒学的理路是,"消化"、"吸收"其他文化系统之优点,并在义理上有所变革增益,以开创儒学发展的新视野。总之,李瑞全说:

> 当代新儒学之作为继先秦儒学和宋明儒学之后的第三代儒学,它的界定特征有两个要点:一是本质上保持先秦儒学的基本义理形态,一是对儒学在当代所面对的核心课题有一正面而积极的回应。②

李瑞全认为,从儒学发展的方向来说,它不但追求现代化,而且还追求"世界化"。也就是说,儒学所追求的是如何使当前及后代人人皆可"各尽其性分",皆各"安身立命"。在此意义下,儒学之追求不是仅面对自身,而是面对"天下苍生"。他说:"儒学之展开,是以天下人,天地万物为念,其文化理念所涵盖的是普世的。故当代新儒学之所以要现代化,不是只为了一己的生存,或只为在现代世界中占一席位,而是重新出发,为天下苍生寻求一在当前世界的一安身立命之所。"③ 正因为如此,现代新儒学还需要对现代化的缺点有所回应,因为唯有如此才可彻尽"第三期儒学"的使命。具体来讲,现代新儒学之未来发展方向应为两个方面:一方面,进一步使儒学"世界化",与当代西方哲学进行积极而有建设性的对话和消融;另一方面,参与讨论现代化所产生的流弊,并提出"对题"的回应和理论的建构。④ 质言之,现代新儒学不但应有现代化的使命,而且应有"超越"现代化,以提供东西文化之共通的世界文化的理念。在此意

---

① 李瑞全:《儒家生命伦理学》,第158页。
② 李瑞全:《当代新儒学与后现代理论》,刘述先主编:《当代儒学论集:传统与创新》,第52页。
③ 李瑞全:《当代新儒学与后现代理论》,刘述先主编:《当代儒学论集:传统与创新》,第54页。
④ 参见李瑞全:《当代新儒学与后现代理论》,刘述先主编:《当代儒学论集:传统与创新》,第56页。

义下,现代新儒学须有"后现代化"的发展。李瑞全说:

> 当代新儒学在现代化之后,甚至是现代化的同时,必有后现代化的发展。①

依着李瑞全的理解,在回应"世界化"与"后现代化"的课题上,现代新儒学具有两个方面的义理优势:一方面,由于儒学基本上是一种"人文主义",它把人类社会的一切价值收摄于"道德理性",故与西方现代化所表现的"理性化"取向有相通之处。质言之,儒学在本质上是不反现代化的。李瑞全说:"换言之,儒学在义理建构上并没有不可克服的反现代化的义理内核。"②另一方面,儒家在道德反省上与康德极为相近,而康德对理性所作的"三大批判"是西方现代化取向的总结。也就是说,西方在探讨"后现代化"的问题时,康德哲学是一个重要的思想源泉。因此,"儒家通过康德更容易接上西方现代化的课题"③。在此,牟宗三结合康德与儒家义理所建构的哲学系统能提供一个坚实基础,用以对西方现代化作出"对题"的回应。基于上述两个方面,李瑞全认为,现代新儒学在"后现代化"问题上自能有所作为。他说:"因此,当代新儒学更能自然地开展出后现代化的对话和真能对题地提出儒家所具有的贡献。"④他还说:

> 由于当代新儒学的现代化是以重建传统中国哲学,尤其是儒学,是以道德主体性为基础,吸收转化西方现代化的长处,并非盲目的全盘西化,其特色即契合哈伯玛斯(即哈贝马斯——引者)之以实践理性为主导,消除了工具理性僭越的可能性。因此,当代新儒学的现代

---

① 李瑞全:《当代新儒学与后现代理论》,刘述先主编:《当代儒学论集:传统与创新》,第56页。
② 李瑞全:《当代新儒学与后现代理论》,刘述先主编:《当代儒学论集:传统与创新》,第56页。
③ 李瑞全:《当代新儒学与后现代理论》,刘述先主编:《当代儒学论集:传统与创新》,第56页。
④ 李瑞全:《当代新儒学与后现代理论》,刘述先主编:《当代儒学论集:传统与创新》,第57页。

化同时即具有后现代的旨趣。①

二、现代化之特征及其流弊

在李瑞全看来,由于西方现代化已经历了一段不短的历史,西方学者对现代化的研究相当深入。一般而言,"现代化"是指西方社会"工业革命"以来所形成的社会形态,这种社会形态的特征是打破了宗教神话式"迷执",从而把"理性"作为人类社会的标准和社会发展的取向。按照马克斯·韦伯(Max Weber,1864—1920年)的理论,西方18世纪被称为"启蒙时代",而自此"启蒙时代"开始,西方社会表现为对社会各方面的"理性化"历程。具体来讲,这种"理性化"表现在两个方面:一方面,科学、科技取得长足发展,人类对宇宙有更坚实和更广泛的理解,从而瓦解了传统的宗教统治以及相应的思维模式,最终出现了所谓"世界的祛魅"②;另一方面,"理性化"的成果即科学技术使生产力迅速提升,与此相应,中产阶级成为社会中坚力量,足以与传统的皇权对抗,进而促使社会政治走向合理化,诸如建立公民权利、政治权利以至社会权利等。③ 历史地看,现代化为人类文明作出了重要贡献。李瑞全说:

> 在人类历史的进程中,西方近三百年的现代化相当彻底地改变了人类社会的面貌。在知识、科技和生产上的长足进步,直接和积极地为人类解决了不少生活和生存上的困难,间接上也为人类创造出一个较为合理的社会,尤其是政治上、社会生活式多元化方面。④

李瑞全认为,相对照地看,"现代化"之前的社会被称为"前现代"社会,而所谓"前现代"则意味着它不以人类理性为"首出",虽然它在许多

---

① 李瑞全:《儒家生命伦理学》,第 155—156 页。
② 参见[德]马克斯·韦伯:《新教伦理与资本主义精神》,于晓、陈维纲等译,北京:生活·读书·新知三联书店 1987 年版,第 79—89 页。
③ 参见李瑞全:《当代新儒学与后现代理论》,刘述先主编:《当代儒学论集:传统与创新》,第 59—60 页。
④ 李瑞全:《儒家生命伦理学》,第 153 页。

方面并非是非理性的或反理性的。概括地看,西方"前现代"社会以宗教为核心,政治是"君权神授"、君主专制,经济则是小农庄园、手工业生产为主。然而,"理性化"就是在这样的基础上开始并实现的。在李瑞全看来,就整个"理性化"的历史过程来看,其在哲学上的表现可以康德哲学作为代表。康德通过他的三部"理性批判"建构起这样一种理论:狭义来说,是把"知"、"情"、"意"及相应的"真"、"善"、"美"三个方面都收摄于人类理性;广义来说,实际上是把人类的一切文化成就都涵盖在理性之下。对此,李瑞全说:"如此,人类的一切都不再往外投射,而成为人所创造的成果,也同时意谓人类的一切都必须由自己来担当责任。因而,人类理性乃是人间一切事物的根基,也是一切人间事物的最后仲裁之所。"①在此意义下,"理性化"乃是"现代化"的根本特征,而"现代化"则是"理性化"的成果。他说:

> 现代化即是追求理性的表现,这种表现乃发挥成为诸如追求普遍化,平等化,效率化,世俗化等。经过二百多年的发展,西方乃渐渐形成现代的社会。反过来说,西方现代社会即是理性化的一个成果。②

然而,历史地看,"理性化"在现实上并没有均衡发展康德之"理论理性"、"道德实践理性"和"美感实践理性"三个"面相",也没有依其先后重要性来开展,而是以"理论理性"即科学技术的发展为先行。具体来讲,新学科和实验的发展使得人类知识快速增长,人们对事物有了更准确、更合理的认识,因此科学家开始成为知识的权威。同时,知识和科技提高了生产效益,社会财富的积累愈来愈快,故培养出新的中产阶级,从而冲破了传统社会结构。由于科学技术之如此重要的贡献,科学渐渐成为了"理性"的同义词或代名词。对于科学技术在这方面的表现,哈贝马

---

① 李瑞全:《当代新儒学与后现代理论》,刘述先主编:《当代儒学论集:传统与创新》,第60页。
② 李瑞全:《当代新儒学与后现代理论》,刘述先主编:《当代儒学论集:传统与创新》,第60页。

斯称之为"工具理性"。所谓"工具理性",其含义集中在"理论理性"对效率的追求和对"工具性"的追求两个方面。在"现代化"的过程中,与"工具理性"的地位不同,本应更为重要的"道德实践理性"和"美感实践理性"反而降为附属地位。也就是说,在理性之三个"面相"当中,"工具理性"一枝独大,代表理性目的的"实践理性"反而被忽略了。关于"工具理性",李瑞全说:

> 理论理性在科技的表现,集中为效率的追求,……这种工具性的追求,更成为理性的突出表现。但是,工具理性主要是一种如何运用有限的资源或方法最有效地达成某一目的的考虑。它自身并不对所要达到目的有何规定。事实上它也不能负担这一责任。①

由于理性的偏差和"歧出","理性化"或"现代化"遂产生出诸种流弊。比如,由于对效率之"工具性"的要求,政治上原来的"理性化"要求——让每个人都可以公平地参与政府权力与运作——慢慢变成把权力转移到一小撮专业政客手上,由他们来处理和运用国家的权力。如此一来,政治模式由民主而蜕变为专业官僚政治。可见,"理性化"的结果反成为不理性的表现,这即是"理性化的诡论"(paradox of rationalization)。②不仅如此,这种情况也出现在社会的其他方面。更为糟糕的是,由于它们是"理性化"的结果,其强制力不仅极为庞大,而且无所不在。因此,个人的力量在它面前微不足道,或者说根本无能为力,于是它便成为个人不能摆脱的"铁笼"(Iron Cage)。③质言之,"理性化"本来要解放社会与社会中的个体,结果却使社会及个人陷入更庞大、更不可抗拒的"铁笼"。这种情况表明,现代化确实出了"偏差",或者说产生了"异化"。由于"偏差"和"异化"来自现代化本身,故有对现代化进行批判与纠正的必要。

---

① 李瑞全:《当代新儒学与后现代理论》,刘述先主编:《当代儒学论集:传统与创新》,第62页。
② 参见李瑞全:《当代新儒学与后现代理论》,刘述先主编:《当代儒学论集:传统与创新》,第63页。
③ 参见李瑞全:《当代新儒学与后现代理论》,刘述先主编:《当代儒学论集:传统与创新》,第63页。

于是,出现了对"理性化"进行反省的"后现代"问题。李瑞全说:

> 理性化原来要解放社会与社会中的个体,结果却使社会及个人陷入更庞大更不可抗拒的铁笼,这即表示现代化出了偏差,产生异化。而这种异化乃(原文为"及",应为别字——引者)是来自现代化本身的,因此,乃有对此现代化提出批判与纠正的要求。……后现代的提出也是回应这种理性化流弊的一个反省。①

李瑞全认为,"后现代社会"通常是指西方在现代社会之后出现的一种社会形态。但是,像任何一个新时代一样,这个新时代的特征目前人言人殊,聚讼纷纷。因此,对当前西方社会是或不是、为何是或为何不是"后现代社会",学者之间存在着不同见解。另外,由于"后现代"为一普泛名词,各行各业的人都可随意使用,经常出现不一致甚至互相矛盾的用法,故使得这一名词常常没有确定的意义。尽管如此,并不能依此来否定此词所意涵的某些内容,也不能反对明确地提出和讨论相关问题。事实上,"后现代"一词之所以出现上述情况,正表示其所涉及的是既深且广的时代问题。因此,目前的关键是如何为此词作一界定,以广含各方面的用法,而又能清楚地显示其核心内容。在李瑞全看来,作为一个时代的概括性名词,"后现代"的意义必与其他时代既有相关又有区别。即与其他时代相比较,乃是明确界定此词意义的合理途径。具体来讲,"后现代"一词不但与以前各个时代的概括词语相关,它与"现代"一词的意义关系更为密切。关于"后现代"的含义,李瑞全认为它乃对"现代化"的一种"反动"。他说:

> 虽然对后现代社会当如何理解,学术界有极严重的分歧与争论,但基本上,后现代所指的是对现代的一种反动,尤其是对现代化过程中所产生的流弊的一种批判与扬弃。②

---

① 李瑞全:《当代新儒学与后现代理论》,刘述先主编:《当代儒学论集:传统与创新》,第63页。
② 李瑞全:《当代新儒学与后现代理论》,刘述先主编:《当代儒学论集:传统与创新》,第61页。

三、主体性与个体性并建的"双码论"

在李瑞全看来,关于"后现代"的争论概括起来可分为"肯定"和"否定"两个阵营:在"肯定"的阵营当中,不同思想家在"肯定"这一前提下也有不同的理解:有视之为一种不认同潮流传统的美学理论,有视之为对"巨构"的政治理论或专制主义的批判,有视之为对理性的彻底批判,也有视之为对经验主义的科学方法的批判,等等。在"否定"的阵营当中,对"后现代主义"抨击最激烈的是西方马克思主义者。他们认为,所谓"后现代主义"根本是混乱、自相矛盾的,根本就无所谓"后现代社会"。如果说有"后现代社会"的话,所指的只是"晚期资本主义社会"(post-capitalistic society)。即它反映的是现代资本主义社会的一切弊病,因而"后现代社会"只是晚期的"病入膏肓"的资本主义社会。在上述两个阵营当中,前者以利奥塔(Jean-Francois Lyotard,1924—1998年)为代表,后者则以"法兰克福学派"的哈贝马斯为代表。就目前来看,这两个阵营各执己见,莫衷一是,呈现出"两极"的理论格局。① 李瑞全说:

> 针对所谓"现代化的黑暗面"(The Dark Side of Modernity),可有种种等等的回应。西方思想界基本上有两种取向:一是批判纠正的方式,一是彻底扬弃的方式。前者可以批判学派(Critical School)为典型,后者则是众多后现代理论的共同点,……②

利奥塔认为,"后现代社会"已在西方社会出现。自20世纪50年代开始,西方所出现的"消费社会"(consumer society)、"后工业社会"即是"后现代社会"出现的标志。在他看来,现代社会的特征是理性通过"宏大叙事"(grand narrative)给予人类活动以"统整性"的合法"证立"。但是,这种"统整性"的"证立"会演变成社会政治的庞大权力,从

---

① 参见李瑞全:《当代新儒学与后现代理论》,刘述先主编:《当代儒学论集:传统与创新》,第63—64页。
② 李瑞全:《儒家生命伦理学》,第153页。

而对个体形成桎梏。因此,只有摒除"宏大叙事",个体才能够得到真正的解放。质言之,现代化的流弊是由于理性过分"膨胀"压抑了个体生命,故"后现代社会"需解除理性的"普遍诉求",回归个体之自由、自主、自律。质言之,"后现代社会"是一个"个体化"的社会,是"现代社会"的一种"解体"。因此,利奥塔的观点可说是"解构主义"的"后现代主义"。① 李瑞全认为,利奥塔的理论有其合理之处,因为它看到了理性过分"膨胀"所带来的弊端。但是,其理论也有不足:一方面,对理性的否定会导致非理性,而非理性更难以保证人以"安身立命";另一方面,"个体理性"依然是一种理性,而理性的"合理发挥"是人类的一个永恒追求。他说:

> 一方面,李奥塔(即利奥塔——引者)对理性的抨击而只让个性自由发挥,也不能保证个体可更免于反理性的权力或欲念的宰制。在一个非理性的社会中,任一个体可以安身立命的空间和可能性更为稀薄。另一方面,李奥塔所期望的每个人都接受社会及价值是多元的,容许各个论域可以有各自的合法规则,也还是诉诸个体的理性。事实上,理性的合理发挥是人类自身的一个永恒的追求。②

哈贝马斯则认为,"启蒙时代"所开始的"现代性规划"(project of modernity)基本上是可取的,并不必然发生"异化"的问题。③ 在他看来,"理论理性"固然对现代化有巨大贡献,但其他两种理性即"道德实践理性"和"美感实践理性"也对现代化有重要贡献。不过,"理性化"的表现确实出现了偏差,即以"工具理性"独大,理性之另外两个"面相"未能均衡发展。鉴于此,对治的方法是纠正"理论理性"的"僭越",让"实践理性"或

---

① 参见李瑞全:《当代新儒学与后现代理论》,刘述先主编:《当代儒学论集:传统与创新》,第68—69页。
② 参见李瑞全:《当代新儒学与后现代理论》,刘述先主编:《当代儒学论集:传统与创新》,第69页。
③ 参见[德]于尔根·哈贝马斯:《现代性对后现代性》,周宪主编:《文化现代性精粹读本》,北京:中国人民大学出版社2006年版,第142—146页。

"交往理性"在生活中居于主导地位。因此,"现代性规划"是一个尚未完成的规划;它不应被放弃,反而应得到进一步发展。正因为如此,尽管资本主义社会已"病入膏肓",但它仍可通过自身之机制而自愈,故目前并无所谓"后现代社会"之说。① 在李瑞全看来,哈贝马斯对现代化的反省是正确的。但是,其理论亦暴露出一些问题:一方面,他没有真正面对现代性"个体异化"的问题。哈贝马斯虽然知道"理论理性"对个体及社会造成"异化",他的"现代性规划"的完成也正是要回应这一流弊,但理性整体的普遍要求并不能真正解决"异化"问题;另一方面,哈贝马斯以"交往理性"为生活世界的"守护者",并不能建立真正可以使人"安身立命"的世界。② 基于这样两个方面,李瑞全说:

> 整体来说,对于"后现代"一词,哈帕玛斯(即哈贝马斯——引者)并不赋予任何实质的积极意义。③

在李瑞全看来,透过上述利奥塔和哈贝马斯对"后现代"的不同观点,不难看出他们的理论各有短长。一个方面,哈贝马斯过于强调"普遍理性"即"主体性",从而忽略了"个体性";另一个方面,利奥塔则过于强调"个性体",从而轻忽了"普遍理性"即"主体性"。他说:"哈帕玛斯强调理性之普遍意义和合理性,但忽略了个体的特性与真实性。李奥塔则体认出个体之受压抑,但对理性对社会以至对个体的保护和贡献则视如不见。如是,两者都可说是未能真正正视现代人在现代或'后现代'社会中所处的困境。"④因此,其理论不仅都未能全面说明西方社会的"真实面貌",而且其对人之"个体性"与"主体性"之关系也未能作出适当安排。

---

① 参见李瑞全:《当代新儒学与后现代理论》,刘述先主编:《当代儒学论集:传统与创新》,第65—66页。
② 参见李瑞全:《当代新儒学与后现代理论》,刘述先主编:《当代儒学论集:传统与创新》,第66—67页。
③ 李瑞全:《当代新儒学与后现代理论》,刘述先主编:《当代儒学论集:传统与创新》,第67页。
④ 李瑞全:《当代新儒学与后现代理论》,刘述先主编:《当代儒学论集:传统与创新》,第69页。

李瑞全说:"压抑个体的个特性自然无足取,但反其道而行,抹煞人的主体性更为可怕。一则在这一取向中,个体并不能有真正的出路,二则丧失了主体性,个体的基本价值可说连根拔起,个体并无真正的价值可言。"① 由此来看,面对"后现代社会","对个体重新定位可说是后现代化的一个中心课题"②。鉴于此,李瑞全引用"双码论"(double-coding theory)对"后现代社会"作了进一步的说明,并期以综合或超越利奥塔和哈贝马斯的对立。

所谓"双码论",是建筑学批评家詹克斯(Charles Jencks,1939—)提出的一种理论,核心是现代建筑应把现代符码与其他符码结合起来。质言之,"双码论的特点是要结合不同的意义与观点,而不取非此即彼的单向的、排斥性的表现。双码论即显示一多元的取向,而且容受它们并存和结合在一起"③。这种理论主张的意义在于,它并没有丧失现代化所代表的高度理性化的"品味",同时亦融入了其他的符码内容。李瑞全认为,虽然詹克斯主要就建筑而言,但"双码论"却可以涵盖社会的许多"面相",从而具有多方面的启示:一方面,现代社会的许多贡献显然已存在于现代生活之中,故没有理由否定或"扬弃"这些成就而回到"前现代";另一方面,"后现代社会"实以多元为"基调",不再以"工具理性"为唯一标准;除了现代化的"符码"外,其他各种"符码"也应占有一席之地。④很明显,"双码"的并存可以使现代性的普遍要求得以"松懈",但又不是完全放弃"普遍理性",而是把它保留为其中一个向度,从而使个体的个性得以"解放"。质言之,"双码论"为把"主体性"与"个体性"作为两种"符码"结合起来提供了一种合理安排。不过,这样一种安排亦有其不足之处。李瑞全说:

> 此双码论并未对人之个体性与理性或主体性有一内部消融的说

---

① 李瑞全:《儒家生命伦理学》,第 165 页。
② 李瑞全:《儒家生命伦理学》,第 155 页。
③ 李瑞全:《当代新儒学与后现代理论》,刘述先主编:《当代儒学论集:传统与创新》,第 71 页。
④ 参见李瑞全:《当代新儒学与后现代理论》,刘述先主编:《当代儒学论集:传统与创新》,第 72 页。

明,而只是两者并列,这仍不足以真正解除后现代社会中个体与理性、个体性与主体性的破列与相对立的困境。①

李瑞全认为,在"后现代社会",一方面是"理性化"即"主体性"的发展问题,另一方面是"个体性"的发展问题。对此,"双码论"提供了一个理论安排上的"借鉴",但这种安排只是对二者在客观体制上的"机械性"结合,而缺乏内在理论层面之"消融"的解释。在他看来,现代化既是一"理性化"的过程,它自有一定的合理性。因此,虽然现代性引生出流弊,但并不表示"理性化"一无可取而要"全盘否定"。事实上,消除"理性化"之"偏差"和"流弊"的途径恰是回到理性自身,确立理性各个方面适当的领域,并建立彼此之从属关系。李瑞全说:"严格来说,作为理性的三个面相,既是同一理性所出,认知工具理性,道德实践理性和美感实践理性都可以有一种自然而最高的结合,此即所谓真善美的合一。至于在人类各种生活状况之中的分别表现,很明显的是,在人生最根本而切身的价值问题上是以实践的道德理性为主的。"②依儒家的义理,"道德实践理性"乃一切价值之源,是最后、最真实而不违背人类生命要求的理性表现。因此,以"道德理性"作依据来引导"工具理性",自可消除"工具理性""一枝独大"所带来的"偏差"和"流弊"。在此意义下,儒家的理论模式实是一种"主体性"与"个体性"并建的崭新的、"后现代化"的"双码论"。他说:

> 后现代的问题在于所谓现代性的黑暗面,因此,合理的回应不是取消理性的表现,而是一方面使理论和工具理性回归其分位,不致僭越,让实践理性作主导;另一方面则应重视个体的特殊性或个体性,以免个体受到普遍的理性所压抑和抹杀而产生自我的疏离与异化。……个体在道德实践中即是通过一具体行为而展现出道德理性

---

① 李瑞全:《当代新儒学与后现代理论》,刘述先主编:《当代儒学论集:传统与创新》,第73页。
② 李瑞全:《当代新儒学与后现代理论》,刘述先主编:《当代儒学论集:传统与创新》,第74页。

的普遍价值,而每一道德行为同时即带有个体之特色,是个体的一个道德创造,具有独一无二的特殊性。这一基本模式即是主体性与个体性并建的当代新儒家的后现代化的双码论。①

---

① 李瑞全:《儒家环境伦理学之基本观念:对伽理葛特之构想的一个批判回应》,《鹅湖学志》第 25 期,台湾:鹅湖月刊社 2000 年。

第五章 王财贵

王财贵,字季谦,1949年出生于台湾台南县。1969年从台南师范专科学校毕业,后任教于台中市逢甲国民小学。1979年毕业于台湾师范大学国文系,获得学士学位。后任教于台北市复兴国民中学。1989年毕业于台湾师范大学国文研究所,获硕士学位。1997年毕业于中国文化大学哲学研究所,获得博士学位。王财贵是牟宗三的入室弟子。曾任职于香港新亚书院哲学研究所,担任《鹅湖》月刊主编、社长,东海大学人文系、云林技术学院兼任讲师,台中师范学院讲师、副教授,台北师范学院兼任副教授。现任台中教育大学语教系副教授、华山讲堂读经推广中心主任、华山书院院长、台湾汉学教育协会理事长、《鹅湖》月刊编审委员、美国科技教育协会研究员、全球读经教育基金会理事长。

在牟宗三受聘于台湾大学、东海大学、中央大学和台湾师范大学期间,王财贵坚持听授牟宗三讲课并进行录音。牟宗三的《中国哲学十九讲》、《中西哲学之会通十四讲》以及《庄子齐物论》得以出版,这些录音都是重要的文献依据。① 他认为牟宗三是"说法第一"的哲学大师,因为其

---

① 参见王财贵:《经典教育与文化关怀文集》,第143页。

讲课精彩,学问亦高深。① 他说:"牟宗三以前的中国哲学汇聚到牟宗三,牟宗三以后的中国哲学从牟宗三开出来,所以通过牟宗三不一定有好的现代中国哲学,但不通过牟宗三一定是坏的或者说粗浅的中国哲学。"② 王财贵兼修哲学和教育学,并在实践中将哲学与教育融会贯通。他主张,要将中华民族文化永不间断地传承下去,"读经"是一条最可行的途径,而让儿童读经又是根本大计。1994年他在台湾发起"儿童诵读经典"运动,进而在大陆、美国和东南亚等地推广。

王财贵的主要著作包括:《王龙溪良知四无说析论》、《儿童读经教育说明手册》、《从天台圆教论儒家心理建立圆教之可能性》、《教育的智慧学——2009年大陆新版读经教育说明手册》、《经典教育与文化关怀文集》、《中华文化之源流与当代之传承》等。此外,还编有若干读经教材,主要包括《学庸论语》、《老子庄子选》、《孟子》、《诗经》、《易经》、《古文选》、《诗歌词曲选》、《佛经选》、《孝悌三百千》、《千古美文》、《唐诗三百首》、《英文圣经选》、《仲夏夜之梦》等。

第一节 从良知而行

王财贵认为,"道德"就是"行道有得",即人的现实生命之所作所为都合于"道"。③ 在此意义下,儒、释、道、耶诸家都可说"道德",因为它们都可沿着自己的"道"而"行有所得"。不过,儒家之"道德"与众不同,儒家主张依"仁德"而"行有所得"。此乃孔子所"开立"之"成德之教"。④ 因此,如何体悟"仁德"就成为一个关键环节。对此,儒家有两种说法:一是"性宗",以《中庸》为代表;它主张"从上到下的路",认为人应该依照"天道"而行。然而,这条路存在着理论上的困难,因为其所论道德的根

---

① 参见王财贵:《经典教育与文化关怀文集》,第142—150页。
② 王财贵:《教育的智慧学——2009年大陆新版读经教育说明手册》,南京:南京大学出版社2009年版(下同),第136页。
③ 参见王财贵:《读经宣导讲师培训资料》(二),全球读经教育基金会2012年版(下同),第9页。
④ 参见王财贵:《读经宣导讲师培训资料》(二),第11页。

源不清楚。① 二是"心宗",以孟子和荀子为代表。荀子从现实人性出发,认为"性恶",故要"治国平天下",就需要"起伪"以"化性"。不过,"起伪"之"礼教"和"法制"均来自于"古圣先贤",而"古圣先贤"亦是"性恶"之人,故道德的来源亦成为"盲点"。孟子认为,只要人们当下"自觉自证",即可"挺立人德,上通天德"②。具体来讲,孟子将孔子之"成德之教""十字打开",既有"纵贯的打开",亦有"横向的打开"。所谓"纵贯的打开",就是从心说性,从性说天,让"心性"与"天命"相贯通;由此,孟子建立起儒家"道德的形上学"。所谓"横向的打开",指由"内圣""开出""外王",即"以不忍人之心,行不忍人之政"③。如此来看,唯有孟子所开创的道路为可取之道,故建立儒家的道德理论乃孟子的功劳。④

在王财贵看来,要成为"有德者",仅仅了解"性善"并不足够,还需要具体的路径指导。通俗地讲,这路径便是:从当下开始,所作所为都依照内在的"呼唤"而行,不要管外在的利害;只管把握内在所涌现出来的"精华"去实践它,就会成为君子以至圣贤。这点"精华"便是王阳明所谓的"良知"。那么,什么是"良知"呢?王财贵认为,"良知"乃是对于任何事情都有的真实感应。⑤ 具体来讲,"良知"有三种性质:其一,良知有"现在性",即"良知"当下就在,是泯灭不了的。其二,"良知"有"能动性",它有动力,故"良知""即知即行"。其三,"良知"有"完整性",指"良知"是自我完熟的、不分本末的。即"良知"要求有本就有末,"既内圣又外王"。⑥ 进而,他把人生分为三类:一类是指最高智慧的人,他们"即知即行",按照自己的本心去行,立刻就可以"成圣成贤"。另一类是指有过则改,改不过来下次再改的人,这类人渐渐地其心智也会"清明"起来。第三类是浑浑噩噩不认"良知"之人,他们不论其事业有多成功,其人生也

---

① 参见王财贵:《读经宣导讲师培训资料》(二),第16页。
② 王财贵:《教育的智慧学——2009年大陆新版读经教育说明手册》,第163页。
③ 赵岐注,孙奭疏,廖名春、刘佑平整理,钱逊审定:《孟子注疏》,第93页。
④ 参见王财贵:《读经宣导讲师培训资料》(二),第16—19页。
⑤ 参见王财贵:《教育的智慧学——2009年大陆新版读经教育说明手册》,第167页。
⑥ 参见王财贵:《读经宣导讲师培训资料》(二),第55页。

是没有真正意义的,因为他们丧失了自己的生命价值。① 基于此,王财贵主张,要成为有德者只需"从良知而行"②。

王财贵认为,站在整个民族前途的角度,会感到当前两岸极其短缺的是"为天地立心,为生民立命,为往圣继绝学,为万世开太平"的"文化人才"。③ 这表现在几个方面:其一,从文化传承的角度看,中华民族"丢掉"了自己的民族文化。其二,从对西方文化的"吸收"上看,我们只是看到了西方文化的表象,而没有了解西方文化的精髓。④ 然而,如果中国人要完成世界的文化融合,或者再进一步而领导世界,非得重视"文化人才"的培养不可。但是,现代的学校教育只是"小道",即只能传授知识,而不能传授智慧。"小道"当然有其用处,但只注重"小道",就遗漏了"大道"。所以,如果要培养人以传承"大道",就必须在学校教育之外另辟蹊径,即开展"读经"教育。⑤ 所谓"读经",就是"读最有价值的书",即诵读"经典"。⑥ "经典"作为人类最高智慧的结晶,指涵蕴常理常道、教导人生"常则常行"的著作。⑦ 在王财贵看来,"读经"教育不仅助于塑造个人人格,而且是家、国、民族乃至整个世界的长久之计,因为它可培养人之"胸怀万世"的人格;如果每一个人都"胸怀万世",这个社会、整个世界就和谐了。⑧

一、儒学乃"成德之教"

王财贵是由"意识"概念契入而展开对儒家基本精神的探讨的。在他看来,"意"是人的心意,"识"则是人的认识,故"意识"乃是指人对"意"的察觉和认识。可见,"意识"不是普通的认识,不是对外在经验知

---

① 参见王财贵:《教育的智慧学——2009年大陆新版读经教育说明手册》,第171—172页。
② 王财贵:《教育的智慧学——2009年大陆新版读经教育说明手册》,第169页。
③ 参见王财贵:《教育的智慧学——2009年大陆新版读经教育说明手册》,第81页。
④ 参见王财贵:《经典教育与文化关怀文集》,第80页。
⑤ 参见王财贵:《教育的智慧学——2009年大陆新版读经教育说明手册》,第84—85页。
⑥ 参见王财贵:《教育的智慧学——2009年大陆新版读经教育说明手册》,第5页。
⑦ 参见王财贵:《教育的智慧学——2009年大陆新版读经教育说明手册》,第85页。
⑧ 参见王财贵:《经典教育与文化关怀文集》,第88页。

识的认识,而是内在的认识。不过,"意识"不是指心理学层面的认识,而是更深层次的心灵的基本活动。质言之,所谓"意识",是人对生命活动的自我认识。他说:"我们在生活当中,内心生起的很多意念中,那种更原始的,更深度的,或者说对人生有更原则性笼罩性的把握的,乃至于对人生升起指导性作用的意念,才是我们所要探讨的'意识'。"①因此,以"意识"为基础,会形成人的人生观、世界观和宇宙观;反过来,宇宙观、世界观和人生观又会对人的生命活动形成指导。由此来看,越有原则性、越有基础性的"意识",代表它对人生的体会愈深刻;对人生的体会愈深刻,则愈有普遍性,从而会形成对人生的教导。历史地看,智慧特别高的人对人生有原则性把握,其所省悟之"意识"能深入到大家内心深处,于是他就成为了教导者、启发者;这种教导和启发因其普遍性、长久性而形成一个教化传统,从而产生了"教"。在此意义下,儒家、道家和基督教因都有所"教导",而均可称为"教"。② 王财贵说:

  因为那个有智慧的人的人生方向,也是所有人类共同的方向,他就成为一个教导者,其他人就会受他的启发,而这种启发有普遍性,有长久性,就形成一个教化的传统。这个教化的传统简称为"教",那个有智慧的人就被称为"圣人"。③

在王财贵看来,不同的"教"的基本意识是不同的。就儒家作为一个"教"来看,它的基本意识是"道德意识"。或者说,正是由于"道德意识",使得儒家成为大教。④ 那么,什么叫作"道德意识"呢?在王财贵看来,"道德"这两个字的原始意义是"行道有德"。⑤ 具体来讲,"道"的字面含义是"路"。不过,"道"在此乃"路"的引申义,指人生所要走的路。既然"道"乃人生要走的路,那么就有一个"理"的问题;"理"是指"道"中

---

① 王财贵:《读经宣导讲师培训资料》(二),第4页。
② 参见王财贵:《经典教育与文化关怀文集》,第121页。
③ 王财贵:《读经宣导讲师培训资料》(二),第4页。
④ 参见王财贵:《读经宣导讲师培训资料》(二),第9页。
⑤ 参见王财贵:《读经宣导讲师培训资料》(二),第9页。

的纹路、条理,即行"道"所应遵循的脉络。如此来看,遵循着"理"所走的路即叫作"道"。就其引申义讲,顺着人生之道一直走下去的最高目的,乃至于是天地的最高真理,就叫作"道"。① 王财贵认为,对于"道",不仅要认识它,而且还要实践它。也就是说,不仅要"智及之",还要"仁守之":"智及之"指智慧可以洞见到"道",从而使生命有了方向;"仁守之"即"知之真切笃实处,即是行"②,即真实的感受应引发真实的行动。③ 如此讲来,人的现实生命之所作所为都合于"道",此就叫"行道有得",即"道德"。④ 所以,"道德"并不只是一般所讲的"存好心"、"说好话"、"做好事",其真实含义要深刻得多。王财贵说:

> "道德"的实义,是对于人生之道有清楚的认识,而且念兹在兹,一步一步的实践,渐渐的接近人生的理想,而安身立命。⑤

然而,若如此定义"道德"的话,每一个"大教"都可以说"行道有得",即都可说具有"道德意识"。比如,基督徒可以说是"行道有得",因为他们依上帝启示之"道"而行;如果"行有所得",便可以说"道德"。同样,佛教徒依照"佛道"而行;如果"行有所得",也可以说"道德"。当然,道家处处谈"道"说"德",更可以说"道德"了。不过,在王财贵看来,尽管所有"大教"都可以说"道德",但它们之"行道有得"的内容是不同的。正因为如此,韩愈认为,所谓"道"与"德"都是"虚的","实的"东西在于"道"与"德"所承载的含义,即以什么样的"道"作为归宗。他说:"仁与义,为定名;道与德,为虚位。"⑥在此意义下,由于对"道"和"德"的理解不同,儒、释、道诸家虽均可言"道德",但它们作为"教"的本质是不相同

---

① 参见王财贵:《读经宣导讲师培训资料》(二),第9页。
② 王阳明撰,吴光、钱明、董平、姚延福编校:《王阳明全集》,第42页。
③ 孔子曾说:"知及之,仁不能守之,虽得之,必失之。"(何晏注,邢昺疏,朱汉民整理,张岂之审定:《论语注疏》,第216页)
④ 参见王财贵:《读经宣导讲师培训资料》(二),第9页。
⑤ 王财贵:《读经宣导讲师培训资料》(二),第9页。
⑥ 韩愈撰,马其昶校注,马茂元整理:《韩昌黎文集校注》,上海:上海古籍出版社1986年版(下同),第13页。

的。具体来讲,儒家"行道有得"的基本意识表现为"道德意识",佛家"行道有得"的基本意识表现为"苦业意识",基督教"行道有得"的基本意识则表现为"怖栗意识"。① 但是,在这诸种"行道有得"的意识当中,佛教和基督教的基本意识并不恰当,因为它们没有"超越性"的来源,故是"无根"的;惟有儒家的"道德意识"为恰当,此乃韩愈说"仁与义,为定名"之原因。王财贵说:

> 佛教的"苦业意识",其"苦业"是在我们现实生命中感受到的,基督教也是,恐怖也是在我们现实生命感受到的。这些意识都是无奈的,茫然的,都是让人受苦受难的,而最重要的是,它们都是没有根的,所以他们的修法,不是从意识的正面而修,乃是反面的要躲开要去除那意识。②

与之不同,儒家的"道德意识"不是从现实生命中来,而是从人的心灵深处即"超越处"来。王财贵说:"世界上的各种教导里,只有儒家的基本意识是不从现实中来的。不从现实中来,而是从心灵的深处中来,即所谓从'性'而来。'性'属于形而上学的范围,用康德的术语说,即是从超越界而来。"③在儒家看来,人既有"现实之性",也有"超越之性",而人之所以为人的价值在"超越处"。王财贵说:"现实的性,是动物所共有的,而超越的性,是人所独有。……从超越性来看现实的人性,就不能把人的现实性说成人性。"④在此意义下,儒家的基本意识是"有根"的。具体来讲,孔子的教导以"仁"为核心,他认为每个人都应该有"仁德";对"仁德"的追求是人类最基本的愿望。进一步讲,"仁德"是人人心中本来就有的,只要能够依"仁"的意识而行,就是所谓的"君子";行之有所得,有某种操守境界,就是所谓的"贤者";把"仁德"完全展现,浑然"与仁同

---

① 参见王财贵:《读经宣导讲师培训资料》(二),第5—9页。
② 王财贵:《读经宣导讲师培训资料》(二),第14页。
③ 王财贵:《读经宣导讲师培训资料》(二),第14页。
④ 王财贵:《读经宣导讲师培训资料》(二),第17页。

在",就是所谓的"圣人"。① 继而,孟子从"情"说"心",再从"心"说"性",从现实生命而追究到根基——"性"。反过来讲,人本来就有"仁"这种道德本质,而且,"仁"之本心是活动的,故它必"形诸"于意识,此即是"四端之心"。② 很明显,基于此"超越之性",儒家建立起一套理论,这套理论的基本精神乃"成德之教"。王财贵说:

> 孔子就这样开出了一个"成德之教",这个成德之教是由道德意识开出的。……所以,你可以用道德的意识来检验中国所有的儒者。从先秦儒者,到宋明儒者,一直到今天的新儒家。你就看他是不是基于道德意识出发的,如果是,那么他就是儒家,如果不是,他就不是儒家。③

王财贵认为,儒家讨论道德的根据有两条路线:一条是从上面说下来,它注重"性",此为"性宗";一条是从下面说上去,它注重"心",此为"心宗"。④ 前者以《中庸》为代表,它认为"道"是上天赋予的,故"道德"是上天的规定。《中庸》说:"天命之谓性,率性之谓道,修道之谓教。道也者,不可须臾离也,可离非道也。"⑤然而,这条路线有"根源不清"之疑,故讲道德只能有"心宗"一条路线。⑥ 不过,"心宗"又分为两类:一类是现实的"心",指荀子说的自私自利,故荀子讲"性恶";另一类是超乎现实的"心",即孟子说的"道德之性",故孟子讲"性善"。可见,荀子的"性恶"与孟子"性善"属于不同的层次:荀子说"性恶",表现的是人的"动物性";孟子说"性善",表现的是人的"超越性"。很显然,要全面了解人生,须知"性善"和"性恶"是同时存在的。不过,这同时存在,不是"两边"的存在,而是"上下"的存在。即荀子所讲的现实人性是"下层"的人性,孟

---

① 参见王财贵:《读经宣导讲师培训资料》(二),第 11 页。
② 参见王财贵:《读经宣导讲师培训资料》(二),第 12—13 页。
③ 王财贵:《读经宣导讲师培训资料》(二),第 11—20 页。
④ 参见王财贵:《读经宣导讲师培训资料》(二),第 16 页。
⑤ 郑玄注,孔颖达疏,龚抗云整理,王文锦审定:《礼记正义》,第 1422 页。
⑥ 参见王财贵:《读经宣导讲师培训资料》(二),第 16 页。

子所讲的超越人性是"上层"的人性。①当然,现实的人性不能产生道德,因此,荀子认为道德只能从"古圣先王"的礼法中来。如此讲来,荀子的理论就有了一个很大的"盲点":既然人性是恶的,那么,"古圣先王"也是人,他们的礼法从哪里来?②这样讲来,王财贵认为,《中庸》的理路和荀子的理路都不是合理的路径。

按照王财贵的理解,孟子的理路是唯一合理的路径,因为孟子从人性的"超越处"出发,故它是"有根"的。历史地看,孔子以"仁"之行动来示现人生之道,当下圆满,浑然一片,这是"圣人气象"。孟子则把孔子的"成德之教""十字打开",即"纵贯的打开"和"横面的打开"的结合。陆九渊说:"夫子以仁发明斯道,其言浑无罅缝。孟子十字打开,更无隐遁。"③所谓"纵贯的打开",是从心说性,从性说天;"心性"与"天命"实现了贯通。故孟子曰:"尽其心者,知其性也。知其性,则知天矣。"④由此而进一步,孟子建立起儒家之"道德的形上学"。所谓"横向的打开",是"以不忍人之心,行不忍人之政"⑤;从"四端之心"向外"扩充",即"内圣""开为""外王"。当然,孟子把"成德之教""十字打开",建立起儒家之形上学,其原点是"道德意识"。可见,建立儒家的道德理论是孟子的功劳,因为孔子只是"如如地"表现而已,并未建立这套理论。所以,韩愈说:"孟子之功不在禹下。"⑥对此,王财贵说:

> 孟子把道德之教十字打开,他的核心点原始点就是"道德的意识",对于道德之感的切身体会。有了道德的体会就会上下打通,左右横贯,无远弗届。所以有了道德的意识,整个人生就有了真实的可靠的方向,顺着这个方向而去,每一步都是切切实实,坦荡明白的。⑦

---

① 参见王财贵:《读经宣导讲师培训资料》(二),第18页。
② 参见王财贵:《读经宣导讲师培训资料》(二),第18页。
③ 陆九渊著,钟哲点校:《陆九渊集》,第398页。
④ 赵岐注,孙奭疏,廖名春、刘佑平整理,钱逊审定:《孟子注疏》,第350页。
⑤ 赵岐注,孙奭疏,廖名春、刘佑平整理,钱逊审定:《孟子注疏》,第93页。
⑥ 参见王财贵:《读经宣导讲师培训资料》(二),第19页。
⑦ 王财贵:《读经宣导讲师培训资料》(二),第19页。

二、从良知而行

王财贵认为,按照孟子的"性善论",人的道德本性即"善性"是先天固有的,不会因后天因素而消灭。因此,人只要顺着自己的本性而行动,必能证明自己是有德行的。即做个有德者是自己承认、自己愿意的,不是别人设定的、逼迫的。在孟子,道德本性的"发现处"称为"端","恻隐"、"羞恶"、"辞让"、"是非"称为"四端之心"。① 那么,何以会有"四端"的呈现呢?如果追溯的话,"四端之心"来源于"天",而"天"落于人便为"性";这样,"心"与"性"便沟通起来,进而由"心"的善可证明"性"也是善的。质言之,人性善是人之所以为人者所在,亦是人之异于禽兽者所在。依循着孟子的理论,王财贵说:"你心底一直明明白白知道自己应该怎么做人!一切不如此者,都是自欺欺人!"②退一步讲,即使有人确实不知道怎么做人,他们经常浑浑噩噩,也不能否认人之性善。譬如,山上树木被人用斧头砍得只剩下树根,等树根长出一些新芽来,又有牛羊把新芽给啃掉了;又砍又啃,久而久之,这座山真的没有树了。于是有人说,这座山本来就长不出树的。实际上并非如此:如果不是天天去砍它,它总要好好发芽、生长的。王财贵说:

>人类的善心是随时要发的,你让它好好地发出来,你就成为有德者,只要不天天去砍它啃它!③

在王财贵看来,要成为一个"有德者",仅仅了解人性善是不够的,还需要去真诚地实践。此即前述孔子"知及之,仁守之"之义。也就是说,人在了解了人性善之后,还需要依照内在的"呼吁",把握内心所涌现的"精华"去实践。在此,所谓"精华"即是王阳明所谓的"良知",而"良知"是对于任何事情都有的真实感应。④ 具体来讲,"良知"有三种性质:其

---

① 参见赵岐注,孙奭疏,廖名春、刘佑平整理,钱逊审定:《孟子注疏》,第94页。
② 王财贵:《教育的智慧学——2009年大陆新版读经教育说明手册》,第166页。
③ 王财贵:《教育的智慧学——2009年大陆新版读经教育说明手册》,第166页。
④ 参见王财贵:《教育的智慧学——2009年大陆新版读经教育说明手册》,第167页。

一,"良知"有"现在性",即"良知"当下就在。"良知"是不变的、必然的,故人人当下就有"良知";人想要泯灭它,也是泯灭不了的,这叫"见在性"。假如"良知"只有圣人有,便不能教化众生;假如"良知"有时有,有时没有,也不能教化众生。正因为如此,"良知"可以作为教化的基础。其二,"良知"有"能动性",故"良知""即知即行"。"良知"是有"动力"的,故不能行是因为不知。所以,既然"良知"一经"发"出来,就会推动人成为一个"有德者";假如"良知""见"得透彻,行为也必然透彻,便会最终成为圣人。其三,"良知"有"完整性",指"良知"是自我完熟的、不分本末的。也就是说,"良知"既是高度的、超越的智慧,又是现实的实践。质言之,"良知"作为"成圣、成贤之道",既"内圣"就必然要"开外王";如果只有"内圣"而不要求"开外王",就不是"真良知"。①

需要注意的是,在王财贵,"良知"是要求自己的,不是要求别人的。换言之,人要求自己按照"良知"而行,自己就会成为有德者;别人要成为有德者,也必须要遵从自己的"良知"而行。② 在此,也许有人会问:人人都按照自己的"良知"行事,若"良知"发生了冲突怎么办?王财贵认为,"良知"虽然从个人的心底发出,但它所发出的是"理";"理"虽发自主观,同时又是客观的、甚至是绝对的。也就是说,"理"的内容在任何人都是一样的,故"理"是"客观"的;"理"作为"人德之理"同时又是合乎"天地之理"的,故"理"又是"绝对"的。所以,尽管人均依照自己的"良知"而行,而每个人所遵从的"良知"其实是一样的。假如所遵从的"良知"不一样,只是因为个人所处的情况不同;即使发生了这种情况,它也不会像自私的人一样发生冲突,而是双方互相体谅、互相尊重、互相协助,这叫作"君子成人之美"。③ 对此,王财贵做了进一步解释。他认为,大禹、后稷、颜回三者的地位看似相差很多,但若把他们的地位对调一下,他们会"则皆然",因为他们都会依照"良知"而行。因此,孟子曾说:"禹、稷、颜子,

---

① 参见王财贵:《读经宣导讲师培训资料》(二),第55—56页。
② 参见王财贵:《教育的智慧学——2009年大陆新版读经教育说明手册》,第167页。
③ 参见王财贵:《教育的智慧学——2009年大陆新版读经教育说明手册》,第167—168页。

异地则皆然。"①

通常人们都希望交到君子,即有德之人。不过,在王财贵看来,人不应希望交到君子朋友,而只能决定让自己成为君子。自己成为君子之后,才有权利希望交到君子朋友。即要想交到理想的朋友,先要让自己成为理想的对象。他说:"你成为这样的人了,才有权利,也才有机会交到一个君子做朋友。"②就自己来讲,人总会有一些"不干净"的想法从内心升起来,以致让"良知"不能自然地"舒展"开来。然而,这些坏想法的"根"并没有那么深,人心灵最深的地方还是"良知"做主的;只不过现实中自己的利益把"良知"压了下去。因此,要成为一个有德者,说困难也困难,说简单也简单。那么,怎么办呢?王财贵认为:第一,关键在于自己愿意不愿意做个"有德者",不要问别人。第二,从自己觉察到的那一点"良知"做起,从自己感受特别深刻的那个地方做起,慢慢地德行就会日益"扩充"起来。③ 总而言之,不要管别人,只要管好自己;如果每个人都能管好自己,这个世界就会变得和谐起来。质言之,面对这种情况,我们需要做的是"从良知而行"。他说:

> 人生只有一条路,就是从良知而行,做一个有德者,其他没有路了!④

在王财贵看来,从当下开始,立志一切事情"从良知而行",如此方能走上"圣贤之路";唯有这样做,心智才会"扩充",即越来越活泼,越来越精致,越来越广大。所以,孟子讲"良知"之"扩充",所谓"苟能充之,足以保四海;苟不充之,不足以事父母"⑤;即若"良知""扩充",人就可以实现"修身、齐家、治国、平天下"⑥。当然,"扩充"的根源在于当下对"良知"

---

① 赵岐注,孙奭疏,廖名春、刘佑平整理,钱逊审定:《孟子注疏》,第234页。
② 王财贵:《教育的智慧学——2009年大陆新版读经教育说明手册》,第168页。
③ 王财贵:《教育的智慧学——2009年大陆新版读经教育说明手册》,第169—170页。
④ 王财贵:《教育的智慧学——2009年大陆新版读经教育说明手册》,第169页。
⑤ 赵岐注,孙奭疏,廖名春、刘佑平整理,钱逊审定:《孟子注疏》,第94页。
⑥ 参见郑玄注,孔颖达疏,龚抗云整理,王文锦审定:《礼记正义》,第1592页。

的自觉。具体来讲,假如人真的愿意当下为自己负责,其人生立刻会"脱胎换骨",这就是一个高度智慧的人。所谓"高度智慧",就是知道应该做的事情立刻能够做到。假如不能够立刻做到这样,也要鼓励自己尽量做到,因为人的志气越高,成长越迅速。① 假如智慧没那么高,或者个性已经养成,不可能一悟就做,这没有关系;只要从现在开始感受灵敏些,发现错误就尝试改掉它,依然可以走上"圣贤之路"。进而,王财贵将人分为三种:第一种为最高智慧的人。这类人"即知即行",按照他的本心去行,立刻就可以成圣成贤。第二种人是有过则改,改不过来下次再改,渐渐地其心智也会"清明"起来。第三种人浑浑噩噩,不认"良知"。这种人即使掌控了全世界,或者成为世界首富,其人生也没有真正的意义,因为他丧失了自己的生命价值。② 基于此区分,他说:

  一定要把眼光放远,从人性而行,从良知而行!③

三、培养"胸怀万世"的人格

  王财贵认为,中国历史上很重视人才培养,很早就有"养才"、"养士"的传统。比如,春秋战国时期,齐国和楚国就都养了许多"吃闲饭"的人。当时,各个诸侯不仅要比武力,也要比敬老尊贤和文化见识,于是就形成了"养士"之风。④ 然而,这种传统在现代社会和现代学校教育中已销声匿迹。正因为如此,当今海峡两岸,人才寥落,尤其是文化人才急缺。所谓"文化人才",是指能"为天地立心,为生民立命,为往圣继绝学,为万世开太平"的人才。⑤ 更为严重的是,因为没有"文化人才",中华民族的学问中断了。一个方面,从文化传承的角度看,中华民族忘掉了自己的民族文化。另一个方面,从对西方文化的"吸收"来看,我们只了解了西方文化的表象,并没有了解西方文化的精髓。也就是说,一百年来,中国人并

---

① 参见王财贵:《教育的智慧学——2009年大陆新版读经教育说明手册》,第171页。
② 参见王财贵:《教育的智慧学——2009年大陆新版读经教育说明手册》,第171—172页。
③ 王财贵:《教育的智慧学——2009年大陆新版读经教育说明手册》,第158页。
④ 参见王财贵:《经典教育与文化关怀文集》,第81—82页。
⑤ 参见王财贵:《教育的智慧学——2009年大陆新版读经教育说明手册》,第81页。

没有真正懂得西方人的"心灵"。① 然而,如果中国人要完成世界的文化融合,或者再进一步而领导世界,非得高度重视"文化人才"培养不可。而就文化的发展来看,东西两个文化传统融合是时代的趋势。因此,我们所培养的人才,一方面要"继承中国文化传统",另一方面要"真能吸收西方的文化传统"。② 他说:

> 文化是公器,其价值是普世的,一个有理性的人,面对各种文化成就,都该同时加以尊重,协同发扬,并且相信各种文化成就都是可以互相学习,互相融会的。③

现代的学校教育制度源于西方,基本考虑是政府希望国民都接受一定程度的教育,从而培养国民过一种基本的现代化生活。不过,王财贵对学校教育却持激烈的批评态度,因为它是一种"庸俗"的教育。当然,学校教育固然不是一无是处,因为它传授给学生以知识,但它已暴露出严重的弊端:从小学到初中以至高中,什么都是"一刀切",即统一教材、统一进度,故全国的教育只有一个特色。大学也只是"高级职业训练所",因为它只培养学生养家糊口的本领。因此,知识虽然增加了,但人的生命境界越来越低,心量愈来愈小;低到唯恐不能养家糊口,小到天天患得患失。很显然,生命的意义并不止于此,但学校教育并没有提供"智慧"的教育。对此,王财贵说:"近代西方的学术及其教育,有一定的价值,但并不必要视为人类唯一必然的标准。"④"生命的意义,是要从自己的生命中开发出来,这是要靠'智慧'的,而我们学校不提供智慧的开发。"⑤在他看来,"教育的本质在于开发人性,……让每一个人的人性,都能够得到最好的长进——这就是教育的意义"⑥。而且,"人性"是一个"全方位的"、"立

---

① 参见王财贵:《经典教育与文化关怀文集》,第80页。
② 参见王财贵:《经典教育与文化关怀文集》,第80页。
③ 王财贵:《教育的智慧学——2009年大陆新版读经教育说明手册》,第9页。
④ 王财贵:《教育的智慧学——2009年大陆新版读经教育说明手册》,第91页。
⑤ 王财贵:《经典教育与文化关怀文集》,第84页。
⑥ 王财贵:《经典教育与文化关怀文集》,第12页。

体的"概念,因此教育应"立体的把握","关涉到人性的全面"。① 总之,学校教育观念只得"小道",而遗漏了"大道"。王财贵说:

> 小道当然有小道的用处,但是注重于小道,就遗漏了"大道"。所以我现在想让一些人能够传承"大道",而传承大道的人,如果长期在学校里面,就注定被浪费了。……我们不想让人才全部被浪费掉,于是就在民间提倡了"读经私塾"的教育。②

"读经"是中国本有的传统,但民国以后情况发生了变化。民国元年(1912年),教育总长蔡元培下令:"小学堂读经科一律废止。"③紧接着,他又下了第二道法令:"废止师范、中、小学读经科。"④于是,不只没有了读经的学生,也没有了可教读经的教师。同年,蔡元培在全国第一届教育会议上提出"各级学校不应祭孔"的议案。他认为祭孔是宗教迷信,故应以"美育"来代替"宗教",学校祭孔之风从此断绝。⑤ 1920年和1923年,教育部又分别将国小和中学语文课全面改用白话,"读经"因此再次被"釜底抽薪"。在王财贵看来,这一系列事件对民族文化的继绝关系甚大,因为"读经"教育的取缔给现代社会带来了严重后果:首先,一般人的语文程度下降,人的"心量不广"、"涵养不深",人生态度无所依归,理想也不敢坚持。其次,社会正义日渐消亡,"君子之风"日渐远去,人心极度空虚,人生的方向感彻底失落! 他说:"这其实就是整个社会只顾发展经济,而未能相对地提升国民文化教养所必致的后果。"⑥质言之,现代学校教育未能"全方位的"、"立体的"把握人性之全;而这种偏颇造成了中华民族本有文化的失落。在王财贵看来,一个民族若失去了自我文化,不仅不能参与世界文明的重建,而且亦终为其他民族所"轻贱"。因此,当务

---

① 参见王财贵:《经典教育与文化关怀文集》,第12页。
② 王财贵:《经典教育与文化关怀文集》,第84—85页。
③ 参见王财贵:《教育的智慧学——2009年大陆新版读经教育说明手册》,第4页。
④ 参见王财贵:《教育的智慧学——2009年大陆新版读经教育说明手册》,第4页。
⑤ 参见王财贵:《教育的智慧学——2009年大陆新版读经教育说明手册》,第4页。
⑥ 王财贵:《教育的智慧学——2009年大陆新版读经教育说明手册》,第4页。

之急是教育的革新。他说:

> 穷则思变,剥极必复。我想,这应该是对80年来的文化心态做反省的时候了!或许社会上其他的人各有其想法与做法,而我则认为当务之急是:"教育"的革新,尤其是"文化教育"的落实。①

那么,如何实现教育的革新呢?在王财贵,关键在"文化教育"的落实,而"文化教育"的核心在恢复儿童"读经"教育;恢复儿童"读经",不仅是"自小者近者切实做起",而且亦是"从根基做起"。他说:"这是固本培元的工作,虽然收效在十年百年之外,但今日不做,必贻明日之悔!"②所谓"读经",就是"读最有价值的书"。③当然,"最有价值的书"是指"经典",而"经典"作为人类最高智慧的结晶,乃涵蕴常理常道、教导人生"常则常行"的著作。④中国的"四书五经"、印度的吠陀和佛典、西方的《圣经》等,都是人类的"经典"。进而,王财贵主张,"读经"应循序渐进:第一步先读《论语》;第二步读《易经》、《诗经》、《老子》、《庄子》;第三步读古文、唐诗、宋词、元曲。⑤此外,所谓的"读"是"熟读"的意思,而不是一般意义的"浏览"。在他看来,"熟读"经典,可以直探人性本源,吸取到人生智慧,从而站在巨人的肩膀上,迅速启迪自己的理性;同时,它亦可帮助对应用性、专业性的学问事半功倍地"吸收",可以对人生作合理性的规划与安排。这些即是古人所谓的"见识",亦即现今所谓的"文化教养"。他说:"读经教育,本来即是为了开发人性而倡导的。"⑥"要启发理性,开拓见识,陶养性情,除'读经'外,恐怕别无切实可行之方。"⑦实际上,"读经"教育不仅对个人的人格塑造有益,而且是家、国、民族甚至整个世界的长久之计。在此意义下,"读经"教育的实质乃是培养"胸怀万世"的人

---

① 王财贵:《教育的智慧学——2009年大陆新版读经教育说明手册》,第4—5页。
② 王财贵:《教育的智慧学——2009年大陆新版读经教育说明手册》,第5页。
③ 王财贵:《教育的智慧学——2009年大陆新版读经教育说明手册》,第5页。
④ 参见王财贵:《教育的智慧学——2009年大陆新版读经教育说明手册》,第5页。
⑤ 王财贵:《经典教育与文化关怀文集》,第37页。
⑥ 王财贵:《教育的智慧学——2009年大陆新版读经教育说明手册》,第153页。
⑦ 王财贵:《教育的智慧学——2009年大陆新版读经教育说明手册》,第6页。

格;而如果每个人都"胸怀万世",整个世界就和谐了。王财贵说:

> 这是一家、一国、一个民族,甚至整个世界要活下去的可大可久之计。……孔子更是千秋万世的圣人,他是胸怀万世啊!所以我们一定要培养这种人格——"胸怀万世"的人格。每一个人都胸怀万世,这个社会就和谐了嘛,……要培养胸怀万世的人格,首先须用有万世涵量的经典教他,才有可能。①

在王财贵看来,"读经"教育的理念是:在儿童还不知道困难不困难的时候,就把人类最困难的书摆在他面前。他说:"先不管懂不懂,只要相信'书读百遍,其义自现',就这样读起来!"②另外,在当前的学校教育体制下,比较可行的"读经"教育形式是"半体制读经":一个方面,提倡民间再兴"私塾"的风气,让政府与民间教育双轨"并立";另一个方面,使"读经"教育重回学校,在学校课堂内,"新学与老书"、"新教法"与"老教法"双轨"并行"。③ 具体来讲,其一,家长亲自教孩子,甚至"三天打鱼、两天晒网"都可以。其二,在小区里集中读;每个星期上一次课,每次个把钟点也可以。其三,学校里老师多少教一点也可以。与学校教育相比,这些形式尽管不很正规,但可以收到很实际的成效。他说:"总之,多读一遍有一遍的功效,多读一句也有一句的收获。"④相较之下,"私塾"则是一种比较正规的教育类型。不过,"私塾"不是普通的私立学校,尤其不是"用钱堆起来"的那种私立学校,而是凭着爱心和"文化热情"建立的小型"学习处"。总之,依着王财贵的理解,要培养"文化人才",培养"胸怀万世"的人格,不仅需要儿童读经,而且需要全民读经。对此,他说:

> 中国经典的研读正是使中国人一面提升语文能力,一面启发理性、开拓胸怀的最直截有效的教育。因为从语文方面说,"经典"正

---

① 王财贵:《经典教育与文化关怀文集》,第88页。
② 王财贵:《教育的智慧学——2009年大陆新版读经教育说明手册》,第10页。
③ 参见王财贵:《教育的智慧学——2009年大陆新版读经教育说明手册》,第91—92页。
④ 王财贵:《教育的智慧学——2009年大陆新版读经教育说明手册》,第37页。

是最优美的文言文，……从内涵方面说，"经典"是人生智慧的源头，是为人处世的准则，要修身养性、通达事理，以此最为便利。"经典"更是文化的根源所在，……提倡全民读经，正是恢复民族文化活力的契机。①

第二节　现代新儒家的贡献

王财贵认为，所谓"经典"是由"经"和"典"合起来的概念，它指"永垂不朽"的"高文典章"。② 换言之，它是指涵蕴常理常道、教导人生"常则常行"的著作，它代表着人类的最高智慧。③ 就中国历史来看，春秋时已出现了"经典"，后来庄子即谓儒家有"六经"。④ 历史地看，围绕着"六经"渐而有"五经"、"九经"和"十三经"等之称，进而也产生了诸如"纬"和"传"等名称。以儒家的"经典"为参照，唐代时道家开始把《老子》称为《道德经》，把《庄子》称为《南华真经》。学术界在翻译外来著作时，也把其基本经典称为"经"。不过，就中国文化来看，所谓"经典"主要是指儒家之重要著作，其他各家所谓"经典"仅仅为一种比附而已。⑤ 在王财贵看来，儒家经典之所以"天经地义"，在于它指引了"智慧的方向"，而之所以能够指引"智慧的方向"，在于它"合乎人性"。⑥ 因此，只要人性不变，儒家经典就永远成为人类生命方向的指针。关于儒家的历史地位，依王财贵的理解，儒家在形式上虽为"诸子百家"之一家，但在内容上它又超越于"诸子百家"之上，因为它"合乎人性"，指示了"智慧的方向"。他说："孔子的思想并不限于一家，不限于一个时代，它只是一个'合理性不合理性'的考虑，于是，儒家就具备了永恒的生命力，在任何时代都是新的，都以新的面貌出现，除非人性没落了。"⑦

---

① 王财贵：《教育的智慧学——2009年大陆新版读经教育说明手册》，第9—10页。
② 参见王财贵：《教育的智慧学——2009年大陆新版读经教育说明手册》，第112页。
③ 参见王财贵：《教育的智慧学——2009年大陆新版读经教育说明手册》，第85页。
④ 参见郭庆藩撰，王孝鱼点校：《庄子集释》，第1067页。
⑤ 参见王财贵：《教育的智慧学——2009年大陆新版读经教育说明手册》，第113页。
⑥ 参见王财贵：《教育的智慧学——2009年大陆新版读经教育说明手册》，第117页。
⑦ 王财贵：《教育的智慧学——2009年大陆新版读经教育说明手册》，第127页。

在王财贵看来,要探讨"文化复兴",前提是需要先弄清楚"复兴"和"文化"的含义。关于"复兴",其含义并非简单的"重新兴起"的意思,其实质乃指复归"人性光明"和"天地之心"。① 关于"文化",其含义乃指"观乎人文,以化成天下"②之"人文的教化"。因此,所谓"文化复兴",是指对于"文化"的复兴,而"文化"的复兴乃指"理性"的复兴,因为有理性处就有文化,没有理性就没有文化;现在的文化衰落,缘于在理性方面出了问题。③ 通常来讲,"科技"与"人文"体现着人类理性的成就,东方文化和西方文化分别代表这两个方面。具体来讲,以"思辨理性"对于自然物理的研究成就了科学,以"思辨理性"对于人间制度的安排成就了民主;从"思辨理性"开发出来的学问系统是西方文化的特长。"实践理性"是对于生命意义的追求以及生命境界的提升;把文化、学问的主题放在"实践"上乃东方文化的特长。不过,人类只有一个总体理性,人类所有思想都从这里"发出";从理性根源发出的思想就是有价值的思想,否则就是没有价值的思想。也就是说,"思辨理性"和"实践理性"都是人类总体理性的"发用",其成果都是有价值的思想。因此,中华文化复兴的基础是回归理性,"完满"理性;以此为基础,才能重新创造更丰富、更完美的文化。④

王财贵认为,儒家以"道德意识"为出发点,而"道德意识"是"理性化的生命"。既然如此,儒家就必定是好学的。⑤ 就儒家的历史发展来看,它很好地"消化"、"吸收"了佛家的思想。同样,面对西方文化的东渐,儒家亦应有杰出的表现。具体而言,先秦儒家作为第一期,奠定了儒家的基本精神;宋明儒学作为第二期,在"消化"佛教基础上建构起"精致"的理论;熊十力等人所代表的现代新儒家作为第三期,面对西方文化东渐亦有极高的理论成就。⑥ 依着牟宗三的理解,现代新儒家有三个方面的"志业":第一是"道统的继承"。儒家之道、道家之道、佛家之道是中国文化

---

① 参见王财贵:《读经宣导讲师培训资料》(二),第41页。
② 王弼注,孔颖达疏,李申、卢光明整理,吕绍纲审定:《周易正义》,第105页。
③ 参见王财贵:《读经宣导讲师培训资料》(二),第41—42页。
④ 参见王财贵:《读经宣导讲师培训资料》(二),第42—48页。
⑤ 参见王财贵:《读经宣导讲师培训资料》(二),第25—26页。
⑥ 参见王财贵:《读经宣导讲师培训资料》(二),第32—33页。

的主体,它们把实践的学问开拓得广大高明。因此,中国人须继承这三家学问,否则便不仅对不起祖先,也对不起全人类。第二是"学统的开出"。在中国,君子的理想是"正德"、"利用"、"厚生":"正德"属于德行部分,"利用"、"厚生"就是要开出科学。因此,中国文化可以自我"生发"出科学,而这种"生发"同时亦为科学确立了方向。第三是"政统的完成"。"政统"就是政治的统序、政治的制度,它是就民主政治而言,故叫作民主建国。① 由这样三个方面可见,现代新儒家由于"消化"、"吸收"了西方文化,从而奠定起理性的完整形态,为儒学之发展作出了贡献。

一、儒家的经典及儒家的地位

王财贵深入探讨了"经典"的内涵及其形成的历史。就内涵来讲,他的探讨是从字义展开的。他解释说:"经"是形声兼会意字:其形符是"绞丝旁",乃与丝线有关;其声符是"巠",中间有个"川"字,是水脉的意思。② 因此,《说文解字》说:"经,织纵丝也"。③ 即织布机上的直线、纵丝称作"经"。与此相应,"纬,织横丝也"④,即织布机上的横线叫作"纬"。可见,"经"、"纬"虽均是织布机上的丝线,但是方向不同。两相对照下,"经"有两个方面的特点:其一,"经"具有"主导性",决定着布匹的质量,因为"经"比"纬"先摆上去,具有"先在性"。其二,"经"具有"永恒性",即"经"具有"不变性",因为在织布的时候它是不动的。⑤ 由于"经"有这样的特点,故把它抽象化、普遍化地后,就有了"经常不变"、"天经地义"的意思。后来,"凡是记载人类永恒的智慧,天经地义不可改变的著作,就渐渐称为'经'了"⑥。"典"字是个会意字:上半部是"册",下半部是"几"。"册"是个象形字,指古代的书籍;"几"字也是个象形字,指高脚

---

① 参见王财贵:《教育的智慧学——2009年大陆新版读经教育说明手册》,第132—136页。
② 参见王财贵:《教育的智慧学——2009年大陆新版读经教育说明手册》,第111页。
③ 参见李恩江、贾玉民主编:《文白对照说文解字译述》,郑州:中原农民出版社2000年版(下同),第1207页。
④ 李恩江、贾玉民主编:《文白对照说文解字译述》,第1208页。
⑤ 参见王财贵:《教育的智慧学——2009年大陆新版读经教育说明手册》,第112页。
⑥ 王财贵:《教育的智慧学——2009年大陆新版读经教育说明手册》,第112页。

的桌子。因此,"典"是指"放在高几上的简册",即指珍贵的书籍。这样,"经"和"典"合为一词,便指"天经地义"的"高文典章"。王财贵说:

> "经典"合辞,就是永垂不朽的高文典章。①

就"经典"的历史来讲,中国在春秋时代已有称为"经典"的书。首先提到"六经"的是庄子,他把《诗》、《书》、《礼》、《乐》、《易》、《春秋》这六部书称为儒家的"六经"。② 到汉朝,又有所谓"纬书",指辅佐和宣扬经书义理的书,故与"六经"相对而有"六纬"。后来,从"六经"到"五经"到"九经"再到"十三经",均是指围绕"六经"的"经典"。③ 到清朝编纂《四库全书》时,因为"经典"的重要性,"经"被摆在"史"、"子"和"集"的前面,从而成为"四部"之首。受儒家思想的影响,唐朝时道家开始把《老子》称为《道德经》,把《庄子》称为《南华真经》,把这两部著作视为道家的经典。同样,佛教《大藏经》有"经"、"律"、"论"之"三藏",也是把"经"放在第一位,因为"经"是最重要的著作:"经"是指佛之所说;"律"是佛所定的规则;"论"是菩萨所论之义理。④ 概言之,在中国,最重要的著作尤其是圣人所说为"经"即"经典"。不过,王财贵认为,依着中国学术的传统,只有儒家经典才是真正的"经典",道家和佛家之所谓"经典"只是对儒家经典的一种比附而已。他说:

> 整个学术史当中,大家有个共同的观念——"经"有特别的意义,并不是任何书都能称为"经",在中国只有儒家的基本著作称为"经"。其他纵使很重要很有名的书,也不能称为"经"。⑤

---

① 参见王财贵:《教育的智慧学——2009年大陆新版读经教育说明手册》,第112页。
② 参见郭庆藩撰,王孝鱼点校:《庄子集释》,第1067页。
③ 所谓"五经"是指《易》、《书》、《诗》、《礼记》、《春秋》。所谓"九经"有不同说法,通常是指《易》、《书》、《诗》、《左传》、《礼记》、《周礼》、《孝经》、《论语》、《孟子》。所谓"十三经"是指《易》、《书》、《诗》、《周礼》、《仪礼》、《礼记》、《春秋左传》、《春秋公羊传》、《春秋穀梁传》、《论语》、《孝经》、《尔雅》、《孟子》。
④ 参见陈兵编著:《新编佛教辞典》,北京:中国世界语出版社1994年版,第334页。
⑤ 王财贵:《教育的智慧学——2009年大陆新版读经教育说明手册》,第113页。

那么，为什么只有儒家经典才为真正的"经典"呢？在王财贵看来，儒家并不只是为了某一个时代、某一个问题而产生的思想，它的"涵盖性"是无缘无界的，它所指引的乃是"智慧的方向"。① 比如，我们读《论语》，可以感受到一种情怀，体会到一种人生态度；这种情怀与态度不同于"诸子百家"，乃至于不同于其他任何学问。例如《论语》第一句话是"学而时习之"②，它并非是要人们学习孔子自己，而是主张学习所有人类理性的东西。很显然，它有无限深远、无限宽广的内涵。再如，孔子主张"古之学者为己"③，即学习是为了自己的生命，不是为了表现给别人看。因此，人要按照本性去做，要对得起自己；而且，如果人时时刻刻都能实践本性，就会成为圣人。然而，成为圣人并不容易，孔子自己都说不敢当"圣人"的称号，甚至连"君子"之名也敬谢不敏。他说："君子之道四，丘未能一焉。"④所谓"君子之道"，即"所求乎子以事父"，"所求乎臣以事君"，"所求乎弟以事兄"，"所求乎朋友先施之"。⑤ 很显然，这些内容的意义并不在于其具体所指，而在于它所标示的"智慧的方向"乃是一切学问的"本"。总之，因为儒家的"经典"所指引的是"智慧的方向"，故它是"永垂不朽"和"历久弥新"的。⑥

王财贵进而认为，儒家的"经典"之所以能够指引"智慧的方向"，之所以"永垂不朽"，乃缘于它"合乎人性"。他说："为什么它会永垂不朽呢，只有一个单单的理由，就是它合乎人性！它是开发了人类理性的结晶！"⑦因此，"经典"可以开发人性，帮助确立人生态度；有了健全的人生态度，也就有了求知的热诚，进而能够成为有德有才的人。王财贵说："不要把自己限制在现实的层面里，要求其本，本中又有本。本中之本，最高的本就是人性，就是天地宇宙之性，这就是'道'。其实世间学问，无

---

① 参见王财贵：《教育的智慧学——2009年大陆新版读经教育说明手册》，第123页。
② 何晏注，邢昺疏，朱汉民整理，张岂之审定：《论语注疏》，第1页。
③ 何晏注，邢昺疏，朱汉民整理，张岂之审定：《论语注疏》，第195页。
④ 郑玄注，孔颖达疏，龚抗云整理，王文锦审定：《礼记正义》，第1431页。
⑤ 参见郑玄注，孔颖达疏，龚抗云整理，王文锦审定：《礼记正义》，第1431页。
⑥ 参见王财贵：《教育的智慧学——2009年大陆新版读经教育说明手册》，第117页。
⑦ 王财贵：《教育的智慧学——2009年大陆新版读经教育说明手册》，第117页。

非就是此'道'的各方面各层级的展现。"①而且，只要人性不变，"经典"就永远成为人类生命方向的"指针"。在此意义下，一个方面，不能因为西方是富强的，就主张应该学习西方，当然更不能因为学习西方而"打倒"中国传统，因为这不是从人性的角度出发的。质言之，西方固然可学、应学，但如果因此而轻忽"合乎人性"的中国文化便是极为不当的。王财贵说："为了学西方，认为必定要打倒东方，那不是发狂吗？这……违背了人性，不了解人性的全面性。"②另一个方面，也不能仅仅因为我们是中国人，所以就应主张复兴中国文化。实质上，我们之所以要复兴中华文化，是因为中华文化"符合人性"。王财贵说：

> 我们一定要知道中华文化的价值所在——就是它符合人性。世界上有哪一种学问是合乎人性的，都是值得尊重的，有哪种学问比其他的学问更加符合人性，它就更有永恒普遍的意义。③

基于对儒家"经典"的探讨，王财贵进而探讨了儒家的地位。在他看来，要给儒家定位，需要有一些基本方法：第一，它很简单明了；第二，它是一个基础、一个根源。④ 因此，他将儒家与"诸子百家"进行了比较。他认为，从字形上看，"家"的上面是一个盖顶，下面是一只猪。古代家里都养一些畜生；畜生住在下面，人住在上面。所以，"家"是指人住的地方或者一个家族住的地方。如果引申的话，这"血缘性"的"家"也可以指思想界的"家"。即，有一个有学问、有思想能够教导人的"子"，即"老师"或"先生"；有一批能发扬"子"的学问的学生，而且数代不绝；这样"子"就衍生出"家"。孔子就是这样开创了儒家，或者说，所谓"儒家"就是奉孔子为宗师、以孔子思想作为基本思想传授不绝的一批人。⑤ 不过，由于儒家的学问"符合人性"，指示了"智慧的方向"，故儒家并非一般的"诸子百

---

① 王财贵：《教育的智慧学——2009年大陆新版读经教育说明手册》，第155页。
② 王财贵：《教育的智慧学——2009年大陆新版读经教育说明手册》，第117页。
③ 王财贵：《教育的智慧学——2009年大陆新版读经教育说明手册》，第118页。
④ 参见王财贵：《教育的智慧学——2009年大陆新版读经教育说明手册》，第120页。
⑤ 参见王财贵：《教育的智慧学——2009年大陆新版读经教育说明手册》，第121页。

家"。或者说,由其形式来看,儒家是"诸子百家"之一;但由其内容来看,儒家又超越一般所谓的"家"。王财贵说:"孔子的思想并不限于一家,不限于一个时代,它只是一个'合理性不合理性'的考虑,于是,儒家就具备了永恒的生命力,在任何时代都是新的,都以新的面貌出现,除非人性没落了。"①对此,他还引用了牟宗三关于儒家定位的说法。牟宗三说:

> 诸子百家都是家,只有儒家不是家,它只是跟着诸子百家的惯例称之为"家",叫做"儒家",其实不可以把它当一个"家"来看待。用比较通俗的讲法,可以说"儒家无家处处家"。②

二、中华文化复兴之基础

几十年来,中华民族的国势日渐改善,政治、经济、军事方面都有很大进步,于是西方国家兴起"中国热",甚至有人说"二十一世纪是中国人的世纪"③。对此,王财贵认为,这些说法不能说不对,但不够准确。在他看来,"中华民族要复兴,必须先是中华文化的复兴,那样才是有根的发展"④。那么,什么叫"复兴"呢?从字面来看,"兴"是兴起的意思,而"复"是"重新"的意思,因此,所谓"复兴"就是重新兴起的意思。⑤ 不过,在王财贵看来,这并没有把"复兴"的内涵全部表达出来。实际上,"复"的意义形成于《周易》的"复卦":"复卦"的卦画中,最下面一画是"阳爻",以上五画都是"阴爻";阳爻代表刚强和光明,阴爻代表柔弱和阴暗;爻的生长是从下而上的,因此,"卦气"是往上升的。这样看来,"复卦"是一个希望之卦,它代表了天地生生不息的"仁德之心"。因此,复卦的"象

---

① 王财贵:《教育的智慧学——2009年大陆新版读经教育说明手册》,第127页。
② 参见王财贵:《教育的智慧学——2009年大陆新版读经教育说明手册》,第120页。
③ 汤因比说:"中国人和东亚各民族合作,在被人们认为是不可缺少和不可避免的人类统一的过程中,可能要发挥主导作用……"[日]池田大作、[英]阿·汤因比:《展望21世纪——汤因比与池田大作对话录》,荀春生、朱继征、陈国梁译,北京:国际文化出版公司1997年版,第284页。
④ 王财贵:《教育的智慧学——2009年大陆新版读经教育说明手册》,第131页。
⑤ 参见王财贵:《读经宣导讲师培训资料》(二),第40页。

传"说:"复,其见天地之心乎。"①进而,孔子将"复卦"引伸到人的德性,认为"复"即是回归于善。他说:"颜氏之子,其殆庶几乎? 有不善,未尝不知,知之未尝复行也。"②如果这样讲,所谓"复兴",乃是指回归人性的"光明",也就是回归"天地之心"。因此,王财贵说:

  复兴不是复古,复兴不是守旧,复兴不是迂腐,复兴不是封建。复是复什么? 天地的复,是复光明;人性的复,是复道德。我用近代的术语来讲,我们的复应该是复归人类的理性。③

  进而,王财贵探讨了什么是"文化"。众所周知,"文化"这个词出自《周易》。《周易》"贲卦"的"象传"说:"刚柔交错,天文也。文明以止,人文也。观乎'天文',以察时变;观乎'人文',以化成天下。"④这里,"观乎'人文',以化成天下",意指"人文的教化",简称为"文化"。当然,无论是"文明以止"的创造,还是"观乎人文"的教化,都需要能够"开发"智慧的圣贤人物的出现。王财贵认为,很显然,所谓"文化",乃是从人性当中体贴出来的,故有人性的地方就有文化。或者说,"文化"乃是"人德而合于天德",它是从人性本源开发出来的,是人类应有的智慧;既然"文化"是人类应有的智慧,它就必定能够影响千秋万世,从而形成文化传统。不过,虽然世界上有很多民族,但有些民族是没有文化传统的,因为他们没有所谓"圣贤";没有"圣贤",就不能有"文明以止"的创造,也不可能有"观乎人文"的教化,当然也就不可能形成文化传统。但是,中华民族是非常幸运的,我们的祖先是有智慧的,也出现了"圣贤",因此形成了中华民族特有的文化传统。关于文化传统,王财贵说:

  "人文的教化"简称"文化",这是从天地的光明而来,从人性当中体贴出来的人生之路。所以有人性的地方就有文化,或者说,凡是

---

① 王弼注,孔颖达疏,李申、卢光明整理,吕绍纲审定:《周易正义》,第112页。
② 王弼注,孔颖达疏,李申、卢光明整理,吕绍纲审定:《周易正义》,第309页。
③ 王财贵:《读经宣导讲师培训资料》(二),第41页。
④ 王弼注,孔颖达疏,李申、卢光明整理,吕绍纲审定:《周易正义》,第105页。

人都会受到文化的感动而兴起,一代接着一代,成为文化的传统。①

那么,何谓"文化复兴"呢?在王财贵看来,所谓"文化复兴",其意涵首先是指现在是一个文化衰落的时代,因为现在的人没有理性的表现。也就是说,有理性处就有文化,没有理性就没有文化。因此,所谓"文化复兴",实质是指"复归人类的理性"。② 什么叫"理性"呢?王财贵认为,合理的本性、合理的性质就是理性。③ 那么,合理的本性、合理的性质在哪里呢?通常来讲,"科技"与"人文"作为人类两个方面的成就,体现着人类理性的主要内容。大体来说,西方文化可以说是"知识的学问",代表着科技的成就;科技成就是一种"知识的追求",它是由人类理性开发出来的,所以对于西方文化应该尊重。东方文化可以称之为"生命的学问"或"智慧的学问",代表着"人文"的成就;人文成就是一种"智慧的追求",它亦是由人类理性开发出来的,故对东方文化亦应尊重。④ 质言之,西方文化的特长在"思辨理性";以"思辨理性"对于自然物理的研究成就了科学,以"思辨理性"对于人间制度的安排成就了民主。与此不同,东方文化的特长在"实践理性";"实践理性"则侧重于生命意义的追求以及生命境界的提升。⑤ 王财贵说:

> 西方学问的重点是知识,知识相对集中一点叫科学。科学就是从思辨理性出发,以外在世界为对象的研究。……东方的学问侧重对于人性的把握。人性是见到了就到了,一定永定,一成永成。……这种学问就是智慧。⑥

在王财贵看来,我们在初遇西方文化时曾出现过两次"方向上"的

---

① 王财贵:《读经宣导讲师培训资料》(二),第42页。
② 参见王财贵:《读经宣导讲师培训资料》(二),第41页。
③ 参见王财贵:《读经宣导讲师培训资料》(二),第42页。
④ 参见王财贵:《读经宣导讲师培训资料》(二),第42—43页。
⑤ 参见王财贵:《读经宣导讲师培训资料》(二),第43页。
⑥ 李勇刚:《读经声里有"德先生"和"赛先生"——访全球儿童读经推广第一人王财贵博士》,北京:《学习博览》2011年第5期。

"混乱":第一次是以"义和团"为代表的"以华制夷"——完全排斥西方,视西方为仇敌。第二次是"五四"运动为代表的"全盘西化"——主张"打倒"中国传统,而全盘照搬西方文化。① 他说:"近一百年来,我们只有两种态度:'义和团'和'五四'。'义和团'失败了,起而代之的是'五四','五四'好像是成功了,但是中华民族大为失败了。"② 以人类理性的总体方向来看,这两个方向都是偏激的、片面的;凡是偏激的、片面的都不能担负"文化复兴"的责任。在王财贵看来,"想要彻底而深入地吸收西方文化,必须自己先打好基础来!否则,所吸收的,必停留在浮浅的枝末上"③。质言之,要实现中华民族之"文化复兴",就要回归理性,发扬理性。具体来讲,一个方面,回归、发扬"思辨理性";它以西方文化为现实表现。另一个方面,回归、发扬"实践理性";它以东方文化为现实表现。④ 然而,东西文化有非常丰富的内容,要去学习、发扬并不是一件易事。尽管如此,中华民族必须要完成这样的理想,必须每个人都有这样的见识和行动。即如果一个人的生命特质偏重于"思辨理性",就须往科学方面发展;一个人在"实践理性"方面有特质,就须往人文方面发展。这样,就整个民族来讲,就不仅回归、发扬了"思辨理性",亦回归、发扬了"实践理性"。对此,王财贵说:

> 人类理性具有两种用途,在东西方各成就了一种方向。……人类要把自己的理性和良知拿出来,互相学习,那将是天堂世界啊!⑤

尽管理性分为"思辨理性"和"实践理性",但西方文化与东方文化都根源于人类总体理性。即所有文化成就都是人类共同理性的结晶。不过,此时的问题是,是中国人还是西方人应该负担起让人类理性全面发展

---

① 参见王财贵:《读经宣导讲师培训资料》(二),第45—46页。
② 李勇刚:《读经声里有"德先生"和"赛先生"——访全球儿童读经推广第一人王财贵博士》,第12页。
③ 王财贵:《教育的智慧学——2009年大陆新版读经教育说明手册》,第9页。
④ 参见王财贵:《读经宣导讲师培训资料》(二),第43—45页。
⑤ 李勇刚:《读经声里有"德先生"和"赛先生"——访全球儿童读经推广第一人王财贵博士》,北京:《学习博览》2011年第5期。

的责任？在王财贵看来，中国人应当承担起这份责任，原因有两点：第一点，人类理性的两种用途中，"实践理性"有优先性。也就是说，"生命的学问"可以涵盖"知识的学问"。这是人类理性的结构，这种结构不是左右的结构，而是上下的结构。第二点，西方文化与东方文化接触的时候，恰逢中国国势之衰落，但国势衰落并不一定"理性衰落"。其实，这两种文化都是人类理性的"发用"。对此，东西方都互相误解了，因此中国人努力去学西方文化，而西方人并没有努力学中国文化。① 王财贵认为，基于理性的这样一种"层级结构"，面对人类理性全面发展的责任，中国人不应该自卑，而应该庆幸，因为我们站在文化的"优位"。但是，现在不是比较的时候，也不是互相贬抑的时候，而应是在重新检讨人类发展方向的基础上，回归和"完满"理性，此乃是中华民族"文化复兴"的基础。他说："这个复兴不只是复兴中华的文化，乃是把西方文化也吸收进来，融合成整个世界文化而往前走。"②他还说：

> 中华文化复兴要有基础，……总结起来，就是回归理性，完满理性。我们回归了理性，渐渐就能完满理性，能够完满理性，我们就能重新创造更丰富更完美的文化，来留给我们子孙，来贡献给全人类。③

三、现代新儒家的志业

如前所述，在王财贵看来，儒家是基于人的"道德意识"而建立的学问，而"道德意识"是一种超越的意识。④ 具体来讲，"道德意识"是指现实生命遵从"天德天理"而行的意识，因此，这种意识是人性光明的一面。正因为如此，"道德意识"会从"道德心"一直涌现，即"内圣"必定要"开出""外王"。也就是说，"大学之道"之"明明德"是自我的修养，此为"内圣"；"明德"并不限于自我修养，它还需要"亲民"，此为"外王"。可见，

---

① 参见王财贵：《读经宣导讲师培训资料》（二），第44—45页。
② 王财贵：《经典教育与文化关怀文集》，第89页。
③ 王财贵：《读经宣导讲师培训资料》（二），第45页。
④ 参见王财贵：《读经宣导讲师培训资料》（二），第14页。

儒家之"外王"是指基于道德而建立的"治国"、"平天下"的事业。质言之,儒家一定要从"道德意识"说起,无论是为人处事还是"治国"、"平天下",基础都是"道德意识"。再深入一点来讲,在儒家,道德乃通过意识的"自觉"而"自决"。因此,不管是"修身"还是"齐家"、"治国"、"平天下",所有德业都来自于"自觉"而"自决"。康德认为,善的行为一定出自于"自由意志","自由意志"就是没有任何条件的意志,亦即理性的"自我决定";如果有任何条件掺杂进来,善就不是真正的善。① 如此看来,儒家的善即来自于"自觉"而"自决",即"自由意志",而"自由意志"即是理性的"自我决定"。因此,儒家的学问也就是"完全理性化"的学问。王财贵说:

> 这个自我觉醒自我决定,就是理性的自我决定。因此儒家可以说是一个完全理性化的学问,遵崇理性而行,这个跟其他的学问有很大的差别。②

王财贵认为,既然儒家的学问是"完全理性化"的,故它一定是"好学的"。他说:"因为理性的内涵无穷,所以凡是属于理性的成就都是我们应该尊敬的,我们应该发扬的。"③比如,中国本来有儒家、道家两家,后来中国人吸收了佛教,于是中国文化变成为儒、释、道三家。近代以来,中西文化开始"相遇"。最初,以传教士为中介的文化交流产生了积极成就。不过,在清朝中期,有些传教士主张只能崇拜上帝。这种主张使中国人无法接受,也使朝廷震怒,于是朝廷下令将所有传教士驱逐出去。在之后的两百多年,西方的文化、科学蒸蒸日上,中国却以非常严厉的手段管束社会秩序。于是,清朝的学术形成以"小学"为主,以文字、声律、训诂为主要内容的局面。因此,清朝对于儒家"治国、平天下"的学问一无贡献。也正因为如此,西方人用船坚炮利保护着商船来"叩关"时,清朝被打得

---

① 参见康德:《道德形而上学原理》,苗力田译,上海:上海人民出版社1986年版,第49—50页。
② 王财贵:《读经宣导讲师培训资料》(二),第25页。
③ 王财贵:《读经宣导讲师培训资料》(二),第25页。

"落花流水"。这种现实让中国人丧失了自信心,尤其让知识分子丧失了自信心。于是,社会上升起一股崇洋思潮,进而渐渐发展为"五四"运动。公允地讲,"五四"时期的知识分子的态度是爱国的,但由于"爱国心切",反而否定了中国五千年的文化。尽管如此,儒家之"理性化"的特质不容否认,其面对外来文化的"心量"也需正视。王财贵说:

> 以我对孔子儒家的了解,凡是人类理性的东西,都是我们应该学习的内容,这是无限深远无限宽广的内涵。假如用这种观念面对人生面对学问,我们就没有限制,面对任何问题,我们都应该有新的观念,面对任何时代,我们都应有既守又为的志气,总之,即是以"理性"作为人生的指标。①

正因为如此,面对人类文化互相"碰撞"的时候,我们应当认真思考以什么态度来面对。对此,王财贵说:"西方人告诉我们的并不一定就是全部的真理。"②依照中华民族吸收佛教的经验,以前儒、道两家变成了儒、释、道三家;现在面对西方文化,儒、释、道三家应变成儒、释、道、西四家。在王财贵看来,既然儒家是理性的学问,如果遇到成就之外的学问,就应该尊重它、学习它,直到最后"消化"它。所谓"消化",它不是一种"组合"或"拼凑",而是一种融会、一种贯通。③ 那么,为什么西方的学问可以"消化"进来呢? 因为它也是理性的"开发",而理性的"开发"当拥有一切;人类的理性只有一个,所不同的只是不同面向和不同层次。所以,以中华民族的好学精神,纵使没有西方文化的东渐,中国人也要尽理性的本性,对不足的内容要加以开拓。具体来讲,西方文化最重要的内容是科学与民主。就科学来讲,其根源是逻辑数学,而逻辑数学是人类理性本有的东西;就民主来讲,尽管没有完美的政治制度,但在众多的政治制度当中,民主是比较合理的政治制度。总之,科学与民主既然是理性的,依照中华民族和儒家的传统,那就是一定要去追求的。王财贵说:

---

① 王财贵:《教育的智慧学——2009年大陆新版读经教育说明手册》,第123页。
② 王财贵:《经典教育与文化关怀文集》,第19页。
③ 参见王财贵:《读经宣导讲师培训资料》(二),第30页。

西方文化最重要的两大范畴就是科学与民主。那么科学与民主如果是理性的,依照中华民族的教导,依照儒家的心态,那是一定要去追求的。所以现在我们就讲到新儒家的这个观念。①

不过,依着儒家的传统,在面对外来文化时,它既要保持其基本精神,又须面对当下时代。也就是说,儒家的基本精神是不变的,但现实处理方式是可变的。在王财贵看来,正是基于此,儒学才形成了三期之发展:先秦儒家之独有的见地是儒家的第一期发展。宋明儒学在继承先秦儒学的基础上以其特别成就形成儒学的第二期发展。清朝乃至民国以后,现代新儒家继承儒家基本精神,亦应对整个世局的变化,形成儒家的第三期发展。具体来讲,第一期发展是先秦儒学,以孔、孟、荀三个人为代表;第二期发展是宋明理学,以"消化"佛家和道家而使儒学成为"精致"的思想;第三期乃是儒学对于西方文化的"消化",主要开创人物为熊十力、马一浮和梁漱溟。② 在这三个人当中,马一浮平生不太注重讲学,其学问中断了。梁漱溟性情真切,但基本上没有传人,他的学问也中断了。唯有熊十力,不仅学问宗旨明确,而且一辈子讲学,所以他代有传人。在熊十力的弟子们中,唐君毅、徐复观和牟宗三三个人最有成就:唐君毅表现出一种广阔的文化包容精神,号称新儒家的"仁者";徐复观文笔非常犀利,对于社会有非常尖锐的批判,号称新儒家的"勇者";牟宗三思考非常精密,是一个纯哲学家式的人物,号称新儒家的"智者"。不过,在这三弟子当中,最出色的是牟宗三。③ 正因为如此,王财贵说:

> 牟宗三的学问,真的是贯通古今,融会东西。我们要这些读经的孩子,必定要读牟宗三全集。……让我们的孩子,跟着牟宗三先生走一趟世界的文化智慧之旅……④

---

① 王财贵:《读经宣导讲师培训资料》(二),第32页。
② 参见王财贵:《经典教育与文化关怀文集》,第51页。
③ 参见王财贵:《经典教育与文化关怀文集》,第51页。
④ 王财贵:《经典教育与文化关怀文集》,第52页。

在王财贵看来，牟宗三之所以最出色，在于他倡明了现代新儒家的"三个志业"，亦即现代新儒家之所以为现代新儒家者：其一，是"道统的继承"。在此，"道统"即是指儒家之道、道家之道、佛家之道；"三家之道"乃中国文化的主体，它们指示了生命的方向。作为中华民族的子孙，第一步应该是恢复中华民族的主体智慧，这叫"道统的继承"。其二，是"学统的开出"。"学统"就是学问的传统，是指"思辨理性"方面的学问。理性可以开出"实践理性"，也可以开出"思辨理性"，这叫"一心开二门"。①因此，既然我们已经有"道统"，而"学统"不在我们的理想之外，故由"道统"即可"开出""学统"。不过，科学成就要由"实践理性"来主导，否则科学反而会危害人生，此乃"学统"之"开出"的终极意义。其三，是"政统的完成"。"政统"就是政治的统序、政治的制度，它是就民主政治而言，故叫作民主建国。② 依着王财贵的理解，在现代新儒家，不仅有对中国学问的尊重，要负起传承"道统"的责任；对于西方学问亦要有深刻的了解，将它"消化"、"吸收"于中国文化中，此乃"学统"和"政统"。由此来看，现代新儒家已得"理性之全"，从而奠定了理性发展的完整形态。他说：

> 我们说儒家是完全理性化的生命，这个理性化的生命，是内圣外王的生命，他的学问，就是完整的学问，一时或许不完整，但是有志于追求完整，所以儒家的学问他永远是活的。③

第三节　东西学问的"会通"

在王财贵看来，所谓"文化"乃"人文化成"之简称。④ 由此来看，"圣

---

① "一心开二门"是佛教著名思想，认为"一心"可以开"真如门"，亦可以开"生灭门"。牟宗三认为，它实为一种"公共模型"，可适用于儒、释、道三家，乃至可适用于康德的思想。（参见牟宗三著，罗义俊编：《中国哲学的特质》，上海：上海古籍出版社2007年版（下同），第114页）
② 参见王财贵：《教育的智慧学——2009年大陆新版读经教育说明手册》，第132—136页。
③ 王财贵：《读经宣导讲师培训资料》（二），第32页。
④ 参见王财贵：《中华文化源流与当代之传承》，北京：季谦教育咨询中心2012年版（下同），第2页。

人"是"文化"得以形成和传承的前提,因为"圣人"不仅从心灵中证悟了高度的智慧,而且以"先知觉后知"成为"民族心灵"的导师。如果一个民族没有"圣人",那这个民族就没有"文化"。中华民族非常幸运,从自己民族生命中出现了孔子和老子这样的"圣人",从而"自本自根"地生发出儒家和道家,进而形成中国的文化传统。到了东汉时期,印度的佛教传到中国。由于佛教也是人类一大智慧,所以中国人不仅重视佛教,而且也学习佛法。这样,佛教不仅在中国"生了根",甚至中国人开出了自己的佛教宗派。不过,中国并没有变成佛教国家,因为儒家、道家仍为中国文化的"源",而佛家只是中国文化的"流"。到了最近一百年,中华民族又遇到人类另一高度"智慧",即西方文化。这种"智慧"是人类心灵必要的"开出",也是人类"思考理性"的"开发"。因此,王财贵主张,中国人不仅要继承儒、道两家的学问,要继续发扬佛家的学问,同时也要"消化"、"吸收"西方文化,尽管它们之间有"源"与"流"的差别。他说:"本来我们遇到西方文化就要这样看——我们古人,曾经将儒道两家变成儒释道三家,现在我们要学他们,将儒释道三家变成'儒释道西'四家。"①

王财贵认为,所谓"形而上学",是指对照现实的学问而讲的一种学问;它不仅说明世界的起因,也说明德行的根据。② 通常来讲,西方的形上学是"思辨的形而上学",是指经由思辨去推度而成就的形而上学。其理论最初有两种情况:一种是先想象一个最高真理,然后由这真理"衍生"出世界;另一种是先从现实存在开始思考,然后"逼出"一个形而上的起源。在王财贵看来,这两种理路最终均为"游戏之论",因为前一种情况经不起推敲,后一种情况没有实在性。③ 此外,西方文化中的"神学"也非常具有"形而上意味",或可称为"启示的形上学"。但是,这种形上学的合法性被康德否定了,因为真正的道德来源于"自由意志",而不能来自于外在的上帝。康德于是致力于通过反省"道德观念"来建构形上学。不过,尽管康德的建构很有新意,但他并没有摆脱"思辨的形而上学"的

---

① 王财贵:《中华文化源流与当代之传承》,第15页。
② 参见王财贵:《经典教育与文化关怀》,第106页。
③ 参见王财贵:《经典教育与文化关怀》,第106—107页。

理路,故不属于真正的形上学。① 相较而言,东方的儒、释、道三家之形上学不是"思辨的形上学",乃是"实践的形上学"——从"实践的进路"而证成的形上学。② 这三家又分为两类:一类是佛家和道家所成就的"境界型态的形上学";另一类是儒家所成就的"实有型态的形上学"。总之,在诸种形上学当中,唯有儒家"道德的形上学"为唯一真正的形上学。③

在王财贵看来,所有"大教"都有"超越层"与"现实层"的区分,这是其成为"大智慧"的必要条件。④ 如此来讲,儒、释、道三家之东方学问即是这样的"大教":佛家有"常"与"非常"之两层区分;道家亦有"常"与"非常"之两层区分;同样,儒家之"良知"也不是思考和语言中的,而是心中另一层次的"真实"。所以,在两层区分上,儒、释、道都是一样的。不过,儒、释、道三家的进路并不相同:道家是一种"由心到物"的进路,佛教则是一种"由物到心"的进路,儒家则从"德行"或"德性"立教。⑤ 具体来讲,儒家主张以"德性心灵"来"润泽"人生,来"感通"所面对的万事万物;故"良知"不仅开"道德界",而且亦开"存在界"。正因为如此,儒家的形上学为真正的"圆教"。⑥ 进而,王财贵将学问分成"形上学"和"知识论""两大宗";前者属于实践体证的学问,后者属于思量中的学问;中国学问的特色在"形上学",西方学问的特色在"知识论"。就人类未来的发展来看,东方学问与西方学问一定要"会通",否则人类会有自我毁灭的可能。不过,"会通"东西学问的责任在中国。因此,"全盘西化"是错误的,将来文化的发展应是"全盘化西",即以中国文化为主体"消化"、吸收西方文化。⑦

一、中华文化的源流与发展

如前所述,所谓"文化"乃"人文化成"的简称,而"人文化成"来自于

---

① 参见王财贵:《经典教育与文化关怀》,第109页。
② 参见王财贵:《经典教育与文化关怀》,第118页。
③ 参见王财贵:《经典教育与文化关怀》,第119页。
④ 参见王财贵:《经典教育与文化关怀》,第92—95页。
⑤ 参见王财贵:《经典教育与文化关怀》,第95—99页。
⑥ 参见王财贵:《经典教育与文化关怀》,第99—101页。
⑦ 参见王财贵:《经典教育与文化关怀》,第103—105页。

《周易》"贲卦"的"象传":"刚柔交错,天文也。文明以止,人文也。观乎'天文',以察时变;观乎'人文',以化成天下。"①由此来看,"文化"依赖于能够"观乎天文"、"了悟人文"的有大智慧的人,即"圣贤"。"圣贤"所"了悟"的道理因为人心通于"天心",且人心之同然,所以,"人文"就能够"教","教"也能够"化",此即所谓"教化"。对此,王财贵说:"化除人类心性的驳杂而归于纯净,也可说化除除恶的人心而归于天心,'教'而'化',叫做'教化'。"②具体来讲,"人心惟危,道心惟微"③——"人心"是很不稳定、很危殆的,往往会随波逐流;"道心"是很微妙的、很难以把握的。因此,在"人心""惟危"之处施以教育,将"微妙"的"道心"发扬光大,使人心得以"道心"做主,最终因着"人文"而归于"天道",此即是"教化"之本质含义,亦即是"人文化成"即"文化"一词的本义。因此,有智慧的圣贤必会将他所悟得的"人文"传授世人;有智慧的教师必会将他所悟得的"人文"教授学生。这样,一代传一代而成"统"绪,由此而形成"文化传统"。王财贵说:

> 师授徒,父传子,这样一代"传"一代,而成"统"绪,叫做"传统",叫做"文化传统",只有"人文教化"的"传承统绪",才可以称为"传统",这又是"传统"的本义。④

在王财贵看来,"圣人"不仅自己心灵证悟了高度智慧,而且还以"先知觉后知"而成为"民族心灵"的导师,故"圣人"都是教育家,而且是永远的教育家。如果一个民族没有"圣人",那这个民族就没有"文化",也就没有"传统"可言。一旦有了"文化"和"传统",假如这个民族不灭绝,其"文化"就不会死,"传统"也不会断,而且可以传播到全世界。他说:"'文化不死'、'传统永续',这是'文化'和'传统'两词内涵中必有的意

---

① 王弼注,孔颖达疏,李申、卢光明整理,吕绍纲审定:《周易正义》,第105页。
② 王财贵:《中华文化源流与当代之传承》,第5页。
③ 孔安国传,孔颖达疏,廖明春、陈明整理,吕绍纲审定:《尚书正义》,第93页。
④ 王财贵:《中华文化源流与当代之传承》,第6页。

义。"①然而,一个民族要出"圣人"是不容易的,不一定每个民族都有圣人。通常来讲,要成为"圣人"需要具备一些特别的努力:首先要"跳出"自己的"个性"。所谓"个性",是指从阴阳造化来的禀赋,它是刚柔交错的、驳杂的、有偏向的。因此,唯有"跳出"个性,才可"从理而行",从"天道而行"。其次,要"跳出"环境。环境会养成习惯,而习惯会渐渐融入个性。因此,要勇于"跳出"身处的环境,改变已形成的习惯。再次,要"跳出"时代。领悟"圣贤之道"是自己的事,所以每个人都可以"跳出时代",从而直契"圣贤之教"。当然,如果不仅"跳出"时代,而且"跳出"民族,就会有更深刻的理解!② 在此意义下,"圣人"就是"跳出"个性、环境、时代和民族的人。因此,他们的智慧不仅是个人的心灵,而且也是民族、国家乃至全人类的"天心"。王财贵说:

> 我们每个人也都可以从时代处境中立志,跳出时代,改善处境!因为人生还有永恒者在!……中华民族有圣人,中华民族有人性的开发,让你能够承受这般人性的光辉……③

王财贵认为,中华民族非常幸运,从自己民族生命中出现了孔子和老子这样的"圣人",从而"自本自根"地生发出儒家和道家,进而形成中华民族本有的"文化传统"。不过,到了东汉时期,另一种文化传统即"智慧"——印度的佛教传到中国。在儒家看来,凡是智慧,不仅不应互相排斥,还应该融为一体。也就是说,在当时的中国人看来,佛教确实是人类的一大智慧,所以中国人不仅应尊重佛法,而且还应学习佛法。于是,经过了600年的时间,佛教不仅在中国"生了根",而且还"消化"于中国文化——以印度佛教原来的派别为基础,中国人"开出"了本土的宗派,如禅宗、华严宗和天台宗等。与此同时,印度人却渐渐地放弃了佛教而回归于印度教。所以,后来"全世界信佛教最真切的地方是中国,全世界为佛

---

① 王财贵:《中华文化源流与当代之传承》,第6页。
② 参见王财贵:《中华文化源流与当代之传承》,第10页。
③ 王财贵:《中华文化源流与当代之传承》,第10—11页。

教保留文献最多的是中国,全世界能够发扬光大佛教的是中国"①。尽管如此,中国并没有变成佛教国家,中国的儒家、道家还是传续不绝,成为儒、释、道"三家并行"。准确地讲,儒家统于孔子,道家统于老子,佛家统于释迦牟尼佛;但儒家和道家为中国文化的"源",而佛教只是中国文化的"流"。王财贵说:

> 中华民族吸收了佛教,扩充了中国人的眼界,但是中国人还是中国人!我们的祖先替我们后代子孙,保存了自己的文化,又吸收了别的民族的文化,让它融会贯通,开拓新的境界,这是全世界文化交流的典范。②

到了最近一百年,中华民族又遇到人类又一种高度"智慧",即西方文化。王财贵认为,面对西方文化,我们不能一味排外,也不能否定我们的传统。就人类理性来看,人类心灵不外乎两种:一种是"思考的心灵"即认识的心灵;另一种是"人文的心灵"即"智慧的心灵"。③ 相对照地看,西方文化是基于"思考的心灵"对于人类"思辨理性"的"开发",即面对自然界运用思考研究自然而成就科学,面对人间制度运用思考研究而成就民主。中国文化则是基于"人文的心灵"而对于人类"实践理性"的"开发",即面对人生运用"实践理性"以成就生命意义的追求和生命境界的提升。既然西方文化是人类理性的开发,既然西方人可以成就科学和民主,那么中国人当然也可以成就科学和民主。因此,中华民族不仅要继承儒、道两家的智慧,也要继续发扬佛家的智慧,同时也可以学好西方的科学和民主。质言之,我们不仅要上溯五千年,体贴中华民族圣贤的原创智慧;还要"横观数万里",面对世界,多元开拓,吸收其他民族已有的智慧;唯有这样,我们才可真正地"安身立命"。在王财贵看来,人类文化数千年的发展中,整个人类智慧不过"儒、释、道、西"四家。所以,如果中国

---

① 王财贵:《中华文化源流与当代之传承》,第13页。
② 王财贵:《中华文化源流与当代之传承》,第13—14页。
③ 参见王财贵:《中华文化源流与当代之传承》,第20页。

人站在自己的文化本位上,把西方文化吸收进来,就完成了最广阔的人性成就,乃至于完成全面人性的开发,尽管它们之间有"源"与"流"的差别。他说:

> 我们的祖先替我们后代子孙,保存了自己的文化,又吸收了别的民族的文化,让它融会贯通,开拓新的境界,这是全世界文化交流的典范。……本来我们遇到西方文化就要这样看——我们古人,曾经将儒道两家变成儒释道三家,现在我们要学他们,将儒释道三家变成"儒释道西"四家。①

二、实践的形上学

王财贵认为,就"儒、释、道、西"这四家来看,它们有一个重要的特征,就是都非常重视"形而上学"的内容。那么,什么是"形而上学"呢?所谓"形而上学",是指"对照现实学问来说的一种学问,它说明世界的起因;就德行来讲,它说明德行的根据"②。通常来讲,西方早出的是"智测的形上学"或称"思辨的形而上学",即用追求知识的方式而成就的一套理论。他说:"智测的形而上学,就是用我们的思考去推度一个形而上学,经过推度而成一套理论,便成为一种预设。"③历史地看,"思辨的形上学"有两种情况:或者先想象一个最高真理,然后由真理"衍生"出世界;或者从现实开始思考,然后"逼出"万物的起源。前者的代表人物是柏拉图,他以想象的"理念"作为世界的原理;后者的代表人物是亚里士多德(Aristotle,前384—前322年),他从现实事物的讨论开始,最后"逼出""原因的原因"——"上帝"。然而,在王财贵看来,"思辨的形上学"这种理路最终难免为"游戏之论",因为前一种情况经不起推敲,后一种情况没有实在性。他说:

> 哲学家想要把他的哲学圆满起来,必须要有一套形上学。最简

---

① 王财贵:《中华文化源流与当代之传承》,第14—15页。
② 王财贵:《经典教育与文化关怀》,第106页。
③ 王财贵:《经典教育与文化关怀》,第106—107页。

单的方式,就是首先用想象的预设,其次就是顺理论的需要逼出一个假定。有许多哲学家就采取了这两种进路,这样成立的形而上学,我们称为"智测的形而上学"。西方哲学家的形上学,从希腊以来,大都属于这类。这类形上学,用佛教的词语说,都是"戏论"——不实在的游戏之论。①

在王财贵看来,西方文化中除了"思辨的形上学"外,"神学"也非常具有"形而上意味",或可称为"启示的形上学"。他说:"西方的形上学还有一种型态,就是从宗教入手的,由启示而来的,可以称之为'宗教的形而上学'或'启示的形而上学'。"②但是,这种形上学并不具有"合法性"。依着康德的理论,"神学"建立起的形上学是"神学的道德学",而从"神学"来的道德不是真正的道德,真正的道德只服从于人类的"自由意志"。因此,康德致力于通过反省"道德观念"而非追求知识的方式来建构形上学。具体来讲,其形上学理论奠基于三个"预设"之上:其一,真正的"道德"是依于"自由意志"而行,然而人在现实层面不能真实拥有"自由意志"。为了说明道德的"缘故",必须预设"自由意志"。其二,人对道德的追求是一个无止境的过程,故在"虽不能至,然心向往之"③的矛盾之下,须预设"灵魂不灭"。其三,人们总希望人间能够"德福一致",但人间并不能达到这个目标,故须预设"上帝存在"。④ 很显然,康德的形上学为一种新理路,但是,这种理路并没有摆脱"学理分析"的传统,故实质上并未脱离"思辨的形而上学",至多可称之为"设准的形上学"。在此意义下,康德实际上并没有完成真正形上学的建构。王财贵说:

> 康德讲道德,似乎已经把握到要领了,但他只是理论的把握,而没有生命上的真实性。康德的理论讲得那么蹩扭,因为他的学问是从不恰当的路数而来的。讲道德要道德地讲,不能理论地讲,康德还

---

① 王财贵:《经典教育与文化关怀》,第107页。
② 王财贵:《经典教育与文化关怀》,第109页。
③ 司马迁:《史记》,第1947页。
④ 参见王财贵:《经典教育与文化关怀》,第108页。

是在理论中打转。①

依着王财贵的理解，真正的形上学是指通过"体证"以证立的形而上学，而非通过追求知识的方式证立的。他说："形上学本来就不是逻辑的，本来就是不能用理论讲清楚的，这不能用理论讲清楚的地方就不必用理论，乃至不可以讲清楚。而该回归于自己的，就不可以客观化，该用体证的地方，就不可以用知识的方式去说明。"②那么，何谓"体证"呢？它是指主体在"心上的自明自证"，亦即"逆觉体证"。③ 在王财贵，真正的形上学是指"实践的形上学"，即是从"实践的进路"而非"思辨的进路"证成的形上学。④ 对照地看，儒、释、道三家形上学均来源于主体的"自明自证"，即均奠基于"实践"基础之上，故均为"实践的形上学"。他说："儒释道三家，广义地说，都可以称为'实践的学问'。"⑤具体来讲，在儒家，孔孟都以"指点"的方式说实践，即从道德实践中透悟"天道"的意义。或者说，是从道德学直接"开出"形而上学，故这种形而上学称为"道德的形而上学"。在道家，其看到人心因"不自然"而带来困扰，于是主张从"困扰"处起修，以"道心"作为根据，最终得以成就形上学。在佛家，其从负面反省人生，即基于对生命不自觉的"不安"，而有要解决、"要超脱"的意愿，从而基于"佛性"建立起形上学。⑥

王财贵认为，尽管儒、释、道三家对人性的把握不同，其"修行"的入路不一样，但"圣性"、"道心"、"佛性"所显发出来的境界都是超越的，都是无限的、涵摄一切的"大教"。他说："如果不是这样就不是大教，所以三教都是大教。全世界再也没有像儒释道三家这样的大教了，基督教也有超越面的肯认，但是不透……"⑦在王财贵看来，基督教虽也有"超越面"的肯认，但其"超越性"与"三教"不同，因为其上下两面隔绝。因此，

---

① 王财贵：《经典教育与文化关怀》，第109页。
② 王财贵：《经典教育与文化关怀》，第111页。
③ 参见王财贵：《经典教育与文化关怀》，第111页。
④ 参见王财贵：《经典教育与文化关怀》，第110页。
⑤ 王财贵：《经典教育与文化关怀》，第112页。
⑥ 参见王财贵：《经典教育与文化关怀》，第112—114页。
⑦ 王财贵：《经典教育与文化关怀》，第115—116页。

上帝永远在本体界,人生永远在现实界;人只能靠上帝来救赎,人永远不可能"成圣"、"成真人"、"成佛"、"成耶稣"。但是,儒、释、道之"实践的形上学"就不一样:人人皆有"圣性",人人皆可"成圣";人人皆有"道心",人人皆可成"真人";人人皆有"佛性",人人皆可"成佛"。可见,"实践的形上学"把上下两层"贯通"了,因此"实践的形上学"是大智慧。①正因为如此,牟宗三将佛教"一心开二门"视作一切哲学的基本模型,因为它把"超越界"和"现实界"贯通了起来。具体来讲,"存有论"虽可分为"执的存有论"和"无执的存有论",但这两个"存有论"均为"一心"所"开出"。②质言之,人生所有的学问都在"二门"之中,但最终都统一于"一心"这个"头脑"。正因为如此,王财贵说:

> 现实的学问,从自然科学到人文科学,需要有个头脑;把头脑安上了,理论就畅通了,心思就开阔了,境界就高远了。③

然而,儒、释、道三家的形上学又是不同的,因此而有正误之分。王财贵认为,儒家由道德而证成的"道德的形上学"是实实在在的,是"实有型态的形而上学";佛家、道家的"悟后方证"的形上学是非实在的,属于"境界型态的形而上学"。他说:"儒家由道德的路而证成道德的形上学,从一起步,到最后,都是实实在在的,……称之为'实有型态的形而上学',而佛家、道家的悟后方证的形而上学,则称为'境界型态的形而上学'。"④具体来讲,儒家形上学是从道德的入路来,而道德的依据当下即是形上的;或者说,其结果虽在现实中,其根据却来自"超越界"。所以,任何道德实践都已是形上的,且由此一点即可达到全体证成。然而,佛家和道家形上学的起因不即是形上的,而是形下的"苦"和形下的"执着",因此其形上学只是在完全解脱后在"观照"中出现的"境界"。佛家是从

---

① 参见王财贵:《经典教育与文化关怀》,第115—116页。
② 参见牟宗三:《佛性与般若》(上),《牟宗三先生全集》(3),台湾:联经出版事业股份有限公司2003年版(下同),第454—455页。
③ 王财贵:《经典教育与文化关怀》,第117页。
④ 王财贵:《经典教育与文化关怀》,第118—119页。

"苦业"起,"苦业"就是烦恼,有烦恼就要解脱,所以其形上学是"解脱的形上学"。很显然,其实践的起因是"苦业",因有"苦业"而希望让人解脱,但"苦业"不能成为"解脱"的依据。因此,佛教修行的因与果之间是不通的。同样,道家之实践的起因是"有为","有为"就是"造作";其修行的工夫是化掉"有为"成"无为",再把"无为"抽象化变成"无",这样"无"即为形上本体了。如此讲来,道家的形上学也不能说是"有为的形上学",而只能属于一种"无为的形上学"。同样,"有为"固然让人不自在,因此人想要"清静",但"有为"不能是"清静"的依据,故道家修行的因与果之间也是不通的。① 因此,唯有儒家的"道德的形上学"才是真正的实践的学问。他说:

> 世界上实践的学问就是这三家了,能讲出形上学也就是这三家了。而这三家里面又分为两类:一类是直接从真心扩充,一类是从妄心解脱。妄心解脱而显真心,这成就了境界型态的形上学;真心直接扩充也成就境界,但从它的特性说,是实有型态的。②

三、由"全盘西化"到"全盘化西"

在王财贵看来,所有"大教"都有"超越层"与"现实层"的区分,这是其成为大智慧的必要条件。因此,佛教所谓"常"与"非常"的区分并不是特别见解,乃是一个"共法"。在佛家,"常"是真理,而"非常"是就现实性不得已而说的。即如果把超越的"常"用现实思议的方式思考,所得到的结果即是"非常"。同样,道家《道德经》之"道,可道,非常道"③也是这个意思。即"道"是不可用现实之心言说的;凡是以现实之心"想"和"说"的已是"非常道"。相比较而看,儒家没有对思考和语言的限制作太多的反省,不过其"良知"也是不能随便说的。即也不能用思考的方式说"良知"是"常",而只能以"体贴"的方式体贴出为"常"。质言之,"良知"不是思考和语言中的,而是心中另一层次的"真实"。这样看来,儒家不

---

① 参见王财贵:《经典教育与文化关怀》,第119页。
② 王财贵:《经典教育与文化关怀》,第119页。
③ 朱谦之:《老子校释》,第3页。

只讲"有心"是实,也说"无心"是实。也就是说,"良知"原是"常道",是"有"是"实",但有意为善反不是真善,故它须以"无有作好"、"无有作恶"①的形式显发出来。所以,"无"反而才是"良知"的真实形态。总之,在两层区分上,儒、释、道都是一样的,只是多说与少说而已。② 王财贵说:

> 不管任何学问,如果没有两层——超越层与现实层——区分的话,就不足以成大家。不仅佛家,儒家、道家也都看得很准,甚至是西方的基督教以及柏拉图以至于康德一脉的大哲学家都看得很准,他们都有两层区分。③

尽管如此,佛家、道家和儒家因"立教"起点不同,故决定了其思想观念亦不相同。佛教之"立教"从反省人生现实开始:其感受到"人生无常"、"世界无常",最终悟出"心灵无常"乃是最终根源。具体来讲,现实人生是"无明的"、"染污的"、烦恼的,所以要来个"翻转",由"无常"、"无我"以回归真实,此即叫作"解脱"。对此,王财贵说:"我们可以说:对于人生现实面的反省,做超脱的工夫这一面,佛家讲的最为透彻了;说'非',说'非非',是理有必然,势有必至的。"④道家和佛家对生命的了解有相似处,但道家是直接从心理上的"毛病"说起。道家认为,人心之所以会固执、矜持、"不自然",源于人心"有执"、"有为"。即人一有追求,人就有一个向度;有一个向度,就违离了"天地之道"。也就是说,"天地之道"是没有向度的,姑且称之为"无";"无"一发动,就有了一个向度,称之为"有";有了一个向度,就会丧失其他向度。所以,人生一定要以"无"为本,站在"无"的根基上,才能拥有一切"有",这叫作"无为而无不为"。⑤ 相较而言,佛家的学问从外面的"世法"反省而起,道家的学问则

---

① 参见孔安国传,孔颖达疏,廖明春、陈明整理,吕绍纲审定:《尚书正义》,第311页。
② 参见王财贵:《经典教育与文化关怀》,第92—95页。
③ 王财贵:《经典教育与文化关怀》,第92页。
④ 王财贵:《经典教育与文化关怀》,第96页。
⑤ 参见王财贵:《经典教育与文化关怀》,第96—97页。

直接从"心法"反省而起,因此佛教是一种"由物到心"的进路,而道家乃一种"由心到物"的进路。① 不过,两家虽然有不一样的进路,但两家最后的境界是相通的,因为它们都悟到了超越境界。

儒家则是另外一种进路,它就着现实人生指点如何实现人生完满而无穷的意义。即儒家主张以"德性心灵"来"润泽"人生,来"感通"所面对的万事万物;这种"感通"、"润泽"的能力叫作"仁"。② 很显然,儒家以人性中本具的"道德性"起教,即从人性的"光明面"立教。依着儒家义理,人只要依"真性"、"真心"而行就能够成圣,因为当"真性"、"真心""呈现"的时候,能够"润泽"现实生命乃至于万事万物;由此不仅开"道德界",由此亦可开"存在界"。也就是说,"良知不只是道德行为的根据,良知也是万法存在的根据"③。因此,在"良知"感应下的事物就不是一般"现实心"、"认识心"意义下的"现象",而是没有"执着相"的"物自身"。如此讲来,儒家把"真性"、"真心"直接贯注到日常生活中,从而达到圆满的境界。因此,儒家之"圆教"不是指华严宗式的很高境界的理论,而是指天台宗式的"圆教"。华严宗的理论架构由两个层次"翻转而成":下层是"污染的",上层是"清净的",最高境界是圆融的。天台宗则将这两层的区隔完全"化除"——系统而无系统相,理论而无理论相,因此而更为圆通。即"真如世界"与"现实世界"本是一个世界,一旦迷了,就是众生;一旦悟了,当下就成佛,此为真正的"圆教"。与天台圆教相类,儒家之"良知"就在一言一行中表现,没有其他地方可以表现,这就是儒家的"圆教"。④ 王财贵说:

儒家其实第一步即走上了圆教之路,无量的仁德在哪里表现呢?就在一言一行当中表现,没有其他地方可以表现。一表现全表现,天理俱在,一即一切,一切即一,这就是儒家的道德学——"道德的形

---

① 参见王财贵:《经典教育与文化关怀》,第97—98页。
② 参见王财贵:《经典教育与文化关怀》,第99页。
③ 王财贵:《经典教育与文化关怀》,第100页。
④ 参见王财贵:《经典教育与文化关怀》,第101页。

而上学"。①

在王财贵看来,对形而上的境界人类本来应该是"无言"的,真正的"实践"是不需要讲理论这一套的。但是,现在的问题是,佛教讲了,道家也讲了,儒家因此才不得不讲。在此意义下,理论似乎也是必要的。他说:"你不知道理论也很重要呀!理论都建立不起来,何况去实践!"②实际上,讲与不讲不是很重要的,理论并不是"判教"的重点。比如,道家本是没有基本主张的,它不与任何系统对立,而依附在所有系统上成就所有系统。因此,道家只问你心里有没有"执著",任何时候都没有"执著"就对了。因此,王财贵说:"道家的学问没有起点,只有终点。道家只在别人的实践工夫将要到家的那一刻指点人放下,所以说道家是'为大贤立法'。当大贤要转为圣人的那一关,生命要浑然一下,来个'忘'——'忘掉工夫',即回归自然,而成圣。"③同样,一般人都认为佛家高明而且丰富,因为它是从人生之负面起教,故需要从负面转到正面来,所以不得不丰富,又不得不高明。④ 与此不同,儒家则是从正面起教,只一个"欲仁仁至",一个善性"扩充",就足以彻上彻下,所以显得平实易简。不过,它虽然没有佛教和道家理论的丰富,但它却不失佛教与道家的"高明"。因此,《周易》说:"易简而天下之理得矣。"⑤对此,王财贵说:

只有儒家道德实践才有力量,其形而上学有真实性。⑥

根据王财贵的认识,儒、释、道之作为"大教",尤其是儒家之作为"圆教",面对西方文化东渐所导致的中西文化"会合",中国哲学应当承担更多的责任。具体来讲,东方学问和西方学问为人类学问的"两大宗";前

---

① 王财贵:《经典教育与文化关怀》,第101页。
② 王财贵:《经典教育与文化关怀》,第101—102页。
③ 王财贵:《经典教育与文化关怀》,第102页。
④ 参见王财贵:《经典教育与文化关怀》,第102—103页。
⑤ 王弼注,孔颖达疏,李申、卢光明整理,吕绍纲审定:《周易正义》,第260页。
⑥ 王财贵:《经典教育与文化关怀》,第118页。

者侧重实践体证,对应于"超越层",相当于西方的形上学;西方的学问侧重"思辨",对应于"现实层",相当于西方的知识论。就人类的未来发展看,东方学问与西方学问是一定要"会通"的,否则人类会有自我毁灭之忧。然而,要完成这种"会通"的使命,由西方的知识论"往上开"形上学是有麻烦的,故只能由形上学"往下开"。也就是说,儒、释、道三教作为"智慧的学问",要让西方人了解是有难度的,故叫西方人综合两面是不太容易的。当然,也不能完全否定西方人承担"融汇中西"的能力,但是要整个民族去做这个事,还是要靠中华民族。质言之,"会通"东西学问的责任在中国,因为只有中国人容易同时了解两个方面。① 因此,王财贵反对一味跟着西方文化走的"全盘西化",而主张以自我为主体"吸收"、消融和变化西学,使其精粹"化归"、充实为"我"的生命营养。他说:"近三百年来西方人讲的话,我们并不一定全盘相信。但是,一百年来,中国人对西方就是亦步亦趋!……从今天开始,中国人不可以再盲从了!"②在此基础上,王财贵针对"全盘西化"而提出"全盘化西"的口号。他说:"五四时代提倡一个口号叫做全盘西化,现在我提出了另外一个观点,叫做全盘化西。我们要把西方的学问消化进来……"③他还说:

> 消极的"全盘西化"的梦应该醒了,而应代之以积极的"全盘化西"。"化西"的意思是"消化西方文化"。"消化"是以自我为主体大方地吸收西学,消融而变化之,使西方文化之精粹"化归"为我的营养,以更充实我的生命。④

---

① 参见王财贵:《经典教育与文化关怀》,第103—105页。
② 王财贵:《经典教育与文化关怀文集》,第19—20页。
③ 王财贵:《读经宣导讲师培训资料》(二),第30页。
④ 王财贵:《教育的智慧学——2009年大陆新版读经教育说明手册》,第9页。

第六章 杨祖汉

杨祖汉,1952年出生于香港,原籍广东省新会县。1976年毕业于台湾师范大学国文系,获学士学位。1976—1978年香港新亚研究所①哲学组学习,获得哲学硕士学位。1979—1984年,任中国文化大学哲学系讲师,1985—1992年任中国文化大学哲学系副教授,1993—2001年任中国文化大学哲学系所教授,其间曾任职于"中央研究院"中国文哲研究所。2001年起任中央大学中国文学系教授、系主任,现为中央大学文学院教授、院长,兼任中央大学文学院儒学研究中心主任。2002年后曾兼任《鹅湖》月刊社社长。

杨祖汉是牟宗三的亲炙弟子。在读大学时与同学一起组成读书会研读牟宗三等人的著作。在香港新亚研究所攻读硕士时,其学位论文的指导教师是牟宗三。杨祖汉早期以研究牟宗三哲学为主,并在研究基础上对牟宗三哲学有所修正,希望以此传承现代新儒家的思想。杨祖汉对儒学和康德哲学之比较亦有深入研究。他说:"康德哲学是西方传统哲学之精粹,而他的思想路向,实在和儒学非常相似,借用康德的理论和概念,是比较能清楚地表达出儒学的精义的。"②近年来,他致力于韩国儒学的

---

① 1952年成立于香港。
② 杨祖汉:《儒学与康德的道德哲学·自序》,台湾:文津出版社1987年版,第1页。

研究,并由此开始转向于朱子学的研究。

杨祖汉的主要著作包括《中庸义理疏解》(韩译本名为《中庸哲学》)、《儒学与康德的道德哲学》、《儒家的心学传统》、《当代儒学思辨录》、《从当代儒学观点看韩国儒学的重要论争》、《中国哲学史》(合著)、《21世纪中国实学》(合著)、《东亚朱子学的同调与异趣》(合著)、《韩国江华阳明学研究论集》(合著)、《东亚儒者的四书诠释》(合著)、《儒学与世界文明》(合著)、《含章光化——戴琏璋先生七秩哲诞论文集》(合著)等。

第一节 儒学之作为"成德之教"

杨祖汉认为,儒家哲学作为中国数千年来学术思想的主流,其本质是一种"成德之教"。① 具体来讲,儒家作为一种"教化"的学问,它重在教人如何成德、成圣。因此,纵使儒家有许多派别,其目的都是教人成为有德者。在孔子之后,儒家在先秦时期形成两种教法:孟子首先主张"求其放心",然后主张"扩充本心";②荀子则首先主张"虚壹而静",而后主张学习礼义。③ 到了宋明时期,孟子与荀子这两种理路分别被陆王与程朱继承下来:陆王主张"先立大本"和"致良知",程朱则主张"涵养用敬"与"格物致知"。基于上述疏解,杨祖汉认为,真正道德实践的工夫应定在孟子、陆王这个系统上,即以孟子、陆王的讲法为主。即真正的道德实践是在"本心"、"良知""呈现"时开始的,而不能通过模仿、认知来践德。质言之,孟子、陆王所讲的"求其放心"的工夫应是儒家"成德之教"的本质。当然,也不能否认程朱、荀子工夫的重要性。总之,陆王的讲法可以"立大本",树立起人真正的道德主体;程朱的讲法可以"磨平"在现实上种种非理性的活动,并进而可以为科学知识提供根据。这样,二者若结合起来,不仅可"明于内",亦可"通于外",且可使"良知"持久"呈现"。④

---

① 参见杨祖汉:《儒学与康德的道德哲学》,第161页。
② 参见赵岐注,孙奭疏,廖名春、刘佑平整理,钱逊审定:《孟子注疏》,第310—311页。
③ 参见王先谦撰,沈啸寰、王星贤点校:《荀子集解》,第395页。
④ 参见杨祖汉:《儒学与康德的道德哲学》,第179页。

美国哲学家蒂利希认为,宗教实是一种"终极关怀",而"终极关怀"的对象是上帝及完全的圣洁。他说:"宗教,就这个词的最广泛和最根本的意义而言,是指一种终极的眷注。"①不过,在杨祖汉看来,"终极关怀"的对象并不一定是上帝。通常来讲,儒家之学常被视为只着眼于现实人生,而不及于永恒之领域。实际上,儒学固然重视人伦道德,但也认为"仁心"并不限于现实界。也就是说,如果人能够真实的"呈现""仁心",便可以感受到一种具体的无限精神;而面对这种无限的精神,人是可以抛开其他一切的。因此,"儒学固然是肯定世界,重视伦理道德,承认人间事物有其存在之真实意义与价值;但儒学……是要即于现实的世界,具体的生命存在、人伦生活,以实现无限的价值。"②质言之,儒学对于道德价值即持一种"终极关怀"的态度。杨祖汉认为,在孔子之前,中国文化并不缺乏对最高主宰者的敬慎膜拜。之后,尽管孔子并没有将"天"、"帝"加以"位格化"、客体化,而是着重于"开出""道德主体",从而将把"天道""内在化",或把"仁心""超越化"。如此来看,就"终极关怀"的意义来讲,儒家不仅极富宗教性,因为"天道"是绝对与崇高的;而且它乃"大中至正之教",因为它"合聚散有无以言道"。③

在杨祖汉看来,宗教的产生缘于人的原因。即人的理想性与种种相关外缘结合在一起,遂形成宗教。④不过,由于人们对"理想性"的理解不同,遂形成两种不同的宗教类型:一种是希望从"内证圣智"以求解脱的"自力宗教",另一种是希望"外求恩赐垂爱"的"他力宗教";前一种以东方的儒、佛为代表,后一种以西方的基督教为代表。⑤具体来讲,"他力宗教"表现为两个方面的明显特征:其一,神乃"超越而外在";其二,人性中有极深的阴暗面。⑥当然,基督教的人神并非完全隔绝的,因为"神而人"

---

① [美]保罗·蒂利希:《文化神学》,陈新权、王平译,北京:工人出版社1988年版(下同),第7页。
② 杨祖汉:《当代儒学思辨录》,台湾:鹅湖出版社1998年版(下同),第140页。
③ 参见杨祖汉:《当代儒学思辨录》,第142—148页。
④ 参见杨祖汉:《儒学与康德的道德哲学》,第198页。
⑤ 参见杨祖汉:《儒学与康德的道德哲学》,第200—201页。
⑥ 参见杨祖汉:《儒学与康德的道德哲学》,第201页。

的耶稣乃人神间的"中保",此即将外在的神拉进了人的真实生命。① 不过,基督教的很多说法虽极精彩,但终是太多的激情,而激情会导致宗教的排他性。此是"他力宗教"的缺欠之处。就"自力宗教"来看,儒家虽然没有其他宗教的仪文、教主和对神的肯定,但它的道德"良知之学"显示出极强的宗教精神。同样,佛教发展至禅宗,已不肯受一切形式仪文所限,此亦乃"宗教性的突破"②。在杨祖汉看来,儒、佛两家所代表的"自力宗教"由于表现出共同的宗教精神,即"不肯放弃理想的精神",故"可以满足人的宗教性之要求"③,故实为一切宗教的"共通点"。④

一、儒家"成德之教"的理路

杨祖汉认为,儒家哲学作为中国数千年来学术思想的主流,其本质是一种"成德之教"。他说:"我们以简单的话来规定儒家哲学的本质。儒家的学问是'成德之教',此与一般所谓的教育或教化不太相同。"⑤具体来讲,儒家是一种关于"教化"的学问,但其"教化"的重点不是取得知识、应付生活,而是偏重于教人如何成德、成圣。因此,纵使儒家许多派别要求人们先读书、"格物穷理"⑥,但目的仍是要人成为有德者,而不是成为某方面的专家。因此,"对道德的法则及修养工夫的探究,便是儒学最基本的课题"⑦。依着儒家的理论,生命活动是意志的活动,而意志活动应该是按照道德法则而行。也就是说,道德行为是依无条件的命令而行的。那么,此时的问题是:生命活动是否能够时时刻刻按照这种方式而行呢?在孟子看来,"恻隐之心"、"羞恶之心"、"恭敬之心"、"辞让之心"随时都能呈现,但它们并一定必然能时时主宰生命。如果它们能随时呈现,而且

---

① 参见杨祖汉:《儒学与康德的道德哲学》,第203页。
② 杨祖汉:《儒学与康德的道德哲学》,第209页。
③ 杨祖汉:《当代儒学对孔子天论的诠释》,刘述先主编:《当代儒学论集:传统与创新》,第250页。
④ 参见杨祖汉:《儒学与康德的道德哲学》,第206—207页。
⑤ 杨祖汉:《儒学与康德的道德哲学》,第161页。
⑥ 朱熹说:"格物,便是下手处;知至,是知得也。"(黎靖德编,王星贤点校:《朱子语类》,第297页)
⑦ 杨祖汉:《致读者书》,《民族文化大醒觉 宋元学案》,海南:中国三环出版社1992年版(下同),第21页。

时时主宰生命,那便是圣人。但是,常人不一定能做到如此,其很多道德行为做得比较勉强。① 正因为如此,孔子将人生分为"兴于诗"、"立于礼"、"成于乐"三种境界。常人处于"立于礼"的境界,而圣人则达及"成于乐"的境界。因此,常人需要通过修养工夫以提高,从而追求圣人境界。② 关于"成德之教",杨祖汉说:

> 成德之教是以成圣,即成为有德者,作为生命历程追求中最后的目的这样的一种学问。即其学问的中心是在于道德实践,希望人能真正从事德性的实践。③

可见,"成德之教"是引导人成为有德者,故它不是宗教之教。不过,杨祖汉认为,"成德之教"是广义的宗教,因为它确是个"教",而且它也有"宗";它的"宗"是指它的归依和"生命的向往"。④ 例如,基督教的"宗"是上帝,上帝表示无限、普遍的爱;依照此宗而祈祷、上礼拜堂、灵修,便是基督教。儒家的宗是"道",此道是以道德来规定的,它在圣人身上具体呈现,故"成圣"乃是儒学的最高向往。他说:"圣人就是天人合一的人,是自然地、没有例外地为善,这是立于礼之后的成于乐的境界。生命完全是天理流行,完全没有勉强,好像一个伟大的音乐般谐和,他应该做的事情,他自然就做,这个叫做成于乐。"⑤在杨祖汉看来,"圣人"的意义有两个方面:一是形式意义,即从"自觉"进至"超自觉",指无心为善而自然是善,无心去恶而自然无恶;这自然而然的为善去恶便是圣人的形式意义。二是内容意义,即"大人者,与天地合其德"⑥。即,"亲亲而仁民,仁民而爱物"⑦,"老者安之,朋友信之,少者怀之"⑧,一切人、一切存在都要安

---

① 参见赵岐注,孙奭疏,廖名春、刘佑平整理,钱逊审定:《孟子注疏》,第94页。
② 参见何晏注,邢昺疏,朱汉民整理,张岂之审定:《论语注疏》,第104页。
③ 杨祖汉:《儒学与康德的道德哲学》,第162页。
④ 参见杨祖汉:《儒学与康德的道德哲学》,第165页。
⑤ 杨祖汉:《儒学与康德的道德哲学》,第165页。
⑥ 王弼注,孔颖达疏,李申、卢光明整理,吕绍纲审定:《周易正义》,第23页。
⑦ 赵岐注,孙奭疏,廖名春、刘佑平整理,钱逊审定:《孟子注疏》,第377页。
⑧ 何晏注,邢昺疏,朱汉民整理,张岂之审定:《论语注疏》,第68页。

顿;"已欲立而立人,已欲达而达人"①,实现无穷无尽的德化便是"天德"。质言之,儒家以"天人合德"或"天人合一"为宗。② 杨祖汉说:

> 儒学也有教,这个教是个什么教呢?这个教是教人如何面对你自己的生命、澄清你的生命,而显出你的道德本性。……面对自己而作内在的反省澄清的工夫,希望自己的生命能通过修养的工夫,而相应于道德法则而行,这就是教。③

杨祖汉进而认为,儒家"成德之教"自孔子以后形成孟子和荀子两种教法。在孟子看来,成德的工夫在于"找回""放失"的心。他说:"学问之道无他,求其放心而已矣。"④具体来讲,孟子的"成德之教"主要有两个步骤:第一步,肯定人人都有"本心"。"本心"是"仁"、"义"、"礼"、"智"之所在,按照"本心"的规定去做就是合理的。第二步,是"扩充",即扩充"本心"。在此,"扩充"就是"尽心",而"尽心"就是"充分实践"。孟子说:"尽其心者,知其性也。知其性,则知天矣。"⑤质言之,在孟子,面对"良知呈现"不要让它"流失",而要让它显现出来并作为生命主宰,这样才是真正的道德实践。⑥ 荀子的教法则显然不同。他没有从人的本心善性说起,而是从人的生理活动、心理本能出发,故认为人性是恶的。在他看来,人性恶的根源在于不知"道",故必须通过学习以知"道",而"道"乃存在于圣人著作中的"礼"、"义"。因此,唯有"虚壹而静"⑦,即虚心、专一而冷静地观察事物,才能得到正确认识。也就是说,如果能够做到"虚壹而静",便可以学习到"礼"、"义";如果进而按照"礼"、"义"从事生命活动,就可以成圣人。⑧ 对照地看,如果说孟子基于"自律"而主张一种

---

① 何晏注,邢昺疏,朱汉民整理,张岂之审定:《论语注疏》,第83页。
② 参见杨祖汉:《儒学与康德的道德哲学》,第165—166页。
③ 杨祖汉:《儒学与康德的道德哲学》,第166页。
④ 赵岐注,孙奭疏,廖名春、刘佑平整理,钱逊审定:《孟子注疏》,第310—311页。
⑤ 赵岐注,孙奭疏,廖名春、刘佑平整理,钱逊审定:《孟子注疏》,第350页。
⑥ 参见杨祖汉:《儒学与康德的道德哲学》,第168—170页。
⑦ 王先谦撰,沈啸寰、王星贤点校:《荀子集解》,第395页。
⑧ 参见杨祖汉:《儒学与康德的道德哲学》,第170—172页。

"逆取"的路子,荀子则基于"他律"而主张一种"顺取"的路子。对此,杨祖汉说:

> 孟子的道德实践是自律的,仁义礼智是我的本心规定的,这个我是恻然有动于衷的我;荀子的说法是他律的,我这么做是善的,因圣人制作的礼义法度是规定人如此做……①

在杨祖汉看来,到了宋明时期,孟子与荀子两个理路渐渐演变为程朱之"道问学"与陆王之"尊德性"的不同:程朱主要继承与发展了荀子的理路。他说:"程朱的说法是荀子说法的翻版,而加上一点形上学的理论,使这套理论深化。"②大致来讲,程朱的教法可用两句话来涵盖:"涵养须用敬,进学则在致知。"③具体来讲,首先须用"敬"的工夫来"定住心"。所谓"敬"就是"主一",即精神集中、主一无适。此乃以外部"约束"来使生命振作,从而使心保持平静,而平静的心便可以明理。其次需要用"格物穷理"④的工夫来"致知"。若心知能够充分实现,便能达至"知之至";"知之至"后便有可能成为"圣人"。当然,"致知"之知不是科学之知,而是指对超越的天理的认知。杨祖汉说:"这个知理不是知道经验知识的理,如所格的物是父,并不是研究父之生理结构、心理情绪之理,而是要穷格父之所以为父之理,知此理,我们便知要孝父。"⑤陆王则继承、发展了孟子的理路。杨祖汉说:"陆王的说法则是孟子说法的重述。"⑥陆九渊主张"心即理也"⑦,因此主张区分"大体"和"小体",并"先立处其大":"大体"是"本心","小体"是耳目五官;先显出"大体",则"小者"不能夺。质言之,修养工夫是要人面对自己而内省,当下明白"义利之辨"。杨祖汉

---

① 杨祖汉:《儒学与康德的道德哲学》,第173页。
② 杨祖汉:《儒学与康德的道德哲学》,第173页。
③ 程颢、程颐著,王孝鱼点校:《二程集》,第188页。
④ 朱熹说:"格物,便是下手处;知至,是知得也。"(黎靖德编,王星贤点校:《朱子语类》,第297页)
⑤ 杨祖汉:《儒学与康德的道德哲学》,第175页。
⑥ 杨祖汉:《儒学与康德的道德哲学》,第176页。
⑦ 陆九渊著,钟哲点校:《陆九渊集》,第149页。

说:"象山说宇宙就是吾心,吾心就是宇宙,当你本心充分实现时,你就会体会到整个宇宙都在你心中,人可在有限的生命活动中体会到无限的价值、无限的意义。为什么不从这个地方做努力,先立乎其大?"①同样,王阳明主张最重要的工夫是要"明觉"本有"良知",而不让它"流走"。质言之,最重要的工夫是"致良知"。因此,只要"良知"充分实现,便会有真正的道德行为。②

基于上述疏解,杨祖汉认为,真正的道德实践工夫应定在孟子、陆王这个系统上,即以"尊德性"这样一理路为主。他说:"儒学是成德之教,而对道德的说明,以孟子陆王一系最为恰当,故以孟子陆王为正统。"③他还说:"真正的道德实践是在我们本心、善性、良知出现时才开始的,不能通过模仿、认知来践德。模仿久了,好像表现得跟圣人一样,但内心没有本心良知的呈现,这种行为只是像鹦鹉学语一样,没有意义。所以真正之道德实践功夫应以本心呈现为始点。孟子、陆王所讲的求其放心的功夫应是儒家所讲的成德之教的本质的功夫。"④当然,也不能完全否认荀子、程朱之系统的重要性。因为,虽然道德实践工夫从"本心"呈现开始,但"本心"不是时时刻刻都"呈现",而是往往蒙蔽于利欲之中。所以,多读书、"格物穷理"⑤会助于"本心"的呈现。因此,在肯定了孟子、陆王的系统之后,可以用程朱的系统来作为辅助手段。在杨祖汉看来,陆王的讲法可以"立大本",树立起人真正的道德主体;程朱的讲法可以"磨平"现实中种种非理性的活动,且其强调理之客观性使科学知识有了内在根源。这样,两方面工夫若合起来并"晓得主从"的话,乃是一种理想的状态。他说:

假如这两方面的功夫合起来的话,并晓得主从,而不互相伤害,

---

① 杨祖汉:《儒学与康德的道德哲学》,第176—177页。
② 参见王阳明撰,吴光、钱明、董平、姚延福编校:《王阳明全集》,第189页。
③ 杨祖汉:《论余英时对新儒家的批评》,《儒学与当今世界》,第157页。
④ 杨祖汉:《儒学与康德的道德哲学》,第178页。
⑤ 朱熹说:"格物,便是下手处;知至,是知得也。"(黎靖德编,王星贤点校:《朱子语类》,第297页)

就可以明于内,也通于外。①

二、儒学的终极关怀

美国哲学家蒂利希(Paul Tillich,1886—1965年)认为,宗教是一种"终极关怀",即宗教信仰是要人用全部生命和热情去追求、关心的事情。他说:"宗教,就这个词的最广泛和最根本的意义而言,是指一种终极的眷注。"②进而,他认为,"终极关怀"的对象是上帝及完全的圣洁。不过,在杨祖汉看来,"终极关怀"的对象并不一定是上帝。历史地看,儒家之学常被视为只着眼于现实人生,只说人间的伦理道德,而不及于永恒之领域,即认为儒学是缺乏"超越性"的。实际上,儒学固然重视人伦道德,但也认为"仁心"并不只属于现实界。也就是说,如果人能够真实地"呈现""仁心",便可以感受到一种无限的精神;而面对这种无限的精神,人是可以抛开其他一切的;此即是一种"终极关怀"的精神。所以,孔子说:"朝闻道,夕死可矣。"③孟子也说:"所欲有甚于生者","所恶有甚于死者"。④因此,杨祖汉认为:"儒学固然是肯定世界,重视伦理道德,承认人间事物有其存在之真实意义与价值;但儒学……是要即于现实的世界,具体的生命存在、人伦生活,以实现无限的价值。"⑤质言之,儒学对于道德价值抱着一种"终极关怀"的态度。他说:

> 这通过道德实践而体会到的具体的无限精神,是可以作为人的终极关怀之对象的,就此义而言,儒学是即道德、即宗教的。⑥

杨祖汉认为,在孔子之前,中国文化并不缺乏对最高主宰的敬慎膜拜。他说:"在孔子之前的《诗》、《书》中所说到的天、帝、天命,是常有人

---

① 杨祖汉:《儒学与康德的道德哲学》,第179页。
② [美]保罗·蒂利希:《文化神学》,陈新权、王平译,第7页。
③ 何晏注,邢昺疏,朱汉民整理,张岂之审定:《论语注疏》,第50页。
④ 赵岐注,孙奭疏,廖名春、刘佑平整理,钱逊审定:《孟子注疏》,第308页。
⑤ 杨祖汉:《当代儒学思辨录》,第140页。
⑥ 杨祖汉:《当代儒学思辨录》,第141页。

格神的意味的,……虽然此中所谓的人格神,并不似希伯来人所说的上帝,那般的有强烈而突出的人格性。"①但是,孔子并没有进一步将"天"、"帝"加以"位格化"、客体化,而是着重于先"开显"道德主体。即,孔子之用心不在崇拜外在的皇天上帝,而是转过头来"开显"人之内在的"仁心"。即"孔子言仁重在开启人的道德之自觉,反求诸己以实践,而不重向天祈求之精神"②。尽管如此,孔子并非没有对"天道"、"天命"的意识与虔敬,而是时常流露出对天的敬慎寅畏。如他说:"五十而知天命"③;"畏天命"④;"知我者其天乎"⑤及"天生德于予"⑥等。不过,"天"在此乃是客观性之原则,而不是外在的人格神。对此,杨祖汉说:"天及天命,不论是人格神,或是形而上之道体,都表示是天在万物存在之客观根据。"⑦按照康德的理论,上帝并不是"理论理性"的对象,即"理论理性"不能证明上帝之存在,唯有经过"实践理性"才可肯定之。对应地看,孔子的"践仁而知天"⑧或"默而识之"⑨正是"实践理性"之知,故孔子对"天"的肯认是恰当合理的。因此,杨祖汉说:

> 徐先生(指徐复观——引者)此说,偏重在从人内在的道德性来说天、说命,似乎便将天虚位化了。天及天命,不论是人格神,或是形而上之道体,都表示是天地万物存在之客观根据。此一意义,应是一

---

① 杨祖汉:《当代儒学对孔子天论的诠释》,刘述先主编:《当代儒学论集:传统与创新》,第 231 页。
② 杨祖汉:《当代儒学对孔子天论的诠释》,刘述先主编:《当代儒学论集:传统与创新》,第 233 页。
③ 何晏注,邢昺疏,朱汉民整理,张岂之审定:《论语注疏》,第 15 页。
④ 何晏注,邢昺疏,朱汉民整理,张岂之审定:《论语注疏》,第 228 页。
⑤ 何晏注,邢昺疏,朱汉民整理,张岂之审定:《论语注疏》,第 199 页。
⑥ 何晏注,邢昺疏,朱汉民整理,张岂之审定:《论语注疏》,第 93 页。
⑦ 杨祖汉:《当代儒学对孔子天论的诠释》,刘述先主编:《当代儒学论集:传统与创新》,第 237 页。
⑧ 孔子说:"不怨天,不尤人,下学而上达。"(何晏注,邢昺疏,朱汉民整理,张岂之审定:《论语注疏》,第 199 页)对此,牟宗三的解释是:"孔子认为……应努力不懈地做自身的'下学'的践仁功夫,以期'上达'的效果。'上达'什么呢? 显然是天命、天道。'上达'就是古语'上达天德'的意思。(牟宗三著,罗义俊编:《中国哲学的特质》,第 31 页)
⑨ 何晏注,邢昺疏,朱汉民整理,张岂之审定:《论语注疏》,第 84 页。

般很容易想到的,而徐先生此一说法,便将天的作为存在界之客观根据之义去掉了,……故徐先生此说,……即是偏义,而非全义。①

在杨祖汉看来,孔子的"天道"是绝对的、崇高的和超越的。也就是说,虽然"天道"由人之"践仁"、"行义"可证悟,但"天道"乃具有无限意义的存在。质言之,"天道"的意义是超越的、绝对的,并不受现实的人生所限制;既不因为有人去实践而增加其价值,亦不因为没有人去实践而减少其价值。程明道说:"天理云者,这一个道理,更有甚穷已?不为尧存,不为桀亡。人得之者,故大行不加,穷居不损。这上头来,更怎生说得存亡加减?是佗元无少欠,百理具备。"②人之功业无论如何伟大,终究是有限的、会消散的,而"天道"则是恒存的、绝对的。既然"天道"是恒有的、绝对的,它便是崇高的,故它便可成为人所崇敬的对象,进而它便可为一切价值的根源。杨祖汉说:"天道浩浩无穷,无论人如何努力,都只能趋近之,而不能企及之。……如此便由践仁而直觉天道遥遥在上,要人超越地遥契之,而保持了天道之超越义,使人产生极深之宗教精神。"③由此可见,"天道"与基督教的上帝有着同样的地位。他说:"当人真正去践仁尽性时,便会真切感到天道之尊严,而不由人不对之虔诚膜拜,而亦与之相知相感,如基督教所言之神人相契。"④正是在此意义下,杨祖汉认为徐复观只从内在道德性说"天"和"命",是没有得孔子和儒家思想之"全义"。总之,杨祖汉说:

从人间伦理的实践中,仍是可以使人产生超越的情感,而满足人的宗教性的需要的,此种宗教性的满足,并不必须肯定一超越的人格神,然后可能。⑤

---

① 杨祖汉:《当代儒学对孔子天论的诠释》,刘述先主编:《当代儒学论集:传统与创新》,第237—238页。
② 程颢、程颐著,王孝鱼点校:《二程集》,第31页。
③ 杨祖汉:《儒学的超越意识》,《牟宗三先生的哲学与著作》,第715—716页。
④ 杨祖汉:《儒学的超越意识》,《牟宗三先生的哲学与著作》,第714页。
⑤ 杨祖汉:《当代儒学对孔子天论的诠释》,刘述先主编:《当代儒学论集:传统与创新》,第250页。

不过,儒者虽然有很强烈的超越意识,但并不认为"天道"是超越而外在的。质言之,儒者认为"天道"是"超越而内在"、"内在而超越"的。换言之,如果没有现实具体的气化流行,"天道"便无从表现其作用。在此意义下,与其说"本心"能体会"天道"之超越而崇高的意义,不如说"本心""呈现"便是"天道"之流行。杨祖汉说:"中国亦有其作为日常生活之轨范,及提撕精神,启发灵感之宗教精神,但此宗教精神已融入伦常日用之礼乐文制中,而不显其迹了。"①因此,"天道"必须于聚散往来的气化上表现;不仅在气之聚中有"天道",而且在气之散中亦有"天道"。张载说:"聚亦吾体,散亦吾体,知死之不亡者,可与言性矣。"②由此来看,儒者认为生固然有价值,死亦有其价值。程明道说:"死生存亡皆知所从来,胸中莹然无疑,止此理尔。孔子言'未知生,焉知死',盖略言之。死之事即生是也,更无别理。"③在此意义下,道教之求长生是"执著于聚",佛教之言寂灭是"偏于无",基督教之追求"永生"为不必要,唯有儒家"合聚散有无以言道"才是"大中至正之教"。④ 杨祖汉说:

> 儒学在中国文化中之地位,犹如基督教之在西方文化。基督教在西方,是处于最高之领导地位者;……但中国之儒家则不如是,而一般人亦不以宗教视之。然吾人不可因此而曰中国无宗教,儒学无宗教精神,……因儒学所重者为伦常之道,要人即于五伦(父子、君臣、长幼、夫妇、朋友)中实现无限的精神价值,印证一真善美之神性之实在。……而反应说儒学为唯一能正视人生、与人生不相隔的正大圆融之教。⑤

三、"自力宗教"与"他力宗教"

在杨祖汉看来,宗教的产生缘于人的原因。质言之,人的理想性与种

---

① 杨祖汉:《儒学的超越意识》,《牟宗三先生的哲学与著作》,第709页。
② 章锡琛点校:《张载集》,第7页。
③ 程颢、程颐著,王孝鱼点校:《二程集》,第17页。
④ 参见杨祖汉:《当代儒学思辨录》,第148页。
⑤ 杨祖汉:《儒学的超越意识》,《牟宗三先生的哲学与著作》,第709—710页。

种相关的外缘结合在一起,遂形成宗教。他说:"由于他们是把产生宗教之感之灵性推出去,使之成为或一或多之客观对象,又将此等对象加以执着而限定之,遂使理为事限,心为形拘,而成为各各不同之神的形象。"①具体来讲,宗教的起因有如下几个方面:其一,人是有限的存在,但人有对于"无限"的追求。即人虽是有限的存在,但由于人有理性自觉,故产生了"永恒"观念,进而产生了对于"无限"的追求。其二,人对于"最高福善"的追求。杨祖汉说:"人感到理想永远超越于现实之上,要人作永久之追逐,而不得止息,遂使人亟于谋求统一此二重世界;于是坚信最高福善之真实存在,可为人所企及。"②其三,人对现实罪恶的批判所引发的对于自由的追求,即面对人的种种有限性,"希望有全部清洗解脱,使精神得以有自由快乐之一日"③。其四,人对于自然和社会灾难的反省所引发的对心灵的抚慰,即希望"神明在上而可为苍生作主,以之抚慰漂泊无依的心灵"④。其五,人对于"生生之原"的反思,即对于"造物主"的皈依和向往。⑤ 不过,尽管宗教起因于五个方面,但这些方面是相通的;它们可归结为一点,即对于理想之无限追求。杨祖汉说:

> 其实此数点皆是因为人自身的理想性之无限要求而有,故五点可约归为一点,即人之理想性因某些外缘之刺激,引生而为某种特殊之形式表现。⑥

杨祖汉认为,人们平常"缠绕"于各种形式的生活,受着各种生理欲求的控制;自以为此便是人生的全部,故将一切力量与希望都放在现实欲求之满足上。然而,当人感到心力交困或面对崇山峻岭时就会觉悟:现实的"有"终是有限,"空无"却无穷无尽。至此,人若不肯消极、放弃的话,便会自觉到生命内有一股不肯为现实活动所限的精神能力;这种能力可

---

① 杨祖汉:《儒学与康德的道德哲学》,第 198 页。
② 杨祖汉:《儒学与康德的道德哲学》,第 197 页。
③ 杨祖汉:《儒学与康德的道德哲学》,第 197 页。
④ 杨祖汉:《儒学与康德的道德哲学》,第 198 页。
⑤ 参见杨祖汉:《儒学与康德的道德哲学》,第 197—198 页。
⑥ 杨祖汉:《儒学与康德的道德哲学》,第 198 页。

以拒绝一切现实欲求,从而体会一种超越的绝对永恒的意义。在这意义下,在现实上"打转"并非人生最后的归宿,超越的精神才是人生的价值。因此,人们日常生活常常表现出对福佑的祈求,但祈求福佑只是形迹和表面现象,其背后必然有超越功利的理想。如此来看,不论是较低级之崇拜木、石、水、火,还是较高级之崇拜佛与上帝,都是为了满足此要求而发。杨祖汉说:"这使我了解到,虽不识不知之愚夫愚妇,亦喜求神礼佛之故;这决然不是由于纯然的私利之心之驱使而祈求福佑,而是他们都能借着求神礼佛之过程而得到某种从其它活动所不能得到的满足——满足了人的永恒而又终极的要求。"①因此,"宇宙的真实"并非无尽的空虚,而是这"永恒而又终极"的理想性追求。杨祖汉说:

> 人如不肯消极放弃的话,便会自觉到,他的生命内层有一股不肯为一切现实活动所限的精神能力。这种能力,使他可以拒绝一切现实欲求,而体会到一种超越一切的绝对永恒的意义。……于是,便发觉这超越一切的精神,方是人生的价值,只有保持这种状态,方见宇宙之真实。②

然而,由于人们对这种"超越一切的精神"的理解方式不同,遂形成两种不同的宗教类型:一种是希望从"内证圣智"以求解脱的"自力宗教",另一种是希望"外求恩赐垂爱"的"他力宗教";前一种以东方的儒、佛为代表,后一种以西方的基督教为代表。杨祖汉说:

> 对这超越的精神,有两种理解方式,一是认为这种精神能力,既是由人内省而自觉到者,则便应是人人所固有的,只要努力修持,便可扩充圆满。这便是东方与之儒佛之路,是希望从内证圣智来获得解脱。换言之,即是自力宗教。另一条路,是将这种超越精神,推开而使之独立客观化,认之为最高之神灵之显现,而人只是幸运地得到

---

① 杨祖汉:《儒学与康德的道德哲学》,第199页。
② 杨祖汉:《儒学与康德的道德哲学》,第200页。

神之垂受恩赐,于是要人绝对谦卑,放下自己,来让圣灵进入,以改造自己,成为新人。这是西方一神论之他力宗教,可以基督教派为代表。①

进而,他对于这两种宗教类型进行了具体分析。

关于"他力宗教",杨祖汉以基督教为代表进行了剖析。他认为,基督教之人、神对立的"二元理论"透显出极强的宗教感情。一个方面,神乃"超越而外在"的。虽然基督教亦说神灵进入内心而为内在,但这不是真正的内在,因它非本有而由外入故。另一个方面,人因人性中有极深的"阴暗面",故人不具有无限的神性。② 当然,在基督教,人、神也并非完全隔绝的。其一,既然上帝是唯一的、无限的,虽然它为外在,但人却无时无刻不面对着他,而不能躲避。杨祖汉说:"我们不可因基督教之强调一神而只顾批评其排他性,这只是一种希望将至高远至伟大的神性过渡到为身上的方便说法。故耶稣说回头见父,已极为切近,心知其意可也。"③其次,"神而人"的耶稣乃人神间的"中保",此即是要将外在的神拉进人的真实生命。马丁·路德(Martin Luther,1483—1546年)强调人可"因信称义",而可当下得救,更大大拉近了人神之距离。④ 总之,在杨祖汉看来,基督教的很多说法虽极精彩,但终是太多的激情,而激情会导致宗教的排他性:自己身受其中深切的苦楚,遂不能容许他人之不信;为免他人堕于痛苦罪恶,则虽杀之亦未为不可。此乃"他力宗教"之明显的缺欠。杨祖汉说:

> 天主教会消灭异教,回教会以剑传道,其目的皆为爱人,但爱人过切了,此或是宗教的排他性之由来。其实这种激情是动于气的,未必是人生之常道。⑤

---

① 杨祖汉:《儒学与康德的道德哲学》,第200—201页。
② 参见杨祖汉:《儒学与康德的道德哲学》,第201页。
③ 杨祖汉:《儒学与康德的道德哲学》,第203页。
④ 参见杨祖汉:《儒学与康德的道德哲学》,第203页。
⑤ 杨祖汉:《儒学与康德的道德哲学》,第203—204页。

关于"自力宗教",杨祖汉认为,其关键乃指其根据在人的内在心性,即对于理想的无限追求而立教。他说:"肯定这种人无论如何都不肯放弃理想的精神便是人之所以为人之性,是超越之性,而非物欲之性,而这正是宗教感情之由来。故要了解宗教,必须回到人的内在之心性上来了解,而不能由外在之主宰启示而解释之。"①质言之,所谓"自力宗教"是指依人而有的宗教,而非依赖于外在主宰而有的宗教。由此来看,儒家虽然没有其他宗教的仪文、教主和对神的肯定,但它显然极富此种超越普遍的精神。在杨祖汉看来,佛教发展至禅宗,已不肯受一切形式仪文所限,此亦乃"宗教性的突破"②。与佛教相类,儒家"良知之学"则更进一步。他说:"我们便可以说宗教精神并不一定要以某种特殊的形式以表达之,而且可以有一种超一切形式表现之宗教,足以为一切不同之诸宗教之汇聚点,为宗教之最终目的所在,此即儒家之道德良知之学。"③由此来看,儒、佛两家表现出共同的宗教精神,即"不肯放弃理想的精神",而这种精神由于"可以满足人的宗教性之要求"④,故实为一切宗教的"共通点"。杨祖汉说:

> 这种精神便是一切宗教的最深共通点,亦是人性的根本。宗教的任务,便是为着要满足人类这种最高尚之感情。⑤

第二节 对现代新儒学的辩护与弘扬

在杨祖汉看来,《中庸》与《易传》一样,包含着一套"道德的形上学",而这套形上学已然成为儒学的传统。所谓"道德的形上学",是指由道德的实践以言形上学,即经由"道德心"的"创生性"来言说的形上

---

① 杨祖汉:《儒学与康德的道德哲学》,第208页。
② 杨祖汉:《儒学与康德的道德哲学》,第209页。
③ 杨祖汉:《儒学与康德的道德哲学》,第208页。
④ 杨祖汉:《当代儒学对孔子天论的诠释》,刘述先主编:《当代儒学论集:传统与创新》,第250页。
⑤ 杨祖汉:《儒学与康德的道德哲学》,第206—207页。

学。① 这套形上学与"思辨的形上学"不同:"思辨的形上学"是依人的"思辨理性"去探究一切存在的基本原理,"道德的形上学"是实践之下的"实事实理",是道德实践所必涵的境界。儒家"道德的形上学"之根据有两个方面:其一是内在本有的道德实感;其二是实践活动之必然效果。因此,单就"道德心"本身便可分析出这套形上学的内容,便可见其义为真实而无虚幻。② 具体来讲,"道德心"不仅是道德价值的根源,而且由于人与天地万物一体,故亦是万物价值的根源;由此"道德心"不仅开出"道德界",使得道德世界成为真实存在,而且亦开出"存在界",使存在界成为真实的存在。而且,人的"道德心"是无限的,"天道"亦是无限的;所谓"无限"只能是一,故"道德心"与"天道"二者实为一体。③ 这样,由于"道德心"与"天道"是贯通的,故"道德的形上学"由此而得以建立。而且,由于这套形上学是道德实践之至乎其极所达到的,故"道德的形上学"之建立具有必然性。

"道统"观念是儒学的一个重要传统。在孟子看来,"道"是很少数的人能恰当了解的,而对孔子之道的了解当世只有他自己。④ 后来,宋明儒学与原始儒学一脉相承,故而儒学之"道统"得以传衍下来。韩愈认为,千百年来,传承儒家此"道"者有一个历史过程,这个过程类似于佛教所说的"法统",因此儒者之"道"的传授谱系也就是儒学的"道统"。⑤ 在这种传统之下,现代新儒家提出明确的"道统"观念。在杨祖汉看来,现代新儒家的"道统"观念不是为了"树立门户",而是认为"心性之学"确是合理的。他们认为,西方学界应正视中国文化为一"活的存在",它不同于埃及、希腊、罗马之学术般为"已死的文明",故研究中国文化须有其敬意。⑥ 对这样一种"道统"观念,余英时提出了尖锐批评,认为"体证"乃宗教式的神秘体验,以此为基础的形上学是不能"哲学地证成"的,故"心

---

① 参见杨祖汉:《中庸义理疏解》,台湾:鹅湖出版社1984年版(下同),第12页。
② 参见杨祖汉:《论余英时对新儒家的批评》,《儒学与当今世界》,第161页。
③ 参见杨祖汉:《中庸义理疏解》,第15—16页。
④ 参见赵岐注,孙奭疏,廖名春、刘佑平整理,钱逊审定:《孟子注疏》,第408—409页。
⑤ 参见韩愈撰,马其昶校注,马茂元整理:《韩昌黎文集校注》,第18页。
⑥ 参见唐君毅:《中华人文与当今世界》,第872—875页。

性之学"不能作为儒家的"道统"。在杨祖汉看来,"体证"是就道德本心之"呈现"而说,由于道德本心"呈现"人人可能,故对本心的"体证"不是神秘的。而且,由实践理性而来的形上学不仅不是独断,反而是超越于"思辨的形上学"的"真正的"形上学。因此,儒家的形上学不仅是哲学论证,而且是真正的哲学论证。①

在杨祖汉看来,对中国文化如何产生科学与民主的思考是现代新儒家理论的重要内容。② 在对此问题的诸多构思当中,牟宗三的"良知坎陷说"颇具代表性。在牟宗三,"良知"与物无对,与万物一体呈现,是"直贯创生性"的活动;"认知心"则与物有对,构成主客的认知架构,是"横列的认知对象"的活动;这两种活动都是理性活动,而理性只能有一个,故二者只是同一个理性之两面运用。不过,在二者之间,唯有"道德理性"为理性的"正用"。因此,牟宗三认为,"良知""自我坎陷"而成为"认知心",从而可为"开出"民主与科学提供根据性的说明。③ 然而,这一理论自一提出便受到许多质疑和批评,其中余英时的批评较有代表性。对于相关批评,杨祖汉分别一一进行了反驳,并透过其反驳表述了三个方面的见解:其一,民主和科学仍是中国文化所欠缺者,故"良知坎陷说"并非对已然出现事实的说明,因此不能否认"良知坎陷说"的理论价值。④ 其二,"良知坎陷说"是一形上的指导原则,或者说它只是对中国文化如何"开出"科学与民主"作一哲学的说明";其理论价值在于指示"开出"的正确方向,而不是直接取代具体的民主与科学实践。⑤ 其三,"良知坎陷说"是就整个民族的文化生命而言的,要实现民主与科学的"开出",需要全体中国人长期的实践才可能。⑥

一、儒家道德的形上学的必然性

在杨祖汉看来,西方哲学史上的形上学多是"思辨的形上学",即依

---

① 参见杨祖汉:《论余英时对新儒家的批评》,《儒学与当今世界》,第 157—161 页。
② 参见杨祖汉:《论余英时对新儒家的批评》,《儒学与当今世界》,第 165—166 页。
③ 参见杨祖汉:《论余英时对新儒家的批评》,《儒学与当今世界》,第 166—167 页。
④ 参见杨祖汉:《论余英时对新儒家的批评》,《儒学与当今世界》,第 170 页。
⑤ 参见杨祖汉:《论余英时对新儒家的批评》,《儒学与当今世界》,第 168—169 页。
⑥ 参见杨祖汉:《论余英时对新儒家的批评》,《儒学与当今世界》,第 172 页。

人的"思辨理性"去探究一切存在的基本原理,或言"上帝"、"灵魂"和"意志自由"。① 但按照康德的批判,西方传统形上学之种种说法皆是不能成立的,因它们皆非人类所能经验到的对象。也就是说,离开了经验界,人便不能有真正的知识,故人对那些超越理念实不能有任何知识。康德认为,只有在"实践理性"的使用下,即人在从事道德实践时,才可以肯定"上帝"、"灵魂"和"意志自由"等理念之实在性。即,惟有在"实践理性"中可打开一"通孔"以通往形上学,这样讲形上学才不致"虚幻"。② 杨祖汉认为,若在此意义下理解形上学,中国儒家之经典《中庸》、《易传》便是这样一种理路,即从道德实践开出"形上理境"。具体来讲,《中庸》和《易传》的思想相近,均以道德来说明存在;认为人的道德活动和宇宙生化的意义是相同的,而道德实践的本体便是宇宙生化不已的本体、"创造性的真几"。质言之,《中庸》和《易传》当中即具备一套"道德的形上学",而这套形上学乃真正的形上学。③ 杨祖汉说:

> 儒家哲学,虽然没有对天道实体的存在,有种种由理论理性作出的种种证明,但并不见得有所亏欠,因有之亦不足以证明道体之存在。而孟子的由尽心知性以知天,中庸的由至诚尽性以言天道为不已的诚道,正是康德所说的由道德实践的要求,而可肯定自由意志及上帝的存在之论证,此可见实践理性之优越性。由此可见……以由道德实践而来的体悟为根据以说的实践之形上学,是优于以理论理性,以种种的哲学论证来建立的思辨之形上学的。……形上学而由实践以建立,可能是唯一能说形上学的路子,如此便见到儒(道释亦在内)家的形上学在世界哲学上应有的地位及其可能有之贡献。此贡献在于使康德哲学百尺竿头、更进一步。④

---

① 参见杨祖汉:《中庸义理疏解》,第13页。
② 参见康德:《实践理性的批判》,《牟宗三先生全集》(15),牟宗三译,台湾:联经出版事业股份有限公司2003年版,第137—157页。
③ 参见杨祖汉:《中庸义理疏解》,第13页。
④ 杨祖汉:《论余英时对新儒家的批评》,《儒学与当今世界》,第160—161页。

杨祖汉认为,儒家的这套形上学"本来就是传统儒学本有的义理"①,而这套义理是有根据的。具体来讲,其根据有两个方面:其一是内在本有的道德实感;其二是实践活动之必然效果。因此,单就"道德心"本身便可分析出这套形上学的内容,便可见其义为真实而无虚幻。② 具体来讲,孔子指点出人本有"仁心",而"仁心"是道德主体和价值之源。孟子肯定"仁义"内在而为人性,严"义利之辨",从而树立起人格尊严。这样,经过孔子、孟子,道德世界的全部义蕴予以彻底"开出"。不过,人的道德生命一旦"发露",便一定要"仁民爱物"③,而不能有止境。所以,孔子的圣者生命要如天道般"不容已",孟子亦曰"万物皆备于我"④、"上下与天地同流"⑤。也就是说,"道德心"一旦"呈现",便必然要涉及一切存在,将一切存在皆包覆在"仁心"之中,此即"体物而不可遗"⑥。由此来看,"道德心"便有了"存有论"的意义,便亦可说"道德心"主宰、创生一切存在。很显然,儒家的这套理论中涵有一套形上学,而这套形上学由道德实践之至乎其极而"开出",故可称之为"道德的形而上学"。杨祖汉说:"对于本心除了是道德实践之根据外,复亦是创造的根源,即有道德形上学的义蕴。"⑦他还说:

  周濂溪、张横渠及程明道,他们说了很多关于天道天理的话,似乎是太玄了,但那些并不是空论,而是他们的实践所得。只要我们回到我们的生命上来体会,便可以了解他们所说的理论的真正涵义。⑧

对此,杨祖汉依照"道德心"作为"实现原理"进行了进一步的解释。他认为,人一旦自觉到本有之"道德心"时,便会有实践道德的种种活动。

---

① 杨祖汉:《论余英时对新儒家的批评》,《儒学与当今世界》,第 161 页。
② 参见杨祖汉:《论余英时对新儒家的批评》,《儒学与当今世界》,第 159—161 页。
③ 赵岐注,孙奭疏,廖名春、刘佑平整理,钱逊审定:《孟子注疏》,第 377 页。
④ 赵岐注,孙奭疏,廖名春、刘佑平整理,钱逊审定:《孟子注疏》,第 353 页。
⑤ 赵岐注,孙奭疏,廖名春、刘佑平整理,钱逊审定:《孟子注疏》,第 358 页。
⑥ 郑玄注,孔颖达疏,龚抗云整理,王文锦审定:《礼记正义》,第 1434 页。
⑦ 杨祖汉:《论余英时对新儒家的批评》,《儒学与当今世界》,第 157 页。
⑧ 杨祖汉:《致读者书》,《民族文化大醒觉　宋元学案》,第 21 页。

而且,在活动过程中便成就了一切对象,而这成就乃是道德意义的成就。比如,子见父便孝,父见子便慈;孝一出现,便使子实现了子之所以为子之道;慈一出现,亦使父实现了父之所以为父之道。"父之道"与"子之道"实现时方是父与子之存在的真正实现,即此时之父子才是真正存在的父子。反之,父子间之存在只是一纯然如物般的存在,是没有任何道德价值之存在;若人以这样的状态存在,实可说是如同不存在。亦可说,没有价值意义的存在乃是虚假的、不真实的存在。杨祖汉说:"当人的道德心呈现时,一切人伦便从不真实的存在成为真实的存在,即从不存在而变成存在。当道德心不呈现时,一切人伦便由存在变成不存在。所以,人的道德心是一切人伦关系的实现原理,由于道德心的发用,便创生了一切人间的道德价值。"①进一步,由于"道德心"的发用没有界限,既发用之于人亦发用之于物,即由"亲亲而仁民"②,由"仁民而爱物"③,故不仅一切存在之价值彰显出来,物之为物的存在意义也得以实现。杨祖汉说:

> 这样,人之道德心之活动,不只是开出了道德界,亦因涉及一切存在,使一切存在成为真实的存在,而开存在界。④

进而,杨祖汉认为,人若能充分实现其本性,则便是一虽有限而无限的存有。所谓"有限",是就其形躯说;所谓"无限",是就其价值意义说。⑤ 就其具有"无限"的意义说,它是"与天地合其德,与日月合其明,与四时合其序,与鬼神合其吉凶"⑥的。也就是说,人之践德中所流露出来的"道德心"便即是生化万物之"天道"实体。具体来讲,"因人的道德心是具有无限意义的,而天道亦是无限的,真正的无限体,只能有一,而不能有二,故道德心与天道,必须是同一的实体"⑦。因此,人之从事于道德

---

① 杨祖汉:《中庸义理疏解》,第14页。
② 赵岐注,孙奭疏,廖名春、刘佑平整理,钱逊审定:《孟子注疏》,第377页。
③ 赵岐注,孙奭疏,廖名春、刘佑平整理,钱逊审定:《孟子注疏》,第377页。
④ 杨祖汉:《中庸义理疏解》,第14页。
⑤ 杨祖汉:《中庸义理疏解》,第15页。
⑥ 王弼注,孔颖达疏,李申、卢光明整理,吕绍纲审定:《周易正义》,第23页。
⑦ 杨祖汉:《中庸义理疏解》,第15—16页。

实践便是"天道"在人的生命中起真实作用,或者说人的生命活动乃"天道"实现自己的活动。那么,"天道"的内容是什么呢?《中庸》说是"诚":"诚者,天之道也;诚之者,人之道也。"①《易传》说是"乾元","乾元"是"创生性的真几"。② 无论是"诚"还是"乾元",它们都是从"道德心"的"创生性"来说的。因此,这是从道德的实践以言形上学,或者说此形上学是实践的"实事实理",是道德实践所必涵的境界,而不是为了满足人的形上探究之心的理论建构。③ 在此意义下,杨祖汉认为,《中庸》、《易传》之形上学是由"道德心"所必进至的,即这套形上学理论是有义理上的必然性的。他说:

> 这是知天道、言天道的唯一路子。言至此,方是道德实践之至乎其极。故中庸易传之形上学说法,是孔孟的儒学所必须推至的,由论孟至易庸的发展,是有义理上的必然性的,必如此,儒学方能完整起来。在这意义下,吾人可说,道德的心性论,必进而至道德的形而上学。④

二、儒家"道统观"的正当性

在杨祖汉看来,儒家的道统观念是源远流长的。从原始儒家来看,孔子将全幅生命精神呈现在日常言行实践上,即"下学而上达"⑤。他说:"孔子是要以实践来契接天道天命,……他由内在真生命之仁以生发出真诚恻怛的践履,而体现无限的意义与价值。"⑥曾子被公认为最能传孔子之道,而曾子之后有子思、孟子之传衍。由于孔子之道由这些人代代相传,儒学之"道统"的说法渐以形成。孟子云:"由尧、舜至于汤,五百有余岁。若禹、皋陶则见而知之,若汤则闻而知之。由汤至于文王,五百有余

---

① 参见朱熹:《四书章句集注》,第31页。
② 《易传》有言:"大哉乾元! 万物资始,乃统天。……乾道变化,各正性命。"(王弼注,孔颖达疏,李申、卢光明整理,吕绍纲审定:《周易正义》,第7页)
③ 参见杨祖汉:《论余英时对新儒家的批评》,《儒学与当今世界》,第161页。
④ 杨祖汉:《中庸义理疏解》,第16页。
⑤ 何晏注,邢昺疏,朱汉民整理,张岂之审定:《论语注疏》,第199页。
⑥ 杨祖汉:《儒学与康德的道德哲学》,第212页。

岁。若伊尹、莱朱则见而知之,若文王则闻而知之。由文王至于孔子,五百有余岁。若太公望、散宜生,则见而知之,若孔子则闻而知之。由孔子而来,至于今,百有余岁,去圣人之世,若此其未远也;近圣人之居,若此其甚也。然而无有乎尔,则亦无有乎尔。"① 在孟子看来,"道"固然常存于日用伦常之间,但对于"道"之真正了解者并不多;即使是圣人于"道"亦有不能尽处,故"道统"是一线单传而又极易中断的。因此,杨祖汉认为,孟子之后直至宋代没有真正能"明道"、"传道"的儒者,故儒学之道便成为了"潜存"之理想。在此期间,虽有客观礼制作为人生行事的规范,但因为没有个人生命、主观精神以自觉其意义,客观礼制也最终流于虚伪和僵化。他说:

> 在孟子之后,直至宋代,千年之间,并没有一个真正能明道传道的儒者,那时儒学之道,便成为一潜存之理想,……至宋儒兴起,才因自己内在真生命的开悟,而得以上接孔孟的真精神。②

就宋儒来讲,他们多是先出入佛老而后回归于儒学之道的。道家是中国本土生发出来的智慧,对中国文化的"塑造"产生了重要影响。同样,中国人对佛教的学习和"吸收"亦非常虚心,而且还派生了中国本土的佛教宗派。尽管如此,佛、老始终不能取代儒家在中国文化中的主流地位。在杨祖汉看来,之所以如此,在于儒家之道不是某家、某派的特殊见解,而是人"所共同肯定的常理",是"不可须臾离的常道"。③ 也就是说,儒家之学不同于一般的学问知识,它乃人的精神生命的真正归趣,是民族生命的最高指导原则。正是在此意义下,宋儒才重新正视"道统"之说。他说:"若能正视上述儒学之为常道之义,则可知道统之说是不必讳言的,道统与学统,是不同层次的。宋儒言道统,并不是专断偏狭,而是要为民族争常道。吾人今日亦再郑重此意,请国人正视儒学之为人生之常道,为民族生命之最高指导原则之义。对于外来宗教文化,虽可有优容之雅

---

① 赵岐注,孙奭疏,廖名春、刘佑平整理,钱逊审定:《孟子注疏》,第408—409页。
② 杨祖汉:《儒学与康德的道德哲学》,第213页。
③ 参见杨祖汉:《儒学与康德的道德哲学》,第214页。

量,但决不能让出这文化主流的地位,而让那些外来的教条信仰作为我们民族生命精神的主宰。"① 历史地看,正是因为此"道统"不废,中华民族才能够有数千年连续不断的历史。质言之,宋明儒学实与原始儒学是一脉相承的,故而儒学之"道统"得以传衍下来。杨祖汉说:

> 宋元及明代的儒学,一般都称做宋明理学,这是因为宋明儒者都喜欢谈"理"的缘故。但其实他们所说的理,根本便是儒学的理,虽然在理论上有所发展,但在本质上,和先秦儒学是并无二致的。②

进而,现代新儒家"接着"宋明儒学讲,同样表现出明确的"道统"观念。杨祖汉认为,所谓现代新儒家,是学界对现代研究儒学"有成"的学者之统称。不过,究竟哪些人是现代新儒家,并没有很确定的说法。熊十力、唐君毅、牟宗三诸先生由于对儒学研究有巨大成就,使儒学在宋明之后开创了又一高峰,故不论是哪一种说法,他们都会包括在内。③ 事实上,对现代新儒家之论定有"狭义"和"广义"之分。就"广义"来讲,儒学义理是人生之"常道",并不是某些学人的专利;儒学是传统中国文化的主流,其影响遍及中国文化的全体。在这个意义下,不应把现代新儒学限定于某一家派,而应视之为现代中国一个重新肯定儒学价值的思潮;它承认儒学对中国历史文化之贡献,并认为儒学在世界学术史上有重要地位。就"狭义"来讲,现代新儒学被规定在哲学的范围内,且须以对儒学有深湛的研究来论。若以此为标准来界定的话,唯有以"熊十力一系"即熊十力和其弟子及再传弟子为现代新儒家是恰当的。在杨祖汉看来,"熊十力一系"确有度越前人、非同辈学人所可企及的创获,故被称为"现代新儒家";这种衡定是依他们之思想成就而论定的,因此并不是有意要建立一宗派、门户。④ 杨祖汉说:

---

① 杨祖汉:《儒学与康德的道德哲学》,第214页。
② 杨祖汉:《致读者书》,《民族文化大醒觉 宋元学案》,第20页。
③ 参见杨祖汉:《论余英时对新儒家的批评》,《儒学与当今世界》,第147页。
④ 参见杨祖汉:《论余英时对新儒家的批评》,《儒学与当今世界》,第147—148页。

> 学术本是天下之公器,非一二人所能垄断,故对于儒家义理,人人都可能因进德修业而对之有相应的了解,若了解或体证至相当地步,便是大儒或甚至是圣贤,所谓先圣后圣,其揆一也。……对儒学有相应的了解,或有深刻之体证,此也许只有少数人可能,此中有其特殊性,而有所谓道统之说。①

在杨祖汉看来,《为中国文化敬告世界人士宣言》②(以下简称《宣言》)一文是"现代新儒家"形成的"里程碑"。③ 不过,此《宣言》的目的主要是针对西方学界之偏见所发,并不是要在儒学界之内"树立门户"。1957年,张君劢和唐君毅游历美国期间,有感于西方学界研究中国学问的误解和偏差,遂决定联名发表一文以作为回应。于是,《宣言》在1958年1月同时发表于《民主评论》和《再生》两期刊。就其内容来讲,《宣言》要求西方学界正视中国文化为"活的存在",不同于埃及、希腊、罗马之学术般为"已死的文明",故研究中国文化时须有其敬意。④ 关于"活的存在",杨祖汉说:"所谓活的存在,并不只是认为过往的事件对现在仍有其影响,而是认为中国文化是如同生命存在般之存在。"⑤就其作为"活的存在"来讲,相较于西方文化而言,中国文化虽有缺点,但亦有许多不同于西方文化而为西方人所应学习、借鉴者。因此,不能因当时的政治情况而认为中国文化已没有前途。很显然,这些内容虽由唐君毅等人执笔,但所说的大抵都是理当如此的"公论"。客观地讲,"现代新儒家"的哲学见解由此而宣讲出来,同时其"道统"观念也由此而"透显"出来。质言之,《宣言》以"心性之学"为中国文化学术之核心,此即是现代新儒家的"道统观"。对此,余英时曾评论说:

> 自熊十力起,新儒家都有一种强烈的道统意识,但是他们重建道

---

① 杨祖汉:《论余英时对新儒家的批评》,《儒学与当今世界》,第148页。
② 参见唐君毅:《中华人文与当今世界》,第866—929页。
③ 参见杨祖汉:《论余英时对新儒家的批评》,《儒学与当今世界》,第149页。
④ 参见唐君毅:《中华人文与当今世界》,第872—875页。
⑤ 杨祖汉:《牟宗三先生的哲学》,《鹅湖》第35卷第3期。

统的方式则已与宋明以来的一般取径有所不同。他们不重传道世系,也不讲"传心",而是以对"心性"的理解和体证来判断历史上的儒者是否见得"道体"。……均大致认定孟子以后,道统中断,至北宋始有人重拾坠绪;明末以来,道统又中断了三百年,至新儒家出而再度确立。①

对于现代新儒家的"道统观",余英时持尖锐的批评态度。具体来讲,他的批评集中在三个方面:一是"现代新儒家"因为崇奉孟子、陆王,而肯定"心性之学";二是"体证"、"证会"等修养工夫乃宗教式的"神秘体验;三是其形上学不是真正的哲学论证。他说:"新儒家奉孟子陆王一系的心学为正统,必须肯定有一普遍而超越的'心体'。……显而易见,这一断定并不能取决于哲学论证。所以新儒家最后必然强调'体证'、'证会'之类的修养工夫,……新儒家强调的证悟在西方人看来毋宁是宗教体验的一种。"②对此,杨祖汉一一进行了辩驳。其一,"现代新儒家"不是因为奉孟子、陆王为"正统"而肯定"心体"为本体,而是认为孟子、陆王的学说合理,所以才奉孟子、陆王为"正统"。其二,"良知呈现"当然是一种"体证"、"证会",但这种"体证"、"证会"稍有道德经验的人都曾有。质言之,"良知呈现"是人人可能的、普遍的"道德感",所以它并不是"神秘体验"。其三,因为道德实践是真实的事情,故由实践而来的"证悟"不仅不是无根据的独断,反而它比用"理论理性"推论得到的形上学更为真切。即儒家的形上学作为依"实践理性"证成的形上学,不仅是哲学论证,而且是真正的哲学论证。③

三、"开出说"的合理性

在杨祖汉看来,现代新儒家对中国文化如何能产生科学与民主是

---

① 余英时:《余英时文集》第五卷,桂林:广西师范大学出版社2006年版(下同),第24—25页。
② 余英时:《余英时文集》第五卷,第25—26页。
③ 参见杨祖汉:《论余英时对新儒家的批评》,《儒学与当今世界》,第157—161页。

"费煞苦心"的,对此问题的构思成为现代新儒学的重要内容与特色。①在相关的诸多构思当中,牟宗三的"开出说"即"良知坎陷说"颇具有代表性。牟宗三认为,"良知"与物无对,二者一体呈现,乃"直贯创生性"的活动;"认知心"与物有对,二者构成主客的认知架构,是"横列的认知对象"的活动。换言之,前者为一"纵贯系统",后者则为一"横摄系统"。这两者都是理性活动,而理性只能有一,故两者是同一个理性在两方面的运用。然而,两方面并非平列对等之关系,而是以"良知"即"道德理性"为理性的"正用","认知心"即"理论理性"为理性的"副用"。那么,"良知"与"认知心"是一种什么样的关系呢?牟宗三以"自我坎陷"来说明。具体来讲,"良知""自我坎陷"即"自我否定"、"自我逆转"而成为"认知心",从而为形成知识提供条件。在此,"良知"之"坎陷"是自觉的,因若不转成"认知心",便不能产生科学与民主;若不能产生科学与民主,则"良知"与物为一体、"善化一切"的要求便不能实现。很明显,在"自我坎陷"的格局之下,"良知"与"认知心"确是不同且有高下之分。即"良知"相对于"认知心"具有优位性。②

不过,"开出说"自提出之日起就不断引来争议乃至批评,其中余英时是众多批评者较有代表性的一个。他认为,"开出说""隐伏着"多方面的困难:其一,只有少数圣贤才能"证悟"且"长驻"于"良知呈现"境界,故科学与民主的"开出"只能由少数圣贤负担,但这样艰巨的事业怎可寄托在少数人身上!因此,此理论具有"实践上的困难"。他说:"依照新儒家之说,良知则是人人所同具的,良知的坎陷也是每一个人所必有的。所不同者,只有极少数的人才能长驻于良知呈现的境界,绝大多数的芸芸众生则无此经验。……新儒家的道统'开出'政统和学统之说必预设自己处于价值之源的本体界(圣域),而置从事政与学以及一切人世活动的人于第二义以下的现象界(凡境)。上面所说的实践上的困难便隐伏于此。"③其二,现代新儒家自以为已优入"圣域"、自负"道统",故往往表现

---

① 参见杨祖汉:《论余英时对新儒家的批评》,《儒学与当今世界》,第165—166页。
② 参见杨祖汉:《论余英时对新儒家的批评》,《儒学与当今世界》,第166—167页。
③ 余英时:《余英时文集》第五卷,第32—33页。

出己"体悟""道体"的"傲慢",名曰"良知的傲慢"。在他看来,"良知的傲慢"是对"知性的傲慢"的"反模仿"。他说:"我们只要稍一比较两者的思想结构,便不难看出新儒家其实是科学主义的反模仿。……科学主义者以独占'真理'自负而有'知性的傲慢',道德主义者则以独得'道体'自负而有'良知的傲慢'。他们都置身于各自建造的世界的巅峰,颇有'会当凌绝顶,一览众山小'之概。"①其三,如果说近百年来中华民族已在为"开出"科学与民主而努力实践,只是不自觉其为"良知"之"自我坎陷"而成,那么,"开出说"只是说明已有之事实,而没有什么理论上的重要意义。②

对于余英时的批评,杨祖汉一一进行了回应。关于第一个方面,余英时的理解是,人须先"呈现"并"长驻"于"良知呈现"境界而后才"自我坎陷",如此才可以"开出"科学与民主,所以只有少数圣贤才能"开出"科学民主。杨祖汉则认为,这样的理解显然是错误的,因为"认知心"之作用由"良知"之"自我坎陷"而成,此说并不意味着先有"良知呈现",然后才可以"自我坎陷"而为"认知心"。实际上,人随时都可有"认知心"之发用,故科学、民主是人人随时可从事之事业,并非只能由圣贤来做。③ 关于第二个方面,如果说现代新儒家自以为见到真理而"傲慢",那么许多哲学家也是"傲慢"的。因此,与其说他们"傲慢",不如说这是以追求真理为务的哲学家的"自信"。事实上,现代新儒家不仅有对学问的自信,也常有对自己缺点的自责,因此不能说他们有"傲慢"的心态。而且,余英时此论是基于"思想构造"的分析,但心理分析并不能代替思想理论的阐述。因此,要了解一个人的理论,只能从其理论本身来了解。质言之,所谓"良知的傲慢"之说纯是无稽之谈。④ 关于第三个方面,民主与科学在中国尚未真正"生根",国人的科学研究仍是受惠于西方,民主政治和民主心态亦尚未形成,故"开出说"并非是对"已有之事实"的说明。杨祖汉说:"如何开出民主与科学,仍是今日中国人之重要的思考课题,故开

---

① 余英时:《余英时文集》第五卷,第39页。
② 参见余英时:《余英时文集》第五卷,第33—34页。
③ 参见杨祖汉:《论余英时对新儒家的批评》,《儒学与当今世界》,第172页。
④ 参见杨祖汉:《论余英时对新儒家的批评》,《儒学与当今世界》,第172—176页。

出说并非只是说明已有之事实。"①

进而,杨祖汉对于"开出说"的理论意义进行了深入阐述。在他看来,牟宗三此说是一纯粹的哲学问题,即通过阐述"自我坎陷说"解答"道德心"与"认知心"之关系,从而对"重德"的中国文化"开出"科学与民主"作一哲学的说明"。② 具体来讲,中国文化一向偏重于德性价值的追求,向往"大而化之"③的圣人境界,知性活动一直未能充分发展,故中国文化缺乏科学与民主传统。在现代新儒家看来,否定自家文化本有的价值者"是忘本之人";只求"移植"科学与民主,不求自力开出,"是崇洋自卑";这两种心态都是不恰当的。④ 如此来看,如果"良知""自我坎陷"成为"认知心"是可能的而且必要的,则中国文化"自本自根"地"开出"科学与民主亦是可能的而且必要的。很显然,牟宗三此说对于民国以来中西文化论争给出了一个合理解决:一个方面,由于"道德心"须"自我坎陷"才可成为"认知心",则中国文化并不能凭其以往形态产生科学与民主,而必须正视"知性活动"的意义与价值。可见,现代新儒家并不认为中国传统文化"十全十美"。另一个方面,"理论理性"是人类理性中本有之事,可以由道德心自觉地"转"出来,故中国文化可以"自本自根"地"生出"民主与科学。因此,民主与科学虽由西方发展成功,但并非西方文化所专有。⑤ 在此意义下,杨祖汉说:

> 如果说新儒家是保守主义者,则新儒家的保守,是返本以开新的意思,而非只一味守旧。⑥

在杨祖汉看来,"良知自我坎陷说"并不是就个体生命说的,而是就

---

① 杨祖汉:《论余英时对新儒家的批评》,《儒学与当今世界》,第170页。
② 参见杨祖汉:《论余英时对新儒家的批评》,《儒学与当今世界》,第168—169页。
③ 孟子说:"可谓之谓善,有诸己之谓信,充实之谓美,充实而有光辉之谓大,大而化之之谓圣,圣而不可知之之谓神。"(赵岐注,孙奭疏,廖名春、刘佑平整理,钱逊审定:《孟子注疏》,第394页)
④ 参见杨祖汉:《论余英时对新儒家的批评》,《儒学与当今世界》,第168—169页。
⑤ 参见杨祖汉:《论余英时对新儒家的批评》,《儒学与当今世界》,第168页。
⑥ 杨祖汉:《论余英时对新儒家的批评》,《儒学与当今世界》,第169页。

整个中国文化生命说的。具体来讲,传统中国文化生命充分彰显了"德性"一面,但欠缺"知性"的一面,故造成今日中国的种种难题。因此,中国文化生命应由"重德"而"自我坎陷",让"知性"一面充分发展,从而使科学与民主在中国文化中"生根",这便是"开出说"的意义。若明白这一点,便不会再说"开出说"有实践上的困难了。即"良知""自我坎陷"以"开出"科学与民主是一种理论说明,而依此理论实践是大多数人的事;哲学家把问题说清楚,指示出正确的方向,便已是完成责任。因此,科学与民主如何真正产生,必须从事实际研究和政治实践而后可能。杨祖汉说:"良知之自我坎陷以开出民主与科学之说,只是一句原则性的话,或可视作一原则,但这原则亦不是科学与民主的构造原则,而为超越的指导原则。"①而且,要使中国文化生命转出知性精神,从而现实地"开出"民主与科学,需要有许多人共同努力、累积若干代的成果然后可能;这比在现实上缔造一个民主国家、产生一个诺贝尔奖要困难得多、艰巨得多。在此意义下,"开出说"只是对于"不够重视知性"的中国文化具有一种"唤醒作用"。② 因此,杨祖汉说:

> 如果这由重德性心或重德的文化生命,自觉地自我坎陷而转出认知理性,而开出科学民主的说法是对的,则新儒家固然有大贡献,但其贡献仍只是指出一实践的方向而已,而科学民主要现实地产生出来,必须有许多的中国人作实际的努力然后可能。③

第三节　关于牟宗三哲学

杨祖汉认为,牟宗三先生是现代新儒家的代表人物,他的学术成就不止于儒学领域,而及于中国哲学大部分重要内容;又不止于中国哲学,对西方哲学人物尤其是康德哲学亦有深入研究。概括地看,基于"天道性命相贯通"之义而建构的"道德的形上学"是牟宗三的主要贡献。按照杨

---

① 杨祖汉:《论余英时对新儒家的批评》,《儒学与当今世界》,第169页。
② 参见杨祖汉:《论余英时对新儒家的批评》,《儒学与当今世界》,第172页。
③ 杨祖汉:《论余英时对新儒家的批评》,《儒学与当今世界》,第172页。

祖汉的理解，牟宗三之"道德的形上学"乃是"生命的学问"，而所谓"生命的学问"乃"由生命以显本体之学，亦可说唯有显此生命，方能见真理"①。因此，"生命的学问"不同于西方哲学之"外延性的学问"，而属于"内容性的学问"。所谓"内容性的学问"首先见及于"道德主体"，或者说，"道德的主体性"是"内容性的学问"的前提。而且，"道德主体"不仅是道德行为的主体，它与"天道"亦是相通的；故它不仅仅是价值之源，亦是生生不已的创生之源。② 然而，此"天道"不是"超越而外在的"，而是"超越而内在的"。也就是说，"天道"虽是超越的，但并非不可知；"天道"虽可知，但体现之又永不能尽。这样，牟宗三不仅完成了"成德之教"，而且亦因其"内在性"与"超越性"二义并立，故亦完成了"道德的形上学"的建构。③

　　杨祖汉认为，牟宗三之对传统中国哲学和西方哲学之系统的梳理可称得上是一"大判教"，其"判教"的目的"是要将各种不同的义理思想，作客观的衡量，指出其特色，及其理论之型态，并安排一合理之位置，使各种有关的思想得其正位"④。在佛教，"判教"是有前提的，即认为种种佛教主张都是"佛说"；既是"佛说"，便不能有错。即诸教派的不同主张都是真理，只是佛"应机不同"而有说法上的差异。在此意义下，牟宗三对儒、释、道及对康德哲学的"消化"也表现出此一"判教"的前提。即他认为各大教派的义理都是人类理性所显发的真理，都表现了具有永恒性的智慧；其不同只是普遍性真理落在特殊文化生命的不同表现。既然如此，便可以通过衡量、批判，使各大教派归于合理的地位。康德曾有"哲学原型"之思想，以安排人类之不同的哲学系统之定位，并将这些哲学系统统一于一个系统当中。⑤ 牟宗三以康德这一思想为基础，对整个人类哲学思想进行了"大判教"，并由此实现了对中西两大哲学系统的"会通"。具体来讲，牟宗三分别对儒、释、道三家思想和康德哲学进行了分判，不仅说明了

---

① 杨祖汉：《牟宗三先生的哲学》，第12页。
② 参见杨祖汉：《牟宗三先生的哲学》，第13—14页。
③ 参见杨祖汉：《牟宗三先生的哲学》，第14—15页。
④ 杨祖汉：《牟宗三先生的哲学》，第15页。
⑤ 参见程志华：《牟宗三哲学研究——道德的形上学之可能》，第440—454页。

中国哲学之智慧意义,且给出康德哲学进一步发展之可能,从而实现了中西哲学的"会通"。

牟宗三肯定"一心开二门"为哲学的"公共模型",并以此为"模型"建立起"两层存有论"。然而,在杨祖汉看来,这一理论架构存在产生流弊的可能:既然"无执的存有"比"有执的存有"更真实、更有价值,于是人便很容易往"无执"处用心,于"执处"则不愿停下来用心。很显然,这种情况大失牟宗三"两层存有论"的初衷。不过,"两层存有论"若真有此流弊,亦只是"人病"而非"法病"。即这流弊并非由于理论本身有缺陷所致,只是人依此理论实践时顺气质而产生流弊。① 对此,杨祖汉阐述了他对堵住此流弊之两个方面的思考:一个方面,牟宗三关于儒家"圆教"义之论述可作为一种修正:佛教天台宗主张"不断断"、"即九法界而成佛"。② 同样,儒家之"圆教"义亦如此,即儒家本来便视世间差别是合理的,当然不会因追求"万物一体"③而抹杀存在界之差别相。另一个方面,牟宗三曾返回《周易》,用"天垂象"来肯定世间之实在性。在杨祖汉看来,作为"象"之"分别说者"与作为"天"之"合一说者"二者虽有"距离",但此"距离"不是真、妄之别。因此,不能轻忽现象界,反而须由现象界以追求本体界。

一、由"成德之教"到道德的形上学

杨祖汉认为,牟宗三的哲学可以由"生命的学问"以契入和理解。依着牟宗三的理解,中国哲学"重主体性"、"重生命",是要通过实践显发生命的理性;由理性而生出理想,借理想使现实生命逐步理性化。他说:"中国既然确有哲学,那么它的形态与特质怎样?用一句最具概括性的话来说,就是中国哲学特重'主体性'(Subjectivity)与'内在道德性'(Inner-morality)。"④由此,个体生命由于理想之"润泽"而成为合理存在,

---

① 参见杨祖汉:《牟宗三先生的哲学》,第20—21页。
② 参见牟宗三:《佛性与般若》(下),《牟宗三先生全集》(3),台湾:联经出版事业股份有限公司2003年版(下同),第601—602页。
③ 王阳明撰,吴光、钱明、董平、姚延福编校:《王阳明全集》,第968页。
④ 牟宗三著,罗义俊编:《中国哲学的特质》,第4页。

故不会盲爽发狂;民族生命因理想之"提撕"亦能生生不已,不会灭亡。然而,"生命的学问"并不只是以理想"润泽"生命,还在人于实践中所体会到的"实践理性"。不过,此"实践理性"并非如康德所说的与"理论理性"相区分的"实践理性",而是理性的"正用",即"本体义"的理性。也就是说,"思辨理性"是"理性本体""自我坎陷"而"转出者",而"理性本体"即"知体明觉",亦曰"自由无限心"。既然可以用"明觉"及"心"来说明之,则此"理性本体"便即是生命,生命即是"理性本体"。质言之,"实践理性"即是指"生命"。对此,杨祖汉说:"所谓生命,虽可从人的现实生命说起,或说不离于现实生命;但并不止于现实生命,而是由生命之'真'以契接普遍恒常之真理。"①关于"生命的学问",他则说:

> 生命即是理性,亦即是本体,依此一义而言,生命的学问即由生命以显本体之学,亦可说唯有显此生命,方能见真理。②

依着杨祖汉的理解,牟宗三将中国哲学界定为"生命的学问",而"生命的学问"即是"成德之教"。牟宗三认为,"成德之教"不同于一般的学问:一般学问所追求的是知识,所得者是"外延性的真理";"成德之教"所追求的生命的提升,进而以超凡入圣,所得者是"内容性的真理"。或者说,求"外延性的真理",是追求广度的知识,此乃一般学问的任务;求"内容性的真理",是要生命有"强度性"的挺立,此是"生命的学问"的使命。他说:"'成德'之最高目标是圣、是仁者、是大人,而其真实意义则在于个人有限之生命中取得一无限而圆满之意义。此则即道德即宗教,而为人类建立一'道德的宗教'也。"③在杨祖汉看来,中国哲学作为"成德之教"这样一种传统却被现代人忽略了。就此而言,牟宗三的贡献在于继承乃师熊十力的理路,重新接续起这一"中断"了的传统。牟宗三说:"儒家对人类的贡献,就在他对夏商周三代的文化,开始作一个反省,反省就提出了仁的观念。观念一出来,原则就出来。原则出来人的生命方向就确立

---

① 杨祖汉:《牟宗三先生的哲学》,第 11 页。
② 杨祖汉:《牟宗三先生的哲学》,第 12 页。
③ 牟宗三:《心体与性体》上,上海:上海古籍出版社 1999 年版,第 5 页。

了。所以他成一个大教。这个大教,我平常就用几句话来表示,'开辟价值之源,挺立道德主体,莫过于儒'。儒家之所以为儒家的本质意义(essential meaning)就在这里。"①杨祖汉认为,牟宗三之"成德之教"是通过两个环节来建构的:其一,"道德主体"为价值之源;其二,道德主体与"天道"相贯通。

就第一个环节来看,牟宗三依着对"生命的学问"的理解确立起"道德主体"。在牟宗三看来,"人性论"诸说其实可分为两类:一类是"从生说性"之"生之谓性"的"用气为性";另一类是从人内在道德性以言性即"以理为性"。②很显然,这种区分的目的是凸显人的道德价值。然而,人的道德价值并非来自于外在,而是来自于"道德主体"本身。在牟宗三,在"为仁由己"而显发"真生命处"即可"证立""自发自决"之"道德主体"。杨祖汉说:"由于将传统中国哲学为生命的学问,则若依儒学义理,在为仁由己而显发自己的真生命处,必见到一自我作主的道德主体,此道德主体是纯粹的,并无任何私利的动机在内;亦完全是自由的,其践仁完全由自己自发,不受其他因素决定。于此人会体证一自发自决之自我,而于此自我之生发活动处,便产生了真正的道德行为。"③很显然,"道德主体"即是道德行为的根源,亦即是道德价值之源。杨祖汉说:

> 此一自发自决的道德自我、道德主体,确是道德价值之源。牟先生于解释孔子之仁教,曾子所言之慎独及孟子之性善论处,对此道德主体义,有很明白的解说,认为树立此道德主体,即是畅通价值之源,此是儒学的根本大义。④

就第二个环节来看,牟宗三强调了道德创造性,并由此贯通了"道德主体"与"天道"。依着牟宗三的理解,虽然人的生命有限,但从"仁心"之"体万物而不遗"来看,可知此心为一"无限体"。既然"仁心"为一"无限

---

① 牟宗三:《中国哲学十九讲》,上海:上海古籍出版社2005年版(下同),第49页。
② 参见杨祖汉:《牟宗三先生的哲学》,第13页。
③ 杨祖汉:《牟宗三先生的哲学》,第13页。
④ 杨祖汉:《牟宗三先生的哲学》,第13页。

体",故它必与同为"无限体"的"天道"相通,因为"无限体"只能是一,而不能为二。因此,孔子说"践仁以知天"①,孟子亦言"尽心知性以知天"②。具体来讲,"仁心"与"天道"之相通的"通道"在于"创造性":因为"践德"是自发的,故可说是"从无而有"的创造。同样,"天道"之本质在"生生不已"之创生,亦是"从无而有"的创造。这样,同为"创造性"的"天道"与"仁心"是相通的。于此,杨祖汉说:"仁心善性与天道相通,可以从仁心一旦升起,便一定要亲亲仁民爱物,求体物而不遗的心情上见到。"③如此看来,人之道德实践乃是"天道"之所命,同时"天道"生化也具有了道德意义。质言之,天道生化其实是道德义的创造,道德秩序其实是宇宙的秩序,二者是"同一意义的"。因此,杨祖汉说:

> 由道德实践而见仁心与天道相通,便是对天道的生化,作出了一道德意义的规定,即天道的生化,其实是道德义的创造;而宇宙的秩序,亦即是道德的秩序。一切之存在所以生生不已,存而又存,与人的践德以求实现一切的善,是同一意义的。④

杨祖汉认为,牟宗三所谓"天道"是"超越而内在"的,而不可依西方哲学理解为"超越而外在"的。依着西方哲学,人的知识只能及于经验范围,"天道"是超越的,故是人所不能知的。但是,在牟宗三看来,从人的"践仁"而有无限的感通上看,会体悟到一"能产生自发而无条件的创造性之根源"⑤。因此,"天道"不仅成为可知的,而且亦可说是"内在的"。基于此,牟宗三提出了其"超越而内在说":一个方面,"天道"与人的"道

---

① 孔子说:"不怨天,不尤人,下学而上达。"(何晏注,邢昺疏,朱汉民整理,张岂之审定:《论语注疏》,第199页)对此,牟宗三的解释是:"孔子认为……应努力不懈地做自身的'下学'的践仁功夫,以期'上达'的效果。'上达'什么呢?显然是天命、天道。'上达'就是古语'上达天德'的意思。(牟宗三著,罗义俊编:《中国哲学的特质》,第31页)
② 孟子说:"尽其心者,知其性也。知其性,则知天也。"(赵岐注,孙奭疏,廖名春、刘佑平整理,钱逊审定:《孟子注疏》,第350页)
③ 杨祖汉:《牟宗三先生的哲学》,第13页。
④ 杨祖汉:《牟宗三先生的哲学》,第14页。
⑤ 杨祖汉:《牟宗三先生的哲学》,第14页。

德本心"二者是相通的。因此,陆九渊说"宇宙便是吾心,吾心即是宇宙"①,王阳明也说"良知是天理之昭明灵觉处,故良知即是天理"②。另一个方面,二者仍保有距离,并非完全是一回事。孔子说"践仁知天",孟子言"尽心、知性、知天",从另一个角度足以证明,"道德本心"与"天道"是有距离的。③ 具体来讲,人自觉从事于无条件的"践仁"时,会体悟到"生生不已"之"天道";越精诚地践履,越能证实"天道"之实在,此为"超越而内在"的第一层含义。然而,无论如何努力,践履亦有不能尽处,遂体会到"天道"之"超越性",此为"超越而内在"的第二层含义。正因为如此,"天道"虽是"超越的",但并非不可知;"天道"虽可知,但永远不能完全体现。杨祖汉说:

> 超越的与内在的二词,在牟先生"超越而内在"一语中,显示了互相补充,又互相限制之义。即天道虽是超越的,但并非不可知,而虽可知,但体现之又永不能尽。④

在杨祖汉看来,牟宗三将"内在性"与"超越性"二义并立,即完成了"成德之教"的理论建构。他说:"必合此意思似乎是相反之二语,方能明白规定儒学之本质。"⑤很显然,这样一种"成德之教"在理论上是非常完备的:一个方面,它使道德践履有了根据,这根据即是作为价值之源的"道德主体",即"仁心"。另一个方面,由于"天道"与"仁心"是贯通的,故道德根据同时亦是一切存在之根据,或者说"天道"即是道德之根据。杨祖汉说:"当代新儒学的哲学理论有一个重要的主张,认为人的道德本心与生天生地的天道是相通的,天道的生化一切与人的道德创造是同一种的生化活动。"⑥因此,人的道德践履不仅具有"人性论"依据,同时亦

---

① 陆九渊著,钟哲点校:《陆九渊集》,第273页。
② 王阳明撰,吴光、钱明、董平、姚延福编校:《王阳明全集》,第72页。
③ 参见杨祖汉:《牟宗三先生的哲学》,第14页。
④ 杨祖汉:《牟宗三先生的哲学》,第15页。
⑤ 杨祖汉:《牟宗三先生的哲学》,第15页。
⑥ 杨祖汉:《香港新亚书院的成立对台港二地新儒学发展的影响》,宜宾:《宜宾学院学报》2012年第5期。

具有了"存有论"依据。质言之,"天道"不仅是"超越的",而且亦是"内在的";"仁心"不仅是"内在的",而且亦是"超越的"。正因为如此,"成德之教"实是一种"道德的形上学"。或者说,牟宗三依着传统儒学的资源,将"成德之教"建构为"道德的形上学"。正因为如此,"牟先生认为天道性命相贯通,及道德的形上学,是儒学的本质"①。杨祖汉说:

> 道德形上学的提法,显示了儒家成德之教并不限囿于人生伦常,其涉及之范围是包涵整体的存在界者;又不只是给出了道德实践的超越的根据,以明成德成圣是人人可能的,有普遍性及必然性,而且于践仁尽性处体会到生生不已的天道之创生,印证了天道之存在。此一说法,是很能相应于先秦及宋明的义理的,可谓是用现代的哲学概念,将原有的哲思作出十分明白的显扬。②

二、"判教"与会通

杨祖汉认为,牟宗三对于整个中西哲学的研究可以称得上一"大判教"工作;其"判教"的目的"是要将各种不同的义理思想,作客观的衡量,指出其特色,及其理论之型态,并安排一合理之位置,使各种有关的思想得其正位"③。"判教"一词本是佛教用语,指对于各类佛教经典意义和地位的判定。在佛教,"判教"是有前提的,即认为种种佛教主张都是"佛说";既是"佛说",便不能有错。因此,诸教派的不同只是佛在不同时间、针对不同对象而说,即,所说者都是真理,只是"应机不同"而有说法上的差异。在杨祖汉看来,牟宗三一生对儒、释、道及基督教义理的衡量、对康德哲学的"消化"也显示出"判教"的前提。具体来讲,他认为各大教派的义理都是人类理性所"显发"的真理,都表现出具有永恒性的智慧;所不同只是普遍性真理落在特殊文化生命及个人生命上而有不同表现。既是如此,便可以通过衡量批判,使各大教派归于合理的地位。因此,牟宗三并不是作一般的学术研究,他所致力者乃是将这些不同方面的真理性显

---

① 杨祖汉:《牟宗三先生的哲学》,第16页。
② 杨祖汉:《牟宗三先生的哲学》,第14页。
③ 杨祖汉:《牟宗三先生的哲学》,第15页。

发出来,同时说明其特殊性、限制性,最终以显发人类的整体智慧。① 具体来讲,牟宗三是要通过其"判教"使中国哲学、西方哲学主要流派的要旨、特色及价值彰显出来,进而对未来哲学的发展提出自己的主张。

就儒家来说,牟宗三最重要的"判教"是提出宋明儒"三系说"。如前所述,牟宗三认为"天道性命相贯通"及"道德的形上学"是儒学的本质。依此来衡量,"北宋三子"(周敦颐、张载、程颢)及胡五峰、刘蕺山是"最能相契此一本质而往前发展者"②,故此一系为"正宗"。陆九渊与王阳明的心学虽然不违此义,但其于客观面的"天道"、"性命"未能充分肯定,故有所"虚歉";尽管如此,此一系仍可归为"正宗"。朱熹虽然是大宗师,但其理论于"天道性命相贯通"之义有未完全契合处,故朱熹一系实乃"继别为宗"。即朱熹言"性即理",可以说"性"与"天道"相通,但不能达至"心"与"理"是一。"性"与"理"是"心"所对之对象,故"心"要知"理"须由"格物致知",而不从本心之当下认取,故朱熹之说不合孔、孟本旨,即不合儒学的本质。③ 在杨祖汉看来,"以心即理及心不即理来区分朱熹与陆、王不同,是以往之共识,牟先生之论,亦不能外于此,而牟宗三对此,则作出了充分的证成"④。况且,牟宗三将朱子判为儒门之"别子",只是一种客观的"判教",即只是明其义理形态之归属,并非意在贬抑朱子。而且,他认为,"从朱子的型态中,可以看到哲学思辨对于道德实践是有必要的"⑤。关于牟宗三的"三系说",杨祖汉说:

  在他之前,几乎没有学者见出胡五峰之思想特色,及五峰、蕺山可视为同一系,且此系是宋明儒学之正宗,牟宗三此一衡量,都以对文献之客观研究作根据,并非出于个人主观的思想爱好。⑥

---

① 参见杨祖汉:《牟宗三先生的哲学》,第15页。
② 杨祖汉:《牟宗三先生的哲学》,第16页。
③ 参见杨祖汉:《牟宗三先生的哲学》,第16页。
④ 杨祖汉:《牟宗三先生的哲学》,第16页。
⑤ 参见李唯嘉:《新儒家的传承与开展——杨祖汉教授谈哲学思辨对道德实践的功用》,台湾:《国文天地》第26卷第8期。
⑥ 杨祖汉:《牟宗三先生的哲学》,第16页。

关于道家,牟宗三认为其思想特色是"无的智能"及"境界型态的形上学"。在他看来,老子所言之"道"虽有"宗主性"、"恒存性"及"实现性",但其实都只是"虚的姿态";不能据此说"道"是客观的"实有",不能说"道"对万物有真正的"创生性"。因此,道家所说之"道"乃一种"无心化境",即由"冲虚自然"的主体所显示之境界。对于老庄的抨击仁义、"绝圣弃智"之论,牟宗三认为其只是"作用层上的否定",即道家并非原则上反对仁义、"圣智",而是反省要以何种方式最能恰当地表现之。质言之,人若能无心于表现仁义、"圣智"而表现仁义与"圣智",才是最好的表现方式。在此意义下,道家的"无的智能"有其"共法"意义,即其他教派亦须承认此无心之玄理。因此,杨祖汉说:"牟宗三此论解除了传统以来儒者不敢多说虚无,以为一言虚无便落入异端之忌讳。"①不过,牟宗三认为,儒道二家是不同的:儒家有其"实有层"之肯定,且此"实有""不已地"起生化,在人的生命中不断引发道德创造,故为"实有型态的形上学"。道家没有"实有层"之肯定,而主张"道不生物","让开一步而让物自生",故其形上学乃"境界型态的形上学"。② 质言之,儒道之异乃"纵者纵讲"和"纵者横讲"之别,此乃牟宗三对于儒道之"判教"。杨祖汉说:

> 儒道都言道体,都涉及天地万物之存在,故都是纵说,但儒学所言之道体,对于天地万物有真实的创生性,不同于道家所言之道不生物。道不生物而让开一步,物得以自生自化,如是则道对于万物是"不著"的,好比是主客对立的"横"的关系,故曰"纵者横讲"。这是对儒道之所以不同,作出判教。③

关于佛教,牟宗三依顺天台宗的"判教论"亦有明白的阐明。他认为,"般若空义"是佛教大小乘一切教派所共同遵守的基本义理。然而,大小乘由于对"心"言说程度的不同,故对一切法之根源的说明亦有不同境地:小乘言心只及于"六识",即只就有限的心识以言法之存在,故未能

---

① 杨祖汉:《牟宗三先生的哲学》,第17页。
② 参见杨祖汉:《牟宗三先生的哲学》,第16—17页。
③ 杨祖汉:《牟宗三先生的哲学》,第17页。

穷法之源,也未达无限之境。大乘华严宗"真常心系"由于对"生灭法"与"清净无漏法"皆有合理的根源说明,故成佛便有保证。但是,此说肯定"真心"为一切存在法所依止,有"本体论的生起论"之嫌疑,与佛教言一切法"皆缘起空"有矛盾,故华严宗并非佛教之究极的"圆教"。天台宗的理论则进一步,它可"打散""真常心"而显佛教之原义,故为佛教之真正的"圆教"。在天台宗看来,世间法本来便有此"三千法",由于人之"迷悟"不同,故有烦恼与清净之不同;虽有"迷悟"之不同,但"三千法"之存在都有其必然性。也就是说,"烦恼即菩提,生死即涅盘"①。故见烦恼之为"缘起性空"即得"菩提",并非于"烦恼法"外另有"菩提法"。如此讲来,华严宗是"分别说",因为它将"烦恼"与"菩提"视为独立的不同,故"去妄方可证真";天台宗是"非分别说",它视"烦恼"与"菩提""依而复即",故"即妄而可证真"。尽管如此,大乘佛教依然是"纵者横讲",未达儒家"纵者纵讲"之境界。杨祖汉说:

> 牟先生认为中国的大乘佛教是中国之文化生命、智慧生命顺印度佛教之智慧而接续发展,使佛教所开显之智慧至乎其极,此佛教式的存有论,亦即以佛法身保住一切法,虽云可保住一切法,但并不能说般若或佛智生一切法。故佛教如同道家,是纵者横讲。②

牟宗三对于康德哲学亦有"消化"、"吸收",而且顺康德哲学推进了一步。在《纯粹理性批判》中,康德说明了人类知识所以能有客观性、必然性的根据,进而说明西方传统形上学因非经验知识,故不能成立。具体来讲,由于经验对象置于"感触直觉"之时、空形式下,再加上"知性"之纯粹范畴以统一对象,经验知识方能成立。而且,知识之所以有普遍性、客观性,亦是因为有此等先验成分作为条件。然而,人的知识只能及于现象,不能及于"物自身",因人不能不以"感触直觉"接触对象,亦不能不以范畴来决定对象,而时空、范畴等并非"物自身"所本有。进而,在《实践

---

① 参见冯国超主编:《维摩诘经》,长春:吉林人民出版社2005年版,第162—164页。
② 杨祖汉:《牟宗三先生的哲学》,第19页。

理性批判》中，康德对于"物自身"之客观性、真实性进行了具体说明。即通过肯定理性的实践，必须视"自由意志"、"灵魂不朽"及"上帝存在"为必要的"设准"，而肯定此三者即肯定"智思界"存在之真实性，亦即表示"物自身"为客观实在。最后，在《判断力批判》中，康德认为审美可沟通自然与自由即现象界与"智思界"。即人之崇高感一旦被引发，人便可肯定事物背后的"物自体"；从一切存在之"合目的性"，可体会到"最高存有"之存在。由此可见，康德之言"物自身"并非"虚说"；非但不是"虚说"，"物自身"作为"超越的真际"，乃是价值根源之所在。然而，"物自身"虽是"实说"，但因人无"智的直觉"，故不能知之。①

  在牟宗三看来，康德认为"物自身"非思辨可知而为"实践理性"所肯定，与孔子"践仁以知天"②之途径正相吻合。在践德上看，儒学肯定"本心"、"良知"之为"呈现"，而"本心"、"良知"即康德的"自由意志"。在康德，"自由意志"只是"设准"，因为人无"智的直觉"；依儒学，"良知"并非假设，是人当下可以坦然明白的，即"智的直觉"是人人可能的。人若真正践德，必有"良知""真我"之"呈现"，而此"真我"必与万物感通不隔、"神感神应"，而此即是康德所言之"物自身"之境。总之，依儒、释、道三教之说，"物自身"是可知的。因此，康德关于"现象"与"物自身"之区分便得以证成。③ 基于此证成，牟宗三进而提出其"两层存有论"：人若"良知""真我"呈现，则一切法便以"物自身"之身份存在；成就"物自身界"的存有论为"无执的存有论"。若以"认知心"认识世界，则一切存在便以时空、范畴为存在条件，此时便为现象；成就"现象界"的存有论为"执的存有论"。在杨祖汉看来，牟宗三的"两层存有论"对于传统中国哲学智慧进行了"证成"，且针对康德哲学的不足提出进一步发展的方向。当然，中国哲学亦须借康德哲学以吸收西方智慧之所长。总之，将来的中

---

① 参见杨祖汉：《牟宗三先生的哲学》，第19页。
② 孔子说："不怨天，不尤人，下学而上达。"（何晏注，邢昺疏，朱汉民整理，张岂之审定：《论语注疏》，第199页）对此，牟宗三的解释是："孔子认为……应努力不懈地做自身的'下学'的践仁功夫，以期'上达'的效果。'上达'什么呢？显然是天命、天道。'上达'就是古语'上达天德'的意思。"（牟宗三著，罗义俊编：《中国哲学的特质》，第31页）
③ 参见杨祖汉：《牟宗三先生的哲学》，第20页。

国哲学必是中西文化生命的"大综和"。杨祖汉说：

> 牟先生此两层存有论的说法，可谓是康德哲学的中国诠释，此既可说明中国哲学智慧之意义，又可给出康德学可以更进一步之可能，故牟先生认为康德学是中西哲学会通之桥梁。①

三、堵住"两层存有论"所可导致的流弊

在杨祖汉看来，牟宗三凭借中国哲学之义蕴，不仅证成了康德未完成的"现象"与"物自身"的区分，而且也证成了"自由意志"即"智的直觉"的可能。在此过程中，牟宗三肯定"一心开二门"为哲学的"基本模型"，并依此"模型"建立起"两层存有论"，从而使现象之经验实在性与"物自身"之超越实在性两义并立。在他看来，现象界是"执的存有论"，是暂时之实在，为"无而能有，有而能无"②者；此一层为"架构的思辨"，乃逻辑、数学等自然科学乃至民主政治所借以开出者。"物自身界"是"无执的存有论"，是永恒的存在；此一层为"智的直觉"，乃道德、宗教和哲学所借以开出者。具体来讲，牟宗三借用佛教"识心之执"一词以说明现象界之所由生，但他并不如佛教般视现实世界为虚妄。③ 对于牟宗三"两层存有论"这套理论，杨祖汉认为，尽管它有非常重要的理论意义，但它却可能会产生流弊：既然对现象界之说明者为"执的存有论"，其上有"无执的存有论"；"无执"当然比"有执"为更真实、更有价值，于是人便很容易往"无执"处用心，于"执处"不愿"停下来"仔细用心。他说：

> 这便会产生流弊，即人会顺牟先生对物自身、智的直觉之肯定之义上用心，专以寻求无分别的万物一体之境为务，以现实经验为只有过渡的意义，并非真正有价值之存在。④

---

① 杨祖汉：《牟宗三先生的哲学》，第20页。
② 牟宗三：《现象与物自身·序》，《牟宗三先生全集》(21)，第17页。
③ 参见牟宗三：《佛性与般若》(上)，《牟宗三先生全集》(3)，第451—455页。
④ 杨祖汉：《牟宗三先生的哲学》，第20页。

杨祖汉认为,流弊之产生大失牟宗三"两层存有论"的初衷。不过,"两层存有论"若真有此流弊,它亦乃"人病"而非"法病"。即这流弊并非由于理论本身有缺陷所致,而只是人依此理论实践时会顺"生命气质"而产生的流弊。① 具体来讲,王阳明之"致良知教"本身不必然会导致"情识而肆"、"虚玄而荡"之病②,但人的感性、习气会顺"致良知教"之精妙处而产生不合理的精神意向。同样,就牟宗三的理论来看,"两层存有论"对"物自身界"的证成当然是最吸引人的、最有魅力的,于是人便会以达"神感神应"的"圣人化境"为努力目标,进而便会轻忽、甚至要冲破、蹦越经验现象。因此,杨祖汉说:"此与王龙溪提出四无说,显王学之精义,而却引致流弊之情况相似。"③质言之,此流弊是由于人的好高、蹦等习性而生的"人病",而非其理论本身固有的"法病"。但是,既然有此"人病",就须思考如何通过理论完善而加以避免。不过,此理论完善只需依着牟宗三的理论进行"调适"即可,而无须"颠覆"牟宗三的"两层存有论"理论本身。

对此,杨祖汉依据牟宗三本人之论述,阐述了他两个方面的思考。

其一,儒家"圆教"义可以堵住此一流弊。按牟宗三的论说,"无执的存有论"与"执的存有论"是相即不离的;"两层存有论"所说者只是一个世界,是同一世界对于不同主体而有不同意义。即同一世界对于"识心"而为现象,对于"智心"而为"物自身"。表面看来,此说似应不会产生"轻忽"现象界之弊病。然而,事实是,人仍可视现象为妄,因为二者有真实性的不同。那么,如何办呢?杨祖汉认为,牟宗三阐发的天台宗"圆教"义可以解决此一疑难。天台宗主张"法性"即"无明","无明"即"法性";成佛当然要断"无明","无明"虽断而"无明烦恼法"不断。此即所谓"不断断"、"即九法界而成佛"。④ 概言之,人生一切是"无明"烦恼所引生,破"无明"、去"妄执"方可成佛。但是,即便如此亦终要肯定世间之差别。

---

① 参见杨祖汉:《牟宗三先生的哲学》,第20—21页。
② 大致讲来,前者指王艮一脉之流弊,后者指王畿一脉之流弊。刘宗周说:"今天下争言良知矣。及其弊也,猖狂者参之以情识,而一是皆良;超洁者荡之以玄虚,而夷良于贼。"(清道光甲申本《刘子全书》卷六《证学杂解解二十五》)
③ 杨祖汉:《牟宗三先生的哲学》,第21页。
④ 参见牟宗三:《佛性与般若》(下),《牟宗三先生全集》(3),第601—602页。

同样,儒家之"圆教"更可化解此一流弊。儒家本来便视世间差别是合理的,故不会因追求"万物一体"①而抹杀存在界之"差别相"。胡五峰"天理人欲同体而异用,同行而异情"②之论大略同于天台宗,认为同一事体可以是天理之事,亦可以是人欲之事;"存天理"、"去人欲"于世间存在本身并没有增减,只是于事上表现不同意义而已。在牟宗三,胡五峰之说可代表儒家之"圆教"义。③ 因此,杨祖汉说:

> 由牟先生对圆教诠释所表示的差别法不能去之义,应突(凸)显了现象界差别法存在的必然性,而人对理想境界的追求,必不能离开人生,此不能离开人生,是包含了对现实之种种差别,须全盘承认之意的,……④

其二,牟宗三晚年提出的真、美、善的"分别说"与"合一说",亦可以堵住此一流弊。关于"分别说",牟宗三说:"分别说的真、美、善既各有其独立的意义,是三种各依人之主体能力而凸显的土堆,是则三者可各不相干。"⑤真、美、善三者皆有其独立的领域,因为构成知识之真、艺术之美及道德之善是各不相同的。不过,真、善、美三者在超越的意义上又是"合一"的,即其原理和主体是"合一的",故又有"合一说"。⑥ 关于二者之关系,牟宗三认为"分别说"乃"合一说"的"象征"。他说:"分别说的美是合一说的美之象征,分别说的真是合一说的真之象征,分别说的善是合一说的善之象征。"⑦很显然,"象征说"显示出"分别说者"与"合一说者"是有"距离"的。不过,既是象征,则虽有"距离",但不能把"象征者"理解为"妄执"。也就是说,"分别说者"与"合一说者"虽有不同,但它们只是

---

① 王阳明撰,吴光、钱明、董平、姚延福编校:《王阳明全集》,第968页。
② 胡宏著,吴仁华点校:《胡宏集》,北京:中华书局1987年版,第329页。
③ 参见杨祖汉:《牟宗三先生的哲学》,第21页。
④ 杨祖汉:《牟宗三先生的哲学》,第21—22页。
⑤ 牟宗三:《康德〈判断力之批判〉》,《牟宗三先生全集》(16),台湾:联经出版事业股份有限公司2003年版(下同),第85页。
⑥ 参见牟宗三:《康德〈判断力之批判〉》,《牟宗三先生全集》(16),第80—84页。
⑦ 牟宗三:《康德〈判断力之批判〉》,《牟宗三先生全集》(16),第87页。

"距离"之不同,并非真与妄之不同。换言之,"象征者"乃是"天德""妙用"所生起;若无此"象征",则"天德"亦不能见。如此说,则"分别说"之真、美、善三者乃是"天德"无限丰富内容的表现,故"分别说"之境是不可轻忽的。很显然,由此而"轻忽"现象界的流弊便可得以纠正。杨祖汉说:

> 依此而言,分别说的("的"字应为衍字——引者)者非但不可轻忽,其实是天德藉以彰显其自己者,若是则此三者是非有不可的,且人生的存在价值,便在于通彻于真美善之道。此处所谓的真美善,是以分别说者为主,虽然非分别的合一说者亦在其中。①

---

① 杨祖汉:《牟宗三先生的哲学》,第24页。

第七章

李明辉

李明辉，1953年出生于台北，台湾屏东县人。1971—1975年在台湾政治大学哲学系学习，获得学士学位。1977—1981年在台湾大学哲学研究所学习，获得硕士学位。1982—1986年在德国波恩大学哲学系学习，获得博士学位。1972—1981年任台湾大学哲学系助教，1986—1988年任台湾大学哲学系客座副教授。1988—1991年任中国文化大学哲学系副教授。1991—1995年任"中央研究院"中国文哲研究所副研究员，1995年起任研究员。现任"中央研究院"中国文哲研究所研究员暨台湾大学"国家发展研究所"合聘教授、中央大学哲学研究所合聘教授、中山大学"长江学者"讲座教授。

李明辉是牟宗三的亲炙弟子。多年来，他致力于为牟宗三哲学进行辩护，成为当代继承牟宗三学术理路的重要代表。李明辉学术研究领域十分宽广，既包括传统儒学，亦包括现代新儒学，还包括西方哲学、尤其是康德哲学。具体来讲，其研究主要围绕如下问题展开：其一，对中国哲学的"正当性"和儒学的现代存在进行辩护，进而将儒学与康德哲学家进行比较研究。其二，围绕关于现代新儒学的种种质疑和批评进行辩护，从而巩固现代新儒学的地位，并推动"当代儒学的自我转化"。其三，对种种关于牟宗三哲学的批评进行反驳，从而致力于继承和弘扬牟宗三哲学。

李明辉的主要著作有《儒家与康德》、《儒学与现代意识》、《康德伦理学与孟子道德思考之重建》、《当代儒学之自我转化》、《孟子重探》、《康德伦理学发展中的道德情感问题》(德文本)、《儒家在现代中国》(德文本)、《四端与七情:关于道德情感的比较哲学探讨》、《儒家视野下的政治思想》。译作有 H. M. Baumgartner 的《康德〈纯粹理性批判〉导读》及康德的《通灵者之梦》、《道德底形上学之基础》、《康德历史哲学论文集》等。

第一节 传统儒学的本质和特征

在李明辉看来,"合法性"与"正当性"是两个不同的概念:"合法性"是指从"实定法"的角度看是否违背法律,"正当性"是指从"自然法"的角度去讨论法律的合理性。因此,所谓中国哲学的"合法性"问题其实是指中国哲学的"正当性"问题。① 历史地看,自从"哲学"概念被引入中国学界以后,尤其是"哲学"学科建立以后,中国哲学的"正当性"问题便始终作为一个问题存在。然而,否定中国哲学"正当性"的观点是错误的,原因有如下几个方面:其一,它混淆了作为"思想传统的中国哲学"与作为"学科的中国哲学"之区别。实际上,尽管中国哲学作为一门学科诞生于近代,但中国哲学的"思想传统"却存在久远。其二,其抱持"西方中心论"的立场,因而贬抑中国传统思想。李明辉认为,在全球化时代,如果将"哲学"局限于特定的文化脉络中,无异于哲学的"慢性自杀"。其三,对"哲学"概念抱持近乎"本质主义"的理解。实际上,在西方哲学史,"哲学"概念本身亦是不断演变的。依着李明辉的理解,按照康德将哲学理解为"智慧学"即"生活方式"或"生活艺术"的观点,中国哲学的"正当性"是不容置疑的。②

关于儒学在现代社会的命运,学界有许多否定性的观点。其中,列文

---

① 参见李明辉:《论中国哲学的建构问题》,上海:《学术月刊》2007 年第 3 期。
② 参见李明辉:《论中国哲学的建构问题》,上海:《学术月刊》2007 年第 3 期。

森的"博物馆说"①、林毓生的"脱日说"②、余英时的"游魂说"③可作为代表。在李明辉看来,这三种观点不仅没有事实根据,而且亦没有理论根据。关于事实根据,"文革"中的"批林批孔"和《河殇》现象,从反面印证了儒学的实际存在。关于理论根据,他区分了四种意义的儒学:"制度化儒学"、"社会化儒学"、"深层化儒学"和"作为精神思想传统的儒学"。就"制度化儒学"而言,儒家思想过去虽然"托身"于传统制度,但不能说这种制度完全体现了儒家理想。就"社会化儒学"来看,虽然它出于有意识、甚至是理性的选择,但它只是对儒学的部分内容加以"工具性"诠释,故失去了儒学的完整意义。就"深层化儒学"来看,由于它仅存在于无意识的"文化结构"或"心理积淀"中,而非出于当事者的理性抉择,故无法显示儒学"精神生命"的创造性。因此,它们在现代社会之存在与否不能决定儒学的现代存在。④ 李明辉认为,能够代表儒学本质的唯有"作为精神思想传统的儒学",而这个层面的儒学其实质是"内圣之学"、"成德之教"。就此而言,儒学在现代社会依然具有强大的"生命力",而此"生命力"则印证了儒学的现代存在。⑤

在李明辉看来,儒家思想与康德哲学存在着很多相似之处,其中最本质的联系在于儒家哲学与康德哲学均强调"道德主体"之"自律"。那么,何谓"自律"呢?所谓"自律",其实就是意志的"自我立法"。⑥ 以"自律"概念为基础,康德建立起他的"自律伦理学"。对于这样一套伦理学,李明辉认为它乃儒学与康德哲学之相通处。就孔子的思想来看,他虽然没有明确表达相关思想,但他的论说中已包含相关内容。比如:"为仁由

---

① 参见列文森:《儒教中国及其现代命运》,郑大华、任菁译,第372页。
② 参见林毓生:《中国意识的危机》,穆善培译,贵阳:贵州人民出版社1988年版(下同),第23—24页。
③ 参见沈志佳编:《余英时文集》第二卷,桂林:广西师范大学出版社2004年版(下同),第262—264页。
④ 参见李明辉:《儒家视野下的政治思想》,北京:北京大学出版社2005年版(下同),第132—133页。
⑤ 参见李明辉:《当代儒学的自我转化》,北京:中国社会科学出版社2001年版(下同),第4页。
⑥ 参见李明辉:《儒家与康德》,台湾:联经出版事业公司1990年版(下同),第16页。

己,而由人乎哉!"①孟子则明确地表明了这一思想。他说:"求则得之,舍则失之,是求有益于得也,求在我者也。"②具体来讲,在康德,"自律"包含"自我立法"和"自我服从"二义③,孟子的思想显然具备此二义:一个方面,他肯定"仁、义、礼、智,非由外铄我也,我固有之也,弗思耳矣"④;此对应于"自我立法"。另一个方面,他强调"有是四端,而自谓不能者,自贼者也。谓其君不能者,贼其君者也"⑤;此对应于"自我服从"。对此,李明辉说:"道德法则既然建立在自律原则之上,而为意志之自我立法,则遵行道德法则应在意志的力量之内;此属于孟子所谓'求则得之,舍则失之;是求有益于得也,求在我者也'的范围。"⑥总之,孟子真能依"自律"原则说道德。由此而后,胡五峰、刘蕺山及陆九渊、王阳明继承了孟子之"自律"的理路,而荀子以及程、朱一脉则不同而为"他律"之理路。

一、中国哲学的正当性

近年来,"中国哲学的合法性"作为一个问题曾在学界热议。⑦ 不过,李明辉认为,对于"中国哲学"使用"合法性"一词并不妥当,因为它混淆了"合法性"(legality)与"正当性"(legitimacy)这两个不同的概念。通常来讲,法有两种类型:一种是"实定法"(positive law);另一种是"自然法"(natural law)。所谓"实定法",是指所有由人所制定的法律,即现实中由国家所制定的法律;所谓"自然法",是指来自"自然秩序"的法律,它体现的是上帝的意志,是上帝为人类制定的。依此区分,李明辉认为,从"实定法"的观点来看,只要是违背法律的行为便不具有"合法性";而"正当性"则是指从"自然法"的观点去质疑法律的"合理性"。基于此区分,学界关于"中国哲学的合法性"的讨论实质是"正当性"的问题,而非"合法

---

① 何晏注,邢昺疏,朱汉民整理,张岂之审定:《论语注疏》,第157页。
② 赵岐注,孙奭疏,廖名春、刘佑平整理,钱逊审定:《孟子注疏》,第352页。
③ 参见李明辉:《儒家与康德》,第65页。
④ 赵岐注,孙奭疏,廖名春、刘佑平整理,钱逊审定:《孟子注疏》,第300页。
⑤ 赵岐注,孙奭疏,廖名春、刘佑平整理,钱逊审定:《孟子注疏》,第94页。
⑥ 李明辉:《儒家与康德》,第36页。
⑦ 参见程志华:《中国哲学合法性问题辨析》,济南:《文史哲》2007年第1期,第71—78页。

性"的问题。① 即中国哲学作为一门学问,它是否具备"自然法"意义下"哲学"的性质,而非是否符合"实定法"意义下已有"哲学派别"的特征。在此意义下,"正当性"比"合法性"是一个更深层次的问题。

在李明辉看来,中国哲学之"正当性"问题并非始于今日。众所周知,"哲学"一词不是中国固有的学术名词。日本人西周(1829—1897年)在1866年出版的《百一新论》中,将西文 philosophy 译为汉语"哲学"。后来,此一译名逐渐为中国知识界所接受。王国维在1903年发表《哲学辨惑》一文,不仅接受了"哲学"这一概念,而且认为"哲学为中国固有之学"②。但是,学界对王国维的这一观点并非都赞同。马一浮即认为:"书院所讲习者,要在原本经术,发明自性本具之义理,与今之治哲学者未可同日而语。贤者之好尚在治哲学,若以今日治哲学者一般所持客观态度,视此为过去时代之一种哲学思想而研究之,恐未必有深益。"③此外,欧阳竟无对于"哲学"一词是否适用于佛学也持怀疑态度,他提出"佛法非宗教非哲学"④之说。与上述二人不同,熊十力则接受"中国哲学"一词,但他强调中国哲学与西方哲学不同。他说:"中国哲学有一特别精神,即其为学也,根本注重体认的方法。"⑤牟宗三继承了乃师熊十力的观点,承认中国过去有哲学,但其重点与西方哲学不同。他说:"中国既然确有哲学,那么它的形态与特质怎样? 用一句最具概括性的话来说,就是中国哲学特重'主体性'(Subjectivity)与'内在道德性'(Inner-morality)。"⑥

除国内学者以外,国外学者亦对此问题深有关注。黑格尔(Georg Wilhelm Friedrich Hegel,1770—1831年)认为,中国文化代表历史的"幼年时期",其仅表现出"实体性"而尚未进入"主体性";换言之,其根本尚未进入"反省的阶段",故中国人不可能拥有哲学。他说:"我们在这里尚

---

① 参见李明辉:《论中国哲学的建构问题》,上海:《学术月刊》2007年第3期。
② 傅杰编校:《王国维论学集》,昆明:云南出版集团公司、云南人民出版社2008年版,第262页。
③ 虞万里点校:《马一浮集》第一册,第527页。
④ 参见《欧阳竟无集》,北京:中国社会科学出版社1995年版,第1—13页。
⑤ 萧萐父主编:《熊十力全集》第四卷,第198页。
⑥ 牟宗三著,罗义俊编:《中国哲学的特质》,第4页。

找不到哲学知识。属于哲学的应是关于实体、普遍的东西、客观的东西的知识，——这种对象只要我思维它、发展它，它就保持自身的客观性。……所以这种东方的思想必须排除在哲学史以外。"①傅敏怡（Michael Friedrich,1955—　）则认为，所谓的"中国哲学"并不存在于中国历史之中，而是近代中国学者在接触西方哲学后"创构"出来的。严格地说，应当将"中国哲学"称为"哲学在中国"（Philosophie in China）。而且，清末以来中国学界"创构""中国哲学"的尝试都不成功，直到牟宗三，"创构""中国哲学"的努力才迈出了关键一步：牟宗三吸纳康德哲学重建儒学，从而为"中国哲学"取得了"正当性"；牟宗三所开启的"哲学化"是中国哲学的滥觞。② 伯梅（Gernot Bêhme,1937—　）则认为，"哲学"产生于古希腊的启蒙时代，完全是西方文化的产物。因此，他虽不否定东方的思想传统，但他反对用"哲学"一词来指称东方思想。③ 因此，李明辉说：

> 过去西方学术界长期笼罩于黑格尔与韦伯（Max Weber,1864—1920）的中国观之影响下，加上冷战意识形态作祟，儒家思想在西方学者心目中呈现一幅颇为扭曲的形象。④

李明辉反对否定中国过去有哲学的说法，认为其错误有如下几个方面：其一，它忽略了一项微妙但却重要的区别，即"作为思想传统的中国哲学"与"作为学科的中国哲学"之别。他说："根据这项区别，我们可以肯定：中国历史上确实存在'作为思想传统的中国哲学'；我们同时也承认，中国哲学作为学科，是中国人在近代日本人与西方文化的影响下，根据西方哲学的模式建构起来的。"⑤因此，虽然作为学科的"中国哲学"开始于近代，但不能因此而否定"中国哲学"的"思想传统"。其二，其抱持

---

① 黑格尔：《哲学史讲演录》第一卷，贺麟、王太庆译，北京：商务印书馆1959年版（下同），第97—98页。
② 参见李明辉：《论中国哲学的建构问题》，上海：《学术月刊》2007年第3期。
③ 参见李明辉：《论中国哲学的建构问题》，上海：《学术月刊》2007年第3期。
④ 李明辉、陈玮芬主编：《当代儒学与西方文化：哲学篇》，台湾：中央研究院中国文哲研究所2004年版，第2页。
⑤ 李明辉：《论中国哲学的建构问题》，上海：《学术月刊》2007年第3期。

"西方中心论"的立场。比如,傅敏怡虽然肯定现代新儒家、特别是牟宗三建构"中国哲学"的贡献,但他的说法背后却透露出一种"欧洲中心主义"的成见。傅敏怡认为,在牟宗三对"中国哲学"的"理性创构"中,存在着对中国传统文化的"非理性信仰",而这些内容只是一种"独白"。他说:"只要现代儒学为中国哲学所作的努力是用来正当化对自家传统的信仰,他就无法与西方产生对话,而必然停留在一种独白当中。"①其三,其对"哲学"概念抱持近乎"本质主义"的理解。表面看来,这似乎符合学术研究的严谨性,但它却违背哲学思考的普遍性要求。实际上,由西方哲学史的发展可见,无论就内容、范围还是问题意识,"哲学"是一个不断变化与发展的概念。因此,李明辉说:"在西方,并不存在一个公认的判准,可以被用来决定哪些思想属于哲学,哪些思想不属于哲学。"②

李明辉认为,中国哲学的"正当性"是无可置疑的。他说:"了解了'哲学'一词在西方传统中的演变与复杂涵义之后,我们自然会理解,用'哲学'一词来指称中国的传统思想,并非牵强附会。"③不过,此"哲学"并非"本质主义"意义下的"哲学",而是指康德所指的"智慧学"。康德在《实践理性批判》中谈"最高善"时曾指出:"将智慧学(Weisheitslehre)当作学问(Wissenschaft)来看,是依古人所理解的意义而说的'哲学'。"④他这里所说的"古人"是指希腊化罗马时期的哲学家,特别是斯多亚学派与伊壁鸠鲁学派;这些哲学家一方面继承古希腊哲学家将"哲学"视为"爱智"的观点,另一方面强调哲学作为"生活方式"或"生活艺术"的意义。在李明辉看来,将"哲学"作"智慧学"来理解,有助于厘清"中国有没有哲学"这个问题。他说:"哲学是通往智慧或真理的道路;西方哲学与中国哲学(乃至印度哲学、阿拉伯哲学等)在历史上都各自提供了一条特殊的道路;时至今日,在各种文化的相互交往中,不同的哲学传统正以不同的程度相互影响,从而使'哲学'的意涵越来越丰富。"⑤质言之,若从

---

① 参见李明辉:《论中国哲学的建构问题》,上海:《学术月刊》2007年第3期。
② 李明辉:《论中国哲学的建构问题》,上海:《学术月刊》2007年第3期。
③ 李明辉:《论中国哲学的建构问题》,上海:《学术月刊》2007年第3期。
④ 参见李明辉:《论中国哲学的建构问题》,上海:《学术月刊》2007年第3期。
⑤ 李明辉:《论中国哲学的建构问题》,上海:《学术月刊》2007年第3期。

"智慧学"的角度来理解哲学,中国哲学的"正当性"是不容置疑的,而且中国哲学还有着悠久的历史。他说:

> 如果我们采取这一观点,将"哲学"界定为一种"生活方式"或"生活艺术",则势必要承认:中国文化中有着长远而丰富的"哲学"传统。①

二、儒学的现代存在

关于儒学在现代社会是否存在的问题,学界否定性的观点颇多。其中,列文森的"博物馆说"、林毓生的"脱白说"、余英时的"游魂说"可作为代表。列文森认为,儒家传统在近代西方文化的冲击下已失去"生命力",并且由于脱离了它赖以生长的宗法封建社会而"博物馆化"了。1949年共产主义中国的兴起便证实了儒家的这种命运。② 与此相类,林毓生认为,"辛亥革命"以后,以儒家思想为主的中国传统在道德秩序方面遭受了"结构性的解体"。他说:"在过去高度整合的中国社会中所形成的思想和价值丛聚,在文化与道德系统解体以后不是败坏,便是脱白;或者说,传统的文化和框架已不复存在了。"③余英时则认为,儒学不只是一种单纯的哲学和宗教,而是一套全面安排人间秩序的思想系统;它一方面透过制度化来支配传统文化,另一方面又托身于中国传统的制度;传统儒学和中国传统制度之间乃是一种密不可分的关系。因此,现代儒学最大的困境在于:近百余年来,由于中国传统制度的"崩解",儒学在现实社会中逐渐失去立足点;及至儒学与现实社会之间的联系完全断绝后,它便成了"游魂"。④

在李明辉看来,这些否认儒学的现代存在的说法均没有事实根据。一个方面,它们都无法解释大陆的"批林批孔"⑤和全面抨击传统文化的

---

① 李明辉:《论中国哲学的建构问题》,上海:《学术月刊》2007年第3期。
② 参见列文森:《儒教中国及其现代命运》,郑大华、任菁译,第372页。
③ 林毓生:《中国意识的危机》,穆善培译,第23—24页。
④ 参见沈志佳编:《余英时文集》第二卷,第262—264页。
⑤ 指1974年在文化大革命中发起的一次以批判林彪、孔丘为主题的政治运动。

《河殇》现象①。即如果说传统文化已经"博物馆化"、与现实"脱臼"或成为"游魂",上述现象似乎就成为"放火燃烧一间业已烧毁的房子"一样不可理解。他说:"如果儒家思想诚如以上三位学者所说的,在现代的中国社会中已无多大的影响力,那么,'文革'中的'批孔扬秦'运动以及80年代以来大陆知识界的反传统思潮便类似'放火燃烧一间业已烧毁的房子',其动机不太容易理解。"②在他看来,"文革"中的"批孔扬秦"运动固然可以解释为借文化运动之名来进行政治斗争。同样,也可以将《河殇》及类似作品视为"影射史学"之产物,认为它们是假借批判儒家来批判现实。然而,即便是"假借","假借"的现象也须有相当程度的真实性,否则"假借"便不可能产生作用。另一个方面,亚洲"四小龙"的崛起迫使人们不得不重新认识儒家文化在现代社会的作用,而这种重新认识也证明了儒学的现代存在。因此,就客观事实来讲,上述关于儒家思想"博物馆化"、"脱臼说"和"游魂说"的论断并不恰当。

进而,李明辉还从理论上对此进行了辨析。他区分了四种意义的儒学:"制度化儒学"、"社会化儒学"、"深层化儒学"和"作为精神思想传统的儒学"。所谓"制度化儒学",是"在中国、乃至东亚历史上与君主专制制度相结合的政治意识形态";所谓"社会化儒学",即"在民间社会的层面规范人民的社会行为与社会关系的价值系统";所谓"深层化儒学",是"在深层的文化结构中以潜移默化的方式影响人民的思想模式与行为方式之心理积淀";所谓"作为精神思想传统的儒学",是指"历代儒者(如孔、孟、程、朱、陆、王)透过其人格和学说所体现的精神思想系统"。③基于上述区分,李明辉认为,不论在大陆、台湾,还是在东南亚的华人社会,"制度化儒学"都已不存在了。但是,在这些地区,"社会化儒学"仍然以某种方式继续存在。同时,"深层化儒学""仍然极有力地影响当代中国人的思考"④。然而,上述三个层面的儒学均不能代表儒学的本质,故它

---

① 《河殇》全称为《河殇——中华文化反思录》,是中央电视台1988年播过的一部纪录片。
② 李明辉:《当代儒学的自我转化》,第3页。
③ 参见李明辉:《儒家视野下的政治思想》,第132—133页。
④ 李明辉:《当代儒学的自我转化》,第8页。

们的现代存在并不意味着儒学的现代存在。就"制度化儒学"而言,儒家思想过去虽然"托身"于传统制度,但不能说这种制度完全体现了儒家理想。就"社会化儒学"来看,虽然它出于有意识、甚至是理性的选择,但由于它对部分内容加以"工具性"诠释,故失去了儒学原有的整体意义。就"深层化儒学"来看,由于它仅存在于无意识的"文化结构"或"心理积淀"中,而非出于人的理性抉择,故无法显示出儒者"精神生命"的创造性。在李明辉看来,能够反映儒学本质的乃"作为精神思想传统的儒学",即"仁"所涵摄的精神价值。他说:

> 儒学的本质应当定在"仁"字所涵摄的精神价值上,这种精神价值独立于特定的制度,而有其超越性。①

不过,儒学的"超越性"不同于西方文化的"超越性",因为这种"超越性"不是"外在的超越",而是"内在的超越"。李明辉说:"儒家思想有一项显着的特色,即:它除了超越性之外,同时还具有内在性。当代的儒家学者常将儒家思想的这种特色称为'超越而内在'或'内在超越性',以与西方文化(尤其是宗教)中'超越而外在'或'外在超越性'的基本模式相对比。"②在李明辉,"超越性"的"内在性"的意义在于,"仁"非外在于现实生活,而是与现实生活密切相连的。因此,儒学不是抽象理论,而是一种"实践之学"。他说:"儒家思想之内在性表现于它与现实生活和现实世界之间的本质性联系中;因此,它不能只是一套抽象的理论,而必须是一种实践之学。"③"不但是传统儒家,甚至整个中国传统文化均以实践哲学为其胜场。"④具体来讲,儒家思想的"实践性格"不以个人道德为限,还要通向政治及社会领域。质言之,儒学的基本精神可以"内圣外王"这样一个观点来概括。不过,因为"内圣"为"外王"之本,故"内圣"的一面相对于"外王"更具本质性。因此,脱离了"内圣"而言的"实

---

① 李明辉:《当代儒学的自我转化》,第10页。
② 李明辉:《当代儒学的自我转化》,第10—11页。
③ 李明辉:《当代儒学的自我转化》,第10—11页。
④ 李明辉:《儒家与康德》,第1页。

践",儒家必视为无本之论。如此来看,"内圣之学"、"成德之教"乃为儒学的"特色"。李明辉说:"无论我们如何理解儒家文化,至少有一项特色是不容否认的,此即:儒家传统特别重视教育及其文化功能。"①他还说:

  我们可根据这两面,将儒学的本质界定为"内圣之学、成德之教"。②

  依着李明辉的理解,若从上述儒学的本质来看,作为"内圣之学"、"成德之教"的儒学不仅没有消亡,它在现代社会依然有着强大的"生命力",而这种"生命力"反映了儒学的现代存在。具体来讲,这种"生命力"体现在如下几个方面:其一,家庭的"统合"作用。在现代社会,尽管大家族已转变为小家庭,但家庭生活仍然是人生的重要内容。关于家庭生活,儒家一个方面非常注重祭祖,而祭祖乃是维系家庭的重要"纽带";另一个方面,孔教对于维系家族组织及强化家庭伦理也具有非常重要的作用。因此,儒家传统在现代的小家庭中仍然发挥着"统合"作用。③ 其二,文化的"教养"功能。儒学具有丰富而深厚的道德文化传统,故可以在世俗化的现代社会提供文化教养功能。近年来,民间团体所推动的"儿童读经"运动和学校教育中以经典阅读为主要内容的"通识教育",都是这种功能的具体表现。④ 其三,形成"知识化"的儒学。在大学的哲学系、中文系、历史系,儒家思想也已成为专业研究的对象。尽管"知识化"的儒学与作为"生命的学问"的儒学隔了一层,但它所发展而成的一套现代意义的学问,可以为现代社会发展提供理论基础。李明辉说:"现代学术体制一方面固然无法保留儒家思想的原始生命,但在另一方面,它却可以开启儒家思想的另一面向,即知识化的儒学。……在这个意义下,知识化的学院儒

---

① 李明辉:《儒家视野下的政治思想》,第2页。
② 李明辉:《当代儒学的自我转化》,第11页。
③ 参见李明辉:《儒家传统在现代东亚的命运与前景》,上海:《上海师范大学学报》(哲学社会科学版)2010年第6期。
④ 参见李明辉:《儒家传统在现代东亚的命运与前景》,上海:《上海师范大学学报》(哲学社会科学版)2010年第6期。

学成为传统儒学的另一种开展,也可视为儒家'外王'的表现。"①关于儒学的现代存在,李明辉说:

> 从结构上讲,当代中国大陆占统治地位的意识形态既不是西方的马克思主义(包括新马克思主义流派),也不是苏联的马克思列宁主义,而是一种用马克思主义语言表达的,但结构上十分类似于儒家文化的思想系统。……因此,一方面传统在名义上遭到批判,另一方面与其等价的东西却在运动中制造出来,而且在现代的名义下变得出奇的强大。②

三、儒学与自律道德

在李明辉看来,儒家思想与康德哲学存在着若干相似之处。其一,二者所探究的道德原则是一致的。在康德看来,道德的本质并不是由哲学家建立的,而是存在于"通常的人类理性"当中的道德原则,故这些道德原则实是一种"理性的事实"。同样,儒家讲仁义道德不离人伦日用,决不抽象地、空洞地说,而是偏重于"具体性解悟"去探究"实事实理"。很显然,康德的"理性的事实"与儒家的"实事实理"是一致的。③ 其次,二者均属于"存心伦理学"。在康德,真正的善之为善,并非是由于结果或功效,而在于"纯粹善的意志"。同样,孟子的"义利之辨"亦表现出"纯粹的道德意识"。质言之,无论在康德,还是在孟子,真正的善仅仅在于其"存心"。因此,李明辉说:"康德的伦理学属于德国哲学家所谓的'存心伦理学',而非'功效伦理学'。同样的,如果我们将'义利之辨'、'义命之分'及'尊王黜霸'之说视为儒家的基本思想,儒家的伦理学无疑也属于'存心伦理学'。"④再次,二者均建立起"道德的形上学"。在康德看来,建立一门"道德的形上学",不仅有思辨的意义,而且有重要的实践意

---

① 李明辉:《儒家传统在现代东亚的命运与前景》,上海:《上海师范大学学报》(哲学社会科学版)2010年第6期。
② 李明辉:《当代儒学的自我转化》,第4页。
③ 参见李明辉:《儒家与康德》,第2—4页。
④ 李明辉:《儒家与康德》,第5页。

义。因此,他基于理性的运用建立起"道德的形上学"。尽管儒家未像康德一样建立一套完整的理论体系,但儒家典籍的确包含一套基于"道德主体"而建立的形上学。①

不过,李明辉认为,儒家思想与康德哲学的上述相似之处仅是结果,其之所以相似的原因在于它们均强调"道德主体"之"自律"。那么,何谓"自律"呢?在康德看来,人们的道德意识有"自然之善"与"道德之善"的区别。所谓"自然之善",是指一般意识的善,是有条件的善;它只具有"工具价值"。所谓"道德之善",是绝对的、无条件的善,它的价值就在其自身,而不在于它之能实现或助成另一目的。② 可见,真正的"善"并非在于它的"工具价值",而在于它自身就是善的。基于此,康德指出,道德法则是有理性者"自定"的普遍法则。他说:"一个道德行为并非只是合乎义务,而必须是出自义务;否则它只有合法性,而无道德性。"③因此,道德的本质即是"自律",而所谓"自律"其实就是意志的"自我立法"。④ 进而,以"自律"概念为基础,康德建立起他的"自律伦理学"。在这个伦理学中,康德把一切感性的成分均排除在外,而通过纯粹理性以保证道德法则的普遍有效性。对于这样一套伦理学,李明辉认为它乃儒学与康德哲学之相通处。他说:

> 康德透过哲学性反省分析我们的道德意识中所隐含的"理性的事实",发现道德的最高原则为"自律",即道德主体之自我立法。无独有偶,孟子亦有"仁义内在说",此说所表示的基本意涵即是道德主体之"自律"。⑤

李明辉认为,相对照地看,儒家传统即是这样一种"自律伦理学"。历史地讲,尽管孔子对于儒家的核心未有明确指示,但其中却包涵有一定

---

① 参见李明辉:《儒家与康德》,第5—9页。
② 参见李明辉:《儒家与康德》,第16页。
③ 参见李明辉:《儒家与康德》,第16页。
④ 参见李明辉:《儒家与康德》,第19页。
⑤ 李明辉:《儒家与康德》,第5页。

的方向。他说:"儒家开端于孔子,但孔子对日后儒家所争论的重要问题(尤其在心性论的范围内)并未有明确的决定;不过,此中似乎涵着一定的方向。"①就这一方向来看,其中包含有"自律"思想,因为它指出了"应当涵着且能够做"的要求。比如《论语》有言:"子曰:'克己复礼为仁。一日克己复礼,天下归仁焉。为仁由己,而由人乎哉!'"②不过,孟子则明确表达了孔子所未明确的"自律"思想。他说:"求则得之,舍则失之,是求有益于得也,求在我者也。"③依着孟子的思想,道德之根据在于人之本心,而不在于外在的道德规范。因此,对道德的追求是自己的事情,而不应是迫于外在的要求。因此,孟子说:"求之有道,得之有命,是求无益于得也,求在外者也。"④在此意义下,孟子的思想实含有一套"自律伦理学"。李明辉说:"道德法则既然建立在自律原则之上,而为意志之自我立法,则遵行道德法则应在意志的力量之内;此属于孟子所谓'求则得之,舍则失之;是求有益于得也,求在我者也'的范围。"⑤总之,孟子真能依"自律"原则说道德,尽管他未明确提出"自律"概念。李明辉说:

> 他当然未提出"自律"的概念(原文为"概志",应为别字——引者),但康德由分析"道德"概念而有的一切洞见大体均包含在其"仁义内在"说之中。⑥

具体来讲,在康德,"自律"实际上包含"自我立法"和"自我服从"二义。李明辉说:"作为现象的我服从作为物自身的我所颁布的法则;我自己一方面是立法者,另一方面又是服从者,故是自我立法、自我服从。"⑦相对照地看,李明辉认为孟子的思想即包含有"自律"之二义:一个方面,

---

① 李明辉:《儒家与康德》,第35页。
② 何晏注,邢昺疏,朱汉民整理,张岂之审定:《论语注疏》,第157页。
③ 赵岐注,孙奭疏,廖名春、刘佑平整理,钱逊审定:《孟子注疏》,第352页。
④ 赵岐注,孙奭疏,廖名春、刘佑平整理,钱逊审定:《孟子注疏》,第352页。
⑤ 李明辉:《儒家与康德》,第36页。
⑥ 李明辉:《儒家与康德》,第37页。
⑦ 李明辉:《儒家与康德》,第65页。

孟子主张"超越的本心"为"自定法则的道德主体",此对应于"自我立法"。① 孟子言"心",既不由"自然之性"说,也不是由"道德情感"说,而是从超越的层面来讲。所谓"自然之性",是指天生而本有的自然属性。所谓"道德情感",是指对道德行为的爱憎、好恶、痛苦等内心体验和主观感受。因此,他说:"仁、义、礼、智,非由外铄我也,我固有之也,弗思耳矣。故曰求则得之,舍则失之。"②另一个方面,孟子认为"道德主体"既是"理",也是"情",因此"道德主体"具有"自我实现"的力量;此对应于"自我服从"。也就是说,"道德主体"既是"理",而为"仁"、"义"、"礼"、"智";也是"情",而为"四端之心"。正因为如此,孟子说:"有是四端,而自谓不能者,自贼者也。谓其君不能者,贼其君者也。"③对此,李明辉说:"我们的道德主体本身具有实现其法则的能力;这合乎所谓'应当涵着能够'之义。"④总之,依着李明辉的理解,孟子的思想实是一套"自律伦理学"。他说:

> 他(指康德——引者)坚信:人作为道德主体,必然有能力做到道德法则所要求于他的事。这正如同孟子相信:"人皆可以为尧舜。"(《孟子·告子下》第二章)这也是"自律"概念的核心意涵。⑤

在李明辉看来,并非所有儒者所建立者均为"自律伦理学",荀子的思想及程朱理学则为"歧出"的"他律伦理学"。就荀子的思想来看,他论性时着眼于"自然之性",而所以治之者为"虚壹而静"⑥之"认知心";"认知心"以思辨认识为主,它在实践领域中所体现的只能是"他律"原则。李明辉说:"凡是以认知心来建立实践法则者,均属于他律道德,在此并无独立意义的道德主体可言。"⑦所谓"他律",乃是指依赖于"道德主体"以外的原因而引申出道德原则并实践之。不仅是荀子,程朱理学一脉亦

---

① 参见李明辉:《儒家与康德》,第65—66页。
② 赵岐注,孙奭疏,廖名春、刘佑平整理,钱逊审定:《孟子注疏》,第300页。
③ 赵岐注,孙奭疏,廖名春、刘佑平整理,钱逊审定:《孟子注疏》,第94页。
④ 李明辉:《儒家与康德》,第69页。
⑤ 李明辉:《孟子重探》,台湾:联经出版事业公司2001年版(下同),第119页。
⑥ 王先谦撰,沈啸寰、王星贤点校:《荀子集解》,第395页。
⑦ 李明辉:《儒家与康德》,第37页。

是"他律道德"。他说:"朱子所能成就者只是他律道德。"①在朱熹,道德活动之主体落在"心"上,而道德之根据乃落在"性"上。《朱子语类》记载:"问:'灵处是心,抑是性?'曰:'灵处只是心,不是性。性只是理。'"②又载:"问心之动、性之动。曰:'动处是心,动的是性。'"③"心"是活动原则,故曰为"灵处"、"动处";"性"是理,其自身不活动,但它是活动之根据。而且,在朱熹之"理"、"气"二元的架构中,"心"属于"气",不属于"理"。因此,朱子不说"心即理",而说"性即理",因为"心"非为理之"制定者"。总之,荀子和程朱一脉固为"别子为宗",而孟子和五峰、蕺山系与陆、王系属于"自律伦理学"。李明辉说:

> 千言万语,其关键问题只在于:他们是否承认孟子的"本心"义,而接受"心即理"的义理架构? 如果是的话,则必属于自律伦理学。不接受此义理架构,但有一个独立意义的"道德主体"义,仍不失为自律伦理学;此如康德所表现的形态。若连"道德主体"的概念亦不能挺立起来(如朱子),便只能归诸他律伦理学。④

第二节 为现代新儒学辩护

在雅斯贝斯所谓的"轴心时代",孔子通过"典范转换"实现了"精神性突破",即把原有的"天"、"帝"转变为"仁"的观念。⑤ 正因为如此,黑格尔认为孔子只是一个"世间智者",其思想缺乏"超越性"和"理想性"。⑥ 对此,牟宗三等现代新儒家进行了反驳,并进而提出了"内在超越性"概念。然而,这个概念自一提出就引来热议甚至批评。美国学者郝

---

① 李明辉:《儒家与康德》,第44页。
② 黎靖德编,王星贤点校:《朱子语类》,第85页。
③ 黎靖德编,王星贤点校:《朱子语类》,第88页。
④ 李明辉:《儒家与康德》,第45页。
⑤ 雅斯贝斯说:"神话时代及其宁静和明白无误,都一去不返。……理性和理性地阐明的经验向神话发起一场斗争(理性反对神话)……这一人性的全盘改变可称为精神化。"(雅斯贝斯:《历史的起源与目标》,魏楚雄、俞新天译,第9页)
⑥ 参见黑格尔:《哲学史讲演录》第一卷,贺麟、王太庆译,第119—120页。

大维(Davil Hall,1937—)与安乐哲(Roger T. Ames,1947—)对此进行了明确的批驳。在他们看来,"超越性"是一个有严格意义的概念,它根本不能用来诠释儒家思想。其理由有两个方面:其一,在"内在性宇宙"中,"天"或"道"不可能具有"独立性"和"永恒性",而"独立性"和"永恒性"是"超越者"的特性。① 其二,儒家哲学不存在"无中创造"即"无中生有"的说法,而"无中生有"与"外在超越性"有逻辑上的关联。② 对此,李明辉一一进行了反驳。在他看来,儒家与西方哲学对"超越性"的理解实际上是不同的:就西方哲学来看,"超越性"是指"超越者"脱离世界,而不被人所认知;就儒家哲学来看,"超越性"是"表示现实性与理想性或者有限性与无限性之间的张力"③。正因为如此,在儒家,"内在性"与"超越性"在逻辑上并不矛盾。质言之,"内在超越性"的概念是合理的。

近年来,海内外一些学者指摘儒家思想是"泛道德主义"。所谓"泛道德主义",是指以道德价值为一切文化活动的核心和基础的世界观。质言之,"泛道德主义"乃一种"化约主义",是指将道德意识"越位"到其他领域,以至于形成道德的"泛滥"。④ 正是由于道德的"越位","泛道德主义"引发了一系列弊端:其一,强调"德性之知"优先,导致了轻视知识的倾向,从而影响科学的"开出"。⑤ 其二,强调"德治"的优先性,影响了民主政治的建立。⑥ 其三,"义利之辨"以及"以义为利"的思想导致了中国传统社会经济的停滞不进。⑦ 对此,李明辉一一进行了辩驳。首先,孔子主张"学""思"并重,没有轻视知识的倾向。王阳明固然主张"心外无理"⑧,但他同时又有"事上磨炼"⑨之说,故没有取消

---

① 参见李明辉:《当代儒学的自我转化》,第126页。
② 参见李明辉:《当代儒学的自我转化》,第127—128页。
③ 李明辉:《当代儒学的自我转化》,第134页。
④ 参见韦政通:《儒家与现代中国》,上海:上海人民出版社1990年版(下同),第88页。
⑤ 参见韦政通:《儒家与现代中国》,第132页。
⑥ 参见韦政通:《儒家与现代中国》,第97—101页。
⑦ 参见韦政通:《儒家与现代中国》,第101—104页。
⑧ 王阳明撰,吴光、钱明、董平、姚延福编校:《王阳明全集》,第156页。
⑨ 王阳明说:"人须在事上磨炼做功夫,乃有益。"(王阳明撰,吴光、钱明、董平、姚延福编校:《王阳明全集》,第92页)

知识的独立意义。① 其次,儒家的"德治"思想承认政治需要以道德为基础,但儒家同时主张"先富后教",而"先富后教"不是道德原则之直接应用。可见,政治有其独立的运行规则,而非道德原则的直接运用。② 再次,儒家确实主张"义利之辨",但"义利之辨"所反对的是把非道德意义的"善"作为道德价值唯一的或最后的判准。因此,不能认为儒家排斥功利,也不能认为儒家轻视经济。③ 总之,所谓"泛道德主义"的指责并不恰当。若恰当地讲,至多可称儒家为"弱义的泛道德主义",而不能称之为"强义的泛道德主义"。④

自由主义者张灏认为,近代西方之所以产生民主政治,与基督教传统中所隐含的"幽暗意识"有密切关系。同时,中国过去之所以未产生民主制度亦因为这种意识不足。所谓"幽暗意识",源于基督教的"原罪说";"原罪说"相对于民主政治有两项功能:其一,由于基督教不相信人完美无缺,故人在世间不可能体现"至善"。其二,由于对人性的不信任,基督传统形成重视客观法律制度的倾向。⑤ 李明辉则认为,民主政治之建立并非基于"幽暗意识"一种途径,现代新儒家即提出基于"性善论"建立民主政治的模式。也就是说,除了基于"幽暗意识"可建立民主政治之外,基于"性善论"亦可建立起民主政治。具体来讲,这样一种理路表现出两个明显的特征:一方面,它以"心性论"作为基础,因而保留了传统儒家"内圣外王"的思想架构;另一方面,它不停留在"圣君贤相"的传统政治格局中,而是进一步肯定发展民主政治的必要性。⑥ 在李明辉看来,这种理论模式有重要的意义:一方面,它在价值论的基础上证成了民主政治,在西方民主理论之外开拓了一种新的民主理论模式;另一方面,它厘清了道德与政治的分

---

① 参见李明辉:《儒学与现代意识》,台湾:文津出版社1991年版(下同),第76—81页。
② 参见李明辉:《儒学与现代意识》,第83页。
③ 参见李明辉:《儒学与现代意识》,第83—96页。
④ 参见李明辉:《当代儒学的自我转化》,第16页。
⑤ 参见张灏:《幽暗意识与民主传统》,北京:新星出版社2006年版(下同),第26—27页。
⑥ 参见李明辉:《儒家视野下的政治思想》,第44页。

际,保住政治领域的独立性,故在现实层面具有实践的可能性。①

一、"内在超越性"的合理性

众所周知,黑格尔对于中国文化的评价颇低,且其评价在西方哲学史上具有非常重要的影响。具体来讲,他对于中国文化的评价包括三个方面:其一,黑格尔不认可中国哲学。如前所述,在他看来,中国文化代表历史的"幼年时期",其仅表现出"实体性"而尚未进入"主体性";换言之,其根本尚未进入"反省的阶段",故中国人并没有拥有哲学。他说:"我们在这里尚找不到哲学知识。属于哲学的应是关于实体、普遍的东西、客观的东西的知识,——这种对象只要我思维它、发展它,它就保持自身的客观性。……所以这种东方的思想必须排除在哲学史以外。"②其二,黑格尔不认可中国宗教。换言之,他对中国宗教的评价非常低,认国中国宗教只是一种最低层的"自然宗教";而在"自然宗教"中,它属于"实体的宗教",仅高于作为巫术的"直接宗教"。③ 其三,黑格尔也不认可儒家哲学的"内在超越性"。他认为,孔子只是一个"实际的世间智者",在他那里"只有一些善良的、老练的、道德的教训"。④ 换言之,孔子的思想中不仅欠缺"理想性",而且也欠缺"支撑""理想性"的"超越性"。李明辉说:

> 按照这种看法,孔子只是一位洞悉世事的智者,宣扬世俗的道德,而未提出高远的理想。这等于说,在孔子思想中欠缺一种超越性。……换言之,中国文化中的"天"无法脱离现实世界,也因此欠缺一种足以支撑理想的超越性。⑤

对于黑格尔的上述看法,"当代新儒家断然否认"⑥。依照他们的理

---

① 参见李明辉:《儒家视野下的政治思想》,第44页。
② 黑格尔:《哲学史讲演录》第一卷,贺麟、王太庆译,第97—98页。
③ 参见李明辉:《当代儒学的自我转化》,第119页。
④ 参见黑格尔:《哲学史讲演录》第一卷,贺麟、王太庆译,第119—120页。
⑤ 李明辉:《当代儒学的自我转化》,第119页。
⑥ 李明辉:《当代儒学的自我转化》,第120页。

解,在中国文化的历史发展过程中,是孔子实现了"天道"思想的"典范转变",即雅斯贝斯所言"轴心时代"的"精神性突破"①。在孔子完成"典范转变"之前,《诗》、《书》中的"帝"、"天"、"上帝"等概念指具有意志、能施赏罚的"人格神"。然而,孔子开创了一个新传统:他提出"仁"的概念,将"礼""生命化",从而使原始的"天道"信仰转向"超越而内在"之路。之后,"内在超越"的特征经孟子到《中庸》而得以确立起来。关于"内在超越性",牟宗三有过经典性的解释。他说:"天道高高在上,有超越的意义。天道贯注于人身之时,又内在于人而为人的性,这时天道又是内在的(Immanent)。……天道既超越又内在,此时可谓兼具宗教与道德的意味,宗教重超越义,而道德重内在义。"②对于这样一种"内在超越性",现代新儒家将它界定为儒学之重要特征。李明辉说:"诚如当代儒者所一再申言,这种'既内在又超越'——或者说,'内在超越'——的特性是儒家思想乃至整个中国文化的一大特色。"③李明辉还说:

> 当代新儒家常借用"超越性"和"内在性"这两个概念来诠释传统儒家思想(特别是其天道思想),强调儒家的天道或基本精神是"超越而内在",以与西方宗教中"超越而外在"的基本模式相对比。这里牵涉到的两种"超越性"概念,我们不妨分别称之为"内在超越性"和"外在超越性"。④

不过,虽然为"内在超越性",它与"外在超越性"不同,但并不能否认"内在超越性"所包含的"超越性"。具体来讲,牟宗三、徐复观、张君劢、唐君毅等现代新儒家在《为中国文化敬告世界人士宣言——我们对中国学术研究及中国文化与世界文化前途之共同认识》⑤一文中对此进行了

---

① 雅斯贝斯说:"神话时代及其宁静和明白无误,都一去不返。……理性和理性地阐明的经验向神话发起一场斗争(理性反对神话)……这一人性的全盘改变可称为精神化。"(雅斯贝斯:《历史的起源与目标》,魏楚雄、俞新天译,第9页)
② 牟宗三著,罗义俊编:《中国哲学的特质》,第20页。
③ 李明辉:《儒家视野下的政治思想》,第7页。
④ 李明辉:《当代儒学的自我转化》,第118页。
⑤ 参见唐君毅:《中华人文与当今世界》,第866—929页。

明确说明。在他们看来,中华民族之"宗教性的超越精神"并不欠缺;这具体表现在三个方面:其一,中国有祭天地、祭祖先的传统,其所反映的即是一种宗教性的超越感情。他们说:"祭天地社稷之礼,亦一直为后代儒者所重视,历代帝王所遵行,……说中国人之祭天地祖宗之礼中,莫有一宗教性的超越感情,是不能说的。"①其二,在"天人合德"、"天人不二"等说法当中,"天"相对于现实个人具有超越性的地位。他们说:"无论如何,我们不能否认他们所谓天之观念之所指,初为超越现实的个人自我,与现实之人与人关系的。"②其三,对"仁义"和对"道"的信仰,如"杀身成仁"、"舍生取义"等,本身即是一种超越性的信仰。他们说:"中国儒者之此类之教,及气节之士之心志与行为,又岂无一宗教性之信仰之存在?"③因此,不可谓中国文化"只重现实的伦理道德"而没有"超越性",也不能说中国文化没有宗教精神。李明辉说:

> 中国文化虽无西方那种制度化的宗教,但这不表示中国民族只重现实的伦理道德,缺乏宗教性的超越感情,反而证明"中国民族之宗教性的超越感情,及宗教精神,因与其所重之伦理道德,同来原于一本之文化,而与其伦理道德之精神,遂合一而不可分"。在这种与伦理道德不可分的超越感情中,宗教之超越精神并不排斥它之内在于人伦道德,换言之,其内在性与超越性不相对立,故已隐含"内在超越性"概念。④

与黑格尔相类,现代西方学者郝大维和安乐哲对儒家之"内在超越性"概念亦持批评态度。他们认为,与西方思想中"超越性"、"二元性"和"历史性"三个特征相对应,儒家思想亦有"内在性宇宙"、"概念的两极性"、"传统性"三项基本"假定"。具体来讲,西方思想强调"外在超越",故"超越者"与"依待性事物"是一种"二元性"关系,并强调人物或事件

---

① 唐君毅:《中华人文与当今世界》,第881页。
② 唐君毅:《中华人文与当今世界》,第882页。
③ 唐君毅:《中华人文与当今世界》,第883页。
④ 李明辉:《当代儒学的自我转化》,第120页。

"缔造"历史的"历史性"。与此不同,儒家思想中的"宇宙"是"内在的",故其多为"阴"与"阳"式的"反向性"概念,且它所重视的不是"开山祖"或"创始人",而是"过程发展的整体性"的"传统性"。① 总的看,无论是西方思想,还是儒家思想,上述之第一个特征均是根源性的。但是,他们对于儒家之第一个特征即"内在超越性"并不认可。在他们看来,所谓"超越性"有着严格的界定:在"存有论"的语境下,"超越性"意谓"脱离世界或自然,而与之相隔绝"②;在"知识论"的语境下,"超越性"意谓"超出我的某种认知能力,乃至于全部认知能力"③。因此,"在耶教传统的思想格局中,超越性和内在性是不能并存的"④。于是,他们认为儒家思想只具"内在性",而不具"超越性"。郝大维和安乐哲说:

> 孔子思想的基本假定是"内在性",而非"超越性"。把"超越性"应用于诠释孔子思想,其结果难免"圆枘方凿"(圆凿方枘)、格格不入。⑤

具体来讲,郝大维和安乐哲认为,儒家"内在超越性"不合理之处有两点:其一,在"内在性宇宙"中,"天"或"道"不可能具有"独立性"和"永恒性";"独立性"和"永恒性"仅属于"严格意义"的"超越者"。⑥ 其二,儒家哲学中不存在"无中创造"即"无中生有"的说法,而"无中生有"与"外在超越性"有逻辑上的关联。⑦ 对于这样两点,李明辉一一进行了反驳。关于第一点,他认为,儒家哲学的"天"或"道"是有"独立性"和"永恒性"的。例如,孔子说:"天何言哉?四时行焉,百物生焉,天何言哉?"⑧又如《荀子》有言:"天行有常,不为尧存,不为桀亡。"⑨很明显,这些说法都

---

① 参见郝大维、安乐哲:《通过孔子而思》,何金俐译,北京:北京大学出版社2005年,第12—27页。
② 李明辉:《当代儒学的自我转化》,第131页。
③ 李明辉:《当代儒学的自我转化》,第131页。
④ 李明辉:《当代儒学的自我转化》,第121—122页。
⑤ 参见李明辉:《当代儒学的自我转化》,第126页。
⑥ 参见李明辉:《当代儒学的自我转化》,第126页。
⑦ 参见李明辉:《当代儒学的自我转化》,第127—128页。
⑧ 何晏注,邢昺疏,朱汉民整理,张岂之审定:《论语注疏》,第241页。
⑨ 王先谦撰,沈啸寰、王星贤点校:《荀子集解》,第306—307页。

明确肯定了"天"或"道"的"独立性"与"永恒性"。关于第二点，李明辉认为，中国传统哲学"天"或"道"包含"价值根源"与"存在根据"之义，故"天"或"道"实具有"无中生有"之义。也就是说，"天"或"道"是具有创造性的。实际上，正因为"道"或"天"是"价值根源"与"存在根据"，它们才具有"独立性"与"永恒性"。由此可见，郝大维和安乐哲认为儒家只具"内在性"的观点是站不住脚的。李明辉说：

> 从存在次序上说，儒家的"天"或"道"先于"人"，而为其所本；……谁能否认儒家的"天"或"道"具有独立性和永恒性，因而可依他们的定义被视为超越性原则呢？然而，当新儒家学者将"天"或"道"视为超越的原则和实体时，其"超越性"概念尚包含"超现实性"或"理想性"之意涵。①

在李明辉看来，西方哲学家之所以对"内在超越性"存在误解，在于儒家哲学与西方哲学对"超越性"的理解不同。在儒家哲学，"内在性"与"超越性"这组概念若要有意义，就得相互预设对方：不具有"内在性"的"超越性"，如同不具有"超越性"的"内在性"一样，是没有意义的。因此，在儒家，"超越性"与"内在性"所表示的意义并非对立，而是"有限性"与"无限性"之间的张力。李明辉说："'超越性'可以表示现实性与理想性或者有限性与无限性之间的张力。"②具体来讲，这种"张力"表现在两方面：一方面，"天"与"人"之间存在"距离"；另一方面，"消弭""距离"的可能性始终存在。他说："天之超越性意味天与作为现实存在的人与自然之间有一段距离或一种张力。就现实存在的个人而言，这种距离或张力可能尽其一生之奋斗均无法完全消弭。但……人在现实生命中完全消弭这种距离或张力的可能性始终存在(尽管很难)，而不必求诸彼岸或天国。天之内在性即涵此义。"③进而，李明辉认为，之所以形成儒家哲学与西方哲学对"超越性"之不同的理解，缘于中西之思维方式的不同。即西方哲学是"断裂

---

① 李明辉:《当代儒学的自我转化》，第130页。
② 李明辉:《当代儒学的自我转化》，第134页。
③ 李明辉:《当代儒学的自我转化》，第121页。

性"的思维模式,而儒家哲学属"连续性"的思维模式。他说:

> 这个问题也不止是"超越性"一词的定义问题,而是牵涉到儒家思想、乃至整个中国文化所预设的思想模式,以及它所孕育的"世界观"(Weltanschauung)。或许我们可以粗略地说:中国文化的基本思想模式以连续性为基础,西方文化的基本思想模式以断裂性为基础。①

二、对"泛道德主义"指摘的反驳

在李明辉看来,尽管儒家包括众多学派,儒家思想在历史上也有嬗变,但其核心是始终如一的,这一核心便是"道德意识"和"伦理价值"。他说:"就整体而言,如果我们说:儒家思想以道德意识和伦理价值为核心,这大概不会引起太大的争议。"②以此为基础,现代新儒家再进一步,将儒学表达为"道德理想主义",并建构起"道德的形上学"。在此意义下,可将儒学的本质界定为"内圣之学"和"成德之教"。③ 然而,近年来海内外一些学者如傅伟勋和韦政通指摘儒家思想是"泛道德主义"。所谓"泛道德主义",是指以"道德价值"为一切文化活动的核心和基础的世界观。傅伟勋认为,"泛道德主义"其实是一种"化约主义",因为它将所有生命层面都"化约"到"道德"之中。他说:"新儒家过分强调道德的理想主义之余,容易产生化约(简易化)所有生命层面到人伦道德层面(道德主体性)的一种泛道德主义偏差。"④韦政通则认为,"泛道德主义"的实质乃道德的"越位"或"泛滥":在文学方面,产生了"文以载道"的思想;在政治方面,形成"德治主义"和"政治神话";在经济方面,其表现为"谋道不谋食"的观念。⑤ 关于"泛道德主义",韦政通说:

> 所谓"泛道德主义",就是将道德意识越位扩张,侵犯到其它文

---

① 李明辉:《当代儒学的自我转化》,第136页。
② 李明辉:《儒学与现代意识》,第67页。
③ 参见李明辉:《当代儒学的自我转化》,第11页。
④ 傅伟勋:《从西方哲学到禅佛教》,第482页。
⑤ 参见韦政通:《儒家与现代中国》,第90—106页。

化领域(如文学、政治、经济),去做它们的主人,而强迫其他文化领域的本性,降于次要又次要的地位;最终极的目的是要把各种文化的表现,统变为服役于道德,和表达道德的工具。①

在傅伟勋和韦政通看来,"泛道德主义"之弊有如下几个方面:其一,强调"德性之知"的优先性导致了轻视知识的倾向,从而影响了科学的"开出"。在他们看来,儒家思想所体现的是一种"内向观点",它不同于代表科学精神的"外向观点"。韦政通说:"由于中国人文思想过分侧重内省方法,这与获得科学知识必须采取的外向观点,在心理活动上是相反的。顺着内省法的发展,远离经验,轻视知识,实属必然。"②其二,强调"德治"的优先性,影响了民主政治的建立。依照韦政通的理解,在"泛道德主义"的影响下,儒家强调"内圣"是"外王"的必要条件,即将"内圣外王之道"置于"德治"或"礼治"上,因此在政治上只合乎"人治"理想,而与民主所需要的"法治"观念格格不入,甚至容易形成实现民主政治的观念障碍。③ 其三,"义利之辨"以及"以义为利"的思想导到了中国传统社会经济的停滞不进。在经济方面,"泛道德主义"表现在"轻视劳力"、"反富强"、"轻视商人"、"谋道不谋食"等多个方面。但是,"谋道不谋食"所反映的"义利之辨"乃其最核心内容,而恰是这核心内容造成了中国经济的停滞不进。④ 正因为如此,傅伟勋说:

> 如不早日克服泛道德主义的偏差,则无从适予解决自我转折以及充实的(后)现代化课题了。⑤

对于傅伟勋和韦政通上述三个方面的指摘,李明辉一一进行了反驳。就第一个方面来看,其实质是"见闻之知"是否有"独立性"的问题。在他看来,孔子主张"学"、"思"并重,根本没有轻视知识之意。如所云:"学而

---

① 韦政通:《儒家与现代中国》,第88页。
② 韦政通:《儒家与现代中国》,第132页。
③ 参见韦政通:《儒家与现代中国》,第97—101页。
④ 参见韦政通:《儒家与现代中国》,第101—104页。
⑤ 傅伟勋:《批判的继承与创造的发展》,台湾:东大图书股份有限公司1986年版,第27页。

不思则罔,思而不学则殆。"①"思"代表"德性之知","学"代表"见闻之知",二者处于紧密相连的关系。同样,王阳明固然主张"心外无理"②,但他同时又有"事上磨炼"③之说,以说明"见闻之知"的意义。可见,就二者的关系来看,"德性之知"虽然是价值判断的标准,但不能以"德性之知"涵盖"见闻之知",取消后者的独立意义。④ 就第二个方面来看,其实质是指"直接将道德原则当作政治原则,而不承认政治本身有其原则"⑤。李明辉认为,儒家的政治有两个重要原则:就统治者来讲,主张"为政以德";就人民来讲,主张"先富后教"。很显然,"先富后教"不是道德原则之直接应用。可见,在儒家,"政治原则并非道德原则之直接延伸,而是政治有其自己的原则"⑥。就第三个方面来看,其关于"轻视劳力"、"反富强"、"轻视商人"等说法的核心是"义利之辨"。在李明辉看来,"义利之辨"反对将道德意义的"善""化约"为非道德意义的"善",但它并不一定排斥非道德意义的"善",故它仍可能接受"功利原则"作为衍生的道德原则。因此,不能认为儒家排斥功利,也不能认为其轻视经济。⑦

进而,李明辉区分了两种意义的"泛道德主义":一种是"强义的泛道德主义",指作为一种"化约主义"的"泛道德主义";一种是"弱义的泛道德主义",指虽以道德价值为一切文化活动之核心或基础,但仍承认其他文化领域之独立意义。⑧ 基于如此划分,李明辉认为,儒家至多为一种"弱义的泛道德主义"。就现代新儒家来看,一方面其固然坚持以"道统"来"开出""政统"与"学统";另一方面它又赋予政治领域和学术领域以独立意义。或者说,由"道统""开出""政统"和"学统",本身即意谓着让政治领域和学术领域从道德领域中独立出来。李明辉说:"在'内圣外

---

① 何晏注,邢昺疏,朱汉民整理,张岂之审定:《论语注疏》,第20页。
② 王阳明撰,吴光、钱明、董平、姚延福编校:《王阳明全集》,第156页。
③ 王阳明说:"人须在事上磨炼做功夫,乃有益。"(王阳明撰,吴光、钱明、董平、姚延福编校:《王阳明全集》,第92页)
④ 参见李明辉:《儒学与现代意识》,第76—81页。
⑤ 李明辉:《儒学与现代意识》,第81页。
⑥ 李明辉:《儒学与现代意识》,第83页。
⑦ 参见李明辉:《儒学与现代意识》,第83—96页。
⑧ 参见李明辉:《当代儒学的自我转化》,第138页。

王'的思想格局中,……以道统来'统摄'政统与学统。这种'统摄'关系并非意谓以道统来涵盖或吞没政统和学统。借用康德的术语来说,在这种关系中,道统对于政统和学统仅具有'规制的'(regulativ)作用,而不具有'构造的'(konstitutiv)作用。所以,'三统'说并非否定政治领域与知识领域之独立意义,因而不是一种'化约主义'(reductionism)。这是那些批评当代新儒学为'泛道德主义'的人经常忽略的一点。"①不仅如此,现代新儒家的努力实际上是要避免"化约主义"。他说:

> 牟先生等当代新儒家一方面要透过政统与学统之建立避免道德化约主义,另一方面又要透过道统对于政统与学统的统摄关系避免流于价值相对主义。②

三、"性善说"与民主政治的贯通

在李明辉看来,与西方民主理论不同,现代新儒家所主张的民主模式是建立在"性善论"基础上的。他说:"……这段话其实隐含着另一套民主理论,即建立在性善说之基础上的民主理论。"③具体来讲,所谓"性善论"包含如下几个方面的含义:其一,肯定人具有超越自然本能的"道德主体"即"本心",而"本心"乃是道德法则之根源,故是"纯善"。其二,"本心"具有超脱自然本能而"自我实现"的力量,这种力量是道德实践之最后依据。其三,"本心"可以在人的意识中直接"呈现",表现为"恻隐"、"羞恶"、"辞让"、"是非"等数个方面。其四,不否定"道德之恶"的现实存在,"道德之恶"的产生源于"本心"的"放失"。不过,即使人陷溺于恶,"本心"仍具有超脱于恶的力量。其五,道德修养的目的不在于学习外在规范,而在于"护持"或"扩充""本心",使它不致"放失"。④ 基于此,现代新儒家肯定"性善说"与民主政治之理论关联。徐复观说:"中国文化系立基于性善思想之上,这便真正把握到了人类尊严、人类平等及人类

---

① 李明辉:《当代儒学的自我转化》,第16页。
② 李明辉:《当代儒学的自我转化》,第158页。
③ 李明辉:《儒家视野下的政治思想》,第29页。
④ 参见李明辉:《儒家视野下的政治思想》,第31页。

和平相处的根源,当然也是政治上自由民主的根源。"①对此,李明辉则说:

> 徐复观先生亦肯定性善说与民主政治之理论关联。……他认为:"一切极权政治,皆来自对人的不信任;而民主政治的真正根据,乃来自对人的信任。"这与张灏先生强调民主政治与幽暗意识之关联,正好形成鲜明的对比。②

与现代新儒家不同,张灏认为,民主政治之所以在西方产生,与基督教传统中所隐含的"幽暗意识"有密切关系。那么,什么是"幽暗意识"呢?他说:"所谓幽暗意识是发自对人性中与宇宙中与始俱来的种种黑暗势力的正视和省悟:因为这些黑暗势力根深蒂固,这个世界才有缺陷,才不能圆满,而人的生命才有种种的丑恶,种种的遗憾。"③具体来讲,所谓"幽暗意识"源于基督教的"原罪说",而"原罪说"对于民主政治具有两项功能:其一,人永远无法变得完美无缺,故人不能在世间体现"至善"。其二,由于对人性的不信任,基督教传统遂形成重视客观法律制度的倾向。④ 同时,也正是因此,"我们可以看到中国传统为何开不出民主宪政的一部分症结"⑤。依着张灏的理解,基于"性善论"的民主模式的基本信念是"让德性与智慧来指导和驾驭政治权力"⑥。他说:"这个模式是由两个观点所构成:第一,人可由成德而臻至善。第二,成德的人领导与推动政治以建造一个和谐的社会。而贯串这两个观点的是一个基本信念:政治权力可由内在德性的培养去转化,而非由外在制度的建立去防范。"⑦基于此,"性善论"不可能促生民主政治,其所谓的"民主模式"并不是真正的民主政治。张灏说:

---

① 徐复观:《中国思想史论集》,上海:上海书店出版社2004年版,第181页。
② 李明辉:《儒家视野下的政治思想》,第32页。
③ 张灏:《幽暗意识与民主传统》,第24页。
④ 参见张灏:《幽暗意识与民主传统》,第26—27页。
⑤ 张灏:《幽暗意识与民主传统》,第41页。
⑥ 张灏:《幽暗意识与民主传统》,第40页。
⑦ 张灏:《幽暗意识与民主传统》,第40页。

此所谓制度是现存的行政制度及其附丽的礼乐制度,而非基本的政治制度。因此,这种制度是第二义的,而非第一义的。……它是表现"治道"的制度,而非"政道"的制度。……衡之幽暗意识在西方自由主义传统的重要性,我们也可由此了解到中国传统之所以开不出民主宪政的一个重要思想症结。①

李明辉则不赞同张灏的观点。他认为,现代新儒家所主张的"德治"乃针对"刑治"而提出,其重点在于限制统治者的权力,这与民主政治的精神是相通的。当然,这并非将"德治"直接等同于民主政治,而是认为二者可以"相互贯通"。他说:"徐先生(指徐复观——引者)也同意这点,因为他并未将儒家的德治直接等同于民主政治。不过他特别强调:'德治思想实通于民主政治,也要在彻底地民主政治中才能实现。'"②在此意义下,现代新儒家之理论与康德的民主理论为"同调"。在康德的政治哲学中,"强调人民主权,主张政治须以道德为基础"③。因此,他非常重视人性之阴暗面。他说:建立"一个普遍地管理法权(Recht)的公民社会",即民主社会,是"最困难、且最后为人性所解决的问题"④,因为人都有私欲,"从造就人的那种曲木,无法造出完全直的东西"⑤。然而,康德并未从人性的阴暗面去论证民主政治。在康德看来,民主政治之所以必须建立,因为它是唯一合乎法权原则的制度。在民主制度得以建立的三项"要件"中,最重要的是"善的意志",而"善的意志"与"性善论"是相通的。这三项"要件"是:"对于一部可能的宪法底性质的正确概念、经过许多世事磨炼的丰富历练,以及最重要的是,一个为采纳这个理念而准备的善的意志。"⑥正因为如此,李明辉说:

---

① 张灏:《幽暗意识与民主传统》,第42页。
② 李明辉:《儒家视野下的政治思想》,第33页。
③ 参见李明辉:《儒家视野下的政治思想》,第39页。
④ 参见康德:《康德历史哲学论文集》,李明辉译,台湾:联经出版事业公司2002年版(下同),第11—12页。
⑤ 康德:《康德历史哲学论文集》,李明辉译,第13页。
⑥ 康德:《康德历史哲学论文集》,李明辉译,第13页。

康德将"善的意志"视为民主政治成立之最重要条件,与当代新儒家以性善说作为民主理论之依据,实有相同的理论意涵。①

在李明辉看来,现代新儒家以"性善说"为基础的民主政治理论具有重要的意义,因为它在西方民主理论外开拓了一种新途径。具体来讲,这一理论体现出两个方面的理路:其一,现代新儒家的民主理论以"心性论"作为基础,因而保留了传统儒家"内圣外王"的思想架构;其二,它不停留在"圣君贤相"的传统政治格局中,而是进一步肯定发展民主政治的必要性。② 客观地看,立基于"性善论"基础上的民主政治理论构成为现代新儒学的重要内容。李明辉说:"民主政治可以有另一套理论基础,而这正是当代新儒家第二代所欲证成者。"③在现代新儒家的相关理论当中,牟宗三"良知自我坎陷说"非常具有代表性,它将"内圣""通往""外王"之途径由"直通"改为"曲通",从而在"内圣外王"的思想架构中"证成"了民主政治。总之,现代新儒家的这套理论的意义在于:一方面,它在价值论的基础上证成了民主政治;另一方面,它厘清了道德与政治的分际,保住了政治领域的独立性。④ 质言之,以"性善论"为基础的民主政治是可行的。关于此,李明辉说:

第一,以性善说为基础的民主理论并非不可能建立;第二,这种民主理论亦有向现实层面开展的可能性。⑤

至此,有一个"极具关键性的问题"不容回避:儒家在现实层面未发展出民主制度,主要原因究竟在于"思想本身之缺陷",还是在于"历史条件之局限"?⑥ 在自由主义者看来,传统儒家之内在思想存在缺陷,无法发展出民主理念,故无法建立民主制度。李明辉则认为,儒家之所以未能

---

① 李明辉:《儒家视野下的政治思想》,第43页。
② 参见李明辉:《儒家视野下的政治思想》,第44页。
③ 李明辉:《儒家视野下的政治思想》,第28页。
④ 参见李明辉:《儒家视野下的政治思想》,第44页。
⑤ 李明辉:《儒家视野下的政治思想》,第44页。
⑥ 李明辉:《儒家视野下的政治思想》,第36页。

发展出民主制度,原因主要归诸于后者,即"历史条件之局限"。在他看来,西方民主制度之建立并不是民主思想之直接产物,而是一个"多面相"的历史发展之结果,这其间涉及多种复杂的因素,思想只不过是其中的一项决定因素而已。李明辉说:"张先生(指张灏——引者)在此还犯了思想史家常犯的一种错误,即是不自觉地将思想在历史中的发展过程等同于其逻辑推展的过程。如果儒家的性善说与民主的理念在逻辑上并非不兼容,我们就应该在思想领域之外去寻求儒家未能发展出民主的理念与制度之原因。"①质言之,中国过去未发展出民主政治的原因主要归诸于复杂的历史原因。此诚如牟宗三所说:西方文化之所以产生民主政治,阶级对立是个重要的历史机缘;中国过去因无阶级对立,也就欠缺了促成民主政治的一项重要机缘。牟宗三说:

> 西方历史有阶级对立,而阶级对立,对民主政治的出现,是一个重要的现实上的历史因缘。……但是中国自古即无固定阶级之留传。它无阶级的问题,所以它的文化生命里首先涌现出的是"修己以安百姓"这一个道德政治的观念。②

第三节 为牟宗三哲学辩护

李明辉认为,在牟宗三逝世之后,对其毕生的学问加以评价和定位应是"不容回避"的工作。在牟宗三众多的研究领域当中,通过康德哲学"会通"中西哲学是一项重要的内容。李明辉说:"就这项课题而言,牟先生的学术成就已成为一种典范,值得我们加以继承,并且进一步去发展、拓深。"③不过,对于此内容学界颇有争议。在李明辉看来,之所以存在争议,缘于不了解牟宗三康德学的特点。具体来讲,牟宗三的康德学有三个特点:其一,未停留于"历史知识"的层面,而深入到"理性知识"层面。李明辉说:"简言之,'历史知识'是由资料堆砌而成的知识,'理性知识'则

---

① 李明辉:《儒家视野下的政治思想》,第38页。
② 牟宗三:《历史哲学》,《牟宗三先生全集》(9),第208页。
③ 李明辉:《略论牟宗三先生的康德学》,第193页。

是出于原则、因而发自理性的知识。"① 其二,未停留于"学院式概念"的层面,而深入到"宇宙性概念"的层面。所谓"学院式概念",指在哲学探讨中仅追求哲学知识系统的统一性即逻辑圆满性的学问。所谓"宇宙性概念",指将哲学当作"关乎所有知识与人类理性的基本目的之关系的学问"。② 其三,通过康德哲学来"会通"中西哲学。牟宗三研究康德哲学本身并不是目的,其进一步的关怀是通过它来"会通"中西哲学。即"他的目的不在于对康德哲学作专家式的研究,而在于以康德为桥梁,会通中西哲学。"③ 由这样三个方面来看,牟宗三所做的工作与康德一样,亦是"为人类理性立法"。④

在与西方文化的对比下,现代新儒家认为,科学与民主确为中国文化所欠缺,在此方面中国应向西方学习;但学习不是"自外添加",而是"自我开出"。"自我开出"分为两个层面:在"体"的层面是"良知的自我坎陷"⑤;在"用"的层面是由"理性的运用表现"转至"理性的架构表现"⑥。对于"开出说",有学者质疑和批评它的必然性;认为它既无"逻辑的必然性",亦无"因果的必然性"。之所以造成这种情况,在于"开出说"只是

---

① 参见李明辉:《略论牟宗三先生的康德学》,第 186 页。
② 参见李明辉:《略论牟宗三先生的康德学》,第 187 页。
③ 李明辉:《儒家与康德·序言》,第 i—ii 页。
④ 参见李明辉:《略论牟宗三先生的康德学》,第 188 页。
⑤ 关于"自我坎陷"之含义,牟宗三说:"知体明觉之自觉地自我坎陷即是其自觉地从无执转为执。自我坎陷就是执。坎陷者下落而陷于执也。不这样地坎陷,则永无执,亦不能成为知性(认知的主体)。它自觉地要坎陷其自己即是自觉地要这一执。"(牟宗三:《现象与物自身》,《牟宗三先生全集》(21),第 127 页)
⑥ 关于"理性的运用表现"和"理性的架构表现",牟宗三说:"凡是运用表现都是'摄所归能','摄物归心'。这二者皆在免去对立:它或者把对象收进自己的主体里面来,或者把自己投到对象里面去,成为彻上彻下的绝对……这里面若强分能所而说一个关系,便是'隶属关系'(sub-ordination)。……而架构表现则相反。它的底子是对待关系,由对待关系而成一'对列之局'(co-ordination)。是以架构表现便以'对列之局'来规定。而架构表现中之'理性'也顿时失去其人格中德性即具体地说的实践理性之意义而转为非道德意义的'观解理性'或'理论理性',因此也是属于知性层上的(运用表现不属于知性层)。"(牟宗三:《政道与治道》,《牟宗三先生全集》(10),台湾:联经出版事业股份有限公司 2003 年版,第 58 页)

"借思想文化以解决问题的方法",故对"开出"民主科学之实践并无多大意义。① 对此,李明辉认为,现代新儒家所肯定的是一种"实践的必然性"。即"道德实践主体"为首出,而民主与科学"正是中国人之要自觉的成为道德实践之主体之本身所要求的,亦是中国民族之客观的精神生命之发展的途程中,原来所要求的"②。因此,对"开出说"之必然性的批评并不"对题"。至于所谓"借思想文化以解决问题的方法",它作为一种"哲学解释",与"思维模式"不能等同。即"开出说"只是现代新儒家的一种理路,而不能从"思维模式"角度简单地予以否定。③

在李明辉看来,现代诠释学可分为两个发展脉络:其一是由施莱尔马赫和狄尔泰奠定基础的传统诠释学;其二是由海德格尔开端、由迦达默尔发展的哲学诠释学。④ 牟宗三虽然没有建立系统的诠释学理论,但我们不能否认他有"值得我们从诠释学的角度进一步去反省"的相关思想。⑤ 总的看,牟宗三之诠释学思想基本上属于传统诠释学一脉。具体来讲,牟宗三的诠释学思想要点如下:其一,理解和诠释有其"客观性",但唯有在理性层面上此"客观性"才能达到;其二,要达到理解和诠释的"客观性",必须借主观的"生命"以契入;其三,理解和诠释涉及"语义"和"义理"两个层面,而以"义理"为依归。⑥ 进而,这三个要点实可进一步概括为两个诠释原则:一个原则是"依语以明义",即强调文本的客观性和诠释的客观性;另一个原则是"依义不依语",即强调透过诠释所彰显的哲学创造力。⑦ 不过,不能就第一个原则去质疑第二个原则,也不能就第二个原则

---

① 参见林毓生:《政治秩序与多元社会》台湾:联经出版事业公司1989年版(下同),第337—347页。
② 唐君毅:《中华人文与当今世界》,第897页。
③ 参见李明辉:《儒学与现代意识》,第14页。
④ 参见李明辉:《牟宗三先生的哲学诠释中之方法论问题》,台湾:《中国文哲研究集刊》第八期。
⑤ 参见李明辉:《牟宗三先生的哲学诠释中之方法论问题》,台湾:《中国文哲研究集刊》第八期。
⑥ 参见李明辉:《牟宗三先生的哲学诠释中之方法论问题》,台湾:《中国文哲研究集刊》第八期。
⑦ 参见李明辉:《牟宗三先生的哲学诠释中之方法论问题》,台湾:《中国文哲研究集刊》第八期。

去质疑第二个原则,因为二者处于诠释之不同层面。① 总之,李明辉说:"哲学文献的解读须由'依语以明义'进至'依义不依语',……简言之,在哲学诠释中,牟先生要求从文字训解的层次进至义理衡定的层次,并且以理性思考为诠释的最后判准。"②

一、牟宗三之康德学的特点

李明辉认为,牟宗三的逝世象征着现代新儒学一个发展阶段的结束。他说:"牟宗三先生之逝世象征当代新儒学的一个发展阶段之结束。当此之际,对其毕生的学问加以定位与评价,似乎是不容回避的工作。"③ 概括地看,在中国哲学方面,牟宗三不但有专著阐释先秦儒学、魏晋玄学、隋唐佛学及宋明儒学,甚至旁及名家、"汉易"等领域。在西方哲学方面,他一人译注康德的"三大批判",并且对康德哲学提出不少原创性的诠释。此外,他还对罗素、维特根斯坦(Ludwig Wittgenstein,1889—1951年)、怀特海、黑格尔等人的哲学有所涉猎。在这众多领域当中,李明辉选择了"较为熟悉"的康德哲学研究以对牟宗三的贡献进行了探讨。④ 在李明辉看来,中国过去曾面对如何"消化"佛教的课题,现代新儒学所面对的则是如何"消化"西方哲学的课题。就牟宗三的研究来看,他在"消化"西方哲学时是以康德为代表的。李明辉说:"由于牟先生的教诲,笔者领略到:我们今日阐扬中国哲学,决不能回避西方哲学之挑战;中国哲学不能停留在传统的形态中,而须与西方哲学相照面、相摩荡,始能开出新局面;而在这两大传统彼此会通的过程中,康德哲学据有一种关键性的地位。"⑤ 就牟宗三的相关研究来看,李明辉说:"在牟先生的全部学问中,最具有特色、但也引起最多争议的部分当属他对于康德哲学的阐释以及他透过康德哲学对中国哲学所作的诠释。"⑥ 他还说:

---

① 参见李明辉:《牟宗三先生的哲学诠释中之方法论问题》,台湾:《中国文哲研究集刊》第八期。
② 李明辉:《孟子重探》,第126页。
③ 李明辉:《略论牟宗三先生的康德学》,第184页。
④ 参见李明辉:《略论牟宗三先生的康德学》,第184页。
⑤ 李明辉:《儒家与康德·序言》,第iii页。
⑥ 李明辉:《略论牟宗三先生的康德学》,第184页。

就这项课题而言,牟先生的学术成就已成为一种典范,值得我们加以继承,并且进一步去发展、拓深。①

大致来看,牟宗三对康德哲学的研究分为两个层面:其一,翻译康德的著作。牟宗三一人独译康德的"三大批判",在李明辉看来,这是属于"专家研究"的"硬工夫","无论就其篇幅之庞大,还是就工作之艰难而言,均可媲美玄奘之翻译唯识经典"②。当然,牟宗三的翻译有明显不足,因为他是通过英译本来翻译的。尽管他详细比对不同的英译本,亦请人核对德文原文,仍无法完全避免误译。不过,"牟先生的译本仍有其不容否定的意义"③。就哲学著作的翻译而言,它涉及两套不同的概念系统乃至价值系统之转换。因此,译者除了要具备足够的语言能力外,还需要具备相应的哲学素养。就此而言,"牟先生之翻译康德的著作,是东西两大哲人之心灵照面。牟先生对康德哲学理解的深度在相当的程度内可以弥补其德文知识之欠缺"④。其二,对康德哲学的专门研究。一个方面,牟宗三在翻译康德著作时,附加了很多非常有价值的注解。尤其是在《实践理性批判》的译本中,他用很多篇幅比较康德哲学与儒家义理之异同。李明辉说:"牟先生的这类注解实可媲美多玛斯为亚里斯多德的《形上学》所作的注解。"⑤另一个方面,牟宗三对康德哲学有深入的研究。这主要见于他《认识心之批判》、《智的直觉与中国哲学》、《现象与物自身》、《圆善论》、《中西哲学之会通十四讲》等著作。对此,李明辉说:"牟先生的康德研究固然包含一般意义的专家研究,但并不以此为限。"⑥

在李明辉看来,由于不了解牟宗三的康德学的特点,"有些学者不免提出一些不甚切题的批评和质疑"⑦。当然,因这些批评和质疑"不切题",故是没有道理的。那么,牟宗三的康德学有哪些特点呢?

---

① 李明辉:《略论牟宗三先生的康德学》,第193页。
② 李明辉:《略论牟宗三先生的康德学》,第184页。
③ 李明辉:《略论牟宗三先生的康德学》,第185页。
④ 李明辉:《略论牟宗三先生的康德学》,第186页。
⑤ 李明辉:《略论牟宗三先生的康德学》,第186页。
⑥ 李明辉:《略论牟宗三先生的康德学》,第186页。
⑦ 李明辉:《略论牟宗三先生的康德学》,第189页。

其一，未停留于"历史知识"的层面，而深入到"理性知识"的层面。所谓"历史知识"和"理性知识"乃康德对知识所进行的区分。李明辉说："简言之，'历史知识'是由资料堆砌而成的知识，'理性知识'则是出于原则、因而发自理性的知识。"①因此，纵使某人牢记了某个哲学系统的全部原理、解释和证明，甚至对整个系统"了如指掌"，如果他无法凭理性去理解和判断这些知识，他仍只是拥有这个系统的"历史知识"，而未拥有其"理性知识"。可见，探求"历史知识"是低层次的工作，探求"理性知识"乃进入到高层次的工作。当然，牟宗三的康德学已进入到"理性知识"层面。李明辉说："一般的专家往往只停留在'历史知识'的层面，未能进至'理性知识'。……牟先生的康德学并不停留在学究式的'历史知识'，而是进入了'理性知识'。"②比如，对于罗素、维特根斯坦等人的研究，虽然他肯定其所建立的逻辑与数学系统，但并不接受其逻辑原子论，而是试图利用康德的思想去"融摄"其思想。正因为如此，纵使牟宗三在"历史知识"方面有所不足，但"不能以此抹杀他在'理性知识'方面对康德学的贡献"③。

其二，未停留于"学院式概念"的层面，而深入到"宇宙性概念"的层面。康德曾区分了两种关于"哲学"的概念，即"学院式概念"和"宇宙性概念"。所谓"学院式概念"，指在哲学探讨中仅追求哲学知识系统的统一性即逻辑圆满性的学问。所谓"宇宙性概念"，指将哲学当作"关乎所有知识与人类理性的基本目的之关系的学问"。④ 在此，所谓"人类理性的基本目的"，主要是指其"终极目的"，即"最高善"。可见，康德的这种定位契合于传统儒家"为天地立心，为生民立命，为往圣继绝学，为万世开太平"⑤的自我定位。由此来看，一般哲学教授或专家充其量只是"理性的技匠"，他们所进行的哲学探讨多属于"学院式概念"。然而，牟宗三因为关联着人类理性实践来理解哲学的意义，并把"最高善"与"圆教"结

---

① 参见李明辉：《略论牟宗三先生的康德学》，第186页。
② 李明辉：《略论牟宗三先生的康德学》，第187页。
③ 李明辉：《儒家与康德·序言》，第iv页。
④ 参见李明辉：《略论牟宗三先生的康德学》，第187页。
⑤ 参见章锡琛点校：《张载集》，第320页。

合起来进行讨论,故其"哲学"概念乃高一层的"宇宙性概念"。对此,李明辉说:

> 牟先生重新检讨康德哲学中几乎已被遗忘的"最高善"问题,而将它关联到中国哲学里的"圆教"问题,以求人之极之立。这种哲学思考正属于康德所说的"宇宙性概念"。①

其三,通过康德哲学来会通中西哲学。在牟宗三,研究康德哲学本身并不是目的,其"进一步的基本关怀"是"透过它来会通中西哲学",这"牵涉到中国传统哲学(乃至文化)在现代社会中的自我定位"。② 李明辉说:"他的目的不在于对康德哲学作专家式的研究,而在于以康德为桥梁,会通中西哲学。"③具体来讲,牟宗三在进行哲学建构时有两方面内容资取于康德:一方面,他重新诠释康德对"现象"与"物自身"所做的区分,并以此间架来说明其"两层存有论"。李明辉说:"这间架贯穿其所有诠释中国哲学的著作。"④另一方面,他以康德的"自律"概念为依据,来诠释儒家义理,并衡定儒学内部的义理形态。基于此,他将宋明理学进行了划分,提出著名的"三系说":"五峰、蕺山系"、"象山、阳明系"和"伊川、朱子系";前者为正宗,后者为"歧出"。⑤ 对于判伊川和朱子为"别子为宗",国内外学术界有不少争议。对此,李明辉认为,只要厘清"自律"概念在康德哲学中的涵义,并且确定伊川、朱子义理系统中"心"、"性"、"理"等概念的关系,确定伊川、朱子义理属于"他律形态""此一问题并非见仁见智的问题",而是"不可移易"的定论。⑥ 对于牟宗三关于中西哲学的会通,李明辉说:

> 这些诠释和分判对于传统儒学的基本义理及其义理形态之厘

---

① 李明辉:《略论牟宗三先生的康德学》,第187页。
② 李明辉:《略论牟宗三先生的康德学》,第188页。
③ 李明辉:《儒家与康德·序言》,第ⅰ—ⅱ页。
④ 李明辉:《略论牟宗三先生的康德学》,第188页。
⑤ 参见牟宗三:《心体与性体》上,第42—43页。
⑥ 参见李明辉:《略论牟宗三先生的康德学》,第188—189页。

清,有极大的贡献。此后研究儒学的人,即使不同意牟先生的诠释和分判,亦不能不加以正视。①

基于上述,李明辉认为,牟宗三的康德学研究已超乎一般的"诠释"层次,而达及康德本人的研究层次,即"为人类理性立法"的层次。他说:

> 就"理性知识"而言,甚至就哲学的"宇宙性概念"而言,牟先生对于康德哲学的诠释实已超乎一般意义的"诠释",而属于真正的哲学思考,也就是从"人类理性的立法者"之观点所从事的哲学思考。②

二、"开出说"的实践必然性

在现代新儒家看来,民主制度之建立与近代科学之开创确实为中国文化所缺欠。但是,这并不意味着中国文化中没有民主思想的"种子",不倾向于民主制度之建立;亦不能承认中国文化是"反科学"的。就民主来讲,他们认为"种子"分为两个方面:一为制度方面,它包括以"民意"代表"天命"的政治共识、以"谥法"③褒贬君王的史官制度、代表知识分子力量的宰相制度及提拔知识分子从政的征辟制度④、选举制度、科举制度等。⑤ 二为思想方面,它包括主张君主不应滥用权力;推尊尧、舜之"禅让"及"汤武革命";肯定"天下非一人之天下,乃天下人之天下也"⑥;重视"道德主体"之建立等。因此,儒家精神与君主制度实有一根本矛盾,此一矛盾唯有经民主宪政之建立始能化解。⑦ 尽管如此,现代新儒家并不简单地将"外王"视为"内圣"之直接延伸,而是主张通过一个"辩证"

---

① 李明辉:《略论牟宗三先生的康德学》,第188页。
② 李明辉:《略论牟宗三先生的康德学》,第188页。
③ 中国古代帝王、诸侯、卿大夫、大臣等人死后,朝廷根据他们生前事迹和品德,评定一个称号以示表彰,即称为谥或谥号。评定谥号的标准是谥法。
④ 征辟是中国汉代擢用人才的一种制度,主要包括皇帝征聘和公府、州郡辟除两种方式,皇帝征召称"征",官府征召称"辟"。
⑤ 参见唐君毅:《中华人文与当今世界》,第901页。
⑥ 曹胜高、安娜译注:《六韬·鬼谷子》,北京:中华书局2007年版,第7页。
⑦ 参见唐君毅:《中华人文与当今世界》,第902—904页。

过程,"使中国人不仅由其心性之学,以自觉其自我之为一'道德实践的主体',同时当求在政治上,能自觉为一'政治的主体',在自然界,知识界成为'认识的主体'及'实用技术的活动之主体'"①。牟宗三则以"开出说"为这套构想提出哲学解释,其核心为以"良知之自我坎陷"来说明"道德主体""开出""政治主体"和"认知主体"。② 对此,李明辉说:

> 对于当代新儒家而言,内圣之通向外王与知识需要一层中间的转折,是曲通,而非直通。此当代新儒家之所以为"新"。③

不过,"开出说"一直受到一些学者的质疑和批评。在他们看来,由道德哲学"开出"民主科学不具有必然性。林毓生说:"'宣言'中的两点意见最多只能说中国传统文化中蕴涵了一些思想资源,它们与民主思想与价值并不冲突;但它们本身却并不必然会从内在要求民主的发展。"④一个方面,所谓民主思想的"种子"并非真正的民主。因为儒者以"天命"为君权政治"合法性"的根源,故传统儒家只有"天下为公"与"内圣外王"之观念,而没有作为民主思想基石的"主权在民"与"人民自治"观念。⑤ 另一个方面,"道德主体"不具有"开出"民主的动力。儒家的"道德主体"观念虽然"的确可以变成与现代自由的民主(liberal democracy)及平等的自由(equal liberty)'接枝'的思想资源"⑥,但因为"道德主体性"自汉以后与"天人相副"、"天人相应"的宇宙观纠缠在一起,使主体性很难发挥出力量,故它并不必然能由内部自我要求发展为民主政治。⑦在这些批评者看来,"开出说"的思维模式是"借思想文化以解决问题的

---

① 参见唐君毅:《中华人文与当今世界》,第896页。
② 关于"自我坎陷"之含义,牟宗三说:"知体明觉之自觉地自我坎陷即是其自觉地从无执转为执。自我坎陷就是执。坎陷者下落而陷于执也。不这样地坎陷,则永无执,亦不能成为知性(认知的主体)。它自觉地要坎陷其自己即是自觉地要这一执。"(牟宗三:《现象与物自身》,《牟宗三先生全集》(21),第127页)
③ 李明辉:《当代儒学的自我转化》,第15页。
④ 林毓生:《热烈与冷静》,上海:上海文艺出版社1998年版(下同),第215页。
⑤ 参见林毓生:《热烈与冷静》,第214页。
⑥ 林毓生:《政治秩序与多元社会》,第344页。
⑦ 参见林毓生:《热烈与冷静》,第214—215页。

方法",故于民主、科学之实践无多大实际意义。林毓生说:"'内在超越'的观念确有滑落至特别强调一切来自'内在'的倾向。这种倾向在儒家传统中直接导致把道德与思想当做人间各种秩序的泉源与基础的看法,以及遇到了困难的社会与政治问题,便以'借思想、文化以解决问题的方法'对付之。"①

对于上述质疑和批评,李明辉一一进行了反驳。他认为,上述对"开出说"之"必然性"的批评实际上存在误解。首先,就民主思想的"种子"与民主政治的关联而言,现代新儒家所强调的并非"逻辑的必然性",亦非"因果必然性",因此其批评并不"切题"。也就是说,现代新儒家肯定儒学"开出"民主与科学,既非就逻辑关联,亦非就因果关联,而是指"实践的必然性"。或者说,民主与科学乃是"道德主体"之"实践"的要求,而非"逻辑的"和"因果的"必然性要求。李明辉说:"此中所包含的必然性并非逻辑的必然性,亦非因果的必然性,而是精神生命发展中的必然性。"②其次,认为"道德主体"缺乏"开出"民主科学的动力亦不正确。的确,汉代以后儒家的"道德主体性"观念与"天人相副"、"天人相应"的宇宙观密切相关;这种相关导致"他律道德",故缺乏"开出"民主科学的动力。但是,"他律道德"并非儒家的主流传统,儒家的主流传统乃是孔、孟、《中庸》所代表的"自律道德"。既然"自律道德"为儒家之主脉,而"自律道德"的特征在于"即存有即活动"③,故"道德主体"本身即具有"开出"民主科学的动力。④

进而,李明辉在哲学层面对"实践的必然性"进行了具体解释。在他看来,儒家"心性论"过去的确未发展出民主和科学,但这并非由于它们在本质上不兼容,而是由于儒家"心性论"着重于"道德主体"的"运用表现",即"实践理性"之"据体以成用"或"承体而起用"。不过,民主政治与科学知识亦为"道德主体"之内在要求,否则其生命便不得畅通。也就是说,唯有在民主政治格局中,唯有将科学完全"开出",道德心灵之内在

---

① 林毓生:《政治秩序与多元社会》,第347页。
② 李明辉:《儒学与现代意识》,第8页。
③ 参见牟宗三:《中国哲学十九讲》,第311—312页。
④ 参见李明辉:《儒学与现代意识》,第14页。

要求始能充分实现。当然,这需要道德心灵本身有一层"转折",转至民主与科学所依赖之"架构表现"。所谓"架构表现"与"运用表现"正相反对,其"底子"是"对待关系",进而展现为"对列之局"。在"对列之局"下,"理性"失去"实践理性"之意义,转为非道德意义的"理论理性"。①可见,"道德主体"发展民主与科学并非以直接的方式,而是在一"辩证历程"中实现之:"道德主体"若要自身兼为"认识主体",就须暂时"忘却"其为"道德主体",而"退隐"于后,成为"认识主体"的支持者。此一"辩证历程"即是牟宗三所谓的"良知自我坎陷"。很明显,此"认识主体"和民主与科学的"开出"是基于"实践"而言的。李明辉说:

> 道德主体之要求发展民主与科学,并非出之以直接的方式方法,而是在一辩证的历程中要求之;故此种必然性又可称为辩证的必然性。……中国文化之精神生命在其发展过程中,必须有这一层转折,始能调适顺遂。……中国文化之所以未能发展出现代科学,实因历史的机缘未备;此种机缘之来临有待于日后西方列强之叩关。②

最后,李明辉还检讨了所谓"借思想文化以解决问题的方法"。在他看来,提出这一批评的人多半不了解何谓"哲学解释",故把"哲学解释"与历史学的、政治学的乃至社会学的解释混为一谈。也就是说,"开出说"是现代新儒家的一种"思想的内在逻辑",它属于一个哲学问题,而不是简单的"思维模式"问题。在此,所谓"思想的内在逻辑",是指哲学的内在理路;所谓"思维模式",则是指思考的特定形式。③ 依着李明辉的理解,"开出说"作为一种"哲学解释",它基于"实践理性"之"运用表现"的思路来说明:当我们在传统与现代、中国与西方的双重"纠葛"下,就哲学层面而言,中国人可基于传统儒学以实现一种思想上的转化,使儒学传统与现代化之要求相接;这样,不仅可实现现代化,亦可避免文化"断裂"之危机。很显然,这样一种"哲学解释",并不能简单地以"思维模式"来代替。如能了解如此意

---

① 参见李明辉:《儒学与现代意识》,第10—11页。
② 李明辉:《儒学与现代意识》,第8—9页。
③ 参见李明辉:《儒学与现代意识》,第14页。

义,便不能以"开出说"为空泛的"思维模式"来论;否则,所有哲学理论都会被视为空泛的"思维模式"而被批评。因此,李明辉说:

> 实践理性在其运用表现中原本就是彻上彻下地直接显其用,不需要任何转折或媒介。……至于这会不会导至"借思想、文化以解决问题的方法",是另一个层面(思想模式)的问题;就道德形上学的层面而言,这并无必然性。借用佛家的术语来说,这是"人病",而非"法病"。林先生常在有意无意间将"思想的内在逻辑"与"思想模式"这两个层面混为一谈,再据此批评传统儒家、乃至于新儒家,似非公允之论。①

三、牟宗三的哲学诠释原则

在李明辉看来,现代诠释学大致可分为两条脉络:其一是由施莱尔马赫(Friedrich Daniel Ernst Schleiermacher,1768—1834年)和狄尔泰(Wilhelm Dilthey,1833—1911年)奠定基础的传统诠释学;其二是由海德格尔(Martin Heidegger,1889—1976年)开端、后由迦达默尔(Hans-Georg Gadamer,1900—2002年)发展的哲学诠释学。前一脉络强调对象在诠释中的"自主性",其试图"保住"诠释的"客观性";后一脉络强调"理解"的历史性,它否定一切超历史的诠释,故质疑诠释的"客观性"。② 相对照地看,牟宗三虽然没有创建系统的诠释学理论,但不能说他没有诠释学观点。或者说,尽管牟宗三不足以完全回应西方现代诠释学的问题,但他的哲学思想已涉及相关问题。李明辉说:"牟先生从未建立一套有系统的哲学诠释学,也没有任何著作特别讨论现代诠释学所提出的各种问题。但是从他为《智的直觉与中国哲学》和《现象与物自身》二书所写的序言以及其《研究中国哲学之文献途径》和《客观的了解与中国文化之再造》这两篇演讲词,我们大略得知其诠释学观点。"③具体来讲,牟宗三的诠释

---

① 李明辉:《儒学与现代意识》,第14页。
② 参见李明辉:《牟宗三先生的哲学诠释中之方法论问题》,台湾:《中国文哲研究集刊》第八期。
③ 李明辉:《牟宗三先生的哲学诠释中之方法论问题》,台湾:《中国文哲研究集刊》第八期。

学观点虽然"似乎预设"迦达默尔关于"理解即是诠释"的思想①,但他基本上属于传统诠释学一脉。质言之,尽管牟宗三的诠释学思想比较"简略",但不能忽视其所具有的价值。李明辉说:

> 牟先生的诠释学原则或许不足以充分地回应西方现代诠释学所提出的种种复杂而精微的问题,但无论如何,他的哲学诠释已涉及这些问题,值得我们从诠释学的角度进一步去反省。②

李明辉认为,牟宗三的哲学诠释思想可归结为几个方面。

其一,理解和诠释有其"客观性",但唯有在理性层面上此"客观性"才能达到。③ 依牟宗三的理解,哲学诠释的对象并非语言文字本身,而是语言文字所要表达的义理,而义理只能凭借理性去把握。因此,"客观性"一词所表示的,与其说是"合于文本的原义",不如说是"合于理性的根据"。④ 也就是说,在诠释哲学文本时必须遵守的信条是:"尽可能将文本诠释得合理。"⑤依此,我们必须假定:"一项合理的诠释比一项不合理的诠释更符合文本的原义。"⑥因此,诠释者运用理性思考的能力是"客观的"诠释的先决条件。而且,当某一文本的义理在逻辑上有矛盾时,亦只能依靠理性来加以判断。由此可见,在此意义下,牟宗三一方面坚持"客观主义"原则;另一方面又坚持"相对主义"原则。⑦ 总而言之,牟宗三的

---

① 参见李明辉:《牟宗三先生的哲学诠释中之方法论问题》,台湾:《中国文哲研究集刊》第八期。
② 李明辉:《牟宗三先生的哲学诠释中之方法论问题》,台湾:《中国文哲研究集刊》第八期。
③ 参见李明辉:《牟宗三先生的哲学诠释中之方法论问题》,台湾:《中国文哲研究集刊》第八期。
④ 参见李明辉:《牟宗三先生的哲学诠释中之方法论问题》,台湾:《中国文哲研究集刊》第八期。
⑤ 李明辉:《牟宗三先生的哲学诠释中之方法论问题》,台湾:《中国文哲研究集刊》第八期。
⑥ 李明辉:《牟宗三先生的哲学诠释中之方法论问题》,台湾:《中国文哲研究集刊》第八期。
⑦ 参见李明辉:《牟宗三先生的哲学诠释中之方法论问题》,台湾:《中国文哲研究集刊》第八期。

诠释学观点乃"超乎客观主义与相对主义"。李明辉说:

> 牟先生并未在原则上否定"合乎原义的诠释"之可能性;换言之,他在诠释问题上并不采取相对主义的立场。但在另一方面,他将鉴别原义的判准备置于理性的根据上;就此而言,他亦不采取客观主义的立场。……牟先生的诠释学观点系"超乎客观主义与相对主义"。①

其二,要达到理解和诠释的"客观性",必须借主观的"生命"以契入。② 狄尔泰认为,保证诠释的"客观性"的并非"抽象的理性",而是个体间的共通性表现在感性世界中的"客观精神",故理解和诠释与"生命"是分不开的。李明辉说:"'生命'是狄尔泰哲学的核心概念,它涵盖人的精神生活之各个层面。在其诠释学中,'生命'不但是诠释学的对象,也是其进路。同样的,对牟先生而言,理性之表现亦不能脱离'生命',故他有'生命的学问'之说。"③关于"生命的学问",牟宗三说:"生命的学问,可以从两方面讲:一是个人主观方面的,一是客观的集团方面的。前者是个人修养之事,个人精神生活升进之事,如一切宗教之所讲。后者是一切人文世界的事,如国家、政治、法律、经济等方面的事,此也是生命上的事,生命之客观表现方面的事。"④在牟宗三看来,理性之表现不能脱离"生命",因此"生命"之相应与否乃有效诠释之条件。或者说:"客观的了解"不能单靠"理解力",还得有"相应的生命性情"。显而易见,牟宗三此一思想与狄尔泰的思想是相通的。因此,李明辉说:

> 牟先生在其《客观的了解与中国文化之再造》一文中便明白指

---

① 李明辉:《牟宗三先生的哲学诠释中之方法论问题》,台湾:《中国文哲研究集刊》第八期。
② 参见李明辉:《牟宗三先生的哲学诠释中之方法论问题》,台湾:《中国文哲研究集刊》第八期。
③ 李明辉:《牟宗三先生的哲学诠释中之方法论问题》,台湾:《中国文哲研究集刊》第八期。
④ 牟宗三:《生命的学问》,第33—34页。

出:"客观的了解"不能单靠"理解力",还得有"相应的生命性情"。换言之,他将"生命"视为理解与诠释的另一项主观条件。①

其三,理解和诠释涉及"语义"和"义理"两个层面,而以"理性知识"即"义理"为依归。② 因此,诠释应当"依义不依语"、"依法不依人"。牟宗三说:"中国传统中的三家以前虽无此词,然而通过康德的洞见与词语,可依理而检出此义。此既检出,则对见闻之知(儒家)、成心(道家)、识心之执(佛家)而言,万物为现象,此亦可顺理而立也。此之谓'依义不依语','依法不依人'(亦函依理不依宗派)。"③按照康德的思想,如果将知识仅当作资料,这种知识只是"历史知识";反之,出自我们理性思考的知识则是"理性知识"。康德说:"如果我就客观而言,抽去知识的所有内容,则一切知识在主观上或为历史的,或为理性的。历史的知识是由资料而来的知识(cognitio ex datis),理性的知识则是由原则而来的知识(cognitio ex principiis)。"④因此,哲学诠释不能停留于"历史知识",而必须进至"理性知识"。或者说,哲学诠释固然要通过文字训解,但不能停留在文字训解上。李明辉说:

> 一种知识之为历史的抑或理性的,并非取决于知识的内容,而是取决于其拥有者理解知识的方式。如果有人将知识仅当作资料,……这种人只能入乎其内,而不能出乎其外,其知识是死的,所以康德拟之为"活人的石膏像"。反之,理性的知识系出自我们自己的理性思考。⑤

---

① 李明辉:《牟宗三先生的哲学诠释中之方法论问题》,台湾:《中国文哲研究集刊》第八期。
② 参见李明辉:《牟宗三先生的哲学诠释中之方法论问题》,台湾:《中国文哲研究集刊》第八期。
③ 牟宗三:《现象与物自身·序》,《牟宗三先生全集》(21),第19页。
④ 参见李明辉:《略论牟宗三先生的康德学》,第186页。
⑤ 李明辉:《牟宗三先生的哲学诠释中之方法论问题》,台湾:《中国文哲研究集刊》第八期。

在李明辉看来,牟宗三的上述思想可进一步概括为两个原则:第一,必须"依语以明义",即进行"客观的"诠释。在牟宗三看来,中国哲学文献多半欠缺系统性,故研究必须采取"文献途径"。所谓"文献途径",是建立在"文字训解"与"义理诠释"之循环关系基础上的,而并非单向的"机械式"过程。很明显,"文献途径"所强调者乃"依语以明义"的"客观的"诠释。第二,必须"依义不依语",即强调哲学的创造性。与"文献途径"不同,"依义不依语"所强调的是不局限于文献本身,而超越于文献所应有的创造性的途径。李明辉说:"牟先生区分哲学诠释的两个层面:在第一个层面上,我们必须'依语以明义'。……在哲学诠释第二个层面上,我们必须'依义不依语'。"①不过,不能就第一个原则去质疑第二个原则,也不能就第二个原则去质疑第一个原则,因为二者不处在一个层面。② 正因为如此,看似矛盾的二者实是辩证统一的。牟宗三说:"在了解文献时,一忌浮泛,二忌断章取义,三忌孤词比附。须克就文句往复体会,可通者通之,不可通者存疑。如是,其大端义理自现。一旦义理浮现出来,须了解此义理是何层面之义理,是何范围之义理,……此而明确,则归于自己之理性自在得之,俨若出自于自己之口。其初也,依语以明义。其终也,'依义不依语'。"③李明辉也说:

> 哲学文献的解读须由"依语以明义"进至"依义不依语",或者说,由康德所谓"历史的知识"进至"理性的知识"。……简言之,在哲学诠释中,牟先生要求从文字训解的层次进至义理衡定的层次,并且以理性思考为诠释的最后判准。④

---

① 李明辉:《牟宗三先生的哲学诠释中之方法论问题》,台湾:《中国文哲研究集刊》第八期。
② 参见李明辉:《牟宗三先生的哲学诠释中之方法论问题》,台湾:《中国文哲研究集刊》第八期。
③ 牟宗三:《现象与物自身·序》,《牟宗三先生全集》(21),第11页。
④ 李明辉:《孟子重探》,第126页。

第八章 林安梧

林安梧，1957年出生于台湾台中县，祖籍为福建省平和县。1975—1979年在台湾师范大学国文系读本科，毕业后在竹南高中任教。1982年进入台湾大学就读，1986年获得硕士学位，1991年获得博士学位。其间受教于牟宗三。曾任台湾清华大学教授暨通识教育中心主任，南华大学哲学研究所所长，《思与言》主编，《鹅湖》月刊社社长、主编，佛光大学哲学所创所所长，台湾师范大学国文系、所专任教授，玄奘大学中文系教授。现为台湾慈济大学宗教与人文研究所教授、所长。兼任中央大学哲学所暨中文所教授、中南大学兼职教授、东华大学中文系兼职教授、国际儒学联合会理事、东方人文学术基金会董事、台湾"教育部"大学评鉴委员。

在林安梧看来，牟宗三是现代新儒学的一座高峰，他不仅继承了熊十力的理路，而且在某一向度上发展了熊十力的思想。① 他认为，在"后牟宗三时代"，现代新儒学的发展大概分两个向度：一是沿着牟宗三所建构的哲学结构继续往前发展，侧重维护牟宗三的理论系统，这是"护教的新儒学"。二是"批判的新儒学"，基本上是在对牟宗三哲学系统进行回溯和分判的基

---

① 参见林安梧：《儒学革命：从"新儒学"到"后新儒学"》，第226页。

础上,将牟宗三哲学作为现代新儒学的一个转折点。① 进而,林安梧站在"批判的新儒学"的立场上,提出了"后新儒学"的主张和理论框架。作为"后新儒学"的倡导者,林安梧关切的主要哲学问题是"人存在的异化及其复归之道",主要研究领域为哲学人性论、比较宗教学、文化治疗学等。②

林安梧的主要著作包括:《儒学革命论——后新儒家哲学的问题向度》、《王船山人性史哲学之研究》、《现代儒学论衡》、《老子道德经新译》、《台湾文化治疗——通识教育现象学引论》、《问心——我读孟子》、《台湾、中国——迈向世界史》、《存有·意识与实践——熊十力体用哲学之诠释与重建》、《论语——走向生活世界的儒学》、《中国近现代思想观念史论》、《儒学与中国传统社会之哲学省察》、《中国宗教与意义治疗》、《契约、自由与历史性思维》、《当代新儒家哲学史论》、《教育哲学讲论》等。

第一节 "后新儒学"的缘起

牟宗三是现代新儒学的重要代表人物,其理论建构不仅是现代新儒家的高峰,甚至可以说是整个现代儒学的高峰。对此,林安梧予以充分的肯定。他认为,牟宗三最重要的工作是完成了"形而上的保存",并"预取"了实践开启之可能。"形而上的保存"固然有其正面意义,因为它稳立了"道德主体",从而拯救了中国人的心灵危机。③ 不过,牟宗三哲学也存在着严重的理论限制。其一,表现出明显的"主体主义"倾向;④其二,忽视整个生活世界,也忽视社会历史总体;⑤其三,只完成了"形而上的保存",而缺乏"实践的开启";⑥其四,将儒学与康德哲学"对接"存在不当之处。⑦ 质

---

① 参见林安梧:《儒学革命:从"新儒学"到"后新儒学"》,第78—81页。
② 参见林安梧:《中国宗教与意义治疗》,台湾:明文书局股份有限公司2001年再版版(下同),后勒口"作者简介"。
③ 参见林安梧:《儒学革命:从"新儒学"到"后新儒学"》,第212页。
④ 参见林安梧:《当代新儒家哲学史论》,第225页。
⑤ 参见林安梧:《当代新儒家哲学史论》,第216—217页。
⑥ 参见林安梧:《当代新儒家哲学史论》,第223—224页。
⑦ 参见林安梧:《解开"道的错置"——兼及于"良知的自我坎陷"的一些思考》,济南:《孔子研究》1999年第1期。

言之,牟宗三哲学所完成的"心性学"建构,虽有其理论上的"精彩",但它一方面忽视了世界的整体性,另一方面忽视了儒学的实践性,因此,牟宗三虽可称为儒学之"一代宗师",但其哲学并非儒学之正宗,反而是儒学之最大的"别子为宗"。① 在此意义下,牟宗三哲学意味着一个哲学系统的完成,同时也预示着一种"转折"和发展;这种"转折"和发展即是林安梧所谓的"后新儒学"。②

在林安梧看来,若无深入之中国哲学之研究,则中国哲学史之写作难有深入、适切之论;若无深入而适切之中国哲学史之理解,则中国哲学之研究亦容易陷入假问题。然而,混淆中国哲学与中国哲学史研究,进而造成创造性不足,已成为当前中国哲学界的普遍现象。关于中国哲学的理论新创,他以"生面责我开六经"③期勉,并提出了如下具体主张:其一,明确中西两种不同的存有观,此乃实现中国哲学理论创造的前提。在他看来,面对"天人"、"物我"、"人己"三个向度,中国哲学所持者乃"存有的连续观",西方哲学所持者乃"存有的断裂观"。④ 其二,掌握自己诠释的话语权。在全球化的背景下,随着文化交流的日益频繁和深入,如何仍握有自己诠释的"话语权",成为一个重要问题凸显出来。⑤ 其三,用"现代话语"将"古典话语"表达出来。就中国哲学来看,它涉及"古典话语"、"现代话语"和"生活话语"、"学术话语"四个层面。因此,如何用"现代话语"将"古典话语"所蕴含的生命力呈现于世,实际上亦是一种基于诠释的哲学创造。⑥ 其四,确立自己"文化的主体性"。所谓诠释的话语权实质乃是"文化的主体性"问题。因此,若失去了"文化的主体性",不仅

---

① 参见林安梧:《儒学革命:从"新儒学"到"后新儒学"》,第212页。
② 参见林安梧:《从"新儒学"到"后新儒学"的发展——环绕台湾现代化进程的哲学反思》,广州:《中山大学学报》(社会科学版)2006年第3期。
③ 林安梧:《"后新儒学"与中国哲学之未来》,北京:《马克思主义与现实》2010年第3期。
④ 参见林安梧:《"后新儒学"与中国哲学之未来》,北京:《马克思主义与现实》2010年第3期。
⑤ 参见林安梧:《"后新儒学"与中国哲学之未来》,北京:《马克思主义与现实》2010年第3期。
⑥ 参见林安梧:《"后新儒学"与中国哲学之未来》,北京:《马克思主义与现实》2010年第3期。

会失去中国哲学的话语权,也进而会失去其所应有的创造性。①

林安梧认为,中国古代历史大致可分为两个阶段:第一个阶段是先秦,这是一个宗法封建的年代;第二个阶段是秦汉到宋元明清,这是一个帝皇专制的年代。帝皇专制与宗法封建是不同的:宗法封建是"一统而多元"的,帝皇专制则是"单元而统一"的。② 历史地看,"先秦儒学"和"宋明儒学"这两种形态是适应这两个阶段而存在和发展的。然而,到了近现代,因为中国政治必须进到一个民主年代,儒学的精神内涵随着时代变迁发生了变化,遂导致了"现代新儒学"的出现。然而,在牟宗三过世之后,儒学应该进到一个"新儒学之后"的年代,即"后新儒学"的阶段。如此来讲,儒学大致可以分为"先秦儒学"、"宋明儒学"、"现代新儒学"、"后新儒学"四个阶段。③ 所谓"后新儒学",是指在牟宗三之后儒学应该有一个新的开展。在林安梧,"后新儒学"虽从牟宗三哲学出发,但却将起源落在了熊十力哲学上:熊十力不是以"意识哲学"为核心的思考,而是超脱了主客对立的思考;它超越了传统的"主体性思维",进入一种全新的"场域式的思考"。④ 就林安梧来讲,对熊十力哲学的如此诠释,乃是为其"后新儒学"的理论建构提供义理向度。

一、牟宗三哲学的限制

林安梧认为,牟宗三作为现代新儒学的重要代表人物,其理论建构不仅是现代新儒学的高峰,甚至可以说是整个现代儒学的高峰。他说:"研究当代中国哲学,没有人可以绕过牟宗三先生,这几已成为不争的事实。"⑤他还说:"他为中国当代新传统主义特别是当代新儒学一派划下一

---

① 参见林安梧:《"后新儒学"与中国哲学之未来》,北京:《马克思主义与现实》2010年第3期。
② 参见林安梧:《儒学革命:从"新儒学"到"后新儒学"》,第284页。
③ 参见林安梧:《从"新儒学"到"后新儒学"的发展——环绕台湾现代化进程的哲学反思》,广州:《中山大学学报》(社会科学版)2006年第3期。
④ 参见林安梧:《从牟宗三到熊十力再上溯王船山的哲学可能——后新儒学的思考向度》,《玄圃论学续集》,武汉:湖北教育出版社2003年版(下同),第272页。
⑤ 林安梧:《儒学革命:从"新儒学"到"后新儒学"》,第77页。

个站碑。"①正因为如此,牟宗三哲学引起了国际哲学界的关注,并由此推动了儒学的"世界化"。具体来讲,牟宗三最重要的工作是完成了"形而上的保存",并"预取"了实践开启之可能。即牟宗三哲学的重点在"形而上的保存",并"以为"如此可以"下开"民主和科学,从而完成"新外王"之志业。林安梧说:"牟先生这样的新儒学所走的路是一'形而上的保存'之路,特别是经由理论之逼显以成就的形而上保存之路,此颇异于往昔之以道德实践、体悟行修所成就之形而上保存之路也。就哲学之立论言之,此盖受西洋哲学方法之冲击所以回应挑战而成就之伟构也。"②在林安梧看来,牟宗三之"形而上的保存"的贡献在于稳立了道德主体,从而拯救中国人的心灵危机。③ 不过,这种纯粹"智思化"的理路也存在着明显的限制。具体来讲,其理论限制体现在如下几个方面:

其一,表现出明显的"主体主义"倾向。林安梧认为,牟宗三重要的理论建构是"两层存有论",其核心是"一心""开出""执的存有论"和"无执的存有论"。"执的存有论"面对的是现象界,"无执的存有论"面对的是"物自身界"。在这一理论当中,牟宗三强化了人作为无限"神圣者"的可能性,且通过心性修养去说实践的必然性。很明显,这样一种理路不仅表现出明显的"主体主义"倾向,而且有非常强的独断色彩。具体来讲,康德认为人与上帝有着天壤之别,牟宗三却把人提到上帝的层次,然后再下返到人间作为菩萨,从而为"开出"现代化提供可能。林安梧说:"牟先生将康德哲学中原属于上帝之任务者,全收于人之主体心灵而处理之。"④即,康德强调人只有"感触直觉"而没有"智的直觉",牟宗三却以为儒学乃以"智的直觉"作为大宗。因此,为了实现现代化这一目标,就须从"智的直觉"下开"感触直觉",从"道德主体"下开"知性主体"。由此来看,"主体性"不限于"心物"、"人己"之平铺层面,而是上及于"天人"之立体层面。总之,"主体主义"成为牟宗三哲学的重要特征。林安梧说:

---

① 林安梧:《当代新儒家哲学史论》,第205页。
② 林安梧:《当代新儒家哲学史论》,第223页。
③ 参见林安梧:《儒学革命:从"新儒学"到"后新儒学"》,第212页。
④ 林安梧:《当代新儒家哲学史论》,第210页。

此主体之为洁静精微以上契于"道",又此主体之为载浮载沉以下接于"世",主体之矛盾、破裂由是可知矣!……"家毁"、"神伤",此时代之共业,唯一心灵智为可恃也;此牟先生学问果真为"主体主义"者在此。①

其二,忽视了整个生活世界,也忽视了社会历史总体。林安梧认为,牟宗三的学问虽然非常高、非常"回荡",这是不能否认的,此已如前所述。但是,因为他采取了"本质主义"的思维方式,将一切文化收归于心性主体上来立言,故当面临实际问题时,其理论定然比较"轻忽"。具体来讲,牟宗三以"自由无限心"并借助康德的"智的直觉"来阐释儒学的"良知"主体,这是承阳明学的理路而开启者。这样一种理路多具"理论性格"与"逻辑性格",而非对生活世界和历史社会总体之"真存实感"。然而,研究中国哲学不能只依据圣贤的教条,而应该真正注意到整个生活世界和历史社会总体。由此来看,牟宗三哲学过分凸显了道德主体,反而"轻忽"了生活世界和社会历史总体。换言之,这是对"良知"做"抽象而孤离的处理",故它将人性与具体的生活世界脱离开来;即或二者有关,亦只是"空洞而抽象"的关联。质言之,牟宗三之道德主体只是"孤立"和"单薄"的主体,其形上学亦只是一"洁静而夐然无染"的形上学,它只是一种"与人间社会隔而绝"的学问。林安梧说:

> 牟师虽力言其学为一道德的形而上学(moral metaphysics),然此道德的形而上学实仍只是经由一逻辑性格、理论性格构造而缔造一形而上保存之物这样的形而上学,是一洁静而夐然无染之形而上学,此与人间社会隔而绝矣!②

其三,将儒学与康德之"对接"存在不当之处。在林安梧看来,牟宗三经由康德哲学来诠释儒学是一个"划时代"的大事,其"善巧"在于使儒

---

① 林安梧:《当代新儒家哲学史论》,第225页。
② 林安梧:《儒学革命:从"新儒学"到"后新儒学"》,第107页。

学实现了系统化和结构化。然而,儒家的"良知学"与康德的道德哲学并不相同:不仅两者的历史背景迥然有异,其语义及系统架构亦多有异处。因此,尽管二者在核心概念和理论系统方面有相似之处,但它们却有"骨子里"的差异:康德哲学的后面是契约论的传统,儒学背后是宗法、血缘、亲情的传统;前者所强调的是道德法则,后者所强调的是道德情感。因此,将这样两种哲学"对接"并不十分恰切。他说:"大体来说,康德的道德哲学与卢梭的社会契约论密切相关,甚至可以说卢梭所强调的'普遍意志'(general will)一转而为康德道德哲学所强调的'无上命令'(categorical imperitives)。试想,这样的'无上命令'及其相关的道德法则、道德情感等与中国儒家所强调的良知、天理、本心,虽然相类,但却迥不相侔。这不相同,不单只是理论构作出来的体系的异同而已,而须得留意其骨子里的异同。"①质言之,牟宗三经由康德诠释儒学之最大的限制即"不善巧"在其"一心开二门"之架构。他说:

> 牟先生借西哲学之康德哲学以会通中国哲学,此其所以为"善巧"也,亦此其所以为"不善巧"也。其善巧处在以此对比而有完整结构,并超迈康德,而欲补康德之不足;然其不善巧处亦因借康德而受限于康德哲学之结构区分,本可一贯,却又难免两分;本可融通,却又难免异别。此两分处、异别处,最后则扣在一个"心念"活转上,此所谓"一心开二门"之架构是也。②

其四,只是完成了"形而上的保存",而缺乏"实践的开启"。牟宗三认为,中国文化的本质是道德的,而西方文化的本质是知识的,故如何由"道德""开出""知识"是一重要的实际课题。然而,在林安梧看来,牟宗三的"开出说"只是理念的推导,即只停留于作为理解与诠释的理论阶段,并没有真正实现"实践的开启"。也就是说,牟宗三的理论对"实践的开启"只是"预取",即只是一个"真空家乡",而非"落地家宅"。他说:

---

① 林安梧:《解开"道的错置"——兼及于"良知的自我坎陷"的一些思考》,济南:《孔子研究》1999年第1期。
② 林安梧:《当代新儒家哲学史论》,第224页。

"就此形而上之保存所开启者只此理想之真空家乡,于实践处言之,自难免空洞而不切,此理势之所必然。"① 具体来讲,牟宗三的工作只是基于"本质主义"完成了儒学的"知识化"与"理论化"。质言之,"良知"作为"存在的存在"、"本质的本质",一切都由此"转出"。然而,"作为一个实践哲学的儒家哲学,它是以实践为首出的,它不能以一种由理论以导出实践的思维模式来思考,它应被摆置在一实践的境域中来处理"②。而且,"哲学是追求根源性的智能之学!是迈向生活世界的实践之学"③。正是在此意义下,现代新儒学被指责为"良知的傲慢"。④ 因此,不能将牟宗三的理论当成"实际的存在"来处理,也不必去设想通过"良知的自我坎陷"以"开出""知性主体"等问题。林安梧说:

> 形而上之保存所以培本固元,求所以能以本贯末也。这是中国民族在面对整个存在失落、意义危机之后理论上之克服(非实践上之克服),牟先生经由理论之逼显,而开启一形而上之理境,为我民族寻得一超越之理想真空家乡也。此仍只是一理想之真空家乡,而非一真实落地之家宅也。⑤

总而言之,林安梧认为,牟宗三强调的是"心学",而这个"心"是普遍的、超越的、抽象的,因此它不够落实、不够具体。因此,牟宗三的哲学讲到后来越讲越绝对,越讲越形式化,有变成一个"形式我"的倾向。⑥ 然而,就儒学的传统看,一方面儒学本来强调世界的整体性,牟宗三却把它分成"现象"与"物自身",然后再把二者贯通起来:从"物自身"下贯到"现象

---

① 林安梧:《当代新儒家哲学史论》,第224页。
② 林安梧:《当代新儒家哲学史论》,第216页。
③ 林安梧:《"新儒学"、"后新儒学"、"现代"与"后现代"——最近十余年来的省察与思考之一斑》,北京:《中国文化研究》2007年冬之卷。
④ 在余英时看来,"良知的傲慢"是对现代"知性的傲慢"的"模仿"。他说:"我们只要稍一比较两者的思想结构,便不难看出新儒家其实是科学主义的反模仿。……科学主义者以独占'真理'自负而有'知性的傲慢',道德主义者则以独得'道体'自负而有'良知的傲慢'。"(余英时:《余英时文集》第五卷,第39页)
⑤ 林安梧:《当代新儒家哲学史论》,第223—224页。
⑥ 参见林安梧:《儒学革命:从"新儒学"到"后新儒学"》,第211页。

界",从"良知""坎陷"为"知性主体"。不可否认,此二分的理论格局有其正面价值,但亦暴露出严重的理论限制:它"肢解"了世界的整体性。另一方面儒学应该从"真实的感通"处说,即落到道德的实践上来说,但牟宗三的理论显然缺乏"外在性"和"客观性",即缺乏实践性。由于牟宗三哲学既缺乏整体性,又缺乏实践性,故其虽有理论上的精彩,但它并非其自言的儒学之正宗,反而是儒学最大的"别子为宗"。林安梧说:"牟先生的论点如此精彩,构成非常完整的心学系统,真是足以成一代宗师。就这一点而言,我觉得牟先生是最大的'别子为宗'。"①对此,林安梧主张,"后牟宗三时代"应该通过"后新儒学"实现对牟宗三哲学的"折转",即把牟宗三哲学"拉回"到基于世界整体性的生活实践中来。他说:

> 后新儒家的实践概念是要去开启一个新的"如"这样的实践概念。这是以其自为主体的对象化活动作为其启点的,是以感性的擘分为始点的,是以整个生活世界为场域的,是以历史社会总体为依归的。"②

二、"生面责我开六经"

在林安梧看来,由于学术体制之钳制,目前中国哲学之研究趋向于琐碎化、狭隘化,成了新饾饤考据,常常流于"见毫末之细,而不见羽薪"③。此外,相关研究亦常因袭老问题、老意识、旧话重提、"冷饭重炒",看似有了成绩,实只是虚应故事。质言之,"中国哲学之研究"常后返作"中国哲学史之研究",将中国哲学史研究等同于中国哲学研究。这样一来,"中国哲学之研究只是一看似客观,实者与生命无关、与历史社会总体无涉、与当下之生活世界漠然、与一切价值确立不相对应的博物馆式的研究"④。对此,林安梧认为应明确区分二者之别:"中国哲学之研究重在哲

---

① 林安梧:《儒学革命:从"新儒学"到"后新儒学"》,第212页。
② 林安梧:《儒学革命:从"新儒学"到"后新儒学"》,第89页。
③ 乃"见其小不见其大"之义。《孟子》有言:"察秋毫之末,而不见舆薪。"(赵岐注,孙奭疏,廖名春、刘佑平整理,钱逊审定:《孟子注疏》,第20页)
④ 林安梧:《"后新儒学"与中国哲学之未来》,北京:《马克思主义与现实》2010年第3期。

学所涉之主题,而中国哲学史之研究重在历史之变迁。"①不过,这并不意味着二者没有丝毫关联:若无深入之中国哲学之研究,则中国哲学史之写作便难有深入、适切之论;若无总体而适当的中国哲学史之理解,则中国哲学之研究亦容易陷入假问题。② 不过,就当前中国哲学界的总体情况来看,主要"症结"仍在于混淆中国哲学与中国哲学史研究。他说:

  忽略中国哲学之创作,而徒作中国哲学史,尤其是古代学术史之概括,这是当前中国哲学界的大体状况,这种情况已有数十年矣!③

在林安梧看来,上述"症结"的实质是哲学界的创造性不足。他说:"中国哲学实已到了跨过'格义/逆格义'的阶段,而应有适度的对比、厘清与融通,转化与创造。"④因此,如何提高创造性乃成为中国哲学界的一个迫切问题。在此方面,前代现代新儒家的著作虽仍不免有"格义"和"逆格义"⑤的痕迹,但已显露出在融通与创造方面的功力。熊十力建立了"新唯识论"的哲学体系,牟宗三缔造了"两层存有论"之"伟构",唐君毅开启了"生命心灵存在的精神现象学"系统。就目前的儒学研究来看,所需要的是在前辈的基础上更上层楼。也就是说,不能躺在前代现代新儒家的"功劳簿"上停步不前,而应以哲学史研究为基础对于时代问题有理论新创。林安梧说:"如何汲取其精髓而可贵者,如何荡涤其遮蔽限制者,这是我们这一代人需要努力的地方。因此,中国哲学须有进一步之创

---

① 林安梧:《"后新儒学"与中国哲学之未来》,北京:《马克思主义与现实》2010年第3期。
② 参见林安梧:《"后新儒学"与中国哲学之未来》,北京:《马克思主义与现实》2010年第3期。
③ 林安梧:《"后新儒学"与中国哲学之未来》,北京:《马克思主义与现实》2010年第3期。
④ 林安梧:《"后新儒学"与中国哲学之未来》,北京:《马克思主义与现实》2010年第3期。
⑤ 所谓"格义",是指以外来文化比附中国文化,佛教传入中国时即是如此;所谓"逆格义",是指以中国文化比附外来文化,西方文化传入中国时即是如此。(参见林安梧:《新儒学理论体系的建构——牟宗三"两层存有论"及相关问题检讨》,杭州:《杭州师范大学学报》(社会科学版)2013年第2期)

造,不能只是徒作哲学史的概括研究。"①他还说:"中国哲学之研究方向与方法已到了崭新的年代,我们不能忽视这个变迁,我们应加速对于昔时前辈先生所作贡献的认取,批判地继承并进一步转化,创造之、发展之。如此,才不愧为先哲之勠力。"②因此,林安梧主张:要从"六经责我开生面"转向"生面责我开六经"。③ 他说:

> 不再只停留于"哲学史式的论述",而应如理而下贯,一方面上遂于文化道统,另方面做一理论性的创造。④

那么,如何进行理论性的创造即"开六经"呢?林安梧提出了如下具体主张:

其一,明确中西哲学两种不同的"存有观"。在林安梧看来,所谓"存有观",是指人作为一种"存在",在进入这个世界时理解和诠释世界的方式。⑤ 具体来讲,哲学作为整个文化传统之"所产",同时也是整个文化传统之"能产";它最终所涉及的是"天人"、"物我"、"人己"三个向度,而在这两端间所采取的不外"连续"与"断裂"两种"存有观":一是"存有的连续观",一是"存有的断裂观"。⑥ 相较而言,中国哲学属于前一种方式,而西方哲学属于后一种方式。具体来讲,中国哲学强调的是"道论",西方哲学重视的是"形而上的实体";"道论"之"道"作为"总体的根源",是"形著"而上溯其源的"境界"与"实体"之一而不二,"形而上的实体"作为"物理之后"的"形而上",是基于"境界"与"实体"二分的"实体"。因

---

① 林安梧:《"后新儒学"与中国哲学之未来》,北京:《马克思主义与现实》2010年第3期。
② 林安梧:《"后新儒学"与中国哲学之未来》,北京:《马克思主义与现实》2010年第3期。
③ 参见林安梧:《"后新儒学"与中国哲学之未来》,北京:《马克思主义与现实》2010年第3期。
④ 林安梧:《"新儒学"、"后新儒学"、"现代"与"后现代"——最近十余年来的省察与思考之一斑》,北京:《中国文化研究》2007年冬之卷。
⑤ 参见林安梧:《中国宗教与意义治疗》,第27页。
⑥ 参见林安梧:《"后新儒学"与中国哲学之未来》,北京:《马克思主义与现实》2010年第3期。

此,"存有的连续观"强调"言外有知,知外有思,思外有在",此乃是自《周易》以来强调的"存在与价值的和合性"。"存有的断裂观"则强调"以言代知,以知代思,以思代在",此即是巴门尼德强调的(Parmenides,约公元前5世纪)"存在与思维的一致性"。① 在林安梧看来,明确中西哲学之"存有观"的差异,是进行中国哲学之理论创造的重要前提。或者说,要进行中国哲学之理论创造,须正视"存有的连续观"这样一个前提。

其二,掌握自己诠释的话语权。林安梧认为,在全球化的背景下,随着文化交流的日益频繁和深入,如何仍握有自己诠释的"话语权",乃是一个重要问题。例如,关于"中国哲学之正当性与合法性"的问题,若执泥于"中国哲学是否有其正当性与合法性",那就有所"陷溺",因为这种说法暗含着话语权的丧失;但若讨论"中国哲学之作为哲学其正当性与合法性何在"则是可以的,因为这说法暗含着话语权的存在。这就好像问:"中国人是人吗? 他作为人是否有其合法性与正当性?"这问法是不当的;但若问:"中国人是人,他作为人其正当性与合法性何在?"这问法便没有了不当之嫌。林安梧常用"筷子"与"叉子"作比喻:筷子与叉子是中西不同的餐具,其用法不同,规格亦异。因此,若以叉子的标准来看筷子,会说筷子是很低劣的叉子;同样,以筷子的标准来说,叉子根本不能作为筷子。因为使用筷子是主体通过中介"连接"客体,达到某种平衡,才能举起客体;使用叉子则是主体通过中介强力"侵入"客体,控制客体。在文化象征的意义上,使用筷子是一"文化的王道主义";使用叉子则接近于"文化的霸道主义"。很显然,"话语权重要不重要,不问可知"②。因此,林安梧主张:

> 要注意的是,不能只是汉话胡说,要有更多汉话汉说,胡话汉说,才能平衡得过来。③

---

① 参见林安梧:《"后新儒学"与中国哲学之未来》,北京:《马克思主义与现实》2010年第3期。
② 林安梧:《"后新儒学"与中国哲学之未来》,北京:《马克思主义与现实》2010年第3期。
③ 林安梧:《"后新儒学"与中国哲学之未来》,北京:《马克思主义与现实》2010年第3期。

其三，用"现代话语"将"古典话语"表达出来。此即"汉话汉说"之主张的落实。林安梧认为，中国哲学研究话语涉及"古典话语"、"现代语"与"生活话语"、"学术话语"四个层面。因此，中国哲学研究实际上面对有"古典生活话语"、"古典学术话语"和"现代生活话语"、"现代学术话语"四个向度。① 就"古典生活话语"与"古典学术话语"来说，其话语关系较为亲近，或者说它们本来就是通和为一的。如孟子说"仁者爱人，有礼者敬人"②；"仁之实，事亲是也。义之实，从兄是也。智之实，知斯二者弗去是也"③。很显然，其间所体现的"生活话语"与"学术话语"是"通和为一"的。就现代话语来讲，由于"古典话"之意义具有真理性，故需把其"活泼泼"的生命力呈现于现实之中。但是，不能停留于将这些"古典话语"重说一遍，因为不仅历史情境发生了变化，而且语言形式也发生了变化。因此，要用"现代生活话语"或"现代学术话语"将其意思表达出来。在林安梧看来，这样一个过程即应有创造性，因为它是一理解、诠释与表述、重构的过程。对此，林安梧说：

> 若只做文献的概括与整理，那是不足的。学术史的研究不同于哲学史的研究，哲学史的研究也不同于哲学的研究，这要有适度的区别。我以为当前的哲学研究……需要的是深层的诠释与明白的表述。④

其四，确立自己"文化的主体性"。实际上，诠释的话语权背后是"文化的主体性"问题。对此，林安梧认为，因为有了不同的哲学形态，才有了哲学这个概念；如同有了不同的"国"，才有了"国际"概念一样。因此，不能以西方哲学为标准来衡量中国哲学，而应在两相对比的多元差异下审视中国哲学的特性，进而探究它如何以其差异而助于世界哲学之发展。

---

① 参见林安梧：《"后新儒学"与中国哲学之未来》，北京：《马克思主义与现实》2010年第3期。
② 赵岐注，孙奭疏，廖名春、刘佑平整理，钱逊审定：《孟子注疏》，第233页。
③ 赵岐注，孙奭疏，廖名春、刘佑平整理，钱逊审定：《孟子注疏》，第210页。
④ 林安梧：《"后新儒学"与中国哲学之未来》，北京：《马克思主义与现实》2010年第3期。

也就是说,有了"文化的主体性",才会有自己的"国";有了自己的"国",才会有"国际"之问题。质言之,有了"文化的主体性",才会有诠释的话语权,才会有真正的对话与沟通。因此,我们必须视自己之文化是一"具有主体之文化","文化不能只是作为别人文化的陪衬"。① 他说:"没有本土,就没有国际! 没有思考,就没有哲学! 没有自家传统,就没有主体性! 没有历史的连续性,就没有同一性。"② 对此,林安梧举例言之:通常来讲,"道德"一词对应的是英文"moral"。然而,根据《论语》的"志于道,据于德"③、《老子》的"道生之,德蓄之"④,我们可知:"道"是"总体的根源","德"是"内在的本性";这样的"道德"之含义显然与"moral"不同。可见,唯有确立起自己"文化的主体性",才能够对中国哲学此类问题有恰当的理解。林安梧说:

> 中国哲学的研究其实已经到了一个新的阶段,……比较起来,他(指牟宗三——引者)强调了中国哲学的主体性,但是在这个过程里面仍然有他很大的限制。多半学者是通过西洋哲学来格我们自己,但他不是,他是比较具有自己的主体性去格西方哲学。⑤

三、儒学"道统"问题之厘清

林安梧认为,中国古代历史大致可分为前后两个阶段:第一个阶段是先秦,是宗法封建的年代;第二个阶段是秦汉一直到宋元明清,是帝皇专制的年代。帝皇专制与宗法封建是不同的:宗法封建是"一统而多元"的,而帝皇专制是"单元而统一"的。⑥ 历史地看,传统儒学均是适应于上

---

① 参见林安梧:《"后新儒学"与中国哲学之未来》,北京:《马克思主义与现实》2010年第3期。
② 林安梧:《"新儒学"、"后新儒学"、"现代"与"后现代"——最近十余年来的省察与思考之一斑》,北京:《中国文化研究》2007年冬之卷。
③ 何晏注,邢昺疏,朱汉民整理,张岂之审定:《论语注疏》,第85页。
④ 朱谦之:《老子校释》,第203页。
⑤ 林安梧:《格义、融通、转化与创造——牟宗三的康德学及中国哲学之前瞻》,张立文主编:《儒家思想在世界的传播与发展》,河北大学出版社2005年版(下同),第703页。
⑥ 参见林安梧:《儒学革命:从"新儒学"到"后新儒学"》,第284页。

述两个阶段而存在和发展的。具体来讲,相应于先秦之宗法封建,先秦儒学之所重在于,面对"周文疲弊"①开发生命的价值之源,从而走向社会实践。相应于帝皇专制,宋明儒学之所重在于,面对佛、老的挑战重新开启"内圣之学",即转进于内在道德心性修养。对此,林安梧说:"原始儒家主要指的是先秦时代孔孟思想,它……奠立了儒家的仁义之学,肯定人性的应然价值根源,开启了道德的形上世界,……新儒家主要指的宋明儒学内圣一派而言,它……特别地发挥了原始儒家的内圣学侧面及形而上学侧面,并且着实地建立了一套工夫(修养)的进路……"②

然而,到了近现代,中国政治已经进到第三个阶段即民主时代。随着时代的变迁,传统儒学被"破解"了,儒学的精神内涵发生了一些变化,最终导致了"现代新儒学"的出现。"现代新儒学"一个方面是面对"道德迷失"、"存在迷失"和"形上迷失"所凝聚成的"意义危机"而展开"意义探求";另一个方面是面对西学的冲击而探求从儒学"开出"现代化。③ 因此,其理论之所重由"内圣之学"转向由传统"开出"现代化。林安梧说:"当代新儒家之所重,并不只是原来新儒家的内圣之学而已,它面对着当代中国思想意识的危机,遇着西方文化传统的冲击,特别是现代化的挑战,而思有以振衰起弊,由中国传统开出现代化之民主与科学也。"④这样看来,由于"现代新儒学"所面对的时代发生了变化,其理论重心亦发生了变化,与传统儒学相比表现出明显的差异性,故实为儒学之独立阶段。在此意义下,儒学之历史发展大致可分为"先秦儒学"、"宋明儒学"、"现代新儒学"三个阶段。进而,林安梧认为,牟宗三在1995年去世,这成为从"现代新儒学"到"后新儒学"转折的一个里程碑。也就是说,在牟宗三过世之后,儒学应该进到一个"新儒学之后"的时代,即"后新儒学"的阶段。由此来看,儒学之发展实为"先秦儒学"、"宋明儒学"、"现代新儒学"和"后新儒学"四个阶段。⑤

---

① 牟宗三:《中国哲学十九讲》,第48页。
② 林安梧:《当代新儒家哲学史论》,第2—3页。
③ 参见林安梧:《当代新儒家哲学史论》,第3页。
④ 林安梧:《当代新儒家哲学史论·序言》,第3页。
⑤ 参见林安梧:《从"新儒学"到"后新儒学"的发展——环绕台湾现代化进程的哲学反思》,广州:《中山大学学报》(社会科学版)2006年第3期。

关于"后新儒学"之阶段，林安梧相对于"现代新儒学"进行了讨论。他认为，儒学是在非常丰富的文化土壤下生长出来的，它与经济生产方式、社会结构方式、政治组织结构等都有密切关联。然而，"现代新儒学"却有一种错误的看法，认为"良知"为本，其他种种都由"良知之学"展开，故以为只提"良知"就足够了。这样一种理论向度有其明显缺点：它不仅忽略了儒学之丰富的经学和史学传统，而且也忽略了对中国经济史、社会史、政治史、文化史的整体理解。因此，这样一种理论向度不能视为儒学之"正宗嫡传"。林安梧的意思是，应该破除掉儒学"血缘"上谁是"正宗嫡传"的意识，而回归到生活世界和历史社会总体的视角来看儒学。他说："新一辈果述志继事者，当面对的是'历史社会总体之挑战'，面对台湾海峡两岸贫瘠而衰颓的文化土壤，如何深耕易耨，发荣滋长，此实为吾人所终身宜戮力者也。"①就此而言，"后新儒学"应该"冲破""现代新儒学"的"种子之核"，从而实现与整个"天道论"即自然哲学、历史哲学、心性论和政治哲学的实际关联。在此意义下，"后新儒学"乃继前三期之后儒学发展之第四期。不过，林安梧认为，儒学之历史发展不一定要"硬说"三期或者四期，而应该顺着整个历史发展一步步地往前推进。② 关于儒学之"往前推进"，他说：

> 牟先生自己完成了其阶段性之伟大任务，此"种子"当续播于华夏及全人类大地，务其生长也。但要生长，则必破此种子之核而出焉！不可执泥于往昔之论述架构，斤斤然较量焉，是又何用哉！③

然而，在林安梧看来，破除所谓的"正宗嫡传意识"，并不意味着儒学没有核心论点。历史地看，历代儒学都特别重视"孝悌人伦"。他说："在先秦时候的儒学就已经非常重视孝悌人伦了，秦汉以下也是非常重视孝悌人伦，一直到当代也是重视孝悌人伦"，但是，"先秦时代孝悌人伦思维

---

① 林安梧：《当代新儒家哲学史论》，第226页。
② 参见林安梧：《儒学革命：从"新儒学"到"后新儒学"》，第283页。
③ 林安梧：《当代新儒家哲学史论》，第225页。

空间,跟帝皇专制时代的孝悌人伦的思维空间,以及当代的孝悌人伦的思维空间,是不太一样的"。① 因此,"孝悌人伦"不能作为儒学的核心论点。此外,就儒学的历史发展来看,"大宗"在于"怵惕恻隐"和"一体之仁"。他说:"从孔孟的传统,一直到陆王,乃至于程朱的传统,所强调的天地所隐含的是一种关怀、一种爱、一种绸蕴造化,……大宗还是在'怵惕恻隐'、'一体之仁'上……"② 然而,无论是"怵惕恻隐",还是"一体之仁",它与儒学所"赖以生长"的经济生产方式、社会结构方式、政治组织结构却相对疏离。因此,它亦不能成为整个儒学的核心论点。依着林安梧的理解,整个儒学的核心论点应是"心、性、天"的通而为一。他说:"我想本心论、天理论、天道论,这三者是通为一体的,所谓'心、性、天'通而为一,这论点可以作为儒学核心的论点。"③ 基于此,林安梧进而提出从"牟宗三而熊十力",再由"熊十力而王船山"之发展可能的"后新儒学"主张。在此,"由牟宗三而熊十力"是"上遂于道,重开生源";"由熊十力而王船山",是强调历史社会总体的落实与开展。④他说:

> 我认为由牟宗三先生上溯至熊十力先生,再上溯至王船山的哲学,这里隐含了我所谓"后新儒家的哲学"可能向度。⑤

关于熊十力哲学,林安梧认为,其"体用哲学"可以说是"阳明学"与"船山学"的进一步发展,当然它也批判地融会了佛教与道家的思想。具体来讲,熊十力将"阳明学"所强调的"无体之体"⑥和"船山学"所强调的

---

① 参见林安梧:《儒学革命:从"新儒学"到"后新儒学"》,第284页。
② 林安梧:《格义、融通、转化与创造——牟宗三的康德学及中国哲学之前瞻》,张立文主编:《儒家思想在世界的传播与发展》,第697页。
③ 林安梧:《儒学革命:从"新儒学"到"后新儒学"》,第283页。
④ 参见林安梧:《存有·意识与实践:熊十力体用哲学之诠释与重建》,台湾:东大图书公司1993年版(下同),第373页。
⑤ 林安梧:《儒学革命:从"新儒学"到"后新儒学"》,第217—218页。
⑥ 王阳明说:"心之本体原无一物,一向着意去好善恶恶,便又多了这分意思,便不是廓然大公。《书》所谓无有作好作恶,方是本体。"(王阳明撰,吴光、钱明、董平、姚延福编校:《王阳明全集》,第34页)

"乾坤并建"①转成"即用显体"②的"体",并强调这"体"不是一形而上的"夐然之体",而是一"场域之始源",是即于"众沤"的"大海水"之体。也就是说,这"体"是作为"根源的场域"或"场域的始源"的"总体之体"。比如,他最常举的"体用不二"③的比喻——"众沤与大海水"——清楚地显示出,他不是以"意识哲学"为核心的思考,而是超脱了主客对立的思考;他超越了传统的"主体性思维",而进入一种全新的"场域式的思考",即是超越了主客对立的"体用一如"的思考。④ 因此,"尽管熊十力仍然极为强调'本心'的重要性,但毕竟他所重视的是'乾元性海'"⑤。就林安梧来讲,正是这种"场域式的思考"为其"后新儒学"确立了义理向度。当然,也可以这样理解,林安梧对于熊十力哲学之如此解释,只是服务于其"后新儒学"的理论建构而已。他说:

> 我的……系统,其实是从熊十力的《新唯识论》里作一个创造性的诠释(creative interpretation),进而有一个重建(reconstruction)与发展。⑥

林安梧进而认为,熊十力扬弃了"唯识学"的"意识主体"概念,因为他认为凡是涉及外境的意识均是"有质碍"的"权体";真正的本体不是独立的,而是"即用显体"之"体用不二"的"乾元性海"⑦。不过,那"无执著

---

① 《船山全书》第一册,长沙:岳麓书社1988年,第657页。
② 《熊十力全集》第三卷,武汉:湖北教育出版社2001年,第79页。
③ 所谓"体用不二",乃指"实体与现象不可离之为两界"。(《熊十力全集》第七卷,武汉:湖北教育出版社2001年版,第592页)
④ 参见林安梧:《从牟宗三到熊十力再上溯王船山的哲学可能——后新儒学的思考向度》,《玄圃论学续集》,第272页。
⑤ 林安梧:《从牟宗三到熊十力再上溯王船山的哲学可能——后新儒学的思考向度》,《玄圃论学续集》,第272页。
⑥ 林安梧:《儒学革命:从"新儒学"到"后新儒学"》,第231页。
⑦ 熊十力说:"万德万理之端皆乾元性海之所统摄(……乾者,动而健之势用,元,犹原也;乾元者,乾之原。……乾元即是本体之名。以乾元之在人而言,则名之曰性;以乾元统含万德万理之端则譬之曰海。海至深广,宝藏富故)。"《熊十力全集》第六卷,武汉:湖北教育出版社2001年版,第567页。

性"、"未对象化"的本体虽为"不可说"的境域,却不是不可知的境域。也就是说,此境域虽非执著性、对象化的认识之知、概念之知,但可以是一"理念之知",是一超乎执著性、对象化的"实践之知"。换言之,熊十力并不是经由"思辨的辩证性思维"去"缝合"概念与理念的内容,去"接通"认识与实践;而是经由"实践的辩证性思维"去"开权显实","遮拨"执著,从而"疏通"存有的本原。① 不过,在熊十力,"存有学"之展开乃是由于"活生生的实存而有"的人的"触动"。林安梧说:"熊十力的体用哲学乃是一'活生生的实存而有'这样的一套存有学。这样的一套存有学是以'人'这个活生生的实存而有为整个存有的触动点而展开的。"②这里,需要强调的是,"人"不是一般的"意识主体"、"认知主体",而是"实存的主体性"。③ 这样看来,在熊十力,"道体"、"主体"、"物体"三者是互动的,只是互动的关键点在"主体"。可见,熊十力的"存有学"与牟宗三的基于"主体主义"和"形式主义"的"存有学"有着明显的不同。

基于上述,林安梧认为,熊十力实际上形构了一种"存有三态"的理论,即关于"存有"的三种形态的理论。他说:"我想免除主体主义及形式主义可能之弊,故多阐发熊十力体用哲学之可能资源,由'存有的根源'(境识俱泯)、'存有的开显'(境识俱起而未分)、'存有的执定'(以识执境),等诸多连续一体之层次以疏解'生活世界'与'意义诠释'之论题。"④"我认为当代新儒家的奠基者熊十力的体用哲学,其实隐含这样一套结构。"⑤实际上,这样一种诠释既可以说是由对熊十力"体用哲学"的诠释、转化、创造而来,也可理解为对牟宗三"一心开二门"的"两层存有论"批判、转化而来。总之,林安梧试图从熊十力"体用一如"的理论模式,加入王夫之"乾坤并建"的思考;从宋明儒学所重视的"主体性"思维,转化为注重"场域"、"处所"、"天地"的哲学思考。他说:

---

① 参见林安梧:《存有·意识与实践:熊十力体用哲学之诠释与重建》,第116页。
② 林安梧:《存有·意识与实践:熊十力体用哲学之诠释与重建》,第323—324页。
③ 参见林安梧:《儒学革命:从"新儒学"到"后新儒学"》,第74页。
④ 林安梧:《存有·意识与实践:熊十力体用哲学之诠释与重建》,第108页。
⑤ 林安梧:《儒学革命:从"新儒学"到"后新儒学"》,第297页。

"'存有三态论'的结构是从熊先生体用哲学的脉络再回到王夫之'乾坤并建'的脉络,再回到《中庸》、《易传》的传统。"① 显而易见,就儒学的发展来讲,这是一次核心论题的改变;而核心论题的改变会引发儒学形态的变化。② 此正是"后新儒学"之"后"的理论意味。关于"后新儒学"的特征,林安梧说:

> 一、于本体论上,采一总体之为本体,以生活世界之圆融周浃、大化流行为根底也。……二、于方法论上,采一方法论上之唯名论,以历史社会总体之辩证历程而显其方法之为方法也。……三、于实践论上,强调此生活世界之内在的根源动力……③

第二节 存有三态论

在林安梧看来,现代性的重要特征是"工具理性"的"高张",而这种"高张"导致了"异化"的弊端。为了克服这种弊端,许多学者进行过有益的探索。不过,这些探索多为"照着讲",而不是"对着讲"。林安梧认为,现代化之所以导致"异化",重要原因在于本应"因文而明"却导致了"因文而弊"。既然如此,就需要由"文"而回到"人",去除作为障弊的"文"。一个方面,"人"不应是一般的"认知主体",而应作为"实存的主体性"。④ 另一个方面,"存有"也不应是认识的对象,不是作为一切存在事物之所以可能的最高的、超越性的、普遍性的概念,而是天、地、人交与"参赞"所构成的总体根源。⑤ 对此,林安梧的解释是:人居于天地之间,是具体的、实存的,此乃"人法地";地之生长朝向一高明而普遍的理想,此乃"地法天";这高明而普遍的理想得回溯到总体之本源,此即"天法道";这总体

---

① 林安梧:《儒学革命:从"新儒学"到"后新儒学"》,第297页。
② 关于哲学理论形态的变化,参见程志华:《"中断性"语境下的儒学"三期说"》,郑州:《学习论坛》2006年第10期。
③ 林安梧:《儒学革命:从"新儒学"到"后新儒学"》,第246页。
④ 参见林安梧:《儒学革命:从"新儒学"到"后新儒学"》,第74页。
⑤ 参见林安梧:《关于〈老子道德经〉中的"道生一、二、三、万物"问题之探讨》,武汉:《湖北社会科学》2009年第9期。

本源有一自生、自长、自发、自在的调和性生长机能,此乃"道法自然"。①很明显,在这样的过程里,"存有"不是通过语言系统去"控制"的现象,而是人要参与进去、相互融通、没有执著、"境识不二"的状态。依着林安梧的理解,这是一种"场域式的思考",而"场域式的思考"为"存有三态论"奠定了学理基础。

牟宗三重要的理论建构是"两层存有论",其理论框架是强调"一心"可以开出"执的存有论"和"无执的存有论"。林安梧认为,牟宗三哲学是一套"高狂俊逸"的系统,它上提到天,再往下走进人间。② 其实,如果回到中国文化的传统上,这个哲学系统会受到很大挑战,因为中国文化传统的核心性概念不是"本心",而是"气";"气"指的"是形上、形下通而为一的,强调的是生命性的原理原则"③。因此,儒学的下一步发展应该回到以"气"为核心的天、地、人之"三才"传统。基于此,林安梧将"道"、"气"与"存有"打通,提出了"存有的根源"、"存有的开显"和"存有的执定"之"存有三态论"。④ 在林安梧,依着"存有三态"的逻辑,不仅可由"存有的根源"到"存有的开显"再到"存有的执定"之顺向理解,亦可由"存有的执定"开始经由"存有的开显"而回到"存有的根源"之逆向诠释;也就是说,"顺向理解"与"逆向诠释"二者之间乃互动循环、"两端而一致"之关系。尽管如此,回溯到"存有的根源"会"生发出"一种"确定性的力量",因为"存有的根源"相对于"存有的开显"和"存有的执定"而为尊。⑤

林安梧认为,所谓"认知"是在天地万物中发生的,不是在人展开"认知"后才发生了天地万物;所谓"道德"也是在天地万物中发生的,不是人在展开道德实践后才发生了天地万物。⑥ 因此,所强调者不应是"认知主体"和"道德主体",而应是作为天地万物总体性根源的"存有"即"道"。

---

① 参见林安梧:《关于〈老子道德经〉中的"道生一、二、三、万物"问题之探讨》,武汉:《湖北社会科学》2009 年第 9 期。
② 参见林安梧:《儒学革命:从"新儒学"到"后新儒学"》,第 295 页。
③ 林安梧:《儒学革命:从"新儒学"到"后新儒学"》,第 296 页。
④ 参见林安梧:《儒学革命:从"新儒学"到"后新儒学"》,第 297 页。
⑤ 参见林安梧:《"新儒学"、"后新儒学"、"现代"与"后现代"——最近十余年来的省察与思考之一斑》,北京:《中国文化研究》2007 年冬之卷。
⑥ 参见林安梧:《儒学革命:从"新儒学"到"后新儒学"》,第 305 页。

他说:"在我的诠释方法里,我非常强调人跟整个存在的脉络、整个生活世界与文本脉络通而为一。这个通而为一就是'道'。"① 不过,"道"作为"总体性根源",其中包含有一个特定的因素,即作为"参赞主体"的"人"这个独特因素,故"道"必然要开显。基于此,他认为,从本体论、宇宙论的角度言说,"道生一,一生二,二生三,三生万物"② 可用来诠释"存有"的开显:"存有的根源"对应于"道生一"说,"存有的开显"对应于"一生二"说,"存有的执定"对应于"二生三"说,由"存有的执定"对象物始成为对象物,此乃谓"三生万物"。③ 若从价值论和知识论的角度言说,这样一个过程是从"不可说"而"可说"、从"可说"而"说"、从"说"而"说出了对象"的过程。具体来讲,这个过程涉及"道"、"意"、"象"、"构"、"言"五个互动循环的诠释层级:"道"是就寂然不动的存有根源说;"意"是就纯粹的意向性说;"象"是就图像说;"构"是就结构说;"言"则是就文本语句说。④

一、由"异化"到"存有"

在追求现代化的过程当中,"科学主义"演变为一种普遍的理论,主导了西方近代、现代的发展。所谓"科学主义",指强调自然科学是认识世界的唯一方式,并且以这种方式来衡定人类一切价值的思想。然而,林安梧认为,"科学主义"的这种绝对权威的宰制其实并不是科学的态度,而恰恰是反科学的。另外,在现代化的过程中,"合理性"也是与"现代性"紧密相联的一个概念。所谓"合理性",其实质是指"工具性的合理"(instrumental rationality),即"工具理性"。"工具理性"是古希腊自柏拉图以来人类"理智中心主义"的极致表现,其含义集中在两个方面:其一,"理论理性"对效率的追求;其二,"理论理性"对"工具性"的追求。⑤ 在

---

① 林安梧:《儒学革命:从"新儒学"到"后新儒学"》,第303页。
② 朱谦之:《老子校释》,第174页。
③ 参见林安梧:《关于〈老子道德经〉中的"道、一、二、三、万物"问题之探讨》,武汉:《湖北社会科学》2009年第9期。
④ 参见林安梧:《关于中国哲学解释学的一些基础性理解——道、意、象、构、言》,芜湖:《安徽师范大学学报》(人文社会科学版)2003年第1期。
⑤ 参见李瑞全:《当代新儒学与后现代理论》,刘述先主编:《当代儒学论集:传统与创新》,第62页。

林安梧看来,无论是"科学主义",还是"工具理性",二者是内在关联的;同作为现代化发展过程中所出现的困境,它们可以"离其自己"来归结。所谓"离其自己"也就是"异化"(alienation),简单地说就是"亡其宅"(not at home),即"人在外驰、追逐对象化的势用时,不断在离开自己的价值根源"而成为的"扭曲"的存在样态。① 质言之,"异化"乃是现代化所造成的一种效应。林安梧说:

> 现代性工具理性的高张使得人陷入严重的异化之中,但工具理性并没有因此就可能被扫却,尽管人们呼吁须要正视价值理性……②

在林安梧看来,基督教传统是促生"异化"的重要因素。他认为,"神"这个概念在汉语系统里乃"神妙"之义,指宇宙总体生发创造所体现出的奥秘。在西方文化系统中,它则是指超越的、绝对的人格神。或者说,"神"在汉语系统指在人的参与下所形成的一种整体"生长性力量";在西方文化系统它则指一个通过话语系统、理智控制世界的"绝对者"。然而,本来话语应该是"如其所如"③的表达,但在"现代性"的语境下,话语却将人们的"业力"、习气、欲求等都带了进去,从而形成话语的"污染";"污染"的话语即形成与人本身的"异化"。林安梧说:"当语言的表出困难,思想不得流泄而出,将造成存有的异化。"④具体来讲,所谓"人文",指的是"因文而明",即人通过一套语言、符号、象征去理解、诠释世界;经由理解、诠释世界,人们能够清楚明白地把握它。但是,事实上,"人文"一旦形成一套话语系统,就会造成一种新的"遮蔽",此为与"因文而明"所伴生的"因文而蔽";"因文而蔽"即"文蔽",亦即"异化"。自"启蒙运动"以来,很多思想家在检讨"异化"问题。其中,存在

---

① 参见林安梧:《儒学革命:从"新儒学"到"后新儒学"》,第166页。
② 林安梧:《"新儒学"、"后新儒学"、"现代"与"后现代"——最近十余年来的省察与思考之一斑》,北京:《中国文化研究》2007年冬之卷。
③ 参见老子:"以身观身,以家观家,以乡观乡,以国观国,以天下观天下。吾何以知天下之然? 以此。"(朱谦之:《老子校释》,第216页)
④ 林安梧:《儒学革命:从"新儒学"到"后新儒学"》,第240页。

主义是非常有价值的一种理论,它反对通过话语系统或理性说辞规定人的本质,而是要求首先正视人之作为一个活生生的存在!在此意义下,林安梧说:

> 这种"存在先于本质"的呼声经过百年之后,我想到了廿一世纪大家更能正视到这种状态。进入到廿一世纪,很明显地并不是以理性的主体性做主导,而是注重存在的觉知与生活世界的场域。以理性为中心的思考几乎已经慢慢被扬弃,被扬弃的理由是说,我们真的应该去正视人本身。①

林安梧的意思是,应由"文"回到"人",回到人的自知、自明,即返归人自身,彰显人自己。唯有如此,"文"才不会有所"遮蔽"。也就是说,面对人的"异化",应由对"科学主义"和"工具理性"的强调转为对"实存的主体性"的强调。他说:"廿一世纪不是人在窥视这个世界,也不是人在凝视、认识这个世界,是人必须回到人本身参与这个世界,重新去思考人的定位的问题。"②也就是说,"人"这个概念不应是一个以"工具理性"为主体、以主客对立格局为人本的思考;在谈"人"这个概念的时候,应该回到总体时空和天地宇宙。即,对于"人"的概念,不能带着启蒙的乐观心态,以为人运用了理智就能掌握并宰控整个世界。历史证明,这样一种乐观的想法带来了许多问题。质言之,不能再强调"工具理性"下的主体性即"理性的主体性",应该强调的是"实存的主体性"。所谓"实存的主体性",是指感通与互动、通而为一基础上的主体性;这样的主体性是指"参赞"天地之间的真实存在,即《三字经》中的"三才者,天地人"中的"人"。③ 也就是说,人作为一个在世的存有,它参赞于天地之间。在此,"参赞"的意思是"人迎向这个世界",而"这个世界又迎向人";在彼此

---

① 林安梧:《〈存有三态论〉与廿一世纪文明之发展——环绕"存有"、"场域"与"觉知"三概念的展开》,台湾:《鹅湖》第28卷第8期。
② 林安梧:《〈存有三态论〉与廿一世纪文明之发展——环绕"存有"、"场域"与"觉知"三概念的展开》,台湾:《鹅湖》第28卷第8期。
③ 参见林安梧:《儒学革命:从"新儒学"到"后新儒学"》,第74页。

"迎向"的过程中,人与世界构成一个整体;就这个整体而言,人乃是"实存的主体"。林安梧说:

> 我注重的是那个天地人我万物为一的根源之道,但落实则必须经过场域、天地来彰显。换言之,"天地、场域"是人的主体作用在上头发生的,并不是人的主体作用了以后它才发生的。①

林安梧说:"由于话语系统的缠绕纠葛相缴使得工具理性的高张成了一种奇特的困境,这困境却因之让人得去正视真切的存在觉知,这样的存在觉知宣称是要跨过原先的话语中心来思考的。"②而且,在他看来,"哲学是追求根源性的智能之学!是迈向生活世界的实践之学"③。因此,我们不仅应该回到原来的"人"的状态,还应该回到原来的"神"的状态和原来的"物"的状态。也就是说,要回到"如其所如"、"物各付物"④或"万物并作,吾以观复。夫物云云,各归其根"⑤之真正的"存有"状态。不过,"存有"并不是一切存在事物之所以可能的最高的、超越性的、普遍性概念,而是天、地、人交与参赞所构成的总体根源。⑥也就是说,"存有"并不是作为一个被认识的概念,而是"活生生的实存而有"。《道德经》说:"人法地,地法天,天法道,道法自然"⑦;"域中有四大,而人居其一"⑧。林安梧对此解释说:人居于天地之间,是具体的、实存的,此乃"人法地";地之生长朝向一高明而普遍的理想,此乃"地法天";这高明而普遍的理想得回溯到总体之本源,此即"天法道";这总体本源有一自生、自

---

① 参见林安梧:《儒学革命:从"新儒学"到"后新儒学"》,第306页。
② 林安梧:《"新儒学"、"后新儒学"、"现代"与"后现代"——最近十余年来的省察与思考之一斑》,北京:《中国文化研究》2007年冬之卷。
③ 林安梧:《"新儒学"、"后新儒学"、"现代"与"后现代"——最近十余年来的省察与思考之一斑》,北京:《中国文化研究》2007年冬之卷。
④ 程颢、程颐著,王孝鱼点校:《二程集》,第84页。
⑤ 参见朱谦之:《老子校释》,第65页。
⑥ 参见林安梧:《关于〈老子道德经〉中的"道生一、二、三、万物"问题之探讨》,武汉:《湖北社会科学》2009年第9期。
⑦ 朱谦之:《老子校释》,第103页。
⑧ 参见朱谦之:《老子校释》,第103页。

长、自发、自在之调和性的生长机能,此乃"道法自然"。① 很明显,在这样的过程中,"存有"不是认识的对象,而是"活生生的实存而有"。他说:

> 这时的"存有"就不是我要通过语言文字符号去控制的现象,而是我要参与进去,我要与之生活,相互融通,无执无着,境识不二状态下的"存有"。②

依着林安梧的理解,当这样去理解"存有"的时候,它是与"场域"、"处所"相关联的。也就是说,当论及"存有"的时候,"存有"就"场域化"了;当论及"场域"的时候,就把人的"觉知"带进去了。即"人"的概念是不能离开天地的,是不能离开"场域"的,即不能离开活生生的实存而"觉知"。在林安梧看来,人作为一个实存者,"觉知"是最真实的,因此,在我们对世界的理解中,"觉知"比概念要重要。在此意义下,客观理性的分析条理其实是知识之"所产"后的一种"规格化",之所以能够如此"产出"在于之前有个"能产";"能产"不是一般所以为的逻辑,而是先于逻辑的一种"觉知"。③ 总之,无论是"由牟宗三而熊十力",还是"由熊十力而王船山",林安梧所强调的是生活世界与历史社会总体的落实与开展。在这个过程中,林安梧不是以"意识哲学"为核心的思考,而是超脱了主客对立的思考;他不再坚持传统的"主体性思维",而是进入一种全新的"场域式的思考"。所谓"场域式的思考",是指"体用一如"的哲学思考;它不是"平铺的相即而如",而是经由"纵贯的创生",因之而有"平铺的开展",再落实而为一"存有的执定"。④ 质言之,这种"场域式的思考"乃为

---

① 参见林安梧:《关于〈老子道德经〉中的"道生一、二、三、万物"问题之探讨》,武汉:《湖北社会科学》2009 年第 9 期。
② 林安梧:《〈存有三态论〉与廿一世纪文明之发展——环绕"存有"、"场域"与"觉知"三概念的展开》,台湾:《鹅湖》第廿八卷第八期。
③ 在林安梧,"觉知"是指超越话语中心的思考。参见林安梧:《"新儒学"、"后新儒学"、"现代"与"后现代"——最近十余年来的省察与思考之一斑》,北京:《中国文化研究》2007 年冬之卷。
④ 参见林安梧:《从牟宗三到熊十力再上溯王船山的哲学可能——后新儒学的思考向度》,《玄圃论学续集》,第 272—273 页。

林安梧的"存有三态论"奠定了学理基础。他说：

> 我们才能从原先的主体性哲学解开而进到处所哲学和场域哲学，而存有三态论便在这样的过程中逐步构成。①

二、存有之三态

在林安梧，"存有"即是"道"，而"道"乃人参赞天地所形成的总体性根源。他说："什么是'道'？是'人''参赞''天地'所形成的'不可分'的'总体'，就这'总体的根源'或'根源的总体'说'道'。"②"道之为道乃是指'天地人我万物通而为一'这总体的根源、根源之总体来说的。"③正因为如此，"道"既是宇宙论的，也是人生论的、实践论的。显然，"道"所表明的是"存有的连续观"，而不是"存有的断裂观"。所谓"存有的连续观"，是指天人、物我、人己是通而为一的。相应地，价值与存有具有"和合性"，即对自然的理解包含着价值的指向。所谓"存有的断裂观"，是指"神人"、"物我"、"人己"是分而为二的。相应地，它所强调的是"存在与思维的一致性"。④ 历史地看，中国文化传统是从宗教色彩的"帝之令"转到人文色彩的"天之命"，进而转到"道之德"；此处之"道"乃指总体性根源，它与天地万物之间是"连续"的。西方文化传统则不同，"上帝"作为天地万物的根源，因它是超越的、绝对的"人格神"，它与天地万物之间是"断裂"的。在林安梧看来，正是由于在"存有观"上的差异，才产生了中西哲学之两个不同的意义系统、诠释系统。以"存有的连续性"为语境，林安梧探讨了"存有"的形态问题。

在他看来，牟宗三重要的理论建构是"两层存有论"，其基本框架是强调"一心"可以开出"执的存有论"和"无执的存有论"。即"良知"不仅

---

① 林安梧：《"新儒学"、"后新儒学"、"现代"与"后现代"——最近十余年来的省察与思考之一斑》，北京：《中国文化研究》2007年冬之卷。
② 林安梧：《儒学革命：从"新儒学"到"后新儒学"》，第296页。
③ 林安梧：《关于〈老子道德经〉中的"道、一、二、三、万物"问题之探讨》，武汉：《湖北社会科学》2009年第9期。
④ 参见林安梧：《"新儒学"、"后新儒学"、"现代"与"后现代"——最近十余年来的省察与思考之一斑》，北京：《中国文化研究》2007年冬之卷。

可以开出现象界的存有论,亦可开出"物自身界"的存有论。具体来讲,依康德而言,"智的直觉"只有上帝才有,牟宗三却把人提到上帝的层次,然后再下返到人间作为菩萨,从而作为现代化"开出"的可能。很明显,牟宗三哲学是一套"高狂俊逸"的系统。林安梧说:"在牟先生的系统中,却把人提到上帝的层次,再从上帝下返到人间,就好像已经究竟地证道了,再作为菩萨下凡人间,而开启现代化的可能性。这样的理解方式,我以为可以用蔡仁厚先生所说的'高狂俊逸'这句话来形容。"①其实,如果从中国文化的传统来看,这套理论会受到很大挑战,因为中国文化的核心性概念并不是"本心"即"良知",而是"气"。也就是说,在"理"、"心"、"气"这三个基本概念当中,中国文化传统是以"气"为优先的;而"气"指的"是形上、形下通而为一的,强调的是生命性的原理原则"②。因此,儒学应该回到以"气"为核心的天、地、人之"三才"传统。也就是说,"人生于天地之间"是人理解这个世界的起点。换言之,并不是人的"良知"体现了这个世界,而是"道"造化了这个世界。林安梧说:

"人生于天地之间",是作为人理解这个世界,不管是 natural world,或者是 human world 这样的一个起点,所以人是参赞于天地之间而生起的种种诠释系统,所以从这里去重新理解的时候,其实是"道"造化了这世间,并不是人的本心体现了这个世间。③

林安梧的意思是,"道"既然是指天地人我万物通而为一的、不可分的总体性根源,那么,与"道"密切相关的就不是"心"概念,而是"气"概念。或者说,依着中国哲学的传统,其实"道"即是"气","气"亦即是"道"。然而,"气"并不是一物质性概念,而是"对比于心物两端而成的辩证性概念"④。他说:"它既是心又是物,既非心又非物,用唐先生(指唐君毅——引者)的话就是'流行的存在,存在的流行',它重视存在的历史

---

① 参见林安梧:《儒学革命:从"新儒学"到"后新儒学"》,第295页。
② 林安梧:《儒学革命:从"新儒学"到"后新儒学"》,第296页。
③ 参见林安梧:《儒学革命:从"新儒学"到"后新儒学"》,第296页。
④ 林安梧:《儒学革命:从"新儒学"到"后新儒学"》,第296页。

性,是一真情实感,其实是万有一切跟人的互动。"①正因为如此,作为"总体性根源","气"是"寂然不动"的,又是"感而遂通"的:就其"寂然不动"而言,它作为"道",是"存有的根源";就其"感而遂通"而言,它乃"存有的开显";"存有的开显"必然走向知识系统的建立,而知识系统的建立乃是"存有的执定"。所谓"存有的开显",是"存有"之"如其所如的展开,是无执著性的、未对象化的展开,不是以一种执著性的、对象化的方式展开"。②所谓"存有的执定",是一对象化的活动,是"名以定形",即用话语使对象成为一被决定的定象。③在林安梧,以"气"为核心对世界的解释即对"道""造化"世界的解释,这个解释表达为由"存有的根源"到"存有的开显"、"存有的执定"之"存有三态论"的基本框架。他说:

> 从存有的根源到存有的彰显,存有的根源是"寂然不动",而存有的彰显是"范围天地之化而不过",或者是"感而遂通",到"存有的执定"是"曲成万物而不遗"。……从"存有的根源"、"存有的彰显"到"存有的执定",这即是我所说的"存有三态论"。④

进而,林安梧依着《周易》、《道德经》的资源对"存有三态论"进行了具体解释。他说:"依吾人之见,《易经传》所谓'形而上者之谓道,形而下者之谓器'、'见乃谓之象、形乃谓之器'与《老子道德经》所说'道生一、一生二、二生三、三生万物'(第四十二章)、'天下万物生于有,有生于无'(第四十章)、'无名天地之始,有名万物之母'(第一章)等都可以关联为一个大脉络来理解。"⑤于是,他将《周易》和《道德经》"关联"在"一个大脉络"下,对"存有"之三态的内容进行了解释:其一,"道"作为一切存在的根源,超乎一切话语系统之上。即"道"原初处于"境识俱泯"的状态,

---

① 林安梧:《儒学革命:从"新儒学"到"后新儒学"》,第296页。
② 参见林安梧:《存有·意识与实践:熊十力体用哲学之诠释与重建》,第125页。
③ 参见林安梧:《存有·意识与实践:熊十力体用哲学之诠释与重建》,第107—108页。
④ 林安梧:《儒学革命:从"新儒学"到"后新儒学"》,第297页。
⑤ 林安梧:《〈存有三态论〉与〈存有的治疗〉之构建——道家思维的一个新向度》,《鹅湖》第26卷第6期。

是"寂然不动"的意识前的状态,为"秘藏"于形而上的状态,即"无名天地之始"。此乃"存有"的第一层状态——"存有的根源"。其二,"道"不能永远"秘藏"于不可说的状态,它必经由"可道"即"可说"而"开显"。"道"之必然"开显"可以说"道显为象",而如此显现即为"不生之生";此是"境识俱起"而未有分别的状态,亦可以理解为"纯粹意识"的状态。这是"存有"的第二层状态——"存有的开显"。其三,"道"经由"可道""开显"后当落在"名"上说;"名"即经由"可名"而走向"名以定形",这亦是"有名万物之母"之义。在"存有"的意义下说,这属于第三层状态——"存有的执定"。①

很显然,所谓"存有三态论",是指"'道'开显之三态,所成之论也"。② 不过,"存有三态论"乃是一个经由"纵贯的创生"到"横面的执定"的发展过程。③ 所谓"纵贯的创生",是指由"存有的根源"到"存有的开显",而"横面的执定"则是指由"存有的开显"到"存有的执定"。林安梧说:"存有的根源"和"存有的开显""是就那活生生的实存而有的实践理念来立说,这是就纵贯的、创生性的层次立说;它不同于就那存有的执定来立说,存有的执定是就那概念机能总体的执取与摄受而立说,这样的立说是就横面的、执取的层次来立说"④。需要注意的是,在这一过程当中,是因为人具有"参赞"能力,"存有的根源"才能有"存有的开显",进而有"存有的执定"。当然,对"存有三态"亦可反过来解释,即从"存有的执定"开始,把"执"打开、把"定"解开,回溯到"存有的开显",再上溯到"存有的根源"。不过,无论如何解释"存有"之三态,"存有的根源"都是最重要和最根本者,因为它指原初的状态即总体的根源。在此,所谓"根源",是指心灵意识与一切存在事物完全合一而没有分别的状态,即"天下万物生于有,有生于无"⑤之"无";"无"并不是"空洞"、"没有"的意

---

① 参见林安梧:《关于〈老子道德经〉中的"道、一、二、三、万物"问题之探讨》,武汉:《湖北社会科学》2009年第9期。
② 参见林安梧:《关于〈老子道德经〉中的"道、一、二、三、万物"问题之探讨》,武汉:《湖北社会科学》2009年第9期。
③ 参见林安梧:《儒学革命:从"新儒学"到"后新儒学"》,第297页。
④ 参见林安梧:《存有·意识与实践:熊十力体用哲学之诠释与重建》,第216页。
⑤ 朱谦之:《老子校释》,第165页。

思,而是指"没有分别的总体"。总之,任何事物都需回到它的本性和总体,并且以它的本性和总体为尊。林安梧说:

> 人跟人之间,人跟物之间,人跟天地之间不是一个定准,而是在我认识清楚的后头有个更原初的觉知、场域、存在,这样的一体状态,这里头会生发出一个确定性的力量。①

三、"存有"的开显与执定

在林安梧看来,"道"虽作为总体根源"生养出"天地万物,但"道"不是超绝的"他者";"道"就在现实世界中,是天地万物总体的"内在"根源。他说:"将'道'表述之以'总体义、根源义',此即纳'超越义'与'内在义'于其中。"②这里,林安梧强调"道"乃天地万物的内在根源,乃是为了凸显其中有一个独特的要素是"人"。具体来讲,"人"在"道"之中,故不能说"道"与"人"无关;"人"已经在世界里面,故不能设想"人"在世界之外看世界。换言之,人既然已经进入世界,故所谓"看世界"只能是指经由主体"对象化"活动而看世界。因此,所谓"认知",是在天地、人我、万物中发生的,不是在人展开认知后才发生了天地万物;所谓"道德",是在天地、人我、万物中发生的,不是人在展开道德实践之后才发生了天地万物。③ 也就是说,所强调者不应是"认知主体"和"道德主体",而应是"场域"、"天地"即"道"。不过,尽管在根源的意义上"道"具有优先性,但"道"之彰显却是因为"人"这个"参赞主体"的"触动"。林安梧说:"当我们说'道'的时候,是天地万物以及人通而为一的,不过人跟万有所不同的是人具有灵性,具有参赞的能力,就人具有参赞的能力,这时候才会有存有的开显,道的开显的问题。"④他还说:

---

① 林安梧:《"新儒学"、"后新儒学"、"现代"与"后现代"——最近十余年来的省察与思考之一斑》,北京:《中国文化研究》2007年冬之卷。
② 林安梧:《关于〈老子道德经〉中的"道、一、二、三、万物"问题之探讨》,武汉:《湖北社会科学》2009年第9期。
③ 参见林安梧:《儒学革命:从"新儒学"到"后新儒学"》,第305页。
④ 林安梧:《儒学革命:从"新儒学"到"后新儒学"》,第296页。

"存有"乃"天地人我万物通而为一的总体根源",如此根源本为无分别、不可说,是一隐然未显的状态;但它不能停留于此,它必得开显。因为"存有的根源"有"人"参与于其中,故必得开显之也。①

可见,是因为"人"的参与,"道"遂有一个由"无"到"有"的"开显"过程。关于这个过程,林安梧说:"吾以为'道'与'物',当可有'道生一,一生二,二生三,三生万物'之展开过程。此为'隐、显、分、定、执'的过程……"②不过,"道"的开显因是"道""如其自如"的自我开显,故它乃是"本体论"和"宇宙论"意义的。就"本体论"和"宇宙论"来看,"存有的根源"对应于"道生一"说;"存有的开显"对应于"一生二"说;"存有的执定"对应于"二生三"说,由此对象物始成为对象物。具体来讲,就"整体根源义"说,是"道生一";而此"根源的整体"涵有"对偶的动势"即"翕辟"或"阴阳",这是"一生二";而此"对偶的动势"必往对象之凝成上发展,这是"二生三";再由此"对象之凝成"而成为决定了的定象,这是"三生万物"。换言之,"道"是就根源义说;"一"是就整体义说;"二"是就对偶性说;"三"是就对象性说;"万物"乃是对象化活动而成为的对象物。林安梧说:"道可说其为'根源之总体,总体之根源'也。究极论之,道当为'根源义',而'一'则为'总体义','二'则为'对偶义','三'则为'和合义','物'则为'对象义','道生一,一生二,二生三,三生万物',此是一自然存有系列之展开也。"③他还说:

> 太极便是一切辩证开显的起点,用另一个称谓叫"道"。"道生一"指的便是此辩证之为总体而根源,其为不可分也。……"一生二","二"指的是辩证的两端,是翕辟成变,阴阳开阖。"二生三"则指的是此翕辟成变、阴阳开阖之两端又具体化成一个实体之物,……

---

① 林安梧:《关于〈老子道德经〉中的"道、一、二、三、万物"问题之探讨》,武汉:《湖北社会科学》2009年第9期。
② 林安梧:《关于〈老子道德经〉中的"道、一、二、三、万物"问题之探讨》,武汉:《湖北社会科学》2009年第9期。
③ 林安梧:《关于〈老子道德经〉中的"道、一、二、三、万物"问题之探讨》,武汉:《湖北社会科学》2009年第9期。

"三生万物"则指向所有分殊而又带有对反矛盾之存在,这是经由"名以定形"的定论而构成的。①

需要注意的是,林安梧的上述解释不仅是"本体论"的,亦是"主体论"意义的。在他看来,中国哲学之儒、道几家均以"存有的连续观"②为特征,故其对于"存有"与"价值"持"和合性"的观点。他说:"在天道论上,儒道本为同源,而在修养工夫、道德实践上则为互补也"③;"不论道家或儒家,其'道论'皆不离人之参赞天地化育,其有所别并非'道论',而是'人生论'(或者说是'修养论'、'实践论')。"④正是基于这样一种认识,林安梧在关于"道"的"开显"与"执定"的思考中,强调了"人"的重要性,故将"存有"与"价值"结合了起来。他说:"'道论'既为'存有论',亦是'价值论',亦是'知识论',亦是'实践论',至于其或有宇宙论,亦是以上之前提下所论之宇宙论,而不是一离于人之参赞而说之宇宙论。……如此之'道论'既为客观之实有,亦不离主观之境界,盖存有、价值、知识、实践皆不离于宇宙,通而为一也。"⑤质言之,对于"存有之三态",不仅可从本体论、宇宙论去理解,亦可从价值论、知识论去解释。在此意义下,"存有三态论"所成就之哲学不仅为"总体根源之哲学",亦为"主体性之哲学"。林安梧说:

> 道为总体义、根源义,天地则为场域义、处所义,人则重在主体义、参赞义,如此所成之哲学为一总体根源之哲学,为一场域处所之哲学,为一主体参赞之哲学。⑥

---

① 林安梧:《佛心流泉》,北京:当代中国出版社2011年版(下同),第168页。
② 参见林安梧:《"后新儒学"与中国哲学之未来》,北京:《马克思主义与现实》2010年第3期。
③ 林安梧:《关于〈老子道德经〉中的"道、一、二、三、万物"问题之探讨》,武汉:《湖北社会科学》2009年第9期。
④ 林安梧:《关于〈老子道德经〉中的"道、一、二、三、万物"问题之探讨》,武汉:《湖北社会科学》2009年第9期。
⑤ 林安梧:《关于〈老子道德经〉中的"道、一、二、三、万物"问题之探讨》,武汉:《湖北社会科学》2009年第9期。
⑥ 林安梧:《关于〈老子道德经〉中的"道、一、二、三、万物"问题之探讨》,武汉:《湖北社会科学》2009年第9期。

进而,若从价值论和知识论的角度讲,"道"的开显其实是一个从"不可说"而"可说"、从"可说"而"说出了对象"的过程。林安梧说:"'道生一,一生二,二生三,三生万物'是本体宇宙论之发展说,……联系着语言哲学来说,则是'不可说'而'可说','可说'而'说','说'而说出了'万物'。"①具体来讲,其一,"道生一"落在"存有的根源"立说。"道"本为"不可说",如此"不可说"是浑合为一的、不可分的整体;"道"本为空无,却有"不生之生"的显现可能,即此显现为一不可分的整体,此即为"道生一"。其二,"一生二",乃为"存有的开显"境域。"道"既显现为一不可分的整体,但它隐含一对立面的可能,此对立面由整体所分别而来;既有分别,便由原先"不可说"转为"可说";如此"不可说"而"可说",即所谓的"一生二"。其三,"二生三"、"三生万物",此乃"存有的执定"。"可说"必然指向于"说","可说而说"是主体的对象化活动,其结果是使对象成为决定了的定象,这即是"二生三"。总的看,就"存有三态论"来看,"道"是"未显之不可说","一"是"已显之不可说","二"是"未执之可说","三"是"未执之说","万物"即为"已说之执"。②

若展开来讲,"道"的开显乃涉及"道"、"意"、"象"、"构"、"言"五个层级:"道"指就寂然不动的存有根源;"意"指纯粹的意向性;"象"指图像;"构"指结构;"言"则指文本语句。换言之,"道"是总体混沌而未发,"意"是将发未发之几微,"象"是显现而无分别,"构"则是显现而有分别,"言"则是分别而为对象物。③ 具体来讲,这五个层级分别有不同的内涵:相对于"言"的是语句的记忆;相对于"构"的是结构的把握;相对于"象"的是想象的发挥;相对于"意"的是心灵的指向;相对于"道"的则是体证。④ 这里,需要说明的是,"象"非指作为"表象"(appearance)之"象",而是指《易传》"见乃谓之象"之"象",即"是如其道体之实之彰显

---

① 林安梧:《佛心流泉》,第169页。
② 参见林安梧:《关于〈老子道德经〉中的"道、一、二、三、万物"问题之探讨》,武汉:《湖北社会科学》2009年第9期。
③ 参见林安梧:《儒学革命:从"新儒学"到"后新儒学"》,第300页。
④ 参见林安梧:《关于中国哲学解释学的一些基础性理解——道、意、象、构、言》,芜湖:《安徽师范大学学报》(人文社会科学版)2003年第1期。

的现象"。① 在林安梧看来,"不论哲学史或哲学之研究,在诠释学的反省上都当涉及此五个层面,尤其哲学之研究以及由之而转化以成的哲学之创造,更是要溯及根源之道"②。进而,在林安梧,这五个层级之间"两端而一致",互动循环,通而为一。或者说,这样五个层级乃展现为一个双向过程:其一,它是一个"积极性"的"建构"过程。即由"道"下及于"意",进而及于"象"、"构",最终达及于"言"。其二,它同时亦可是一个"消极性"的"瓦解"过程。即由"言"溯于"构",进而溯于"象"、"意",最后上溯于"道"。③ 关于"存有"的开显与执定,林安梧的诠释学描绘如下:④

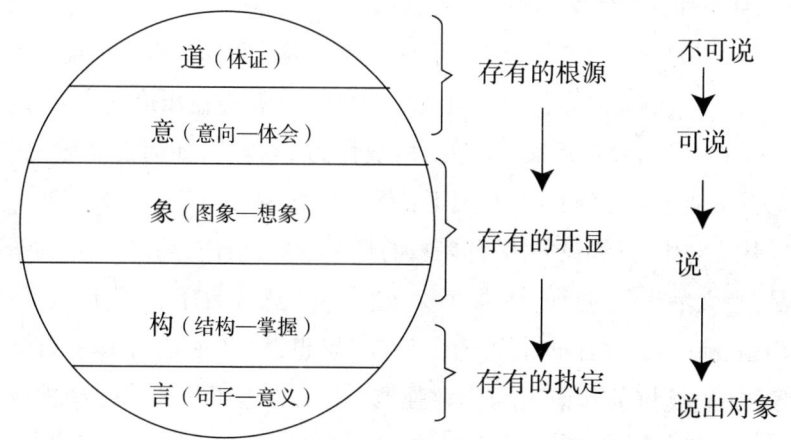

第三节 意义治疗学与存有的治疗

通常来讲,所谓"宗教",要有教义、教皇、教团、教主。如果站在基督

---

① 参见林安梧:《新儒学理论体系的建构——牟宗三"两层存有论"及相关问题检讨》,杭州:《杭州师范大学学报》(社会科学版)2013年第2期。
② 林安梧:《"后新儒学"与中国哲学之未来》,北京:《马克思主义与现实》2010年第3期。
③ 参见林安梧:《关于中国哲学解释学的一些基础性理解——道、意、象、构、言》,芜湖:《安徽师范大学学报》(人文社会科学版)2003年第1期。
④ 林安梧:《儒学革命:从"新儒学"到"后新儒学"》,第301页。

教的立场,还须有超越的人格神;不然的话,就不成其为宗教,或者说是比较低级的宗教。在林安梧看来,这是一种狭隘的宗教观,因为它只就"体制化"的宗教而言说。相较而言,蒂利希的"终极关怀说"则是一个较宽的角度;依此较宽的角度,儒家以其所隐含的宗教精神而为宗教。林安梧认为,由于人们进入世界时理解和解释世界的方式不同,遂形成了"断裂"的和"连续"的两种不同的"存有观";以此为基础,进而形成了两种不同的宗教类型:一种是基于"断裂的存有观"所成就的宗教类型——"离教";基督教、回教等一神教属于此一类型。另一种是基于"连续的存有观"所成就的宗教类型——"圆教";儒教等非一神教属于此一类型。① 不过,儒教作为"圆教"的"圆"有真假之别:"道德实践的圆"为真正的"圆教",因为它是通过整个历史世界具体的实践而成就的圆;"境界型态的圆"和"心性修养的圆"为假的圆教,它是在帝皇专制压迫下形成的"道德实践的圆"的异化形态。因此,儒教作为"圆教",如何去克服此"异化",并落实于具体的实践,是刻不容缓的任务。②

  基于对作为"终极关怀"的宗教的理解,林安梧认为宗教实践的指向乃是"意义治疗"。进而,在维克多·弗兰克"意义治疗学"的启发下,他认为儒、佛、道三家有丰富的"意义治疗"思想:儒家强调"主体的自觉",道家强调"场域的和谐",而佛教强调"意识的透明";儒家之精神可以"我,在这里"③来概括,道家之精神可以"我,归返天地"④来概括,佛教之精神可以"我,当下空无"⑤来概括。质言之,儒家强调"承担",道家强调"看开",佛家强调"放下"。不过,此三者在"意义治疗"方面是密不可分的,它们在华人文化中已交融成不可分的整体。即儒、道、佛三者总是连在一起谈,因为它们各有其作用:儒家如同"饭",道家如同"空气"、"水",佛教则如同"药"。具体来讲,人的身心倘若一向是不错的,儒家当下的"主体自觉"会很容易出现;倘若身心出现了不平衡,就需要由道家

---

① 参见林安梧:《中国宗教与意义治疗》,第25—26、44—47页。
② 参见林安梧:《中国宗教与意义治疗》,第48—49页。
③ 林安梧:《儒释道心性道德思想与意义治疗》,天津:《道德与文明》2002年第5期。
④ 林安梧:《儒释道心性道德思想与意义治疗》,天津:《道德与文明》2002年第5期。
⑤ 林安梧:《儒释道心性道德思想与意义治疗》,天津:《道德与文明》2002年第5期。

思想来调理与"保健";若身心出现了疾病,则需要佛教来进行医治。反过来,当人病得很重的时候,得经由佛教的"药"来调理;调理之后,人就可以回到"自然的天地",因之"主体自觉"方得诞生。也就是说,健康的人有"饭",有"空气"、"水",也就够了。然而,当人病痛难已之时,就非得需要佛教的"药"来救治。这是林安梧对于儒、佛、道三家"意义治疗"思想的基本诠释。①

在林安梧看来,中国文化有一极为可贵的地方,此即"可说"与"不可说"、"言"与"默"并不是断裂的,而是连续的。具体来讲,在中国文化中,客观对象物不是既有的存在,而是经由言说话语所"建构"的存在。此正所谓"名以定形"、"言以成物"之义。② 因此,所谓"异化"并不是来自于存有本身,而是来自于言说话语的建构。质言之,"异化"乃是"语言的异化",而不是"存有的异化"。③ 由此来看,西方文化将"异化"认定为"存有的异化",再施以"语言的治疗",乃是将工作"做倒"了。鉴于此,林安梧的主张是,对于"语言的异化"施以"存有的治疗",此方为克服"异化"之正途。那么,何为"存有的治疗"呢?所谓"存有的治疗",即是在"存有三态论"的格局下,真切地去面对"存有的执定"及其伴生的利益、权力、欲求等,经由一种"存有的归返"活动,溯及原先"存有的开显",最终回到"存有的根源";然后,"如其所如"地依"存有的根源""开显"其自己,并在此"场域"中产生"苏醒"与"调剂"。质言之,"存有的治疗"所侧重的不在于"存有的执定"层次的对治,而侧重于"存有的根源"层次的消解,即经由"存有的归返"活动,回到"境识俱起"之"存有的开显",最终归于"境识俱泯"之"存有的根源",从而让生命"如其自如"地生长。④

一、儒教之为"圆教"

儒家是否宗教是一个颇有争论的问题,林安梧亦对此问题进行了讨

---

① 参见林安梧:《儒释道心性道德思想与意义治疗》,天津:《道德与文明》2002年第5期。
② 参见王弼注:《老子道德经(外一种)》,上海:上海书店1986年版(下同),第14页。
③ 参见林安梧:《中国宗教与意义治疗》,第139—175页。
④ 参见林安梧:《中国宗教与意义治疗》,第173页。

论。他认为,一谈到宗教,人们很容易落入"西方中心主义"的窠臼,认为"宗教"一定要有教义、教皇、教团、教主;如果站在基督教的立场,还必须要有超越的人格神;不然的话,就不认为是宗教,或认为是比较低级的宗教。其实,这样一种宗教观并不正确,因为它只是基于对"体制化"宗教的考察而论定。相较而言,蒂利希提出的"终极关怀说"则要恰当得多,因为它回到了一个"比较宽广的角度"来理解宗教问题。① 而依着这个角度来理解,儒家以其所隐含的宗教精神而为宗教。关于"终怀关怀说",蒂利希说:"宗教,就这个词的最广泛和最根本的意义而言,是指一种终极的眷注。"②对此,林安梧肯认说:"宗教其实是人类的一种'终极关怀'。"③那么,什么是"终极关怀"呢?所谓"终极关怀",是指绝对的、恒久的、圆满的关怀。与一般的关怀相比,"终极关怀"有两个方面的特性:首先,它超越了"主客对立"的格局思考问题。一般的关怀是在"主客对立"格局下的思考,其对象亦是在"主客对立"格局下所成的"对象"。其次,"终极关怀"是绝对的、圆满的,此乃"终"和"极"之义;一般的关怀则是相对的、暂时的、有所欠缺的。④ 基于此,林安梧说:

>"终极关怀"其实就不是相对的,而是绝对的,不是暂时性的、有所缺的,而是恒久的、圆满的,这样的一种关怀。⑤

林安梧认为,由于人类对于"终极关怀"之"绝对"和"圆满"的理解不同,而形成了两类不同的宗教:认为我们生活在一个经验世界,经验世界与"超绝世界"二者是割裂的,从而分出神圣与凡俗,这是一种"断裂"类型的宗教;诸如基督教、回教等一神论宗教属于这一类型。反之,认为两个世界连成一个整体,神圣与凡俗二者是连续的,形成一种"连续"类型的宗教;儒教等非一神论的宗教属于此一种类型。⑥ 因此,儒教的"宗

---

① 林安梧:《中国宗教与意义治疗》,第23页。
② 保罗·蒂利希:《文化神学》,陈新权、王平译,第7页。
③ 林安梧:《中国宗教与意义治疗》,第22页。
④ 参见林安梧:《中国宗教与意义治疗》,第23—24页。
⑤ 林安梧:《中国宗教与意义治疗》,第24页。
⑥ 参见林安梧:《中国宗教与意义治疗》,第25—26页。

教性"与"人文精神"是合在一起的,它们共同体现为道德的真实感——"仁"。而且,这两类宗教对"人"的理解也不相同。在西方宗教中,"人"是一个有限的、不圆满的、相对的存在,人格神则是无限的、圆满的、绝对的存在。然而,在儒教,一方面它强调一个超越的、绝对的根源;另一方面它又认为人虽有限而可以无限。或者说,在基督教文化中,"有限"和"无限"是相对立的概念;在儒教,"有限"与"无限"则是既对立又相通的概念。质言之,前者是一种"单线式的思考"(linear thinking),后者则是一种"圆环式的思考"(circular thinking)。①

那么,为什么会有上述理解的不同呢?在林安梧看来,这与中西文化"存有观"的特性不同有关。所谓"存有观",是指人作为一种"存在",在进入这个世界时理解和诠释世界的方式。②就西方文化来讲,其来源有三个:希伯来宗教、罗马法、古希腊哲学。大体来说,希伯来宗教安排了"天、人"问题,罗马法安排了"人、己"问题,古希腊哲学则安排了"物、我"问题。相同的是,这三个来源都强调天与人、人与己、物与人是"断裂"的,都强调主体对客体的把握,此为一种"断裂"的"存有观"。因此,在基督教,其强调的是超绝的"存有"如何"创造"世界以及如何"拯救"世界。林安梧说:基督教的传统是一个"言说的传统",它通过"主体的对象化"(subjective objectification)活动去"说"对象是什么。因此,概念所对应的实体及其本质可以通过"主体的对象化"活动而把握。③ 然而,中国文化则不同,中国人理解世界的方式是"连续"的,即体现为一种"连续"的"存有观"。具体来讲,在中国人的观念中,"人"是不离天的,"天"是不离人的,故"天人不二"。因此,在中国文化传统中,基于"连续"的"存有观",宗教上为"天人不二",社会上为"人己不二",哲学上则为"心物不二"。④

由于"存有观"之不同,上述两类宗教的教义亦不相同。就"断裂"的宗教类型来讲,它强调"彼岸"与"此岸"的对立,强调"原罪"与"圣洁"的

---

① 参见林安梧:《中国宗教与意义治疗》,第27页。
② 参见林安梧:《中国宗教与意义治疗》,第27页。
③ 参见林安梧:《中国宗教与意义治疗》,第35页。
④ 参见林安梧:《中国宗教与意义治疗》,第29页脚注。

对立,因此强调"解脱"和"救赎"这些观念。就"连续"的宗教类型来讲,儒教所讲的是"成德";"成德"并不限于自己,而须努力去成就每一个人。因此,儒教是就活生生的世界"如何润化"、如何成就去说"终极关怀"。林安梧说:"儒教的终极关怀并没有将世界悬隔为一超绝的与经验的两橛,而是就此活生生的生活世界之如何的润化、成就而去说其终极关怀。"①进而,林安梧以"道成肉身"和"肉身成道"来说明这两种宗教之教义的不同:"断裂"的宗教与其"言说的传统"相一致,它强调"主体的对象化活动",强调"超绝的"与"经验的"世界之"断裂"。因此,必须有个"道成肉身"过程把它们联结起来。然而,"连续"的宗教传统与其"气的感通传统"一致,强调的是一"对象的主体化活动",强调"超绝的"与"经验的"世界之"连续"。因此,人虽为一有限的存在,但此有限而可以无限;人虽为一肉身的存在,而此肉身可以成道,此即所谓"肉身成道"。质言之,耶稣的人生历程是"道成肉身",而孔子的人生历程乃"肉身成道"。②

基于上述区别,林安梧认为,基督教等宗教为"离教"。在此,所谓"离"有二义:其一,指"断裂的存有观"。其二,指解除"咒术"(disenchantment)、发展人类理性即"祛魅"。③ 林安梧说:"吾人若做进一步的追索,……并不是人被上帝逐出来了,而是人把上帝封锁在伊甸园里。……类似这样的方式,我们倒过来想这个问题,不是上帝造了人,而是人造了上帝,人造了一个无所不能而且能够造人而且造了这个世界的存有,叫做上帝。"④儒教等则不同,它是"圆教",即基于"连续的存有观"所成就的宗教。因此,"圆教"的特质在于天、人是连续的、通而为一的,它即超越即内在,表现为一种"圆环式"的思考。⑤ 不过,"圆教"有真假之分:真正的"圆教"是通过整个历史世界具体的实践使其为圆满,即"道德实践的圆";它强调的是"士不可不弘毅,任重而道远"⑥、"自强不息"⑦

---

① 林安梧:《中国宗教与意义治疗》,第37页。
② 参见林安梧:《中国宗教与意义治疗》,第38页。
③ 参见林安梧:《中国宗教与意义治疗》,第44页。
④ 参见林安梧:《中国宗教与意义治疗》,第46页。
⑤ 参见林安梧:《中国宗教与意义治疗》,第47页。
⑥ 何晏注,邢昺疏,朱汉民整理,张岂之审定:《论语注疏》,第103页。
⑦ 王弼注,孔颖达疏,李申、卢光明整理,吕绍纲审定:《周易正义》,第10页。

的圆。假的"圆教"指"心性修养的圆"和"境界形态的圆",是指宋明理学家所成就的"当下即是"的形态;这种形态是"道德实践的圆"的异化形态——在帝皇专制之下,人不能直接作为"活生生的实存而有"进入到历史社会中,"道德实践"不得不往内收,通过"心性修养"追求一种"境界形态";故其实践不能够具体、真实,而只是一种"形而上的保存"。因此,儒教之为真正的"圆教",须克服"异化",回复到"道德实践的圆"。林安梧说:

> 圆教之为圆,有"道德实践的圆",有"心性修养的圆",有"境界型态的圆",这原本是通而为一的,但后来却有了异化与分隔。截至目前为止,儒教之为儒教,如何去克服此异化与分隔,真正唤醒儒学的实践意识,落实于一不休止的实践历程中,仍然是一刻不容缓的事情。儒教所强调的成圣,亦在此情况下,才能达到一充极而尽的圆满,如此之圣,才能称之为"圆圣"。①

二、儒、道、佛与"意义治疗"

奥地利心理学家维克多·弗兰克(Viktor Emil Frankl,1905—1997年)是以"言语疗法"为核心的"意义治疗"理论的奠基者,其治疗理论被称为"维也纳第三精神治疗学派"。前两个学派分别为"弗洛伊德学派"和"阿德勒学派"。弗兰克认为,动物只追求快乐与征服,不懂生存的意义;人则表现出探求意义的意愿,即要理解生存的目的与意义。正因为如此,人的这一欲求倘若在现实生活中受到阻碍,就会引起人心理上的障碍。鉴于此,启发患者去发现生活的意义,是"意义治疗"的核心。② 具体来讲,人的一生中,死亡、痛苦、不确定性是必然的,但人在面临这些问题时会产生焦虑、恐惧、失望和罪恶。然而,人有时为了回避焦虑、恐惧、失望和罪恶感,会歪曲自己的内心体验,从而生活在不真实的存在之中。因此,"意义治疗"的责任在于通过言语引导患者懂得,只有忍受这些焦虑

---

① 林安梧:《中国宗教与意义治疗》,第48—49页。
② 参见维克多·弗兰克:《活出意义来》,赵可式、沈锦惠译,北京:生活·读书·新知三联书店1991年版(下同),第83—88页。

和痛苦,并在与之作斗争的过程中,才能体验到自己的存在。质言之,"意义治疗"的最终目的是唤起患者的责任感,彻底了解存在的意义和目的,从而对生活道路确立明确的方向。弗兰克说:

> "意义治疗"的任务,在于协助病人找出他生命中的意义,亦即尽量使他随着分析的过程理会到存在中隐藏的意义。①

在弗兰克思想的影响和启发下,林安梧认为,作为"终极关怀"的宗教,其实践指向即是"意义治疗"。他说:"笔者以为宗教乃人们之终极关怀,而终极关怀之实践与体现,则指向意义之治疗。"②依着林安梧的理解,不仅宗教具有"意义治疗"的实践指向,中国传统哲学亦蕴涵着丰富的"意义治疗"思想。或者说,传统中国哲学智慧与"意义治疗"思想是相通的。因此,如能对中国哲学这些智慧加以挖掘,可以为全人类作出贡献。他说:"儒、道、佛的心性道德思想蕴涵着丰富的意义治疗思想,其诸多词语概念跟现代西方的文化心理学、完形心理学如何能够接通,如何能够对话,我觉得这实在非常艰难,但必须要去做,……"③既然如此,就需要把中国哲学之"意义治疗"思想"挖掘"或诠释出来,从而参与中国哲学与西方哲学的对话与交流。基于此,林安梧分别探讨了儒、佛、道三家的"意义治疗"思想。

林安梧认为,儒家主张,人的精神安顿依赖于三个脉络:一是家庭的脉络。在儒家看来,家庭是人最基本的生活"场域",人与家庭存在着生命和情感的密切互动。因此,儒家特别强调"孝悌";"孝"是对生命根源的崇敬,"悌"是顺着生命根源而横向地展开。由这个脉络所究极而形成的概念是"良知"。二是"天道"的脉络。儒家认为人与天地造化有一种"冥契"关系,即人的内在心性与"天道"具有同一性。因此,只要人做深刻的内省,就可以企及"天道"。三是历史"道统"的脉络。儒家将宇宙造化之源的价值本性与整个人类历史联结在一起,并将两个方面的典型通

---

① 维克多·弗兰克:《活出意义来》,赵可式、沈锦惠译,第88页。
② 林安梧:《中国宗教与意义治疗·序言》,第1页。
③ 林安梧:《儒释道心性道德思想与意义治疗》,天津:《道德与文明》2002年第5期。

过语言文字记载下来,成为一整套文化教养系统,即"道统"。总的看,这三个脉络各有不同的侧重,体现为不同的层次,但又是紧密相联的:"良知"是内在的心灵力量,"道统"是历史的根源性力量,"天道"是宇宙造化之源的力量;从心灵到历史"道统"再到宇宙造化之源是贯通的,故"良知学"、"道统论"、"天道论"三者亦构成为一个整体。因此,人的精神安顿需要放在这样三个脉络里面,否则就会出现精神障碍。① 对此,林安梧说:

> 这种思维向度会促使个体在思考问题时更为深思熟虑,人生在世,就要担当社会责任,如此才能获得生命的意义。当然,如果没处理好,也可能会被层层罗网束缚。②

道家则认为,是因为"文饰"太过才造成了人的问题,故必须把因"文饰"及其造成的"异化"、遮蔽解开,让人回返到自然无为的状态和自发和谐的秩序。即人不应被语言文字符号系统所形成的文明限制,因为文明同时引发了新的遮蔽即"文蔽"。因此,需要把"文蔽"解开,需要回归"自然之明"。林安梧说:"道家认为,天地人我万物所形成的这个场域本身就拥有一个自发和谐的次序,人不应去破坏这个次序,而应该去参与促成这个自发和谐的次序。"③因此,人最重要的使命不是在世间建构什么伟业,而应该是回归自然而真实地生活。具体来讲,万物的存在是人们经由话语系统所形成的存在,或者说,任何存在都是经由话语系统的"介入",经由主体的对象化活动,而使对象成为决定的"定象"。在此之前,"对象"与人们的生命是浑而为一的、"归本于无"的状态。也就是说,人间的美丑、善恶、是非等一切价值判断,都是人们通过话语系统去"论定"的。由此来看,若回归至还没有"论定"以前,这些价值判断及由此所造成的弊端则完全可以解开。在此意义下,道家的思考是一种"否定性"思考,

---

① 参见林安梧:《儒释道心性道德思想与意义治疗》,天津:《道德与文明》2002年第5期。
② 林安梧:《儒释道心性道德思想与意义治疗》,天津:《道德与文明》2002年第5期。
③ 林安梧:《儒释道心性道德思想与意义治疗》,天津:《道德与文明》2002年第5期。

而这种"否定性"思考却是有"积极意义"的。林安梧说:

> 有道家这样的一个思考,就能给人以精神慰藉,保存实力,从自己真实的存在状况出发来处世,才能更好地开启新生,获得人生的意义,实现人生的价值。①

佛教认为,"任何一个存在之为存在","都和心灵意识有密切关系"。或者说,"由于心灵意识的活动""及于物",才使得事物成为事物。② 具体来讲,事物成为"存在"经过了从"境识俱泯"到"境识俱起"再到"以识执境"的过程。因此,人们可以经由修行、体验的工夫,让意识活动"回溯"到本身,即回到"境识俱起"以至于"境识俱泯"之心灵与事物一体而不分的状态;这样的"存在"便不会被欲求、贪婪及烦恼所控制。在佛教,洞察外在事物存在为"空无"的智慧称作"般若智"。或者说,所谓"般若智",就是指"能够观空的智慧"。③ 因此,一旦人具有了"般若智",会从内心升起一种"同体大悲"的意向,即心、佛、众生本无差等、通同为一,因此而能够把各种执著、杂染彻底放下。由此来看,佛教与儒家、道家一样,均主张回溯到源头来思考问题;但不同的是,儒家与道家讨论宇宙造化之源问题,而佛教却不讨论这个问题。总之,依佛教看来,要去了解烦恼的特质和如何解开烦恼,不必进行形而上的追溯,而是通过修行来证得"涅盘",即将"外境"与意识回溯到"涅盘寂静"的状态即可。在林安梧看来,佛教的思想对于"意义治疗"亦有相当价值。他说:

> 佛教这套思想给我们一个很大的启发,也就是当我们面对任何一个艰难困苦的时候,我们应该好好去了解烦恼的特性是什么,这个特性很可能就是因为我的心灵意识的执著,由我这个执著带来了我

---

① 林安梧:《儒释道心性道德思想与意义治疗》,天津:《道德与文明》2002年第5期。
② 参见林安梧:《儒释道心性道德思想与意义治疗》,天津:《道德与文明》2002年第5期。
③ 参见林安梧:《儒释道心性道德思想与意义治疗》,天津:《道德与文明》2002年第5期。

的贪取、占有、利益等;因此把我团团缚住,故应该把我内在的那个心灵的执著解开。如果把心灵执著解开以后,那才有一个真正复原的可能。①

基于上述,林安梧认为,儒、释、道三家之侧重确有不同:儒家强调"主体的自觉",道家强调"场域的和谐",而佛教强调"意识的透明"。具体来讲,儒家认为,主体之"我"可以上通于道,契及于造化之源,而且可以尚友古人,与历史之源相结契。因此,儒家强调主体自觉下的承担,其基本精神是"我,就在这里"②。道家反对儒家"主体自觉的承担"的"勉强",而是主张在"场域"中去思考的"自然而然"。在道家看来,整个"场域"有一个和谐共生的可能,它不应该被破坏,而是应该去顺成之,此即为"归返天地"。道家所开启的是自然天地的奥蕴,点示的是"场域"的和谐性,要用一句话概括的话,就是"我,归返天地"③。佛教的贡献是深化了意识层次的分析,廓清了意识的"透明性"。因此,佛教强调意识回到意识本身,去掉执着与染污;如此方能烦恼如其烦恼,智能如其智能,此乃佛教所谓的"自在"。而且,由于彻底地"放下",从而没有挂搭与痛苦,反而会生出一种非常强的实践勇气。关于佛教的思想,若用一句话来概括,就是"我,当下空无"④。因为上述理论侧重之不同,儒、释、道三家"意义治疗"的思想也便不同:儒家强调"承担",道家强调"看开",而佛教强调"放下"。⑤

尽管有上述不同,儒、释、道三家之主张却是相互关联的。林安梧说:"'我挑起'为的是苍生,回到天地,'看开'一切,终而能'放下'。……'我看开'所以能放下,面对苍生,'放下'执着,这才能'挑起'。……'我放下'更而能挑起,如如无碍,'挑起'志业,把世界'看开'。"⑥质言之,佛

---

① 林安梧:《儒释道心性道德思想与意义治疗》,天津:《道德与文明》2002年第5期。
② 林安梧:《儒释道心性道德思想与意义治疗》,天津:《道德与文明》2002年第5期。
③ 林安梧:《儒释道心性道德思想与意义治疗》,天津:《道德与文明》2002年第5期。
④ 林安梧:《儒释道心性道德思想与意义治疗》,天津:《道德与文明》2002年第5期。
⑤ 参见林安梧:《儒释道心性道德思想与意义治疗》,天津:《道德与文明》2002年第5期。
⑥ 林安梧:《佛心流泉》,第13页。

教之义理、道家之义理与儒家之义理三者之间是应该相互补充的,或者说,任何一家之义理都是不可或缺的。对此,林安梧认为,儒家思想可比之为"饭",道家思想可比之为"空气"和"水",佛家思想则可比之为"药"。他解释说,人的身心倘若是不错的,儒家之"主体自觉"会很容易出现;倘若身心出现了不平衡,就需要由道家思想来调理与"保健";若身心出现了疾病,则需要佛教来进行医治。反过来,当人"病"得很重的时候,须经由佛教的"药"来调理;调理之后,人就可以回到"自然的天地";在"自然的天地","主体自觉"方得诞生。总而言之,儒、道、佛三家虽各有不同意义,但就现实人生来看,它们需要连在一起谈。林安梧说:

> 佛教如同"药",道家如同"空气、水",儒家如同"饭"一样,健康的人其实有空气、有水、有饭,也就够了,在一个苦闷湮郁的年代里面,病痛难已的年代,就非得需要佛教不可。①

三、"存有三态论"与"存有的治疗"

如前所述,林安梧曾对照弗兰克的"言语疗法"阐释了中国哲学之"意义治疗"思想。不过,他并未停留或满足于此,而是由此而进一步,以道家的相关思想为主要依傍,提出了"存有的治疗"的思想。

如前所述,基督教传统是一个"言说的传统",它通过"主体的对象化"活动去"说"对象是什么,故要通过"主体的对象化"活动去把握实体及其本质。② 林安梧认为,中国人亦讲"名以定形"、"言以成物",指任何客观对象物都不是既有的存在,而是经由言说、话语所"建构"的存在。③ 所不同的是,中国文化认为"可说"与"不可说"、"言"与"默"不是断裂的,而是连续的。在此,"可说"和"言"代表言说,而"不可说"和"默"代表"存在"。对照地看,"可说"与"不可说"的连续性是非常可贵的,因为它可为理解"异化"提供一个崭新视角:经由主体的对象化活动而使"形"因"名"而定时,人们将自己的意向、利害、权力、兴趣等都融了进去,从而

---

① 林安梧:《儒释道心性道德思想与意义治疗》,天津:《道德与文明》2002年第5期。
② 参见林安梧:《中国宗教与意义治疗》,第35页。
③ 参见王弼注:《老子道德经(外一种)》,第14页。

使得"名以定形"活动有了"污染",此即为"语言的异化"。因此,凡所谓"异化"都非来自于存在本身,而是来自于言说、话语的建构。质言之,"异化"不是"存有的异化",而是"语言的异化"。① 林安梧说:"'语言'乃是一种表达,而其表达是表达那存有之所彰显的事物,这样的表达乃是一种限定,这即如王弼所谓的'名以定形'。这样的表达由于横面的执取所相引拖曳而成的定执之物,造成了所谓的'语言的异化'。"②因此,西方哲学克服"异化"的工作"做倒"了,因为它将"异化"判为"存有的异化",然后企求"语言的治疗"即"意义的治疗"。在林安梧看来,"异化"实际上应判之为"语言的异化",然后施以"存有的治疗"。他说:"'异化'必与语言相关,'治疗'必还归于'存有',此即所谓'语言的异化'与'存有的治疗'也。"③他还说:

> 这"异化"如何处理呢?这便需要再回到"道"本身而获得治疗,回到存有本身而获得治疗。此即我所谓的"语言的异化",因之转而有"存有的治疗"。④

在林安梧看来,"意义的治疗"和"存有的治疗"是有原则性区别的。在他看来,所谓"意义治疗",是指经由"意义"探索而产生治疗作用,即"经由意识的定立及主体的认取"而进行治疗。⑤"存有的治疗"则不同,它是指"通过回到那整体的根源来作存有的治疗"。⑥ 概括地讲,二者之别大致有三个方面:其一,"意义的治疗"以"主客二分"之理论格局为前提,"存有的治疗"则以"天人合一"之理论格局为前提。其二,"意义的治疗"强调超绝的"绝对者"和人的主体,故它侧重于主体性,具有主体主义倾向;"存有的治疗"则反对主体主义,其所注重者乃是生活世界和存在

---

① 参见林安梧:《中国宗教与意义治疗》,第158页。
② 林安梧:《中国宗教与意义治疗》,第172—173页。
③ 林安梧:《关于〈老子道德经〉中的"道、一、二、三、万物"问题之探讨》,武汉:《湖北社会科学》2009年第9期。
④ 林安梧:《儒学革命:从"新儒学"到"后新儒学"》,第205页。
⑤ 参见林安梧:《中国宗教与意义治疗》,第174页。
⑥ 参见林安梧:《中国宗教与意义治疗》,第174页。

境域的"显发",它主张回到"无执著性"、"未对象化"的"存有"以进行治疗。其三,"意义的治疗"是"积极性"的治疗,而"存有的治疗"乃是"消极性"的治疗。即前者主要通过"意义"的正面阐释以化解"异化",后者则主要通过"存有"的逆向回归而化解"异化"。林安梧说:"存有的治疗是一消极性的治疗,而意义的治疗则是一积极性的治疗。意义的治疗强调的是人的主体,而存有的治疗则反对这种主体主义的倾向,而倾向于生活世界的豁显,及存在境域感的显发。……存有的治疗不是经由'意义'而起的治疗作用,意义的治疗是经由意识的定立及主体的认取而成的,而'存有的治疗'则要我们回到'意识之前的状态',那是一种主客交融,无分别相的状态,它只是一气之流行而已。"①

通过上述对比,林安梧的意思是,"意义治疗"思想非常宝贵,此为不可否认者,但"意义治疗"并非克服"异化"之根本途径。在他看来,对照地看,西方文化是以"逻各斯"为核心的思考,中国文化则是以"道"为核心的思考;既然中国文化以"道"为核心,那么就不能说"语言是存有的安宅",而只能说"存有乃语言之安宅"。② 因此,要克服"语言的异化",就须在此前提下来思考,即透过"话语系统的缠绕"去"正视真切的存在觉知"。③ 基于此,他认为"存有三态论"乃进行"存有的治疗"的一个恰切视角。具体来讲,在"存有三态论"的理论格局下,真切地去面对"存有的执定"及其伴生的利益、权力、欲求等,经由一种"存有的归返"活动,溯及原先"存有的开显",最终回到"存有的根源";然后,再"如其所如"地依"存有之根源""开显"自己,从而在此"场域"中产生"苏醒"与"调剂"的可能,此即是"存有的治疗"。质言之,"存有的治疗"所侧重的不是"存有的执定"层次的对治,而是经由"存有的归返",通过"存有的开显"以回到"存有的根源",因之而使生命能"如其自如"地生长。关于"存有的治疗",林安梧说:

---

① 林安梧:《中国宗教与意义治疗》,第 173—174 页。
② 参见林安梧:《儒学革命:从"新儒学"到"后新儒学"》,第 240 页。
③ 参见林安梧:《"新儒学"、"后新儒学"、"现代"与"后现代"——最近十余年来的省察与思考之一斑》,北京:《中国文化研究》2007 年冬之卷。

"存有的治疗",是由平常我们横面的执取所论定的定执之对象反省起的,它经由一种否定性的思考,瓦解了这个定执的结构性之对象,而回到原先之纵向的开展,再而归返到那平铺的显现之场。这是经由否定的思考转而为平铺的思考。就此来说,显然的,这样的存有的治疗法是先于意义的,是先于言说的。①

　　具体来讲,依着林安梧的理解,"语言"之诞生乃"存有之对象化"的过程,而"存有之对象化"乃是人进入活生生的生活世界所激起、挑起的;由于语言之诞生指向"分别"与"执著",故语言会导致"异化"。也就是说,由超乎言说的"不可说",展开为"可说",而后为"说其可说",进而"说出了"对象,从而最终引发了"异化"现象。此过程乃是"道体"经由一"平铺的显现"转为"纵面的展开",再而落入"横面的执取"。因此,克服"异化"的途径乃即须"破解""定执之对象","拆除""横面的执取",转为"纵向之展开",归于"平铺的显现",最终回归"活生生的生命之场"。②林安梧说:"人跟人之间,人跟物之间,人跟天地之间不是一个定准,而是在我认识清楚的后头有个更原初的觉知、场域、存在,这样的一体状态,这里头会生发出一个确定性的力量。"③可见,对此"异化"之解构不可拘于语言,而当为"存有"意义下的治疗。即对于"语言之异化"不能由"语言"本身去求解,而当归返到"存有"自身方可处理。也就是说,所谓"存有的治疗"乃"先天意义"、"先天言说"的治疗。不过,需要注意的是,所谓"先于意义"与"先于言说"之"存有的治疗",并不是指"去除"语言,也不是指"去除"心知,而是指"去除"语言和心知所带来的弊端。林安梧说:

　　这种回返存有的活动并不意味着对于那横面的执取所成的认识对象亦得破解,而只是要破解此认识之执所成的定执之弊而已,盖除

---

① 林安梧:《中国宗教与意义治疗》,第173页。
② 参见林安梧:《中国宗教与意义治疗》,第174页。
③ 林安梧:《"新儒学"、"后新儒学"、"现代"与"后现代"——最近十余年来的省察与思考之一斑》,北京:《中国文化研究》2007年冬之卷。

病不除法之谓也。换言之,……"存有的治疗"只是要去除"语言的异化",并不是要去除"语言";只是要去除"心知的执著之病",而不是要去除"心知",心知与语言之横面的执取、论定仍是必要的。①

林安梧进而以佛教"一本空明"的理论来彰显其"存有的治疗"思想。他说:"道显为象,象以为形,言以定形,言业相随,言本无言,业本非业,同归于道,一本空明。"②具体来讲,"道"作为"存有的根源"即"一本"是"空",即"境识俱泯"之空无性、透明性。然而,"道"又须"明",即"道"具有"明觉性"和"自由性",此由已由"境识俱泯"过渡到"境识俱起"。即"存有的根源"已迈向"存有的开显",尽管"开显"仍为"无执著性"、"未对象化"前之状态。进而,由"存有的开显"到"存有的执定"则最终落实为"对象性"。也就是说,经由"存有的执定","境识俱起而未分"转到"境识俱起而两分",即"以识执境"、"以主摄客",故而成就了对象义。很显然,此一成就不免具有意识、话语的"染执性"、"权体性"、"质碍性"。因此,必须将意识、话语之"质碍性"、"染执性"、"权体性"予以销毁、瓦解,才能回复"道"的"明觉性"、"自由性",即"境识俱起而未分",最终回归于"境识俱泯"之空无性和透明性,此即是"同归于道",亦即是"一本空明"之完成。在林安梧看来,这样一个过程是"存有"的"回归"与"照明";经由这样一个过程很多"异化"问题可得以化解,此即是"存有的治疗"。他说:"'存有的治疗'则要我们回到'意识之前的状态',那是一种主客交融,无分别相的状态。"③他还说:

> 所谓"存有的治疗"着重的是归返到存有自身,自如其如的开显其自己,而这样的问题是一"平铺的开显",而不同于儒家之为一"纵贯的创生"。在这平铺的开显里,老子之所重的是生命的开显之场

---

① 林安梧:《中国宗教与意义治疗》,第174—175页。
② 林安梧:《"新儒学"、"后新儒学"、"现代"与"后现代"——最近十余年来的省察与思考之一斑》,北京:《中国文化研究》2007年冬之卷。
③ 林安梧:《中国宗教与意义治疗》,第174页。

的概念——即是"天地"这个概念。①

在林安梧,"存有的治疗"思想得之于道家的启发颇多,但它走出了"境界型态的形上学"的诠释角度,而体现出"社会存有学"、"社会实践学"的特征。具体来讲,林安梧意在跨过"儒主道辅"的儒家主流思考模式,而强调"儒道同源"、"儒道互补"的理论格局。在他看来,道家不再只是强调"主观修证"的"境界型态的形上学";儒家也不再只强调以"心性修养论"为核心的"道德的形上学",当然也就不能再以"一心开二门"之格局来建立"两层存有论",真正的思考应以天、地、人交与参赞成的"根源性总体"去阐释"存有三态论"的理论可能,进而依着"存有三态论"对"异化"施以"存有的治疗"。在这样一种理论格局之下,许多传统思想观念能够得到崭新的解释,从而为人们提供一些方法上的指导,而这种方法上的指导即是"存有的治疗"。② 当然,方法上的指导并非是单一的,而是具有多种理论面向的,因为"道"具有多面的结构与层次。林安梧说:"这个生活世界并不是浑沦的洪荒世界,而是圆融周浃的世界,其为圆融周浃是因为它有多面的结构与层次,以自如其如的自发秩序,共融为一个整体。"③基于此,"存有的治疗"可在文化、社会乃至个人等不同领域而有不同的表现和作用。他说:

"存有的治疗"是一统括的称呼,其实,它针对着不同的定执,而有不同的破解与回复的方式。对于文化而言,它可以是文化的诠释与治疗;对于社会而言,它可以是社会的批判与重建;对于个人的心灵,它可以是个人心灵的治疗。④

第四节 "实践的开启"与"道的错置"的消解

林安梧认为,牟宗三之"道德的形上学"是由道德本体论的"一体性

---

① 林安梧:《中国宗教与意义治疗》,第1643—164页。
② 参见林安梧:《中国宗教与意义治疗》,第139—175页。
③ 林安梧:《中国宗教与意义治疗》,第175页。
④ 林安梧:《中国宗教与意义治疗》,第175页。

原则"转出认识论的"对偶性原则",通过"开出""知性主体"以安排科学与民主的"转出"。① 毋庸置疑,这一步"转出"对于儒学理论的发展是极为重要的。但是,这一步"转出"只是一种理论的疏清,只是一种原则上的"通透",它并不具有"实际发生"的意义,也不是"学习"上须经过的历程。质言之,它只是一种"理论的次序",而非是"学习的次序",亦非"发生的次序"。所谓"发生的次序",是指在历史上原先由无而有的"创造性的发生";所谓"学习的次序",是指通过学习而建立并体现之;所谓"理论的次序",是指在理论上"省察"此如何可能。② 在此意义下,我们当前所要做的应是"学习的次序",而不是"理论的次序"。很显然,牟宗三对于上述三种次序未有明确的意识。究其原因,他并不是以"存有发生学"的方法来考察问题,而是以"存有解释学"的方法来思考问题。在此意义下,牟宗三所完成的工作只是"形而上的保存",而儒家接下去要展开的是"实践的开启"。质言之,中华民族现代化所要走的道路,并不是由儒学去"开出"民主与科学,而是在民主化与科学化的过程中,儒学如何扮演一个"调节者"、"参与者"的角色。③

在对中西政治史进行考察的基础上,林安梧指出中国政治史上"道的错置"(misplaced Tao)的问题。所谓"道的错置",是指权力与秩序的倒错。④ 他认为,本来儒家要求的是"圣王之治",但结果却变成了"王圣之治"。即儒家主张"凡圣者当为王",结果却变成"凡在权力上已经作为王者,他就是圣"。很显然,这是一种严重的本末"误置"。之所以会出现"道的错置",从理论层面讲,一是法家对于法的"超越性根据"的误解;二是儒家"良知"与"专制"的"选择性亲近"。⑤ 那么,如何消解"道的错置"

---

① 参见林安梧:《解开"道的错置"——兼及于"良知的自我坎陷"的一些思考》,济南:《孔子研究》1999年第1期。
② 参见林安梧:《解开"道的错置"——兼及于"良知的自我坎陷"的一些思考》,济南:《孔子研究》1999年第1期。
③ 参见林安梧:《解开"道的错置"——兼及于"良知的自我坎陷"的一些思考》,济南:《孔子研究》1999年第1期。
④ 参见林安梧:《儒学与中国传统社会之哲学省察——以"血缘性纵贯轴"为核心的理解与诠释》,台湾:幼狮文化事业公司1996年版(下同),第134—135页。
⑤ 参见林安梧:《解开"道的错置"——兼及于"良知的自我坎陷"的一些思考》,济南:《孔子研究》1999年第1期。

呢？林安梧主张从"血缘性纵贯轴"的基本结构出发,探索建立一个真实的人与人之间"人际性互动轴"的可能,进而建立一个崭新的"公民社会"和崭新的"民主宪政"。① 具体的"药方"是,从"血缘性的自然连结"转出"契约性的社会连结",从"宰制性的政治连结"转出"委托性的政治连结",重建"人格性的道德连结"。当然,这其中的核心是从"血缘性纵贯轴"转变到"人际性互动轴"。不过,在林安梧看来,中国的现代发展不一定是现代化意义的,它还可能包括"后现代化"之"公民社会"和"民主宪政"如何可能的问题。在此意义下,儒学不仅要现代化,而且还要实现"后现代化"。②

在林安梧看来,"现代化"几乎成了全世界共同的目标,当今所有国家不生在现代化之中,就是在迈向现代化的过程中。③ 而且,所有迈向现代化的国家莫不处在学习与适应之中。关于现代化,林安梧不赞成以"主体性"为核心的思考,而是强调"生活世界"与"历史社会总体"的概念。具体来讲,在迈向现代化的国家当中,只有将自己生命中的资源置于迈向现代化的过程中,去参与之、调适而上遂之,才可能展开一种新的创造。很显然,这样的创造不是如何由传统"开出"现代化的问题,而是如何让传统在现代化中扮演积极的"参与者"、"调适者"的角色的问题。就儒学来讲,必须要正视"公民社会"和"民主宪政"建立的问题。在这个过程中,一方面要挖掘、释放出儒学的现代意义,即探讨儒学能够为现代社会作出什么样的贡献;另一方面要回过头来对儒学未来发展进行必要的新的调节。④ 就"发生学"的角度来看,这样一个过程是从"外王"的学习过程中调节"内圣",而不是由"内圣"出发"开出""外王"。也就是说,让儒学来参与、调节现代化,同时也让现代化来调节、参与儒学。质言之,

---

① "公民社会"是指林安梧所提出的一个哲学概念,指基于"契约性的社会连结"所建立的现代社会;"民主宪政"是林安梧所提出的另一个哲学概念,指基于"委托性的政治连结"所建立的民主政治。
② 参见林安梧:《儒学与中国传统社会之哲学省察——以"血缘性纵贯轴"为核心的理解与诠释》,第173—174页。
③ 参见林安梧:《解开"道的错置"——兼及于"良知的自我坎陷的一些思考"》,济南:《孔子研究》1999年第1期。
④ 参见林安梧:《孔子思想与"公民儒学"》,济南:《文史哲》2011年第6期。

"外王"与"内圣""两端而一致",二者乃互为主体、双向互动的关系。①

一、"形而上的保存"与"实践的开启"

牟宗三认为,自宋明以后,儒家学者只重"内圣"心性之学,而在"外王"方面则没有建树。因此,如何转出"外王"是一个重要问题。而且,中国历来只有"治道"而无"政道",因此如何转出"政道"亦是一个重要问题。② 所谓"政道"即指国体,是指"安排政权之道"。③ 所谓"治道"则指"政体",就儒家来讲是指"圣贤人格之在政治领袖上的应用"。④ 基于这样一种状况,经由宏观的中西文化对比,牟宗三认为,中国文化着重于理性的"运用表现"与"内容表现",西方文化着重于理性的"架构表现"与"外延表现"。所谓理性的"运用表现",是指"德性之感召"或"德性之智慧妙用"。⑤ 所谓理性的"架构表现",则是指理性基于"对待关系"而成立的一种"对列之局"。⑥ 质言之,中国文化属于"隶属之局",而西方文化属于"对列之局"。因此,无论是要转出"外王",还是要转出"政道",都需要从"隶属之局"转出"对列之局"。⑦ 为转出"对列之局","良知"需要"自我坎陷"以"开出""知性主体",进而形成主客体的"对列之局",从而"开出"民主和科学。在林安梧看来,牟宗三对中国现实的"哲学诊断"及"药方""在大方向上是正确的"⑧。一个方面,它能正视中西文化宏观对比之异同;另一个方面,尤其可贵者,它认识到"外延表现"所可能导致的弊病,因而强调须将"外延表现""调适而上遂"于"内容表现"即道德理性中。不过,此"药方"并不是完美的,它亦有明显的"盲点"。林安

---

① 参见林安梧:《"新儒学"、"后新儒学"、"现代"与"后现代"——最近十余年来的省察与思考之一斑》,北京:《中国文化研究》2007年冬之卷。
② 参见林安梧:《解开"道的错置"——兼及于"良知的自我坎陷"的一些思考》,济南:《孔子研究》1999年第1期。
③ 参见牟宗三:《政道与治道》,《牟宗三先生全集》(10),第58页。
④ 参见牟宗三:《政道与治道》,《牟宗三先生全集》(10),第54页。
⑤ 参见牟宗三:《政道与治道》,《牟宗三先生全集》(10),第52页。
⑥ 参见牟宗三:《政道与治道》,《牟宗三先生全集》(10),第58页。
⑦ 参见牟宗三:《政道与治道》第一章、第三章和第八章,《牟宗三先生全集》(10)。
⑧ 林安梧:《解开"道的错置"——兼及于"良知的自我坎陷"的一些思考》,济南:《孔子研究》1999年第1期。

梧说：

> 当代新儒学(以牟先生为代表)对于中国专制政治的哲学诊断，及其提出的药方，大体是对的，但却有些盲点，须得分理清楚。①

依着林安梧的理解，尽管牟宗三的理论极为"精审"，但其中一个"有趣的""盲点"是：牟宗三的诠释是一种"理论的次序"，而西方民主政治之转出却属于"发生的次序"。林安梧说："这是一种'理论的次序'，而与西方政治传统之转出之为'发生的次序'并不相同。"②在他看来，就民主、科学乃至其他人类活动而言，在历史上原先由无而有的"创造性的发生"是"发生的次序"。既已有之，再通过学习而建立并体现之，此为"学习的次序"。另外，在理论上"省察"此如何可能，此为"理论的次序"。可见，"发生的次序"、"学习的次序"与"理论的次序"之异是显而易见的。就此而言，中华民族走向现代化，实行民主，开启科学，应属于"学习的次序"，而不是"发生的次序"，亦不是"理论的次序"。由此来看，牟宗三对这三种次序没有清楚的认识，其理路既不是"发生的次序"，也不是"学习的次序"，而是一种"理论的次序"。即其直接契入本质，然后由本质逐步展开，将"良知"落实于实存主体上，强调此主体便是"造化的精灵"，以凸显实践主体的能动性。很明显，尽管这种"外王"理论关联着人的主体能动性，似乎具有一定的实践性，但它实际上只是一种理论上的"开出"。林安梧说：

> 就民主、科学，乃至其他人类之活动而论之，其于历史之发生而论言，原先由无而有，如此创造之发生，此为一；再者，既已有之，再以学习而体现之，此为二；又者，省察此如何可能，此为三。一是发生的次序，二是学习的次序，三是理论的次序，三者不可淆混为一也。华

---

① 林安梧：《解开"道的错置"——兼及于"良知的自我坎陷"的一些思考》，济南：《孔子研究》1999年第1期。
② 林安梧：《解开"道的错置"——兼及于"良知的自我坎陷"的一些思考》，济南：《孔子研究》1999年第1期。

人社会之走向现代化,施行民主,开启科学,此是一学习之次序,非原发生之次序,亦不是以理论之次序所能做成的。当代中国学者论及于此,多未能分别清楚,殊为可叹也。牟先生亦因时代的限制,于此并未清楚分别。①

在林安梧看来,牟宗三之所以走"理论的次序"的路子,在于他采用的是"向后返"以寻求理据的方法。他说:"牟先生之所以逐步地走向自己所设定的路子,这一方面是由于他所采用的是一康德学的哲学方法,重视的是一向后返的寻求理据,这是一种超越的分解方法。"②准确地讲,他并不是以"存有发生学"的方法来考察问题,而是以"存有解释学"的方法来研究问题。因此,他离开历史社会的总体因素,而直入本质以为起点而展开理论探讨。具体来讲,基于"存有解释学"的"向后返"方法,他先上溯及绝对的本原,即"良知"本体、"无限智心"或"智体明觉",此绝对的本原经由"辩证的理论开展",从而讨论具有实践必然性的民主、科学之开出。也就是说,基于这种"向后返"的哲学方法,牟宗三一方面回到了"良知"主体;另一方面再经由"心学"基本义理,将"良知"本体等同于宇宙本体。这样,由于"存有的根源"与"心性的本源"沟通起来,故实现了由此"下回向"而"向下开"的可能。林安梧认为,这样一种理路不仅是能宗三理论的重要特征,而且几乎成了整个现代新儒学最重要的模式。他说:

> 牟先生这样的论述,几乎成了当代新儒学最重要的矩范,谨守此矩范者多矣!并且形成了一自成脉络的统系,笔者即将此称之为"护教的新儒学"。③

---

① 林安梧:《解开"道的错置"——兼及于"良知的自我坎陷"的一些思考》,济南:《孔子研究》1999 年第 1 期。
② 林安梧:《解开"道的错置"——兼及于"良知的自我坎陷"的一些思考》,济南:《孔子研究》1999 年第 1 期。
③ 林安梧:《解开"道的错置"——兼及于"良知的自我坎陷"的一些思考》,济南:《孔子研究》1999 年第 1 期。

在林安梧看来,牟宗三的理路所凸显的是"主体性"概念。不过,此"主体性"虽带有启蒙的意义,但与西方启蒙运动之思是不同的:一个方面,西方启蒙运动重在"理智主体性",而现代新儒家重在"道德主体性";另一个方面,"道德主体性"又不限于"心物"、"人己"之"平铺层面",而是上及于"天人"层面,表现了"天道性命相贯通"的传统。① 基于这样两个方面,牟宗三由康德哲学"调适而上遂",肯认人人具有"智的直觉"。按照儒学的传统,"道德本心"、"怵惕恻隐"均需放于生活世界来处理。然而,牟宗三却将超越的神圣性以"本质化"的方式内化于人性之中,从而以为人性之本质即具有超越的神圣性。因此,在牟宗三,"良知"作为最高而不容置疑的"顶点",乃成为"存在的存在"、"本质的本质";它作为理论"放射"的核心,一切都由此"转出"。基于此,牟宗三建构了其"道德的形上学"。然而,在林安梧看来,这样一种理论建构是将人做"抽象而孤离"的处理,它使得人性与具体的生活世界无关;即或有关,亦只是空洞而抽象的关联而已。因此,牟宗三所完成的"道德的形上学"因"纯亦不已"而"无任何烟火味",故而只是一种"形而上的保存"。林安梧说:

> 牟先生之伟构乃在此"无执的存有论"与"执的存有论"两层存有论之对举,并融通统贯、一以贯之。前者以赅"物自身界",后者以摄"现象界";前者以安顿德性界,后者以安排知识界;前者是一无对象相之如相,而后者则为主客对立之执着相;前者以融通儒、道、佛,后者则以涵摄现代民主、科学等等。以其无执也,故去其染污、苦业,使得中国传统之儒、道、佛得以调适而上遂,精纯之显其精神;如此一来儒、道、佛自无任何之烟火味、尘嚣所,可谓"纯亦不已"矣! 这里我们看到牟先生这样的新儒学所走的路是一"形而上的保存"之路。②

在此,所谓"形而上的保存",是指完成了儒学的"知识化"与"理论

---

① 参见林安梧:《解开"道的错置"——兼及于"良知的自我坎陷"的一些思考》,济南:《孔子研究》1999 年第 1 期。
② 林安梧:《当代新儒家哲学史论》,第 223 页。

化"。毋庸置疑,这一步在儒学理论上是极为重要的,因为它完成了理论的疏清,实现了原则上的"通透"。但是,"形而上的保存"并不是"发生的次序",也不是"学习的次序",而只是一种"理论的次序"。即"良知的自我坎陷"以"开出""知性主体"从而安排科学与民主,只是"后设"的回到理论根源的疏理,并不是现实实践的理论指导,亦不是必要的现实的学习。因此,儒学只有"形而上的保存"并不具足,儒家接下去要展开的是"实践的开启"。换言之,中华民族现代化所要走的道路,并不是由儒学去"开出"民主与科学,而是在民主化与科学化的过程中,儒学如何扮演一个"调节者"、"参与者"的角色。即摒弃"发生的次序"和"理论的次序"的思维,而依照"学习的次序"来思考民主与科学之"实践的开启"。林安梧说:"更重要的,他们要去开发自己生命中的资源,将它置于这个迈向现代化过程中,参与之、调适而上遂之,对于现代化有一真切的反省,进而可能展开一新的创造。"①不过,在此所谓"实践"有其特指,其"是以其自为主体的对象化活动作为其启点的,是以感性的擘分为始点的,是以整个生活世界为场域的,是以历史社会总体为依归的。"②关于"实践的开启",林安梧说:

> 牟先生完成了"形而上保存"的伟大志业,为当代新儒学立了理论的宏规盛业,但此宏规盛业只是为了华夏留"种子"而已;新一辈之志业自不能走此形而上保存之路,亦不能只迷于此宏规盛业之为美,而是要拿这些"种子"种在泥土里,让它好好生长。③

二、"道的错置"及其消解

林安梧认为,传统儒学是在"血缘性的纵贯轴"下发展出来的。所谓"血缘性的纵贯轴",是指血缘性亲属关系尤其是父子关系是社会文化结构得以奠立的基础和核心。具体来讲,在中国传统社会,父与子之"纵向"的"自然发生"意义的"血缘性",渐而被赋予一种"人文发生"意义的

---

① 林安梧:《儒学革命:从"新儒学"到"后新儒学"》,第72页。
② 林安梧:《儒学革命:从"新儒学"到"后新儒学"》,第89页。
③ 林安梧:《当代新儒家哲学史论》,第225—226页。

"父子隶属式"的"权力结构",这种"权力结构"进而推扩至家族、国家、社会,最终成为贯穿并支撑整个社会结构的"轴线"。他说:"'父子'这血缘性的纵贯轴是中国人所谓'家'的核心,是宗法的原型与起点。'父'不只是作为'子'的自然生命的来源而已,而且它亦是文化生命乃至价值生命的来源。在宗法社会里,'父'对于'子'而言,绝不只是'养育'与'依赖'这样的关系,更进一步的,它可以说是'根源'与'生长'这样的关系。……如此说来,我们可知'父子'这血缘性的纵贯轴是人存在的根柢,它一方面具体的撑起现世的起点,而另方面则是深入到过去,并指向未来。"①从内容上看,"血缘性纵贯轴"包含"血缘性的自然连结"、"人格性的道德连结"与"宰制性的政治连结"三个面向,这三个面向凝结为一个不可分的整体;"血缘性的自然连结"表示的是乡土血统的一面;"人格性的道德连结"表示的是文化道统的一面;"宰制性的政治连结"表示的是专制政统的一面。② 林安梧的意思是,"血缘性纵贯轴"不仅与宗法家庭有关系,而且与宗法社会亦有密切关系。他说:

> 血缘性的纵贯轴不只用来说明"家"的原型,而且可以推到一切存在的实况。这也就是说,这样一个血缘性的纵贯轴是一撑起整个天地六合的纲维,我们一般所说的"三纲"的"纲"便带有这样的宗教意义。③

然而,"血缘性纵贯轴"的三个面向是历史地形成的。也就是说,儒学最初由血缘亲情的"孝悌"出发,进一步转而强调"仁义"的——"孝悌"是"血缘性的自然连结","仁义"则提至"人格性的道德连结"。儒家的政治理想是由"孝悌"、"仁义"出发以成就"内圣外王"之理想,此即所

---

① 林安梧:《儒学与中国传统社会之哲学省察——以"血缘性纵贯轴"为核心的理解与诠释》,第29—30页。
② 参见林安梧:《儒学与中国传统社会之哲学省察——以"血缘性纵贯轴"为核心的理解与诠释》,第178页。
③ 林安梧:《儒学与中国传统社会之哲学省察——以"血缘性纵贯轴"为核心的理解与诠释》,第38页。

谓"修身、齐家、治国、平天下"①。形象地讲，这一理想是以"孝悌"为核心，以一"波纹型"的结构，扩大出去而成就的。因此，此种政治是一种以"德化政治"即以道德教化为主的"内圣外王"之治，它不同于权力式的统治。但是，自秦汉以降，中国社会由宗法封建进入帝皇专制阶段，"血缘性纵贯轴"的内容亦随之发生了变化。即，"血缘性纵贯轴"除了"血缘性的自然连结"和"人格性的道德连结"外，更受制于一种"宰制性的政治连结"；或者说，"宰制性的政治连结"实际上代替了"血缘性的自然连结"而成为"血缘性纵贯轴"的核心。林安梧说："到了帝皇专制，……这样的状况底下，就确立了我称之为'血缘性纵贯轴'的结构；'血缘性纵贯轴线的基本结构，是以帝皇专制宰制性的政治连结作核心，以血缘性的自然连结作背景，而以人格性的道德连结作为方法、工具。"②在"宰制性的政治连结"下，社会的最高阶位是"君"，故不仅"人格性的道德连结"被异化，而且"血缘性的自然连结"亦被异化，于是出现了诸如"君父"、"圣君"等观念："君父"是"错置"了"宰制性的政治连结"与"血缘性的自然连结"；"圣君"则是"错置"了"人格性的道德连结"与"宰制性的政治连结"。③对此，林安梧说：

> 秦汉以后变成了宰制性的政治连结为核心，也就是以国君、天子作为核心，其他二者（血缘性自然连结、人格性道德连结）成了背景。如此一来，这就变成好像一个三角形，顶头是"君"，底下就是"父"和"圣"。④

依林安梧的理解，以"宰制性的政治连结"为核心的"血缘性纵贯轴"实际上已经异化为"宰制性纵贯轴"，而且因儒家本有"宰制性的政治连结"面向，故这种"异化性"发展是必然的。具体来讲，从"血缘性纵贯轴"

---

① 参见郑玄注，孔颖达疏，龚抗云整理，王文锦审定：《礼记正义》，第1592页。
② 林安梧：《儒学革命：从"新儒学"到"后新儒学"》，第285页。
③ 参见林安梧：《解开"道的错置"——兼及于"良知的自我坎陷"的一些思考》，济南：《孔子研究》1999年第1期。
④ 林安梧：《儒学革命：从"新儒学"到"后新儒学"》，第207页。

到"宰制性纵贯轴"的"异化性"发展,乃是缘于儒家"良知"与"专制"之"选择性的亲近"①。他说:"在中国传统中,儒学实践所强调的'天理'与帝皇专制下的'君意'及宗法封建下的'父意'有一极暧昧难理的关联。"②这样,在儒法之共同的作用下,整个社会文化被"涂上"了无所不在的专制王权的政治色彩。在帝皇专制制度之下,表彰与惩罚只是为了确认专制王权的合法性。而且,这种制度是一个权力的自我循环系统,权力本身既是目的也是方法。因此,"儒家并未正视权力根源之正当性问题,或者说,即便正视了,但亦未有效的处理"③。基于此认识,相较于西方政治,林安梧提出了"道的错置"(misplaced Tao)的概念,用以表示权力与秩序的"错置"。所谓"道的错置",实即是"根源的错置",是指存在之根源之不得其所。他说:"错置者,其置不得其宅,是以不得其安,其开不得其路,是以不得由此道途;不得其安而强其所安,不得其路而强为其路,是为错置。"④就像一棵大树,是根系而非枝叶是实体,这是很清楚的问题,但"道的错置"把枝叶误认为实体,从而颠倒了枝叶与根系的关系。就中国的政治来看,本来儒家要求的是"圣王之治",但结果却变成了"王圣之治"。林安梧说:

  本来儒家强调的是"圣者当为王"、"有德者居之",倒反错置为"只要是拥有现实权力的王,他就宜称自己是圣者","只有居于其位就为有德"。我将这种现象称之为"道的错置"(misplaced Dao)。⑤

进而,林安梧认为,"道的错置"不仅会导致"良知的专制",而且会导致"良知的自虐"。所谓"良知的专制",是指"良知"与"专制"的结合。他说:

---

① 参见林安梧:《解开"道的错置"——兼及于"良知的自我坎陷"的一些思考》,济南:《孔子研究》1999年第1期。
② 林安梧:《中国宗教与意义治疗》,第265—266页。
③ 林安梧:《解开"道的错置"——兼及于"良知的自我坎陷"的一些思考》,济南:《孔子研究》1999年第1期。
④ 林安梧:《儒学与中国传统社会之哲学省察——以"血缘性纵贯轴"为核心的理解与诠释》,第134页。
⑤ 林安梧:《佛心流泉》,第110页。

"在'道的错置'下,往往有权力者就误认为自己是'道'的化身,以为所行所事,莫非良知。如此一来,成了'良知的专制''专制的良知','良知'与'专制'就连在一起,难解难分。"①所谓"良知的自虐",则是指"良知"与"自虐"的结合。他说:"那没权力者,又被有权力者要求命令'行有不得,反求诸己'。如此一来,成了'良知的自虐''自虐的良知','良知'与'自虐'成了不可分的整体。"②很显然,"良知的专制"与"良知的自虐"不仅均导源于"道的错置",而且它们之间实为一个问题之两面,即是一体不可分之"两端"。也就是说,在"道的错置"之下,有权力者的"良知""不自觉"就"专制"起来了,无权力者的"良知""不自觉"就"自虐"起来了。因此,林安梧说:"每读旧史掌故,印证今人今事,莫不见此所谓'良知'就落到'专制'与'自虐'两端来。"③在"道的错置"之下,更为吊诡的是,儒学原先所强调的是"自由的意志"和"意志的自由",而实际上却"扭曲"、"错置"成为"无自由的意志"和"无意志的自由"。④ 总之,他说:

> 自秦汉以来,"君臣"成了一宰制的纵贯轴,它是具有主导性的。……我以为这时候起,整个儒学与专制便结合在一起,两者不可分,一方面成了一帝制化的儒学,而另方面则是一儒学化的帝制。⑤

清朝中叶以后,西风东渐使我们认识到"道的错置"是必然要瓦解的。林安梧说:"须知,'道的错置'不解开,儒学是没有希望的。"⑥不过,林安梧认为,必须要把"血缘性纵贯轴"作为背景来考虑去构造一种全新的结构;否则,"道的错置"便无法消解。对此,林安梧开出的"药方"是,由"血缘性纵贯轴"转向"人际性互动轴"。具体来讲,即是从"血缘性的

---

① 林安梧:《佛心流泉》,第110页。
② 林安梧:《佛心流泉》,第110页。
③ 林安梧:《佛心流泉》,第111页。
④ 参见林安梧:《佛心流泉》,第111页。
⑤ 林安梧:《儒学与中国传统社会之哲学省察——以"血缘性纵贯轴"为核心的理解与诠释》,第40页。
⑥ 林安梧:《佛心流泉》,第111页。

自然连结"转出"契约性的社会连结",从"宰制性的政治连结"转出"委托性的政治连结",重建"人格性的道德连结"。所谓"契约性的社会联结"是"公民社会"的概念,而"委托性的政治联结"就是"民主宪政"的国家概念。同时,在这样一个"公民社会"和"民主宪政"之下,因为"人格性的道德连结"与"宰制性的政治连结"之间的"错置"得以"复位",故"人格性的道德连结"便得以重建。也就是说,由于崭新的"公民社会"和"民主宪政"得以建立,"人格性的道德连结"与"宰制性的政治联结"之间的"错置"便可以化解,故"人格性的道德连结"亦自然而然地会得到重建。① 依着林安梧的理解,这三个方面转变的核心是由"血缘性的纵贯轴"到全新的"人际性的互动轴"。他说:

> 对于儒学的"人性本善论"的"论"做出阐释,指出它与"血缘性纵贯轴"的基本结构:血缘性的自然连结、人格性的道德连结、宰制性的政治连结,密切相关。再者,我顺此强调要进而瓦解"三纲"所含的"男性中心"、"父权中心"、"君权中心"的思考,才得解开"道的错置"。……由"血缘性纵贯轴"迈向"人际性互动轴"的建立。②

在林安梧看来,"人际性互动轴"的建立是儒学发展的一个新的可能。这是说,原来的儒学依循着"血缘性的自然连结"、"人格性的道德连结",从家庭、家族逐渐扩散、流变而为"血缘性纵贯轴"结构。如今,儒学必须要正视"公民社会"建立的可能性,必须要正视"民主宪政"的可能性。也就是说,原来儒家强调"内圣外王",如今儒学必须要去适应"公民社会"和"民主宪政"。唯有如此,儒学才可能会有新的发展。当然,要实现这种发展,儒家必须要正视传统帝王专制所造成的"道的错置"及其后果。在这样的一种理解之下,我们需要从"血缘性纵贯轴"的基本结构出发,去探索建立一个真实的人与人之间"人际性互动轴"的可能,进而再

---

① 参见林安梧:《儒学与中国传统社会之哲学省察——以"血缘性纵贯轴"为核心的理解与诠释》,第149—150页。
② 林安梧:《"新儒学"、"后新儒学"、"现代"与"后现代"——最近十余年来的省察与思考之一斑》,北京:《中国文化研究》2007年冬之卷。

由此建立一个"崭新的公民社会"和"崭新的民主宪政"。当然,这个"公民社会"不一定是现代化意义下的公民社会,它可能还包括"后现代意义"下的公民社会。而且是,原来认为的"民主宪政"是非常强调"权力制衡"的,现在还必须要去正视"道德的教养"、"文化的传承"及"人的素质提升"的问题。质言之,林安梧的意思是,现代化虽为政治社会所必需,但现代化并不是十全十美的。因此,中国政治社会的发展不仅要现代化,而且还要实现"后现代化"。①

三、外王与内圣"两端而一致"

在林安梧看来,以"良知的自我坎陷""开出"知性主体的立论,是站在"主体主义"和康德式批判哲学的立场而说的;这种立场是基于"本质主义"的思维方式,将一切文化归结到"心性主体"上来奠立的。然而,"本质主义"的思维方式具有明显的局限性:一个方面,若只是抽象地讨论人的本质,将其定义为圆满的、绝对的善,并以此来对比实际的世界,极易引出消极的"历史退化观"。当然,历史地看,"历史退化观"仅仅是表象,本质却是借此以古讽今进而批判社会现实。值得注意的是,这种以古讽今的批判方式,会导致对于历史之"观相式的理解",而不能真切地对存在的物质性、对生活世界与历史社会有总体切实的理解。另一个方面,若只是抽象讨论人的本质,亦会产生一种空泛的神圣圆满目标的"阿Q式理解"。即当"道德实践"无法畅通于生活世界和历史社会总体时,它将转而只强调"心性修养";当"心性修养"无法真切贞定于日用伦常时,它将转而强调"心灵境界之追求";当"心灵境界之追求"对自家生命无法安顿时,它只好以"精神胜利法"为之。"阿Q精神"便是如此产生的。②质言之,现代新儒家走的是一种"以心控身"③的理路,而这样一种理路与

---

① 参见林安梧:《儒学与中国传统社会之哲学省察——以"血缘性纵贯轴"为核心的理解与诠释》,第173—174页。
② 参见林安梧:《儒学革命:从"新儒学"到"后新儒学"》,第271页。
③ 所谓"以心控身",表面上看即心是主宰,而身为依从。实际上,"以心控身"非单就人之心身论来说,而是与人所处的生活世界、政治社会共同体合并而论。即,"良知"本身能够生天生地、神鬼神帝,能够因此展开道德实践的动力。(参见林安梧:《儒学革命:从"新儒学"到"后新儒学"》,第209—211、292—293页)

儒学之传统已有了隔离。林安梧说：

> 当代新儒学将心性主体理论化、超越化、形式化、纯粹化，这与原先儒学之重真存实感、社会实践便有了极大的分隔。①

林安梧认为，人的实际生活世界和历史社会总体是具有物质性的世界，不能对其进行本质式的、抽象的把握，不能以"心性之修养"替代"社会实践"，而要进行物质性的、主体对象化的、实存的主体的把握。也就是说，我们不能只"从内往外推"，只从"道德与思想之意图"来"做成"这个世界，而是要切实注意到人之为人的"经验实存性"。质言之，须放弃以"主体性"为核心的思考，而强调"生活世界"这一概念。所谓"生活世界"，指的是人作为"活生生的实存而有"进入生活而构成的世界。他说："'生活世界'一词指的是吾人生活所成之世界。"②林安梧认为，"生活世界"概念实际上原亦蕴涵在牟宗三哲学中，因他所强调的"主体性"是"道德主体性"；"道德主体性"是一种道德真实感下的主体性，故它不能离开生活世界的实感。然而，牟宗三在论述上却独重"主体性"，故而忽略了活生生的"生活世界"。此外，与"生活世界"这个概念相关联，林安梧亦强调对"历史社会总体"的全面理解与诠释，从而有助于对人的深化理解与诠释。从内涵上来讲，所谓"历史社会总体"，指的即是包含有历史与社会在内的整体。就林安梧来讲，他强调"生活世界"和"历史社会总体"，目的在于开启一种强调"道德的存在历史学"的哲学。他说：

> 后新儒学的发展颇有取于王夫之"两端而一致"道器相须相辅的理论思考，这是由"道德的超越形式性"之哲学（如程、朱），而"道德的内在主体性"之哲学（如陆王），进一步而强调"道德的存在历史性"之哲学。③

---

① 林安梧：《"新儒学"、"后新儒学"、"现代"与"后现代"——最近十余年来的省察与思考之一斑》，北京：《中国文化研究》2007年冬之卷。
② 林安梧：《儒学革命：从"新儒学"到"后新儒学"》，第108页。
③ 林安梧：《"新儒学"、"后新儒学"、"现代"与"后现代"——最近十余年来的省察与思考之一斑》，北京：《中国文化研究》2007年冬之卷。

具体来讲,林安梧反对以"本质主义"式的思维方式,而主张应面对广大的生活世界及丰富的历史社会总体,从而对于民主与科学有实际的"参与"。他认为,这样一种理解是由"心性论"转向为"哲学人类学式"的崭新理解。所谓"哲学人类学式"的理解,指原来以"血缘性的自然连结"、"宰制性的政治连结"为背景的"人格性的道德连结",现在当转化调适,开启以"契约性的社会连结"、"委托性的政治连结"为背景的"人格性的道德连结"。① 质言之,如前所述,即由"血缘性纵贯轴"转向"人际性互动轴"。依着这样的理解,就不能再以"良知的呈现"②作为最后断语来阐明道德实践的可能,而须回到生活世界与历史社会总体。也就是说,对于道德实践的可能须回溯到人的生产力、生产关系、生产工具、生产者之间的互动关系来理解。一方面,要将"心性论"导向"社会语言学"及"哲学人类学"来处理;另一方面,要寻求更为彻底的、带物质性的、主体对象化的把握方式来处理。质言之,将原先儒学作为一"道德理想主义"的立场,转向作为一"唯物主义"的立场。③ 林安梧说:

> 从"心性论"转向"哲学人类学",亦可以理解为由"本体的唯心论"转向于"方法的唯物论",要由"道德的省察"转为"社会的批判"。④

就当前的"生活世界"和"历史社会总体"来讲,"现代化"几乎成了全世界共同的奋斗目标,即它从原先所具有的"上帝选民性格"已演变成

---

① 参见林安梧:《解开"道的错置"——兼及于"良知的自我坎陷的一些思考"》,济南:《孔子研究》1999年第1期。
② 在熊十力和牟宗三等人看来,"良知是呈现",而不是理论推论。(参见牟宗三:《心体与性体》上,第153页)
③ 作者使用的是"物质主义"一词,在此它与"唯物主义"为同义,故以"唯物主义"一词替代。参见林安梧:《解开"道的错置"——兼及于"良知的自我坎陷的一些思考"》,济南:《孔子研究》1999年第1期。
④ 林安梧:《解开"道的错置"——兼及于"良知的自我坎陷的一些思考"》,济南:《孔子研究》1999年第1期。

一种"普世性格"。林安梧说:"广的来说,现今的世界要不生在现代化之中,就要在迈向现代化之中。"①而且,所有迈向现代化过程中的国家、民族、社会,莫不处在学习与适应之中。当然,他们无须"从无到有"地去创造出现代化,因为现代化在有些国家已"无中生有"地创造出来,而应是"从有到有"地去学习与适应现代化。不过,在学习和适应过程中,他们要去开发自己生命中的资源,将它置于迈向现代化的过程中参与之、调适而"上遂之",从而对于现代化有一真切的反省。在一定意义上讲,这亦是一种新的创造。不过,这样的创造不再只是怎样由传统"开出"现代化的问题,而是如何让传统在现代化中扮演积极的"参与者"、"调适者"的角色的问题。也就是说,在这样的"参与"、"调适"过程中,儒学不能只限制在原先的领域,也不能被认为是一绝对的、超越的指导原则,而是必须要有一恰当的自我调节与重建。在林安梧,这样一个过程是"让儒学来参与、调整现代化,让现代化来调整、参与儒学"②之双向互动、"互为体用"的过程。他说:

> "身"、"心"互为体用,一者"身"以藏心,"心"以发身;再者,"心"以藏身,"身"以发心。这就是所谓的"交藏"、"交发",互为体用的思考。……将此"身心交藏互发"的互为体用过程,再推扩……;若以"内圣、外王"两者论之,亦为交藏交发、互为体用也。③

进而,林安梧主张,不仅要好好理解历史上帝皇专制所造成的"内圣学"的"扭曲",而且也要在"公民社会"、"民主宪政"的建立过程中重新厘清"内圣学"的发展。准确地讲,并不是如何从"旧内圣"去"开出""新外王",而是在"新外王"发展的过程中去"调节"出"新内圣"。因此,要重视从"血缘性纵贯轴"转向"人际性互动轴",即从"他律伦理"转向"自

---

① 林安梧:《解开"道的错置"——兼及于"良知的自我坎陷的一些思考"》,济南:《孔子研究》1999年第1期。
② 林安梧:《解开"道的错置"——兼及于"良知的自我坎陷的一些思考"》,济南:《孔子研究》1999年第1期。
③ 林安梧:《"新儒学"、"后新儒学"、"现代"与"后现代"——最近十余年来的省察与思考之一斑》,北京:《中国文化研究》2007年冬之卷。

律伦理",从而建立"公民社会",成就"民主宪政"。他说:"两者并非如昔所以为的'内圣'而'外王';相反地,'外王'反而是'内圣'之所以可能的先决条件。"①质言之,儒学在政治哲学方面要获得发展,必须要去正视实际的"公民社会"和"民主宪政"建立的可能。在这个过程中,一方面,要释放出儒学的现代意义,即探讨儒学在现时代能够作出什么样的贡献;另一方面,要回过头来对儒学未来之发展进行必要的、新的调节。② 在此,"新的调节"是指由以"社会正义论"和"责任伦理"为核心的道德哲学思考,来取代以"心性修养论"为核心的哲学思考,即由"传统儒学"进到"公民儒学"。③ 就"发生学"的角度来看,这样一个过程是从"外王"的学习过程中调节"内圣";而在实际的发展中,此过程则是"外王"与"内圣""两端而一致",系一种彼此调节性的发展。林安梧说:"外王并不是由内圣开出的,内圣、外王其实本来就是一体之两面、内外通贯的。"④因此,在此过程当中,"内圣"与"外王"是互为主体的"双向互动"。林安梧说:

> "内圣"、"外王"并不是"由内而外"的单向过程,而是"内外通贯为一"的过程。所谓的"内外通贯为一",是"由内圣通向外王"以及"由外王而回向内圣"的双向互动。⑤

---

① 林安梧:《"新儒学"、"后新儒学"、"现代"与"后现代"——最近十余年来的省察与思考之一斑》,北京:《中国文化研究》2007年冬之卷。
② 参见林安梧:《孔子思想与"公民儒学"》,济南:《文哲史》2011年第6期。
③ 参见林安梧:《孔子思想与"公民儒学"》,济南:《文哲史》2011年第6期。
④ 林安梧:《孔子思想与"公民儒学"》,济南:《文哲史》2011年第6期。
⑤ 林安梧:《"新儒学"、"后新儒学"、"现代"与"后现代"——最近十余年来的省察与思考之一斑》,北京:《中国文化研究》2007年冬之卷。

参考文献

（一）基本文献

1. 蔡仁厚:《儒家哲学与文化真理》,香港:人生出版社 1971 年版。
2. 蔡仁厚:《新儒家的精神方向》,台湾:学生书局 1982 年版。
3. 蔡仁厚:《儒家思想的现代意义》,台湾:文津出版社 1987 年版。
4. 蔡仁厚:《儒家的常与变》,台湾:东大图书公司 1990 年版。
5. 蔡仁厚:《中国哲学的反省与新生》,台湾:正中书局 1994 年版。
6. 蔡仁厚:《新儒家与新世纪》,台湾:学生书局 2005 年版。
7. 戴琏璋:《牟宗三先生的哲学与著作》(合著),台湾:学生书局 1978 年版。
8. 戴琏璋:《东亚文化的探索:传统文化的发展》(合著),台湾:正中书局 1986 年版。
9. 戴琏璋:《儒学与新加坡》,新加坡:东亚哲学研究所 1987 年版。
10. 戴琏璋:《易传之形成及其思想》,台湾:文津出版社 1989 年版。
11. 戴琏璋:《传承与创新:"中央研究院"中国文哲研究所十周年纪念论文集》(合著),台湾:"中央研究院"中国文哲研究所筹备处 1999 年版。
12. 戴琏璋:《玄智、玄理与文化发展》,台湾:"中央研究院"中国文哲研究所 2002 年版。
13. 王邦雄:《文化复兴与现代化》,台湾:正中书局 1974 年版。
14. 王邦雄:《儒道之间》,台湾:汉光文化事业股份有限公司 1985 年版。
15. 王邦雄:《人生的智慧》,台湾:幼狮文化事业股份有限公司 1999 年版。

16. 王邦雄:《中国哲学论集》(增订三版),台湾:学生书局 2004 年版。
17. 王邦雄:《生命的学问十讲》,北京:中国人民大学出版社 2009 年版。
18. 李瑞全:《当代新儒学之哲学开拓》,台湾:文津出版社 1993 年版。
19. 李瑞全:《休谟》,台湾:三民书局 1993 年版。
20. 李瑞全:《儒家生命伦理学》,台湾:鹅湖出版社 2000 年版。
21. 李瑞全:《应用伦理与现代社会》,台湾:空中大学 2005 年版。
22. 李瑞全:《儒家道德规范根源论》,台湾:鹅湖月刊社 2013 年版。
23. 王财贵:《王龙溪良知四无说析论》,台湾:《国立台湾师范大学国文研究所集刊》1991 年版。
24. 王财贵:《从天台圆教论儒家心理建立圆教之可能性》,台湾:中国文化大学哲学研究所博士论文,1997 年。
25. 王财贵:《教育的智慧学——2009 年大陆新版读经教育说明手册》,南京:南京大学出版社 2009 年版。
26. 王财贵:《经典教育与文化关怀文集》,北京:王财贵读经教育推广中心。
27. 王财贵:《中华文化源流与当代之传承》,北京:季谦教育咨询中心 2012 年。
28. 杨祖汉:《中庸义理疏解》,台湾:鹅湖出版社 1984 年版。
29. 杨祖汉:《儒家的心学传统》,台湾:文津出版社 1992 年版。
30. 杨祖汉主编:《儒学与当今世界》,台湾:文津出版社 1994 年版。
31. 杨祖汉:《当代儒学思辨录》,台湾:鹅湖出版社 1998 年版。
32. 杨祖汉:《儒学与世界文明》(合著),新加坡:国立大学中文系、八方文化企业公司 2003 年版。
33. 杨祖汉:《21 世纪中国实学》(合著),澳门:澳门中国哲学会 2008 年版。
34. 李明辉:《儒家与康德》,台湾:联经出版事业公司 1990 年版。
35. 李明辉:《儒学与现代意识》,台湾:文津出版社 1991 年版。
36. 李明辉主编:《牟宗三先生与中国哲学之重建》,台湾:文津出版社 1996 年版。
37. 李明辉:《当代儒学的自我转化》,北京:中国社会科学出版社 2001 年版。
38. 李明辉:《儒家视野下的政治思想》,北京:北京大学出版社 2005 年版。
39. 林安梧:《儒学革命论——后新儒家哲学的问题向度》,台湾:学生书局 1981 年版。
40. 林安梧:《存有、意识与实践——熊十力体用哲学之诠释与重建》,台湾:东大图书股份有限公司 1993 年版。
41. 林安梧:《中国近现代思想观念史论》,台湾:学生书局 1995 年版。
42. 林安梧:《儒学与中国传统社会之哲学省察》,台湾:幼狮出版公司 1996 年版。
43. 林安梧:《中国宗教与意义治疗》,台湾:明文书局股份有限公司 2001 年版。
44. 林安梧:《当代新儒家哲学史论》,台湾:明文书局 1996 年版。
45. 林安梧:《道的错置——中国政治思想的根本困结》,台湾:学生书局 2003 年版。

46. 林安梧:《儒学革命:从"新儒学"到"后新儒学"》,北京:商务印书馆 2011 年版。

(二) 间接文献

1. 牟宗三:《牟宗三先生全集》(共 32 集),台湾:联经出版事业股份有限公司 2003 年版。
2. 方克立、郑家栋主编:《现代新儒家人物与著作》,天津:南开大学出版社 1995 年版。
3. 方克立、李锦全编:《现代新儒家学案》,北京:中国社会科学出版社 1995 年版。
4. 宋志明:《现代新儒家研究》,北京:中国人民大学出版社 1991 年版。
5. 宋志明:《中国现代哲学通论》,北京:中国人民大学出版社 2008 年版。
6. 宋志明:《现代新儒学的走向》,北京:北京师范大学出版社 2009 年版。
7. 郑家栋:《当代新儒学史论》,南宁:广西教育出版社 1997 年版。
8. 程志华:《牟宗三哲学研究——道德的形上学之可能》,北京:人民出版社 2009 年版。
9. 程志华:《中国近现代儒学史》,北京:人民出版社 2010 年版。
10. 颜炳罡:《整合与重铸——当代大儒牟宗三先生思想研究》,台湾:学生书局 1995 年版。
11. 王兴国:《牟宗三哲学思想研究》,北京:人民出版社 2007 年版。

索引

A

安乐哲 301,305—307
安身立命 23,63,70,97,100,102,103,106,107,123,124,146,149,182,189,190,199,230

B

巴门尼德 342
柏拉图 45,231,236,352
伯梅 290

C

蔡仁厚 1—46,95,358
陈独秀 126
陈序经 122,130
成德之教 6,8,9,13,33,35,36,40,41,45,51,78,195—197,201,202,241,243—245,247,270—273,275,276,287,295,308
程颢 8,81,172,246,250,251,277,355
程颐 8,81,172,246,250,251,355
存有的治疗 359,365,367,376—381
存有三态论 350,351,354,356,357,359,360,363,364,367,376,378,381
存有之三态 357,363

D

达尔文 121
大开大合 32—38
戴琏璋 47—94,241
道德的形上学 34,43,46,69,77,131,196,202,227,234,235,255—258,269—271,276,277,296,297,308,381,387
道的错置 332,337,381—388,390—393,396,397
道统 3,8,20,34,37,45,116,212,225,256,257,261—266,310,311,341,344,372,373,389
德性之知 51,62,64,68,73—79,87,301,309,310

狄尔泰　317,326,328
蒂利希　242,248,366,368
董仲舒　116

F

泛道德主义　301,302,308—311
冯友兰　2,3,5,71
傅敏怡　290,291
傅伟勋　308,309
皋陶　261

G

告子　299
哥白尼　46
顾炎武　8,120

H

哈贝马斯　179,183,186,188—191
海德格尔　317,326
韩非　5,96
韩愈　117,199,200,202,256
郝大维　301,305—307
黑格尔　289,290,300,303,305,318
亨廷顿　79,80,90—92,94,107
后新儒学　331—336,338—361,363—365,377—380,384,388,390,393—395,397,398
胡适　2,5,122,126,130
胡五峰　8,277,283,288
怀特海　72,102,318
环境伦理学　164—166,169—177,179,193
黄宗羲　8,24,84,120

J

迦达默尔　317,326,327
见闻之知　51,62,64,68,73—79,87,309,310,329

K

开出说　265—269,316,317,322—326,337
康德　34,42,46,56,64,72,77,178,183,185,200,222,225,226,232,236,240—249,252—255,258,261—263,269—272,276,279—281,283,285—288,290,291,294,296—300,311,313—316,318—322,329,330,332,335—337,358,387,394
康德学　281,315,316,318—322,329,344,347,386
康有为　119,126,130
孔子　2,6,8,13,15—17,20,23,25,27,28,32,34—37,40,43,44,46,48,51,52,62,65,66,74,76,80,86,88,93,98,103—106,112,114—117,142,147,154,156,172,174,177,180,195,196,199—203,210,211,215—218,223,226,229,230,241—245,248—251,255,256,259,261,262,273—275,280,287,297,298,300,301,303,304,306,309,332,337,370,382,387,390,391,396—398

L

莱布尼茨　45
莱朱　262
老子　2,5,94,96,141,171,195,209,211,214,226,229,230,235,278,332,344,350—353,355—357,359—364,367,376,377,380
李大钊　126
李鸿章　119
李明辉　285—330

李瑞全　145—193,352

利奥塔　179,188—191

利玛窦　119

梁启超　119,126,130

梁漱溟　71,125—127,224

两层存有论　131,271,280—282,321,335,340,349,351,357,365,381,387

两端而一致　351,365,384,394,395,398

列宁　296

列文森　287,292

林安梧　1,331—398

林毓生　287,292,317,323,324

刘蕺山　8,43,84,277,288

刘师培　126,130

刘述先　177—192,243,249,250,255,352

刘宗周　48,282

六艺论　63,65—69

卢梭　337

陆九渊　8,31,84,87,202,246,275,277,288

罗素　42,72,318,320

M

马丁·路德　254

马克思　188,296,333,334,339—344,363,365

马克斯·韦伯　184

马一浮　63,65—69,71,125—127,224,289

孟子　16,23,25,31,33,35,36,51,64,73—75,88,93,104,105,112,115,116,134,136,140,147,151,154,155,164,174,176,195,196,201—205,214,241,243—248,256,258—262,265,268,273—275,286,288,296—300,304,318,330,332,339,343

牟宗三　1—3,8,33,34,38,41—48,51,62—64,69—78,95,113,114,119—123,125—128,130,131,133—136,139,145,180,181,183,194,195,212,217,224,225,234,240,249—251,257,258,263,264,266,268—286,289—291,300,304,314—340,344,345,347—349,351,356—358,365,381,382,384—387,395,396

牟宗三哲学　34,42,43,46,69,131,240,269,270,285,315,331—336,339,351,358,395

N

奈斯　164,167

内在超越性　294,300,301,303—307

O

欧阳竟无　289

P

判教　97,101,117,238,270,276—278

Q

秦始皇　118

全盘化西　227,235,239

全盘西化　40,122,128,130,182,183,220,227,235,239

R

人间福报　129,136,139,141

人类中心主义　164—170,174,175

S

散宜生　262

生面责我开六经　333,339,341

生命的学问 3,18,22,23,34,40,48,
　　50,51,58—62,70,74,96,99,106,
　　137,140,144,219,221,270—273,
　　295,328

生命伦理学 145—165,170,173,176,
　　180—182,184,188,191

施莱尔马赫 317,326

实践的开启 332,337,381,382,
　　384,388

实践的形上学 43,227,231,233,234

世纪大困惑 33,38,40,42

释迦牟尼 98,230

双码论 179,188,191—193

舜 35,93,261,299,322

孙中山 113,118,121

T

他力宗教 242,243,251,253,254

太公望 262

汤 261,322

唐君毅 95,127,128,134,145,224,
　　256,263,264,304,305,317,322,323,
　　340,358

W

王邦雄 95—144

王财贵 47,194—239

王船山 120,332,334,347,348,356

王夫之 8,349,350,395

王国维 289

王阳明 2,8,50,61,75,76,84—86,88,
　　196,199,203,247,271,275,277,282,
　　283,288,301,310,347

韦政通 301,308,309

维克多·弗兰克 366,371,372

维特根斯坦 318,320

魏源 122

文王 261,262

吴稚晖 125,126,130

五期说 3,5

X

西周 177,180,289

现代新儒家 2,32,33,38,40,41,43,
　　63,95,113,114,124,127—129,131,
　　132,139,140,177,178,180,181,
　　211—213,221,224,225,240,256,
　　257,263—269,291,300,302,304,
　　308,310—314,316,317,322,324,
　　325,332,340,387,394

现代新儒学 48,128,129,132,134,
　　135,139,140,177—183,255,263,
　　266,285,300,314,318,331,332,334,
　　338,345,346,386

形而上的保存 332,335,337,371,382,
　　384,387,388

性善论 203,273,302,311—314

胸怀万世 197,206,209,210

熊十力 2,63,70,125—127,180,181,
　　212,224,263,264,272,289,331,332,
　　334,340,347—349,356,359,360,396

徐复观 127,128,134,224,249,250,
　　304,311—313

荀子 33,36,51,112,116,130,172,
　　196,201,202,241,245—247,288,
　　299,300,306

Y

雅斯贝斯 300,304

亚里士多德 231

严复 126,130

颜渊 88

杨祖汉 48,240—284

尧 35,93,250,261,299,306,322

耶稣 98,234,243,254,370
伊壁鸠鲁 291
伊尹 25,262
异化 186,187,189,190,192,332,350,
　　352—354,366,367,371,373,376—
　　381,390,391
意义治疗 332,341,366—381,391
意义治疗学 365,366
雍正 119
余英时 247,256—259,261,263—269,
　　287,292,338
禹 81,83,202,204,261
圆教 195,227,237,238,271,279,282,
　　283,320,321,366,367,370,371
运命 97,107—109,111

Z

曾国藩 119,121

曾子 261,273
詹克斯 191
张灏 302,312,313,315
张君劢 128,264,304
张载 8,12,37,64,73,74,81,172,251,
　　277,320
中学为用 128,130—133,135
终极关怀 18,23,86,87,146,149,156,
　　242,248,366,368,370,372
周敦颐 8,84,277
周公 36,112,114,115,118
朱熹 75,84,85,89,243,246,247,261,
　　277,300
庄子 65,69,94,96,142,194,195,209,
　　211,214
子思 261
自力宗教 242,243,251,253,255
自律道德 296,324

后 记

本书属于《牟宗三哲学研究——道德的形上学之可能》的姊妹篇。《牟宗三哲学研究》是 2006 年教育部人文社会科学研究项目（06JA720007），经过 5 年的研究其成果已梓刻成书。① 之后，笔者又沿着这一成果继续深化，探索牟宗三哲学之前后的学术脉络：就之前的脉络来讲，主要是探讨乃师熊十力的哲学思想；相应的成果是专著《熊十力哲学研究》②。就之后的脉络来讲，主要是探索牟宗三哲学之后续的迁延、变化和发展。对于这一探索，笔者于 2009 年申请了河北省社会科学基金项目"牟门弟子研究"（HB09BZX001），于 2013 年申请了教育部人文社会科学规划基金项目"台湾'鹅湖学派'研究"（13YJA720004）。另外，这一研究还得到了河北省教育厅"百名优秀创新人才支持计划"的资助。本书以"后牟宗三时代"为语境，以由牟宗三弟子为主所形成的"鹅湖学派"主要代表人物为研究对象，系统梳理并诠释其主要儒学思想，并以此来透显现时代儒学的理路及所展示的儒学未来走向。具体来讲，这样一个选题的目的有两个方面：其一是揭示"鹅湖学派"主要代表人物的儒学思想；

---

① 程志华：《牟宗三哲学研究——道德的形上学之可能》，北京：人民出版社 2009 年版。
② 程志华：《熊十力哲学研究——"新唯识论"的理论体系》，北京：人民出版社 2013 年版。

其二是透过对"鹅湖学派"的研究展示儒学的发展走向,从而为儒学的未来发展提供一些镜鉴。

本书之研究对象均为正活跃在哲学舞台上的学者,尤以中青年学者为多。通常来讲,学界有一条不成文的规则,即"盖棺定论",言外之意是指一般不对在世的人物进行研究。从学理上讲,这条不成文的规则有它的合理性:其一,在世的哲学家因其在世,其思想仍处于发展、变化过程之中,故难以从总体上把握其思想体系,也难以概括其思想特质。其二,既言在世者,相关研究就难以摆脱"世俗";不仅被研究者难以摆脱"世俗",研究者也难以摆脱"世俗"。或者说,在"世俗"影响下,不仅被研究者的思想难免受影响而有失本色,而且研究者也难以保持客观公正。质言之,对在世者进行研究,或者容易陷于"标榜",或者容易陷于"诋毁"。对此,贺麟曾说:"中国传统的著述家有一个错误而不健全的态度:就是他们对于同时代的人的思想学术,不愿有所批评陈述。他们以为评述同时代的人的著作,容易陷于标榜与诋毁。——标榜那与我感情相得利害相同的人,诋毁那与我感情不洽利害相违的人。他们要等着同时代的人死去之后,然后再加评论,这叫做'盖棺论定'。"①

然而,"盖棺定论"这条规则是否就不可突破呢?实际上,就"鹅湖学派"来看也未必不可。其一,从研究对象已经出版的著述当中,经过认真梳理和哲学思考,还是可以发现其固有的主旨和体系的。说其为"固有",在于这些人物确有其独到见解,因此才在学界蔚然形成一种思潮。也许,这一思潮或可代表儒学未来发展之一个向度,而这恰恰是笔者开展相关研究的初衷。其二,研究在世者尽管会产生一些局限性,但也有其优长性:如果不是从"盖棺定论"之角度来展开,而是从"对话"之角度来展开,这种研究不仅可以避免负面的效果,而且可以通过研究者与被研究者切磋来"提高技艺",促进相关研究的深化。其三,本书在写作过程中得到了一些被研究者的帮助,这是以往的哲学史研究所不可奢望的。2009年底,林安梧将他的《从牟宗三到熊十力再上溯王船山的哲学可能——后新儒学的思考向度》一文寄给我,希望我以此文章来把握其学术理路。

---

① 贺麟:《当代中国哲学·序言》,南京:胜利出版公司1945年版,第2页。

2012年岁末,他又将其《存有·意识与实践》、《台湾文化治疗——通识教育现象学引论》、《中国宗教与意义治疗》三本专著签名后寄给我。在2013年在深圳召开的第十届当代新儒学国际学术会议上,李瑞全签名赠我其《儒家生命伦理学》、《儒家道德规范根源论》两本专著。此外,《鹅湖》月刊社社长黄汉忠委托编辑魏语鸿寄来《鹅湖》相关文章,杨祖汉教授寄来其专著《中庸义理疏解》、《当代儒学思辨录》。尽管上述三个方面可以证明"盖棺定论"可以突破,但笔者还是要说明:本书以仍活跃在哲学舞台的学者为主,以其现有之思想为研究范阈,且预设其思想历程是前后一致的,而且是有结构的、成体系的。事实上,每位学者的思想都可能存在前后不一致的情形,也可能存在结构上、体系上的逻辑矛盾。对此,本书均只能忽略不计。在笔者看来,相对于其一致性和整体结构而言,其不一致和逻辑矛盾只是小的方面;当然,对于所谓"不一致"和"逻辑矛盾"之处也可能缘于笔者理解的不准确。在此意义下,本书只能以"立其大者"为本了。

至此,还有一个具体问题需要说明。在所研究的人物当中,许多学者使用"当代新儒家"、"当代新儒学"这一对概念。在笔者看来,所谓"当代"即是"当前的时代"之义。很明显,这样一个概念是以论者为参照所作的时代划分,故它会因论者不同而有所不同。比如,孔子论其所处时代可说"当代",王阳明论其时代亦可说"当代"。再比如,如果牟门诸弟子等可称为"当代新儒家",那么,牟宗三因为已经作古,似乎就不能再称为"当代新儒家"了。这一论定当然是不合理之论。既然如此,还是不用这样一个"相对性"的概念为好,而使用"现代"来代替为好。"现代"一词是有其特定的时间界定的,尽管在中文语境下它与西文语境下的含义不同,但其起点时间是基本确定的而不是相对的。在中文语境下,它或者指1912年民国以来的时代,或者指1919年"五四"运动以来的时代。在二者当中,笔者更倾向于前者。因此,本书不使用"当代新儒家"、"当代新儒学"这样的概念,而代之以"现代新儒家"、"现代新儒学"之概念。实际上,笔者向来坚持这样一种观点,因此,在所出版之论著当中,诸如《牟宗三哲学研究》、《中国近现代儒学史》及相关论文,所使用者均为"现代新儒家"、"现代新儒学"这样的概念。

本著作能够得以完成,要感谢年逾古稀的父亲的支持和鼓励。对于我在学术上的探索,父亲始终予以极大的精神支持——每年不多的几次面谈总少不了学术上的问题。尽管父亲从事的是文学创作,与我的专业有相当距离,但所应有的学术态度与治学精神是相通的。而且,父亲早已退休,但至今一仍笔耕不辍,每天总有半天的时间用于写作。父亲的身体力行实际上是我学术追求的重要动力。此著作的完成还得感谢我的妻子,是她给了我默默的支持和无私的奉献,使得我在繁忙中挤出一些时间,在嘈杂中寻得一份安静。如果没有这些时间,如果没有这份安静,此课题之研究是难以想象的。另外,正读中学的犬子也非常关心我的研究,因为他对"国学"亦表现出浓厚的兴趣。他时常与我进行一些"学术"上的探讨,比如讨论儒家的现代意义、佛家思想的主旨甚至"本体"概念的含义等。这些,也是促使我不断深化相关研究的动力。在本著作即将付梓之时,还要感谢人民版社的编辑方国根;他深刻的学术见地,给了笔者以很多启迪;他认真负责的态度,保证了本书的出版质量。

牟宗三曾经说过,从事哲学研究不是"随便的"事情,研究者必须具备哲学的气质:第一,"现实的照顾必须忘记,名利的牵挂必须不在意"。在日常生活中,如果"照顾"和"牵挂"太多,就会将心思"散落"于外在事物,而不能沉思于心灵的思考。第二,"要有不为成规成矩乃至一切成套的东西所粘缚的'逸气'"。即要不为成规成矩所拘系,要"直接是原始生命照面,直接是单纯心灵呈露"。这种气质虽然似乎表现为一种"浪漫性",但它不是否定一切的"泛滥性"。第三,"对于现象常有不稳之感与陌生之感"。此即是说,要对现实生活中的荣华富贵有清醒的认识,因为它们都是"不稳的","是算不得数的"。因此,从事哲学研究必须从现实荣辱的"圈套"中跳出,从"所不安的现实而透露一片开朗的气象"。对应地讲,第一个方面是"勇",第二个方面是"智",第三个方面则是"仁"。对此,牟宗三说:"哲学的气质,当然可以说很多。但这三点是纲领。"①当然,"勇"、"智"、"仁"之纲领固非笔者天赋之资所及,但它却引领着笔者始终如一地向前追求!徐复观曾说:"精卫决无填海之力,但不妨她抱有

---

① 参见牟宗三:《生命的学问》,第9—14页。

填海之心。"①愿我的努力为儒学之研究与发展添上一颗"填海"之石子。能及于此,吾亦心满意足矣!

最后,以牟宗三的老师熊十力之言作为本后记的结束语,并以此自励:"学术不是浮泛知识,首须脱去依傍,有独立研究的精神,有宏远的规模,有深沉的风范,有雄大的气魄。"②

程志华

2014年3月1日于河北大学无为斋

---

① 李维武编:《徐复观文集》第一卷,武汉:湖北人民出版社2002年版,第359页。
② 《熊十力全集》第五卷,武汉:湖北教育出版社2001年版,第209页。

责任编辑:方国根
封面设计:吴燕妮

图书在版编目(CIP)数据

台湾"鹅湖学派"研究:牟宗三弟子的哲学思想/程志华 著.
—北京:人民出版社,2015.4
ISBN 978－7－01－014284－5

Ⅰ.①台… Ⅱ.①程… Ⅲ.①新儒家-哲学思想-研究-中国-现代
Ⅳ.①B206.5

中国版本图书馆 CIP 数据核字(2014)第 293981 号

台湾"鹅湖学派"研究
TAIWAN EHUXUEPAI YANJIU
——牟宗三弟子的哲学思想

程志华 著

人民出版社 出版发行
(100706 北京市东城区隆福寺街 99 号)

北京市大兴县新魏印刷厂印刷 新华书店经销

2015 年 4 月第 1 版 2015 年 4 月北京第 1 次印刷
开本:710 毫米×1000 毫米 1/16 印张:27.25
字数:403 千字 印数:0,001—2,000 册

ISBN 978－7－01－014284－5 定价:65.00 元

邮购地址 100706 北京市东城区隆福寺街 99 号
人民东方图书销售中心 电话(010)65250042 65289539

版权所有·侵权必究
凡购买本社图书,如有印制质量问题,我社负责调换。
服务电话:(010)65250042